DIREITOS HUMANOS
ABORDAGENS TRANSVERSAIS

DAFNE FERNANDEZ DE BASTOS
JOSÉ EDVALDO PEREIRA SALES

Coordenadores

Prefácio
Antônio Moreira Maués

DIREITOS HUMANOS
ABORDAGENS TRANSVERSAIS

Belo Horizonte

2020

© 2019 Editora Fórum Ltda.

É proibida a reprodução total ou parcial desta obra, por qualquer meio eletrônico, inclusive por processos xerográficos, sem autorização expressa do Editor.

Conselho Editorial

Adilson Abreu Dallari
Alécia Paolucci Nogueira Bicalho
Alexandre Coutinho Pagliarini
André Ramos Tavares
Carlos Ayres Britto
Carlos Mário da Silva Velloso
Cármen Lúcia Antunes Rocha
Cesar Augusto Guimarães Pereira
Clovis Beznos
Cristiana Fortini
Dinorá Adelaide Musetti Grotti
Diogo de Figueiredo Moreira Neto (in memoriam)
Egon Bockmann Moreira
Emerson Gabardo
Fabrício Motta
Fernando Rossi
Flávio Henrique Unes Pereira

Floriano de Azevedo Marques Neto
Gustavo Justino de Oliveira
Inês Virgínia Prado Soares
Jorge Ulisses Jacoby Fernandes
Juarez Freitas
Luciano Ferraz
Lúcio Delfino
Marcia Carla Pereira Ribeiro
Márcio Cammarosano
Marcos Ehrhardt Jr.
Maria Sylvia Zanella Di Pietro
Ney José de Freitas
Oswaldo Othon de Pontes Saraiva Filho
Paulo Modesto
Romeu Felipe Bacellar Filho
Sérgio Guerra
Walber de Moura Agra

FÓRUM
CONHECIMENTO JURÍDICO

Luís Cláudio Rodrigues Ferreira
Presidente e Editor

Coordenação editorial: Leonardo Eustáquio Siqueira Araújo
Aline Sobreira de Oliveira

Av. Afonso Pena, 2770 – 15º andar – Savassi – CEP 30130-012
Belo Horizonte – Minas Gerais – Tel.: (31) 2121.4900 / 2121.4949
www.editoraforum.com.br – editoraforum@editoraforum.com.br

Técnica. Empenho. Zelo. Esses foram alguns dos cuidados aplicados na edição desta obra. No entanto, podem ocorrer erros de impressão, digitação ou mesmo restar alguma dúvida conceitual. Caso se constate algo assim, solicitamos a gentileza de nos comunicar através do *e-mail* editorial@editoraforum.com.br para que possamos esclarecer, no que couber. A sua contribuição é muito importante para mantermos a excelência editorial. A Editora Fórum agradece a sua contribuição.

Dados Internacionais de Catalogação na Publicação (CIP) de acordo com a AACR2

D598	Direitos humanos: abordagens transversais / Dafne Fernandez de Bastos; José Edvaldo Pereira Sales (Coord.).– Belo Horizonte : Fórum, 2020. 321p.; 14,5cm x 21,5cm ISBN: 978-85-450-0732-6 1. Direitos Humanos. 2. Direito Constitucional. 3. Direito Processual Civil. I. Bastos, Dafne Fernandez de. II. Sales, José Edvaldo Pereira. III. Título. CDD 341.272 CDU 342.7

Elaborado por Daniela Lopes Duarte - CRB-6/3500

Informação bibliográfica deste livro, conforme a NBR 6023:2018 da Associação Brasileira de Normas Técnicas (ABNT):

BASTOS, Dafne Fernandez de; SALES, José Edvaldo Pereira (Coord.). *Direitos humanos*: abordagens transversais. Belo Horizonte: Fórum, 2020. 321p. ISBN 978-85-450-0732-6.

SUMÁRIO

PREFÁCIO
ANTONIO MOREIRA MAUÉS 11

APRESENTAÇÃO
DAFNE FERNANDEZ DE BASTOS,
JOSÉ EDVALDO PEREIRA SALES 15

MULTICULTURALISMO, POVOS INDÍGENAS E DIREITO
À AUTODETERMINAÇÃO
ADALBERTO FERNANDES SÁ JUNIOR,
CELSO ANTÔNIO COELHO VAZ 17
1   Introdução 17
2   Igualdade e diferença: o liberalismo substantivo de Charles
    Taylor 22
3   Liberdade e cultura: a teoria liberal dos direitos das minorias,
    de Will Kymlicka 27
4   Igualdade pelo diálogo: o constitucionalismo pós-colonial,
    de James Tully 32
5   Igualdade entre liberdade e cultura 35
6   Considerações finais 41
    Referências 43

O *DISTINGUISHING* REALIZADO PELO STF NO JULGAMENTO
DA ADIN Nº 3.421-PR: COMPATIBILIDADE COM O SISTEMA
DE PRECEDENTES DO NOVO CÓDIGO DE PROCESSO CIVIL
ANDRÉ LUIS BITAR DE LIMA GARCIA,
JOSÉ ANIJAR FRAGOSO REI 49
1   Introdução 49

2   As transformações ocorridas no pensamento jurídico contemporâneo. A aproximação das tradições de *civil law* e *common law*. O papel do STF no atual contexto de jurisdição constitucional. A necessidade de respeito aos precedentes..50
3   A concepção de precedente como regra de Frederick Schauer............53
4   A concepção de precedente como princípio de Ronald Dworkin: compatibilidade com o sistema de precedentes do Novo Código de Processo Civil...56
5   Breves considerações acerca das limitações às concessões unilaterais de incentivos fiscais de ICMS pelos estados e os precedentes do Supremo Tribunal Federal sobre o assunto................59
6   Caso paradigma: o julgamento da ADIN nº 3.421-PR.........................63
7   Conclusão..71
    Referências...72

O IMPACTO DA PROVA NO CONVENCIMENTO JUDICIAL
CLÍVIA RENATA LOUREIRO CROELHAS 77
1   Introdução..77
2   Neoprocessualismo: o neoconstitucionalismo e a mudança do paradigma processual em virtude da necessidade de preservação dos direitos fundamentais...78
3   Dever de motivação da decisão judicial..81
4   Argumentação e convencimento judicial perante o avanço no estudo da prova..89
5   Conclusões..94
    Referências...95

CASTANHAL UBÁ: O TRATAMENTO DA VIOLAÇÃO DE DIREITOS HUMANOS NA AMAZÔNIA PARAENSE NO SISTEMA INTERAMERICANO DE DIREITOS HUMANOS
DAFNE FERNANDEZ DE BASTOS 99
1   Introdução..99
2   Caso Castanhal Ubá..100
3   O Caso Ubá no Sistema Interamericano..102
4   Análise das medidas perante o SIDH no Caso 12.277 e suas implicações...103
5   Conclusões..110
    Referências...116

LEI E LIBERDADE NA ADPF Nº 130: UMA LEITURA DA LIBERDADE DE EXPRESSÃO A PARTIR DE HANNAH ARENDT
DIEGO FONSECA MASCARENHAS 121

1 Introdução 121
2 Análise dos fundamentos da liberdade de expressão na ADPF nº 130 123
3 O conflito entre liberdade dos antigos e liberdade dos modernos: liberalismo político 126
4 A relação do poder constituído e o poder constituinte nos pensamentos de Castoriadis e Arendt 133
5 O risco da (des)formação da opinião pública e a ascensão do social 136
6 Conclusão 140
  Referências 141

DIREITO À CIDADE, ACESSIBILIDADE ARQUITETÔNICA E INCLUSÃO SOCIAL DAS PESSOAS COM DEFICIÊNCIA
DOMINGOS DO NASCIMENTO NONATO,
RAIMUNDO WILSON GAMA RAIOL 143

1 Considerações iniciais 143
2 Quantas e quem são as pessoas com deficiência no Brasil 146
3 Direito à cidade 150
4 Acessibilidade arquitetônica como direito fundamental 154
5 Considerações finais 164
  Referências 166

BENS JURÍDICOS E INTERVENÇÃO MÍNIMA EM MATÉRIA ELEITORAL: PROTEÇÃO VS. (DES)CRIMINALIZAÇÃO
JOSÉ EDVALDO PEREIRA SALES 169

1 Introdução 169
2 Tutela penal de bens jurídicos no direito eleitoral brasileiro: o rol criminalizante (simbólico) 171
3 Tutela não penal de bens jurídicos no direito eleitoral brasileiro: proteção (s)e(m) criminalização 177
4 Intervenção mínima (ou a expulsão) da tutela penal no âmbito eleitoral e suas razões 183
5 Conclusão 190
  Referências 192

DESAFIOS PARA A SUSTENTABILIDADE DA AMAZÔNIA: PASSIVOS AMBIENTAIS EM IMÓVEIS RURAIS
JOÃO DANIEL MACEDO SÁ 195
1 Introdução 195
2 Marco teórico do debate ambiental 196
2.1 Critérios de sustentabilidade: o que deixaremos para as gerações futuras? 199
3 Passivos ambientais em imóveis rurais 201
3.1 Composição da reserva legal 204
3.1.1 Instrumentos de compensação ambiental 205
4 Considerações finais 207
Referências 208

O ENTENDIMENTO JURISPRUDENCIAL DAS CORTES BRASILEIRAS SOBRE O DIREITO FUNDAMENTAL À MORADIA DIGNA
JONISMAR ALVES BARBOSA 209
1 Introdução 209
2 Direito à moradia e sua condição de direito fundamental no ordenamento brasileiro 210
3 O posicionamento do Superior Tribunal de Justiça e do Supremo Tribunal Federal sobre o direito à moradia digna 215
4 Conclusão 224
Referências 225

APLICAÇÃO DA BOA-FÉ OBJETIVA NO ÂMBITO DO NOVO CÓDIGO DE PROCESSO CIVIL
KARINE DE AQUINO CÂMARA 227
1 Introdução 227
2 Conceito de boa-fé 229
2.1 Feição subjetiva 230
2.2 Feição objetiva 231
3 Reflexos da boa-fé objetiva no novo Código de Processo Civil brasileiro (NCPC) 232
4 Abuso de direito 236
4.1 Abuso do processo 238
4.2 Meios processuais de proteção da boa-fé objetiva 241
5 Conclusão 243
Referências 245

A RESPONSABILIDADE CIVIL OBJETIVA COMO SOLIDARIEDADE NO VIÉS DA TUTELA DA PESSOA HUMANA
MOISÉS DE OLIVEIRA WANGHON 249
1 Introdução 249
2 Responsabilidade como solidariedade: a compreensão da responsabilidade na sociedade de risco 250
3 A liberdade e a igualdade substanciais como princípios instauradores da responsabilidade objetiva 258
4 Cláusula geral de responsabilidade e a teoria do risco 261
5 Considerações finais 267
Referências 268

OS DIREITOS INDÍGENAS NO BRASIL E O PLURICULTURALISMO: O CASO CONCRETO DA EDUCAÇÃO INDÍGENA NO ESTADO DO PARÁ
SANDOVAL ALVES DA SILVA 271
1 Introdução 271
2 Breve contexto histórico do colonialismo na América Latina e a tentativa de domesticação indígena 275
3 Posição dos países da América Latina no que se refere ao multiculturalismo, pluriculturalismo e plurinacionalismo 276
4 Posição do Brasil no que se refere ao multiculturalismo e ao pluriculturalismo 279
5 O caso concreto da educação indígena paraense e sua análise crítica 285
6 Conclusão 292
Referências 295

RONALD DWORKIN, O SUPREMO TRIBUNAL FEDERAL E O ABORTO
THAIANA BITTI DE OLIVEIRA ALMEIDA 297
1 Introdução 297
2 O aborto em Ronald Dworkin 297
3 Aborto e o Supremo Tribunal Federal 309
3.1 Quanto à violação dos direitos fundamentais das mulheres 312
3.2 Quanto à violação da proporcionalidade 314
4 Conclusão 316
Referências 317

SOBRE OS AUTORES 319

PREFÁCIO

Os trabalhos reunidos neste livro foram elaborados por mestres e doutores formados pelo Programa de Pós-Graduação em Direito da UFPA. Desde 2003, com a criação do curso de doutorado, o PPGD/UFPA passou a concentrar suas atividades na área de direitos humanos, com o objetivo de desenvolver pesquisas que contribuam para efetivá-los, especialmente na Amazônia.

Para realizar esse objetivo, o PPGD/UFPA parte de uma compreensão ampla dos direitos humanos, que reconhece sua indivisibilidade e interdependência, analisa seus impactos em diferentes áreas do direito e examina sua proteção tanto na ordem interna quanto na ordem internacional. Tal compreensão mostra-se necessária para conhecer em profundidade as constantes violações de direitos humanos em nosso país e buscar respostas adequadas a esses problemas.

Os trabalhos aqui publicados refletem a proposta do PPGD/UFPA. A proteção internacional dos direitos humanos é o foco do estudo *Castanhal Ubá: o tratamento da violação de direitos humanos na Amazônia Paraense no Sistema Interamericano de Direitos Humanos*, de Dafne Fernandez de Bastos. Nele, a autora faz uma análise detalhada do processamento do Caso Ubá na Comissão Interamericana de Direitos Humanos e da implementação das medidas previstas na solução amistosa celebrada entre o Estado brasileiro e os familiares das vítimas, identificando os obstáculos que dificultam seu cumprimento.

As dimensões social e ambiental dos direitos humanos estão presentes nos trabalhos *Direito à cidade, acessibilidade arquitetônica e inclusão social das pessoas com deficiência*, de Domingos do Nascimento Nonato e Raimundo Wilson Gama Raiol, que desenvolvem o conceito de acessibilidade como um direito fundamental e examinam sua efetividade em municípios paraenses; *O entendimento jurisprudencial das cortes brasileiras sobre o direito fundamental à moradia digna*, de Jonismar Alves Barbosa, que destaca a importância de um lugar adequado para se proteger e viver a fim de que as pessoas tenham respeitados seus outros direitos humanos; e *Desafios para a sustentabilidade da Amazônia: passivos ambientais em imóveis rurais*, de João Daniel Macedo Sá, que analisa o novo Código Florestal brasileiro sob a perspectiva do desmatamento ilegal e da necessidade de regularização ambiental dos imóveis rurais visando à proteção do direito fundamental ao meio ambiente.

Os direitos humanos dos povos tradicionais constituem o objeto de duas contribuições. Em *Multiculturalismo, povos indígenas e direito à autodeterminação*, Adalberto Fernandes Sá Junior e Celso Antônio Coelho Vaz enfrentam a desafiadora questão sobre como o Estado deve tratar os povos indígenas a partir da premissa de que todos os cidadãos são dignos de igual respeito e consideração. Em *Os direitos indígenas no Brasil e o pluriculturalismo: o caso concreto da educação indígena no Estado do Pará*, Sandoval Alves da Silva expõe a necessidade de ajustar as políticas públicas do Brasil aos direitos dos povos indígenas, especialmente aqueles previstos na Convenção nº 169, da OIT.

Novas questões em áreas de grande incidência dos direitos humanos são abordadas nos estudos *Bens jurídicos e intervenção mínima em matéria eleitoral: proteção vs. (des)criminalização*, de José Edvaldo Pereira Sales, que contesta a necessidade de intervenção penal no direito eleitoral brasileiro e defende que a proteção dos bens jurídicos na esfera eleitoral deve se valer de ilícitos e sanções não penais; *Lei e liberdade na ADPF nº 130: uma leitura da liberdade de expressão a partir de Hannah Arendt*, de Diego Fonseca Mascarenhas, que analisa, com base no conceito positivo de liberdade, os fundamentos da decisão do STF que julgou não recepcionada pela Constituição de 1988 a Lei de Imprensa; *Ronald Dworkin, o Supremo Tribunal Federal e o aborto*, de Thaiana Bitti de Oliveira Almeida, que utiliza os argumentos apresentados pelo filósofo norte-americano sobre a interrupção voluntária da gravidez para discutir recente decisão do STF que favorece a descriminalização do aborto.

A importância das reflexões que os direitos humanos aportam a outras áreas do direito é demonstrada nos trabalhos *A responsabilidade civil objetiva como solidariedade no viés da tutela da pessoa humana*, de Moisés de Oliveira Wanghon, que interpreta o instituto da responsabilidade civil como uma das formas de concreção do princípio da dignidade da pessoa humana; *O distinguishing realizado pelo STF no julgamento da ADIN nº 3.421-PR*, de André Luis Bitar de Lima Garcia e José Anijar Fragoso Rei, que analisam um julgado do STF no qual se demonstra a possibilidade de fazer distinções na jurisprudência daquele tribunal, com base em direitos fundamentais; *O impacto da prova no convencimento judicial*, de Clívia Renata Loureiro Croelhas, que aborda a prova como instrumento de controle da decisão judicial visando ampliar a proteção dos direitos fundamentais no campo processual; *Aplicação da boa-fé objetiva no âmbito do novo Código de Processo Civil*, de Karine de Aquino Câmara, que desenvolve a interpretação do instituto a partir da noção de caráter ético do processo, o qual exige de todos os sujeitos uma atuação baseada na lealdade, na cooperação e na colaboração, com vistas à realização dos princípios constitucionais.

A leitura dos textos oferece não apenas um perfil das pesquisas desenvolvidas no âmbito do PPGD/UFPA, mas também uma síntese da agenda dos direitos humanos no Brasil. Em seu conjunto, as várias abordagens presentes na obra demonstram que o direito brasileiro pode e deve oferecer uma proteção mais ampla e eficaz aos direitos humanos.

Antonio Moreira Maués
Professor Titular da UFPA

APRESENTAÇÃO

Quando surgiu a ideia de elaborarmos este livro, a razão por trás era não muito nobre: apenas reunir grandes amigos, que sempre estão tomados de atividades e responsabilidades. Com o seu desenvolvimento, entretanto, outras razões foram se agregando, e acreditamos que, hoje, nosso livro seja a expressão de algo bem maior do que a amizade que construímos.

Com um início lento, o projeto foi tomando corpo, sendo aos poucos formatado, enxertado, ajustado e criado. Os colegas aderiram ao projeto, e a sensação em todos sempre foi a mesma: concluir algo nosso, como expressão do que vivemos durante o curso de Pós-Graduação em Direito (PPGD/UFPA).

Gostaríamos de ressaltar que, nesse período de aprofundamento de estudos na pós-graduação, tivemos a oportunidade de ter grandes mestres. Pessoas que, com paciência, dedicação e toque de individualidade, nos mostraram reflexões valorosas sobre os direitos humanos – grande linha da casa – e que foram além, permitindo-nos não apenas estudá-los, mas também vivenciá-los.

A convivência com o corpo acadêmico, professores e alunos, assim como os ensinamentos trocados, sem dúvida nenhuma, nos tornaram pessoas mais tolerantes, abertas, ponderadas e cientes de nossas próprias falhas. Temos a alegria de dizer que a UFPA e o PPGD nos deram as melhores oportunidades possíveis e saímos dessa experiência seres humanos mais conscientes da diversidade que nos envolve e de que isso é algo a ser valorizado.

Podemos citar como exemplo emblemático dessas oportunidades diferenciadas o pioneirismo com as aulas de antropologia da professora Jane Beltrão, assim como a participação de integrantes de comunidades quilombolas e indígenas como alunos no programa, que enriqueceram sobremaneira nossa experiência de mundo.

Aproveitamos a oportunidade para agradecer o nosso tão querido Antônio Maués, que nos acompanhou por dois semestres e que aceitou sem hesitar prefaciar nossa obra.

Não podemos esquecer, sem maior descuido, de tantos outros professores que foram essenciais em nossa formação, imprimindo sua marca pessoal em cada um de nós.

Agradecemos carinhosamente a todos os autores que aderiram a este projeto com tanto entusiasmo e suportaram, sem desfazer a amizade, as muitas cobranças, prazos, exigências e solicitações. Àqueles que infelizmente não participaram com artigos em virtude dos vários percalços da vida, reforçamos que esta obra também é de vocês, que sempre se fizeram presentes de alguma forma.

Aos nossos familiares, sinceros agradecimentos pelo suporte e incentivo. Vocês são essenciais ao nosso crescimento e formação.

À Editora Fórum, nossos mais sinceros cumprimentos pela acolhida que torna realidade aquela ideia inicial.

Esta obra, portanto, tenta retratar a diversidade de visões sobre os direitos humanos que nós, egressos do PPGD/UFPA, extraímos durante nosso curso. Trata-se, no fim das contas, da nossa singela retribuição ao programa, um símbolo do nosso agradecimento e admiração.

Dafne Fernandez de Bastos
José Edvaldo Pereira Sales

MULTICULTURALISMO, POVOS INDÍGENAS E DIREITO À AUTODETERMINAÇÃO

ADALBERTO FERNANDES SÁ JUNIOR

CELSO ANTÔNIO COELHO VAZ

1 Introdução

Como o Estado deve tratar os povos indígenas[1] se todos os cidadãos são dignos de igual consideração e respeito? Essa questão pode ser dividida em três perguntas parciais, as quais, se respondidas em sequência, podem fornecer uma proposta normativa sobre como devem ser essas relações: a) o respeito às culturas dos povos indígenas é uma condição necessária para o respeito aos próprios indivíduos integrantes enquanto seres humanos? b) Como o Estado deve garantir o igual respeito às culturas desses povos? A previsão de uma carta a maior possível e igual para todos de direitos individuais, civis e políticos se mostra suficiente ou se faz necessário complementá-la com direitos coletivos, como o direito à autodeterminação? c) Por fim, esses direitos devem ser limitados por direitos individuais?

---

[1] A Convenção nº 169 da Organização Internacional do Trabalho sobre povos indígenas e tribais (OIT, 1989) define, em seu artigo 1º, alínea *b*, os povos indígenas como os povos localizados em países independentes que descendem de populações que habitavam o país ou uma região geográfica que pertence ao país, ao tempo da conquista, da colonização ou do estabelecimento das atuais fronteiras do Estado e que, independentemente de sua situação jurídica, mantêm todas ou algumas das instituições sociais, econômicas, culturais e políticas dos seus ancestrais.

Para responder a esses questionamentos, analisaremos três propostas distintas do multiculturalismo:[2] o liberalismo substantivo de Charles Taylor,[3] comunitarista,[4] o qual defende ser possível conciliar a preservação de uma cultura com a garantia dos direitos individuais, sendo necessário diferenciar, no entanto, esses direitos de simples prerrogativas e imunidades; a teoria dos direitos das minorias de Will Kymlicka,[5] liberal,[6] a qual afirma que os direitos individuais são compatíveis com os direitos coletivos das minorias culturais somente quando estes visam promover proteções externas, e não restrições internas; e o constitucionalismo consuetudinário de James Tully,[7]

---

[2] Multiculturalismo não é sinônimo de multiculturalidade (BARRY, 2001; CARENS, 2000; MOLOS, 2012), distinção esta que corresponde àquela feita por Hall (2003) entre multiculturalismo e multicultural, assim como àquela entre política e circunstâncias do multiculturalismo, elaborada por Kelly (2002). Multiculturalidade refere-se à existência de mais de uma cultura em convivência mútua no interior do território de um mesmo Estado. Significa, portanto, diversidade cultural, característica presente em maior ou menor grau na grande maioria das sociedades contemporâneas em razão de fenômenos sociais tão diversos quanto a colonização e a imigração. Por outro lado, multiculturalismo diz respeito a toda e qualquer teoria normativa sobre como a sociedade política deve ser organizada para que os cidadãos, não obstante as suas diferentes origens culturais, sejam tratados com igual consideração e respeito.

[3] TAYLOR, Charles. *Multiculturalism*: Examining the Politics of Recognition. Princeton: Princeton University Press, 1994.

[4] Para o comunitarismo, a comunidade antecede o indivíduo, razão pela qual a identidade individual é formada, ainda que parcialmente, pela comunidade por meio de relações de reconhecimento. Dessa forma, se o sujeito não é anterior, nem independente dos fins previamente dados pela comunidade, a justiça é teleológica, ou seja, relativa a uma concepção particular de bem. Por essa razão, não é só possível, como desejável a adoção pelo Estado de uma concepção substantiva e em comum de boa vida. Charles Taylor (2005), Michael Sandel (1982), Michael Walzer (1983) e Alasdair MacIntyre (1981) são os principais representantes dessa corrente teórica. Para uma apresentação geral do comunitarismo, ver Bell (1993), Kymlicka (2006) e Gargarella (2008).

[5] KYMLICKA, Will. *Liberalism, Community and Culture*. Oxford: Oxford University Press, 1989.

[6] Por liberalismo, deve-se entender o liberalismo igualitário tal qual proposto por John Rawls (2002). Assim como o sujeito é anterior e independente de qualquer fim dado previamente pela comunidade, dotado que é de capacidade racional, a justiça pode ser concebida de forma deontológica, isto é, como anterior e independente de qualquer concepção de bem. Ao determinar quais são os direitos e deveres dos indivíduos uns para com os outros, a justiça delimita o espaço dentro do qual cada um pode buscar legitimamente a realização do seu próprio plano de vida. O Estado, portanto, não deve adotar nenhuma concepção substantiva e em comum de boa vida, mas, sim, garantir a liberdade para que cada cidadão possa optar pela concepção de bem de sua predileção. Dentre os autores mais representativos dessa corrente teórica, podemos citar, além de Rawls (2002), Dworkin (2005) e Ackerman (1980). Para uma visão geral do liberalismo igualitário, consultar Pogge (1989), Kymlicka (2006) e Gargarella (2008).

[7] TULLY, James. *Strange Multiplicity*: Constitutionalism in an Age of Diversity. Cambridge: Cambridge University Press, 1997.

pós-colonial,[8] para quem uma associação política justa deve ser o resultado de um diálogo contínuo entre as diversas culturas, mediado pelas convenções do mútuo reconhecimento, do consentimento e da continuidade. Concordamos com os modelos propostos quando afirmam ser o respeito às culturas dos povos indígenas uma condição necessária para o respeito aos próprios indivíduos que os integram. A identidade individual é dialogicamente construída por meio de relações de reconhecimento estabelecidas com a comunidade. Logo, a cultura de origem é um bem primário a que todos esperam ter acesso. Concordamos também quando asseveram ser necessário complementar os direitos individuais com direitos coletivos específicos para esses povos, como o direito à autodeterminação, de forma que seja corrigida a desigualdade a favor da sociedade majoritária que invariavelmente será criada pelo Estado, por ser impossível o cumprimento do princípio da neutralidade frente à cultura. No entanto, discordamos de todos os modelos propostos quando eles limitam esses direitos coletivos ao respeito aos direitos individuais. Charles Taylor (1994) não admite, em nenhum caso, a prevalência do direito coletivo à autodeterminação sobre os direitos individuais. Kymlicka[9] afirma que os direitos coletivos dos povos indígenas só devem ser fomentados quando o seu objetivo for a proteção da comunidade de interferências externas, e não quando forem utilizados para restringir a liberdade dos seus membros. Tully[10] assevera que as três convenções por ele assinaladas também devem regular o diálogo entre os indivíduos. Todos eles acabam por exigir, de uma maneira ou de outra, a aceitação dos valores liberais pelos povos indígenas para que eles sejam protegidos da sociedade majoritária. Esses modelos, portanto, violam o princípio da igualdade na medida em que consideram a cultura da sociedade majoritária como superior às culturas dos povos indígenas, tratando-as de maneira discriminatória; assim como o princípio da equidade, uma vez que essa limitação não

---

[8] O pós-colonialismo refere-se a toda e qualquer teoria que tem por objetivo identificar, analisar e, se for o caso, retificar os efeitos do colonialismo nos países colonizados e colonizadores. São autores pós-coloniais, entre outros, Bhabha (1994), Spivak (1999), Said (1985) e Dussel (2013). Para uma introdução ao pós-colonialismo, consultar Young (2001, 2003) e Castro-Gómez (2005).

[9] KYMLICKA, Will. *Philosophy and the Human Sciences*: Philosophical Papers 2. Cambridge: Cambridge University Press, 1995.

[10] TULLY, James. *Strange Multiplicity*: Constitucionalism in an Age of Diversity. Cambridge: Cambridge University Press, 1997.

se deu mediante o consentimento desses povos, e também como o princípio da integridade, tendo em vista que os valores liberais podem não ter ancoragem na tradição histórica desses povos. Chegamos à conclusão de que o Estado deve prever, além da tradicional carta de direitos individuais civis e políticos, o direito à autodeterminação para os povos indígenas. Por outro lado, o diálogo contínuo entre eles e a sociedade majoritária deve ser mediado pelas convenções do mútuo reconhecimento, do consentimento e da continuidade. Por fim, o direito à autodeterminação não deve ser limitado, pelo menos à primeira vista, por direitos individuais. São os direitos individuais que devem ser interpretados levando-se em consideração a tradição cultural dos povos indígenas para que eles não sirvam como uma nova forma de interferência externa da sociedade majoritária na organização interna desses povos.

Segundo o Instituto Socioambiental Brasileiro,[11] com base em dados do censo demográfico realizado pelo IBGE em 2010, existem 243 povos indígenas no Brasil, totalizando 817.963 pessoas, o que corresponde a apenas 0,44% da população brasileira. Para Pagliaro, Azevedo e Santos,[12] os mais de 200 povos indígenas localizados em território nacional são falantes de aproximadamente 180 línguas diferentes. Ainda de acordo com Kayser,[13] os quatro povos indígenas do Brasil mais demograficamente significativos são Guarani, Kaingang, Ticuna e Makuxi, totalizando juntos 127.220 pessoas.

Para a proteção dos povos indígenas, a Constituição do Brasil (1988) previu, além do catálogo de direitos fundamentais do artigo 5º e seguintes, garantido a todos os cidadãos, o direito à autodeterminação expresso no artigo 231,[14] no que foi acompanhada por diversas constituições latino-americanas.[15] No entanto, a questão a respeito de qual

---

[11] RICARDO, Beto; RICARDO, Fany (Ed.). *Povos Indígenas no Brasil*: 2006-2010. São Paulo: Instituto Socioambiental, 2011. p. 47.
[12] PAGLIARO, Heloísa; AZEVEDO, Marta Maria; SANTOS, Ricardo Ventura (Org.). *Demografia dos Povos Indígenas no Brasil*. Rio de Janeiro: Fiocruz, 2005. p. 11.
[13] KAYSER, Harmut-Emmanuel. *Os Direitos dos Povos Indígenas do Brasil*: Desenvolvimento Histórico e Estágio Atual. Tradução de Maria da Glória Lacerda Rurack e Klaus-Peter Rurack. Porto Alegre: Sergio Antonio Fabris, 2010. p. 54.
[14] O artigo 231 da Constituição do Brasil (1988), parte de capítulo próprio acerca dos povos indígenas, afirma que são reconhecidos a esses povos a sua organização social, costumes, línguas, crenças e tradições, assim como os direitos originários sobre as terras que tradicionalmente ocupam, competindo à União demarcá-las, bem como proteger e fazer respeitar todos os seus bens.
[15] Segundo Van Cott (2000, p. 265), Aylwin (2011), Fajardo (2011) e Filippi (2011), o multiculturalismo está explicitamente incorporado nas constituições dos países latino-americanos.

direito deve prevalecer em caso de conflito – coletivo ou individual – ainda se apresenta como um problema a ser resolvido. A Convenção nº 169 da Organização Internacional do Trabalho sobre povos indígenas e tribais (OIT, 1989), ratificada pelo Brasil em 2002, apenas determina, em seu artigo 8º, que os povos indígenas têm o direito de manter seus costumes e instituições sempre quando forem compatíveis com os direitos fundamentais definidos pelo sistema legal nacional e com os direitos humanos internacionalmente reconhecidos, devendo ser estabelecidos procedimentos, sempre que necessário, para resolver conflitos que possam vir a surgir quando da aplicação desse artigo.

A controvérsia tornou-se premente no Brasil com a proposição do Projeto de Lei nº 1.057/07, mais conhecido como Lei Muwaji, por parte do deputado federal Henrique Afonso do Estado do Acre, à época filiado ao Partido dos Trabalhadores (PT) e atualmente ao Partido Verde (PV). O referido projeto, em consonância com o artigo 8º da Convenção nº 169 da OIT, estabelece que determinadas práticas tradicionais dos povos indígenas que supostamente violam o direito à vida e à integridade física e psíquica de crianças devem ser erradicadas, prevendo, para tanto, não apenas políticas governamentais baseadas em educação e diálogo em direitos humanos, mas também a tipificação de certas condutas como crimes de omissão de socorro, inclusive com a consequente retirada da criança do convívio do respectivo grupo para fins de inclusão em programas de adoção se constatada a persistência do grupo em manter a prática tradicional.[16]

A Constituição da Colômbia (1991), no artigo 7º, afirma que o Estado reconhece e protege a diversidade cultural e étnica da nação colombiana. A Constituição da Bolívia (2009), em seu artigo 1º, define a Bolívia como um Estado unitário social de direito plurinacional comunitário, livre, independente, soberano, democrático, intercultural, descentralizado e com autonomias, fundado na pluralidade e no pluralismo político, econômico, jurídico, cultural e linguístico, dentro do processo integrador do país. A Constituição do Equador (2008), também em seu artigo 1º, caracteriza o Equador como um Estado constitucional de direitos e justiça, social, democrático, soberano, independente, unitário, intercultural, plurinacional e laico. Por fim, o artigo 2º da Constituição do México (1917) declara que a nação mexicana tem uma composição pluricultural sustentada originalmente pelos povos indígenas.

[16] O Projeto de Lei nº 1.057/07 estabelece como prática tradicional nociva, entre outras, o homicídio de recém-nascidos quando estes são portadores de deficiências físicas ou mentais (artigo 2º, inciso III). Por outro lado, determina ser dever de todos que tenham conhecimento de situações de risco oriundas de práticas tradicionais nocivas notificar as autoridades responsáveis, sob pena de responsabilização por crime de omissão de socorro (artigo 4º). Assevera também, constatada a disposição do grupo em persistir na prática tradicional nociva, ser dever das autoridades judiciais competentes promover a retirada da criança do convívio do respectivo grupo para fins de inclusão em programas de adoção

O artigo apresenta as respostas dadas pelo liberalismo substantivo de Charles Taylor,[17] pela teoria liberal dos direitos das minorias de Will Kymlicka[18] e pelo constitucionalismo consuetudinário ou pós-colonial de James Tully[19] às perguntas anteriormente formuladas. Ao final, após a identificação dos pontos fortes de cada um dos modelos propostos, elabora uma teoria normativa própria, que, acredita-se, é a mais adequada para regular as relações entre o Estado brasileiro e os povos indígenas.

2 Igualdade e diferença: o liberalismo substantivo de Charles Taylor

Por que, para garantir o igual respeito ao indivíduo, é preciso também respeitar a cultura a que ele pertence? Charles Taylor[20] afirma que a comunidade antecede o indivíduo. O indivíduo, ao nascer, já se encontra lançado em uma comunidade histórica que o antecede. Dessa forma, a comunidade participa, ainda que parcialmente, da formação da identidade do indivíduo, isto é, da compreensão que o sujeito tem de si mesmo. Como a identidade humana é dialogicamente construída por meio de relações de reconhecimento, até mesmo aspectos individuais da identidade são elaborados continuamente em tensão com a expectativa dominante compartilhada pela comunidade. Esta pode reconhecê-la positivamente, criando as condições adequadas para sua expressão pública, ou negá-la, criando dificuldades para a sua própria aceitação pelo sujeito.[21] Dessa forma, a concepção de

---

(artigo 6º, *caput* e parágrafo único). Para análises sobre os aspectos morais, políticos, jurídicos e antropológicos envolvidos no debate acerca do referido projeto de lei, consultar Holanda (2008), Sá Junior (2013) e Rodrigues (2011).

[17] TAYLOR, Charles. *Multiculturalism*: Examining the Politics of Recognition. Princeton: Princeton University Press, 1994.

[18] KYMLICKA, Will. *Multicultural Citizenship*: A Liberal Theory of Minority Rights. Oxford: Oxford University Press, 1995.

[19] TULLY, James. *Strange Multiplicity*: Constitutionalism in an Age of Diversity. Cambridge: Cambridge University Press, 1997.

[20] TAYLOR, Charles. *Argumentos Filosóficos*. Tradução de Adail Sobral. São Paulo: Loyola, 2000a.

[21] Essa posição também é compartilhada por Sandel (1982, p. 55-59) quando afirma que o sujeito é constituído por objetivos que não são escolhidos, mas, sim, descobertos em virtude daquele estar inserido em um contexto social compartilhado. MacIntyre (1981, p. 204-205) também afirma que a autodeterminação só pode se dar no interior de papéis sociais previamente dados ao sujeito. Axel Honneth (2003, p. 163) igualmente concorda

boa vida compartilhada pela comunidade é aos poucos internalizada pelo indivíduo, utilizando-se, para tanto, do elemento amoroso e da linguagem por todos compartilhada. Quando determinadas culturas são extintas, exclui-se também a possibilidade de autorrealização individual de seus membros. Como uma parcela importante da identidade individual se vê ausente de confirmação, inviabiliza-se também qualquer relação positiva do sujeito com os seus outros próximos.[22] Por essa razão, apenas aparentemente há contradição entre respeitar o indivíduo e proteger uma cultura. Ao se respeitar uma cultura, protege-se, ao mesmo tempo, uma forma específica que os seus membros têm de compreender a si mesmos. Sem a confirmação dessa parcela de sua identidade, não há autorrelação positiva que possa vir a se estabelecer.

De que modo o Estado deve tratar as culturas existentes em seu território? Deve garantir apenas uma carta a maior possível e igual para todos de direitos individuais, civis e políticos? Ou se faz necessária a previsão de direitos coletivos para as minorias culturais? Charles Taylor[23] afirma que o Estado não pode cumprir com o princípio da neutralidade, conforme defendido pelo liberalismo igualitário de Dworki,[24] razão pela qual a simples previsão de uma carta de direitos individuais tende a ser homogeneizante. Por essa razão, é preciso prever, ao lado de uma política da igualdade, consubstanciada na garantia de uma carta de direitos individuais, uma política da diferença, cujo principal objetivo é resguardar a especificidade de grupos culturais em busca de sobrevivência. No caso dos povos indígenas, essa política da diferença seria expressa pelo direito à autodeterminação,

---

com a formação dialógica da identidade humana por meio de relações de reconhecimento, utilizando-se, para tanto, dos avanços trazidos por Winnicot (1975) no âmbito da psicologia social.

[22] "Outros próximos" é um termo criado por G. H. Mead (1967) para indicar sujeitos que são parceiros de relação do indivíduo desde o nascimento e que, portanto, são ligados a ele pelo elemento amoroso. Pai e mãe seriam exemplos de outros próximos. Por outro lado, uma comprovação de que a extinção de culturas acarreta também a perda da possibilidade de autorrealização positiva de seus membros é o aumento da taxa de suicídio entre os povos indígenas, que pode chegar a trinta e quatro vezes a média nacional, devido à perda de suas terras ancestrais e, por consequência, da possibilidade de se desenvolverem enquanto sociedades distintas. Ver, por exemplo, THE GUARDIAN. *Brazilian Tribe Plagued by One of the Highest Suicide Rates in the World*. 10 out. 2013. Disponível em: https://www.theguardian.com/world/2013/oct/10/suicide-rates-high-brazil-tribe. Acesso em: 5 jul. 2016.

[23] TAYLOR, Charles. *Argumentos Filosóficos*. Tradução de Adail Sobral. São Paulo: Loyola, 2000a. p. 472.

[24] DWORKIN, Ronald. *Uma Questão de Princípio*. Tradução de Luís Carlos Borges. São Paulo: Martins Fontes, 2000. p. 269-305.

o qual permitiria a essas comunidades minoritárias se desenvolverem enquanto sociedades distintas.

Por que o Estado não pode cumprir com o princípio da neutralidade frente à cultura? Não obstante todos os indivíduos serem dotados de capacidade racional, não há exercício da razão que possa se dar de forma independente, sem o pano de fundo de um horizonte de sentido previamente dado por uma linguagem particular.[25] Não há dúvidas de que, por meio da razão, é possível ao indivíduo questionar a própria tradição histórica na qual se encontra inserido, identificando, por exemplo, sentidos outros que foram inviabilizados pelos sentidos dominantes. No entanto, não é possível, por meio da razão, obter de forma independente os fins que devem guiar a conduta humana ou, em outras palavras, leis morais de validade universal a respeito das obrigações que temos uns para com os outros em razão unicamente da nossa qualidade compartilhada de seres humanos.[26]

Assim, se a razão não pode ser exercida sem um horizonte de sentido prévio dado pela comunidade por meio da linguagem, a justiça não pode ser concebida de forma deontológica como pretende o liberalismo,[27] isto é, como anterior e independente da concepção de bem compartilhada por essa mesma comunidade. Pelo contrário, a justiça deve ser compreendida de forma teleológica, ou seja, relativa a determinado bem. Deve-se estabelecer primeiramente qual o bem compartilhado por determinada comunidade para que seja possível posteriormente estabelecer as obrigações morais que os seus membros têm uns em relação aos outros.

Dessa forma, quando o liberalismo igualitário estabelece determinada concepção de justiça para o Estado, pressupõe uma concepção de boa vida que pode vir a não ser compartilhada por todas as culturas existentes no território. A concepção de justiça defendida pelo liberalismo igualitário pressupõe pelo menos uma concepção de bem: a autonomia. Para o liberalismo,[28] uma vida pode ser considerada digna quando ela é resultado o máximo possível das escolhas do próprio

---

[25] TAYLOR, Charles. *Human Agency and Language*: Philosophical Papers 1. Cambridge: Cambridge University Press, 1996.
[26] TAYLOR, Charles. *As Fontes do Self*: A Construção da Identidade Moderna. Tradução de Adail Sobral e Dinah Azevedo de Abreu. São Paulo: Loyola, 1997. p. 90-91.
[27] RAWLS, John. *Uma Teoria da Justiça*. Tradução de Almiro Pisetta e Lenita Maria Rímoli Esteves. São Paulo: Martins Fontes, 2002.
[28] DWORKIN, Ronald. *Uma Questão de Princípio*. Tradução de Luís Carlos Borges. São Paulo: Martins Fontes, 2000.

indivíduo. Por essa razão, quando o Estado se afirma neutro, prevendo apenas uma carta igual de direitos individuais para todos, está, na verdade, se utilizando do seu aparato institucional e do seu poder soberano para afirmar no tempo uma concepção de bem defendida por apenas uma parte dos seus cidadãos. Assim, toda forma de liberalismo desse tipo, de acordo com Taylor (2000a, p. 250), tende a ser homogeneizante.

Se o Estado não pode ser culturalmente neutro e se toda concepção de justiça é relativa a determinada concepção de bem, posto que a razão não pode ser exercida de forma independente, como o Estado deve se comportar em relação às minorias culturais em busca de sobrevivência contra as interferências da sociedade majoritária?

Para Taylor,[29] é possível tornar o liberalismo mais aberto ao reconhecimento da diferença. Para tanto, é preciso prever, ao lado de uma política de igualdade, consubstanciada na previsão de uma carta a maior possível e igual para todos de direitos individuais, uma política da diferença, cujo principal objetivo seja resguardar a especificidade de grupos culturais em busca de sobrevivência. No caso dos povos indígenas, essa última política seria expressa pelo direito à autodeterminação, o que permitiria a essas comunidades se desenvolverem enquanto sociedades distintas. Por essa razão, Charles Taylor[30] é a favor, no âmbito do debate político canadense, de que, ao lado de uma mesma carta de direitos individuais prevista para todos os cidadãos do Estado federal canadense, seja reconhecido o direito à autodeterminação para a província de Quebec, permitindo-a se desenvolver enquanto sociedade distinta de maioria francófona em uma federação de maioria inglesa.

Qual é a relação entre os direitos individuais e o direito à autodeterminação das minorias culturais? Para Charles Taylor,[31] é preciso diferenciar os direitos individuais das prerrogativas e imunidades. Direitos individuais são dispositivos cuja principal finalidade é a proteção dos bens considerados essenciais a uma vida digna, como, por exemplo, o direito à vida. São direitos considerados naturais pela teoria liberal clássica (LOCKE, 1998) no sentido de que a sua titularidade não advém de um ato concessivo de uma autoridade governamental, mas,

---

[29] TAYLOR, Charles. *Argumentos Filosóficos*. Tradução de Adail Sobral. São Paulo: Loyola, 2000a. p. 251.
[30] *Ibidem*, p. 260.
[31] *Ibidem*, p. 265.

sim, da própria condição de ser humano que o indivíduo adquire ao nascer. É a própria autoridade governamental que deve respeitar esses direitos quando do exercício do seu poder soberano, sob a pena de este ser considerado ilegítimo. Como o seu respeito é considerado uma condição para o exercício legítimo do poder por parte do Estado, eles não são passíveis de restrição ou revogação em nenhum caso. Por outro lado, prerrogativas e imunidades são dispositivos que excepcionam as regras aplicáveis a todos, conferindo, respectivamente, poderes para agir ou não agir a determinados cidadãos, sendo, portanto, passíveis de restrição ou revogação, após o pesamento, a favor da sobrevivência cultural de uma minoria cultural.

Para exemplificar, Taylor[32] é a favor de que Quebec possa criar leis que tenham por objetivo resguardar a língua e os costumes franceses para as próximas gerações. Essas leis poderiam exigir, por exemplo, que: (i) cidadãos francófonos e imigrantes só pudessem matricular seus filhos em escolas de língua francesa; (ii) mercados com mais de cinquenta empregados só pudessem funcionar utilizando-se da língua francesa; (iii) sinais públicos, como os sinais de trânsito, só pudessem ser escritos em francês. Utilizando-se da distinção anteriormente feita entre direitos individuais, prerrogativas e imunidades, em relação à primeira lei, o direito à educação é um direito individual. Logo, a matrícula dos filhos pode ser exigida pelos cidadãos como uma questão de justiça. No entanto, não existe direito individual do cidadão de matricular seus filhos em escolas cuja língua seja a de sua preferência. Da mesma forma, em relação à segunda lei, existe o direito individual à livre iniciativa no âmbito econômico, mas não existe direito individual a que o mercado do indivíduo funcione com base na língua de sua preferência. Trata-se não de direito individual, mas de simples prerrogativa que pode ser restringida ou até mesmo revogada se, após balanceamento, a sobrevivência cultural da minoria cultural for considerada mais importante.

Dessa maneira, o direito à autodeterminação da minoria cultural poderia sobrepor-se às prerrogativas e imunidades, mas seria restringido em todo o caso por direitos individuais. Para Taylor,[33] isso garantiria o caráter liberal ao seu modelo na medida em que os direitos individuais das minorias não francófonas existentes dentro do território

---

[32] TAYLOR, Charles. *Argumentos Filosóficos*. Tradução de Adail Sobral. São Paulo: Loyola, 2000a. p. 262.
[33] *Ibidem*, p. 264.

de Quebec, como, por exemplo, o direito à vida, à liberdade e ao devido processo legal, continuaram a ser respeitados.

Apesar de mais afeita ao reconhecimento das diferenças de grupos, essa reformulação do liberalismo feita pelo autor, a qual ele dá o nome de liberalismo substantivo, ainda não é um campo neutro para o encontro das culturas, segundo o próprio autor. O liberalismo, qualquer que seja o seu tipo específico, já é em si resultado de determinadas tradições históricas, totalmente incompatíveis com outras. A defesa da secularidade do Estado, por exemplo, tão característica de qualquer versão do liberalismo, é sobremodo incompatível com os muçulmanos, que defendem a inseparabilidade entre política e religião.[34]

Por essa razão, ganha em importância, na teoria de Taylor,[35] a noção de diálogo transcultural e de fusão de horizontes elaborada por Gadamer.[36] Como vimos, a razão só pode ser exercida tendo por pressuposto um horizonte de sentido dado pela comunidade de origem do indivíduo. Assim, quando o indivíduo entra em contato com outras culturas, o seu horizonte de sentido se expande, tornando possível o questionamento da sua própria tradição histórica, que antes dirigia instintivamente as suas ações.[37] Por meio do diálogo permanente entre culturas, é possível antever a possibilidade da identificação de um bem que possa servir de base comum para o convívio entre todas elas, bem este que poderá permitir a elaboração de novas formas de convivência política.

3 Liberdade e cultura: a teoria liberal dos direitos das minorias, de Will Kymlicka

Kymlicka[38] concorda com a teoria social do indivíduo elaborada por Charles Taylor,[39] segundo a qual a identidade do indivíduo é formada dialogicamente por meio de relações de reconhecimento

---

[34] TAYLOR, Charles. *Argumentos Filosóficos*. Tradução de Adail Sobral. São Paulo: Loyola, 2000a. p. 266-267.
[35] *Ibidem*, p. 270.
[36] GADAMER, Hans-Georg. *Verdade e Método 1*: Traços Fundamentais de uma Hermenêutica Filosófica. Tradução de Flávio Paulo Meurer. Petrópolis: Vozes, 2008. p. 355.
[37] TAYLOR, Charles. *Philosophy and the Human Sciences*: Philosophical Papers 2. Cambridge: Cambridge University Press, 1995. p. 129.
[38] KYMLICKA, Will. *Liberalism, Community and Culture*. Oxford: Oxford University Press, 1989. p. 255.
[39] TAYLOR, Charles. *Multiculturalism*: Examining the Politics of Recognition. Princeton: Princeton University Press, 1994.

estabelecidas com a sociedade cultural a que o sujeito pertence.[40] Por essa razão, os indivíduos estão ligados às suas próprias culturas de maneira profunda, a ponto de o autorrespeito dos indivíduos por si mesmos depender do respeito às culturas de onde surgiram. Assim, se uma cultura é sistematicamente desrespeitada, a dignidade dos seus membros também resta ameaçada. Uma comprovação intuitiva desse fato seria a dificuldade de mudar de cultura, o que não deve ser confundido com o mero aproveitamento das oportunidades dadas por outras sociedades. A integração é um processo custoso e até mesmo impossível para alguns membros das minorias. Dessa forma, o acesso à própria cultura pode ser considerado, utilizando-se do termo cunhado por Rawls,[41] como um bem primário, isto é, algo que todas as pessoas esperam ter, independentemente das suas concepções particulares de boa vida.

Se o liberalismo afirma que o indivíduo deve ter a possibilidade de escolher o seu próprio plano de vida, é preciso atentar para o fato de que a autonomia só pode ser exercida no interior de uma cultura, a qual não apenas fornece as opções de boa vida a serem escolhidas pelo indivíduo, como também torna algumas delas mais significativas do que outras. A liberdade que os liberais demandam, portanto, não deve ser confundida com uma possibilidade de ir além das fronteiras da linguagem e da história da comunidade na qual o sujeito foi formado. É apenas a liberdade de mover-se dentro da sua própria tradição cultural, questionando-a. É justamente a possibilidade de questionar a própria tradição cultural que a torna valiosa, na medida em que a fidelidade a ela se dá por motivos internos ao indivíduo, e não por circunstâncias externas a ele.[42]

Sabendo-se que o respeito à dignidade humana perpassa pelo respeito às culturas dentro das quais os indivíduos são formados, pode-se perguntar: como o Estado pode garantir o igual respeito a essas culturas, em específico as dos povos indígenas? Para Kymlicka,[43] o Estado também não pode cumprir o princípio da neutralidade. Invariavelmente, ele terá que tomar decisões que privilegiem uma cultura em

---

[40] KYMLICKA (1995, p. 90) afirma expressamente que o seu argumento quanto à formação dialógica da identidade humana é idêntico ao apoiado por Charles Taylor (2000b) e por Yael Tamir (1993, p. 41 e 71-73).
[41] RAWLS, John. *Uma Teoria da Justiça*. Tradução de Almiro Pisetta e Lenita Maria Rímoli Esteves. São Paulo: Martins Fontes, 2002.
[42] KYMLICKA, Will. *Multicultural Citizenship*: A Liberal Theory of Minority Rights. Oxford: Oxford University Press, 1995. p. 84-85.
[43] *Ibidem*, p. 108.

detrimento das outras. O Estado, por exemplo, tem que adotar uma língua oficial para o funcionamento das suas instituições. O Estado brasileiro, inclusive, adota a língua portuguesa como idioma oficial no artigo 13 da sua Constituição (BRASIL, 1988). A própria demarcação das fronteiras das unidades internas de um Estado federal determinará quem será maioria e minoria no seu interior.

A previsão exclusiva, portanto, de uma carta de direitos individuais é insuficiente para garantir a igualdade entre as culturas. É preciso complementá-la com direitos específicos de grupo. No caso dos povos indígenas, esses direitos são o direito à autodeterminação (ou autogoverno) e o direito de especial representação.[44]

O direito à autodeterminação confere ao povo indígena autonomia política – em maior ou menor grau, a depender do resultado do processo político – sobre determinada parcela do território a fim de garantir o livre desenvolvimento de sua cultura particular. Uma forma de garantir esse direito à autodeterminação é a própria forma federativa de organização política, na medida em que as fronteiras das unidades regionais podem ser estabelecidas para que as minorias formem maiorias em seu interior. A demarcação das terras indígenas também serve a esse propósito. Ao assegurar um território específico para esses povos, assim como o direito de usufruto exclusivo sobre os seus recursos naturais, o Estado garante a possibilidade de os mesmos desenvolverem a sua cultura de acordo com a sua vontade.[45]

Por outro lado, de acordo com os princípios liberais, as regras aplicáveis a todos devem ser resultado de um processo de decisão em que cada cidadão teve igual oportunidade de participar e deliberar. Devido à baixa representatividade da diversidade da população nesses processos, principalmente dos povos indígenas, é preciso prever direitos especiais de representação para esses povos. A participação proporcional nos quadros dos partidos políticos ou, ainda, a reserva de certo número de assentos legislativos para os membros desses grupos seriam algumas medidas recomendadas. De fato, o próprio direito à autodeterminação restaria enfraquecido se a sociedade majoritária pudesse restringir ou revogar unilateralmente esse direito sem qualquer consulta prévia a esses povos. Nesse caso, haveria mera aparência

---

[44] KYMLICKA, Will. *Multicultural Citizenship*: A Liberal Theory of Minority Rights. Oxford: Oxford University Press, 1995. p. 27.
[45] *Ibidem, loc. cit.*

de legitimidade, na medida que as minorias atingidas pelas decisões políticas não participaram de forma paritária dos processos políticos de deliberação.[46]

Esses direitos específicos para os povos indígenas seriam justificados por três argumentos: igualdade, historicidade e diversidade. Em primeiro lugar, se todos os cidadãos devem ser tratados como iguais e se o Estado não pode cumprir com o princípio da neutralidade frente às culturas, existe uma desigualdade gerada por fatores alheios à vontade do indivíduo que precisa ser corrigida a favor das minorias culturais. De fato, o indivíduo não escolhe a cultura na qual nascerá e na qual a sua identidade será formada. Assim, devido ao argumento da igualdade, o Estado deve dar tratamento diferenciado às culturas nacionais minoritárias para que elas tenham possibilidades iguais de se desenvolverem. Se o Estado suporta invariavelmente a cultura majoritária ao adotar uma língua específica como oficial, não há razão plausível para que ele recuse direitos diferenciados de grupo com base no princípio da separação entre Estado e cultura.[47]

Por sua vez, o argumento da historicidade afirma que, antes de se indagar a respeito da justiça de determinada forma de organização política, é preciso analisar um aspecto anterior: o da autoridade. Antes de questionar se as relações entre o Estado brasileiro e os povos indígenas são justas, é preciso verificar como esse Estado adquiriu autoridade sobre os mesmos. Dessa forma, a Constituição brasileira deve ser compreendida como um acordo histórico que estabelece os termos a partir dos quais o Estado adquiriu autoridade sobre povos indígenas que já estavam localizados em seu atual território antes mesmo de sua formação. Assim, a autoridade do Estado sobre os povos indígenas advém desses acordos, assim como é limitada pelos direitos históricos por eles estabelecidos. Quando esses direitos históricos se mostrarem injustos dadas as atuais circunstâncias sociais, eles devem ser revisados à luz do primeiro argumento: o da igualdade.[48]

Por fim, o argumento da diversidade não tem por base um direito da minoria, mas, sim, um interesse da maioria. Um Estado dentro do qual existe mais de uma cultura tem maior possibilidade de se manter diante da mudança das circunstâncias sociais. A diversidade

---

[46] KYMLICKA, Will. *Multicultural Citizenship*: A Liberal Theory of Minority Rights. Oxford: Oxford University Press, 1995. p. 28.
[47] *Ibidem*, p. 111.
[48] *Ibidem*, p. 120.

de concepções de bem em um mesmo território fornece ao indivíduo um maior número de ferramentas, teóricas e práticas, para lidar com o mundo, interpretá-lo e retirar do mesmo o que é necessário para a sua sobrevivência e bem-estar.[49]

Justificados os direitos de grupo como complemento necessário do tradicional catálogo de direitos individuais, pode-se perguntar como deve ser a relação entre eles e se há a preponderância de algum em caso de conflito. Kymlicka[50] resolve o problema do conflito entre reivindicações de grupo e liberdade dos seus integrantes por meio da distinção entre proteções externas e restrições internas.

Proteções externas e restrições internas se referem a dois tipos de reivindicações que podem ser feitas pelas minorias culturais. Proteções externas são reivindicações feitas pela comunidade contra a sociedade majoritária visando a uma maior igualdade na relação entre os vários grupos. Restrições internas, por sua vez, são reivindicações feitas pelo grupo contra os seus próprios membros. Trata-se do poder de restringir a liberdade dos membros em prol da solidariedade do grupo, reduzindo-se o impacto desestabilizador do dissenso interno. Kymlicka[51] afirma que os direitos de grupo podem servir aos dois tipos de demanda; no entanto, defende que uma teoria liberal do multiculturalismo só pode fomentar direitos de grupo quando eles promoverem proteções externas, e não restrições internas.[52]

Porém, como um Estado que adota o liberalismo como forma de organização política deve se comportar diante de culturas societárias existentes dentro do seu território que não são liberais? Vários povos indígenas são comunidades hierarquicamente organizadas ao redor de uma concepção de boa vida diferente da autonomia. Para Kymlicka,[53] o Estado deve procurar reformar essas nações para que elas se tornem liberais, utilizando-se, para tanto, de medidas não coercitivas, isto é, de negociação pacífica.

---

[49] KYMLICKA, Will. *Multicultural Citizenship*: A Liberal Theory of Minority Rights. Oxford: Oxford University Press, 1995. p. 121.
[50] *Ibidem*, p. 35.
[51] *Ibidem*, p. 44.
[52] Essa também é a posição adotada por Gutmann (2003, p. 3) e por Shachar (2001, p. 22-25), diferente de Kukathas (2003), o qual é a favor de algumas restrições internas, mas de nenhuma proteção externa. Os grupos culturais, para este autor, teriam amplos poderes sobre os seus próprios membros, contanto que lhes fosse garantido o direito de saída.
[53] KYMLICKA. *Op. cit.*, p. 94.

A intervenção coercitiva só seria justificada em casos sistemáticos ou grosseiros de violação dos direitos humanos, como escravidão, genocídio, expulsão e tortura em massa. Quatro critérios devem ser utilizados para identificar uma intervenção legítima: a) em primeiro lugar, deve-se verificar a severidade, isto é, a gravidade e a sistematicidade das violações de direitos dentro da minoria; b) em segundo lugar, deve-se analisar o consenso existente dentro da comunidade a respeito da legitimidade da restrição dos direitos individuais dos membros; c) após, é preciso verificar se há ou não a possibilidade de os membros dissidentes deixarem o grupo, se assim o desejarem; d) por fim, é preciso analisar se existem acordos históricos com a minoria nacional em questão.[54]

4 Igualdade pelo diálogo: o constitucionalismo póscolonial, de James Tully

Concordando igualmente com Charles Taylor[55] e Will Kymlicka,[56] James Tully[57] afirma que a identidade de todo e qualquer indivíduo é culturalmente constituída, razão pela qual não há verdadeira contradição entre liberdade e cultura. Todo exercício de liberdade só pode se dar a partir de determinado pertencimento histórico. Dessa forma, as demandas pelo igual reconhecimento de culturas fazem parte da mesma espécie de lutas da espécie humana por dignidade.

Também se utilizando dos termos cunhados por Taylor,[58] Tully[59] afirma que a linguagem não é um mero código, isto é, um conjunto de significantes que tem por objetivo a remissão a significados anteriormente acordados pelos falantes. Muito mais do que isso, a linguagem é o próprio modo de ser do sujeito no mundo. Por meio da linguagem, os sentidos previamente dados pela comunidade são incorporados pelo

---

[54] KYMLICKA, Will. *Multicultural Citizenship*: A Liberal Theory of Minority Rights. Oxford: Oxford University Press, 1995. p. 169-170.
[55] TAYLOR, Charles. *Multiculturalism*: Examining the Politics of Recognition. Princeton: Princeton University Press, 1994.
[56] KYMLICKA. *Op. cit.*, 1995.
[57] TULLY, James. *Strange Multiplicity*: Constitutionalism in an Age of Diversity. Cambridge: Cambridge University Press, 1997. p. 16-17.
[58] TAYLOR, Charles. *Human Agency and Language*: Philosophical Papers 1. Cambridge: Cambridge University Press, 1996.
[59] TULLY. *Op. cit.*, p. 34.

sujeito, ao mesmo tempo em que a aquisição dessa mesma linguagem possibilita ao indivíduo questionar a própria tradição história na qual se encontra inserido. Os seres humanos, portanto, são construtores e, ao mesmo tempo, construídos pela linguagem.

Por essa razão, alerta Tully[60] que, antes de se questionar a respeito da justiça das relações entre Estado e povos indígenas, é preciso questionar se a linguagem utilizada pelo modelo normativo é ela mesma justa, isto é, se a linguagem utilizada pelo modelo é capaz de dar aos participantes do diálogo igual capacidade para expressar suas reivindicações em suas próprias formas culturais.

Para Tully,[61] a teoria política contemporânea, ao selecionar determinados sentidos para termos inerentemente polissêmicos, como "povo", que sejam favoráveis à sua própria teoria, torna-se um discurso a favor da homogeneidade cultural. Nesse sentido, para essas teorias, "povo" é um grupo de pessoas culturalmente homogêneo, seja porque é composto por indivíduos iguais e indiferenciados que chegam a um acordo sobre a melhor associação política por meio de processos deliberativos históricos ou hipotéticos, como é o caso do liberalismo,[62] ou ainda porque todos os membros integrantes compartilham igualmente uma noção em comum de boa vida, como no comunitarismo.[63]

Mesmo as teorias que se mostram mais tolerantes e que procuram conciliar as suas próprias demandas com o reconhecimento de diferentes culturas só o fazem na exata medida em que inviabilizam o questionamento das próprias tradições que procuram legitimar. Assim, concebem o reconhecimento ou a proteção de determinada cultura como uma condição necessária para a realização de algum bem considerado pela teoria como fundamental, mas só reconhecem a diferença até o ponto em que ela não se torne uma ameaça para esses mesmos bens eleitos como fundamentais.

Assim, Charles Taylor,[64] ao mesmo tempo em que prevê uma política da diferença aliada a uma política da igualdade, limita o direito à autodeterminação ao respeito aos direitos individuais, mesmo ciente

---

[60] TULLY, James. *Strange Multiplicity*: Constitucionalism in an Age of Diversity. Cambridge: Cambridge University Press, 1997. p. 36.
[61] *Ibidem*, p. 44.
[62] RAWLS, John. *Uma Teoria da Justiça*. Tradução de Almiro Pisetta e Lenita Maria Rímoli Esteves. São Paulo: Martins Fontes, 2002.
[63] SANDEL, Michael. *Liberalism and the Limits of Justice*. Cambridge: Cambridge University Press, 1982.
[64] TAYLOR, Charles. *Multiculturalism*: Examining the Politics of Recognition. Princeton: Princeton University Press, 1994.

de que estes promovem uma concepção de bem como autonomia não compartilhada por todos e de que o liberalismo não poderá nunca ser um campo neutro para o encontro de culturas. Por outro lado, mesmo reconhecendo que o Estado não pode cumprir devidamente com o princípio da neutralidade, Kymlicka[65] só se mostra a favor do direito à autodeterminação caso este promova proteções externas. Portanto, só reconhece a diferença da cultura alheia caso esta seja internamente organizada de acordo com os ditames liberais. Caso ela não seja internamente liberal, afirma ainda que o Estado deve se utilizar de todos os meios não coercitivos à disposição para liberalizá-las, concebendo o liberalismo como um ponto final de uma linha do tempo progressiva.

Para Tully,[66] a única forma de sair desse dilema é não determinar antecipadamente a melhor forma de organização política para determinado Estado. O que se deve estabelecer é que essa associação política deve ser o resultado do diálogo de todas as culturas existentes em seu território. Para garantir que todas as culturas tenham as mesmas condições de participação no processo deliberativo, esse diálogo deve ser regulado por três convenções, a saber: mútuo reconhecimento, consentimento e continuidade.

A convenção do mútuo reconhecimento estabelece que todas as partes do diálogo devem ser reconhecidas como nações independentes, dotadas de autogoverno, portanto. Por sua vez, a convenção do consentimento assevera ser necessário que todas as decisões resultantes desse diálogo sejam produto do livre-arbítrio dos povos. Por fim, a convenção da continuidade determina que, caso não seja alcançado acordo de nenhum tipo, não se deve tentar transformar as culturas daqueles que participaram das negociações. Dessa forma, a segunda e terceira convenções estão intrinsicamente interligadas. Qualquer modificação nos costumes ou no modo de ser de um povo não pode se dar sem a concordância explícita por parte da nação modificada.

Por outro lado, uma vez que a linguagem constitui a forma como o indivíduo compreende a si mesmo e o seu entorno, deve-se garantir a todos, durante as negociações, o direito de se expressar na sua própria língua. Assim, cada negociador deve participar do debate fazendo uso do seu próprio modo de ser no mundo.

---

[65] KYMLICKA, Will. *Multicultural Citizenship*: A Liberal Theory of Minority Rights. Oxford: Oxford University Press, 1995.
[66] TULLY, James. *Strange Multiplicity*: Constitucionalism in an Age of Diversity. Cambridge: Cambridge University Press, 1997. p. 184.

O modelo proposto não pode se apresentar como um grave obstáculo para a garantia da liberdade individual? A proposta de Tully[67] não prevê nenhum instrumento para a proteção das minorias existentes dentro das próprias minorias? Em resposta, Tully[68] afirma que a aplicação das três convenções deve se dar não apenas entre os povos, mas também entre os indivíduos que integram essas culturas. Assim, esse modelo não resguarda nenhum tipo de comunidade que não seja liberal. O modelo proposto não pode atender as reivindicações da cultura quando esta se encontra em contradição com o exercício das liberdades individuais pelas pessoas.

Assim, liberdade e cultura não precisam ser concebidos como valores contrapostos. Pelo contrário, exigem-se mutuamente. Da mesma forma que é impossível exercer a autonomia sem um horizonte de significados culturalmente dado, a própria cultura foi resultado de contínuo questionamento interno, senão ela sequer permaneceria no tempo. A melhor forma de realizar ambos os valores é por meio de uma associação política que seja resultado de um diálogo em que todas as partes se reconheçam como iguais, livres e íntegras.

5 Igualdade entre liberdade e cultura

Todos os modelos propostos, não obstante as suas diferentes filiações teóricas, somente acomodam a diferença apresentada pelos povos indígenas quando esta não contraria o bem como autonomia defendida pelo liberalismo. Charles Taylor[69] não admite, em nenhum caso, a prevalência do direito à autodeterminação sobre os direitos individuais. Kymlicka[70] só defende os direitos de grupo quando estes promovem proteções externas, e não restrições internas. Tully[71] assevera que as três convenções por ele assinaladas também devem regular o diálogo entre os indivíduos.[72]

---

[67] TULLY, James. *Strange Multiplicity*: Constitutionalism in an Age of Diversity. Cambridge: Cambridge University Press, 1997.
[68] *Ibidem*, p. 191.
[69] TAYLOR, Charles. *Multiculturalism*: Examining the Politics of Recognition. Princeton: Princeton University Press, 1994.
[70] KYMLICKA, Will. *Multicultural Citizenship*: A Liberal Theory of Minority Rights. Oxford: Oxford University Press, 1995.
[71] TULLY. *Op. cit.*
[72] Essa opinião também é compartilhada por Bonilla (2006, p. 93-95).

O problema é que a autonomia faz parte de uma maneira específica de se conceber a realidade. Uma sensibilidade moral não está separada do tipo de sociedade que a sustenta. De fato, a autonomia – enquanto bem – estabeleceu a identidade humana enquanto indivíduo,[73] e a ideia de indivíduo traz consigo concepções particulares de razão, como capacidade humana de escolher os próprios fins da conduta individual; de sociedade, como associação cooperativa destinada à repartição do fruto do trabalho conjunto; e até mesmo de tempo, como retilíneo e progressivo. Aceitar os direitos individuais é também aceitar o modelo de sociedade que torna a sua realização possível.[74]

Muitos povos indígenas, no entanto, não compartilham da mesma concepção de bem como autonomia. Várias comunidades indígenas possuem como bem uma divindade, o que as leva a adotar uma organização hierárquica, na qual a pessoa é compreendida como parte de um todo a que deve servir, cumprindo, para tanto, papéis sociais previamente e rigidamente estabelecidos.[75]

Ainda que várias dessas comunidades compartilhem de valores liberais, a compreensão de mundo distinta pode resultar em práticas morais, políticas e jurídicas distintas. Não há dúvidas de que os povos indígenas compartilham da importância dada à vida pela sociedade majoritária, mas as suas compreensões distintas acerca do início da mesma podem resultar em práticas consideradas nocivas se não compreendidas devidamente. Para os Araweté, o reconhecimento da humanidade de um ente só ocorre quando este passa a demonstrar

---

[73] Queremos dizer que só a partir do momento em que se estabelece que uma vida digna é aquela resultante das escolhas da própria pessoa é que o ser humano passa a ser visto não mais como parte de um todo, mas, sim, como uma unidade própria dotada de vontade. Charles Taylor (1997) identifica esse momento no final do século XVIII, com o surgimento do ideal da autenticidade e com a virada subjetiva da cultura moderna. Desde então, tornou-se importante ser fiel a si mesmo e à sua maneira particular de ser.

[74] Como afirma Geertz (2008, p. 259 e 275), a parte jurídica do mundo não é simplesmente um conjunto de normas, regulamentos, princípios, mas, sim, parte de uma maneira específica de imaginar a realidade. As sensibilidades jurídicas são formadas dentro de determinados contextos, formados por uma visão de mundo e uma forma de vida específica. O direito nada mais é do que uma linguagem que corrobora o próprio imaginário no qual ele está fundado e que constrói o comportamento que ele mesmo regula.

[75] Vilaça (2002) ressalta, por exemplo, que, para algumas comunidades indígenas, a condição de ser humano depende da aquisição do saber agir de acordo com as prescrições rituais. Assim, da mesma forma que se aprende a ser humano para ingressar no círculo social de um povo, pode-se desaprender e ser expulso desse mesmo círculo. Castro (2002) também chega à mesma conclusão, a de que a condição humana, para muitos povos indígenas, é fluida, capaz de transformar-se. Homem que não sabe utilizar o fogo, por exemplo, não é homem, é animal, onça.

sinais de consciência, isto é, quando começa a interagir, a responder a estímulos comunicativos.[76] Os Yanomami, por sua vez, só iniciam a caçada do nome de uma criança após esta atingir mais de um ano de idade. Nomear, para esse povo, significa não apenas dar um nome, mas, sim, conferir pessoalidade, tornar-se pessoa (COCCO, 1972). No julgamento da Arguição de Descumprimento de Preceito Fundamental (ADPF) nº 54, os próprios ministros do Supremo Tribunal Federal (STF) apresentaram discordância quanto ao momento de início da vida humana, o que era fundamental para a caracterização da interrupção da gestação de fetos anencéfalos como crime ou não. A maioria considerou que o início da vida pressupõe não apenas a fecundação do óvulo pelo espermatozoide, mas também a viabilidade do feto se tornar pessoa, identificada pelo início da atividade cerebral.

O aparente conflito entre liberdade e cultura só pode ser resolvido se entendermos que ambos são aspectos indissociáveis de um mesmo princípio de igualdade. Para além da liberdade e da cultura, existe um valor maior, que é a igualdade, a partir do qual se deve interpretar o real conteúdo dos mesmos, harmonizando-os.

Figura 1 – Multiculturalismo e princípios de moralidade política

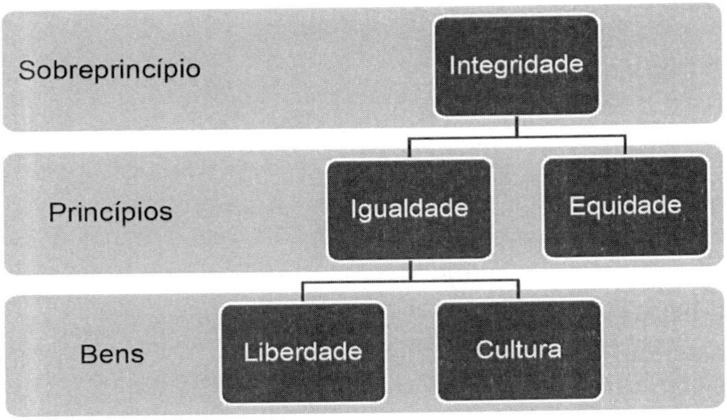

Fonte: Elaboração dos autores.

---

[76] CASTRO, Eduardo Viveiros de. *Araweté*: Os Deuses Canibais. Rio de Janeiro: Jorge Zahar, 1986.

De acordo com o princípio da igualdade, o exercício do poder soberano pelo Estado só é legítimo quando a sua finalidade é a igual consideração e respeito por todos os cidadãos pelo simples fato de serem humanos. O Estado trata com igual consideração e respeito seus cidadãos quando cumpre dois mandatos éticos indissociáveis: a) a vida do cidadão deve ser o resultado o máximo possível das suas próprias escolhas; b) o cidadão só pode ser responsabilizado pelas escolhas que fez, e não por circunstâncias externas, alheias ao seu livre-arbítrio, como a cor da pele e o gênero.

Cultura é uma circunstância externa. O indivíduo não escolhe a cultura na qual nascerá. Trata-se, portanto, de uma circunstância pela qual ele não pode ser responsabilizado. Qualquer cidadão, independentemente da cultura na qual nasceu, deve ter as mesmas condições de ter uma vida digna, considerando-se como digna a vida que cumpra os dois mandamentos éticos anteriormente mencionados.

Por outro lado, a cultura molda, ainda que parcialmente, a forma como o indivíduo compreende a si mesmo, por meio das relações de reconhecimento. Existe uma ligação profunda entre cultura e identidade individual. Caso a cultura seja extinta, uma parte importante da identidade do indivíduo expressa na coletividade será perdida e, com isso, as bases do autorrespeito restarão fragilizadas. A cultura é um bem necessário, uma condição imprescindível, sem a qual o indivíduo não pode alcançar o autorrespeito.

Assim, como o indivíduo não escolhe a cultura onde nasceu e como as bases do seu autorrespeito dependem do respeito à sua própria cultura de origem, chega-se à conclusão de que o Estado deve dar iguais condições para que todas as culturas possam igualmente se desenvolver.

O Estado, no entanto, não pode se manter neutro diante da cultura, seja porque qualquer concepção de justiça pressupõe uma concepção de boa vida, seja porque o Estado invariavelmente tomará decisões que favoreçam uma cultura em detrimento de outras, seja ainda porque o próprio Estado é uma forma culturalmente determinada de organização política. Por essa razão, a previsão de um catálogo igual para todos e o maior possível de direitos individuais não se apresenta como capaz de retificar a desigualdade imerecida que invariavelmente será criada pelo Estado a favor da sociedade majoritária.

Portanto, é preciso complementar os direitos individuais com direitos específicos de grupo. No caso dos povos indígenas, esse direito é o direito à autodeterminação, o qual confere autonomia sobre determinada parcela do território para desenvolver-se enquanto sociedade distinta. O direito à autodeterminação, portanto, está justificado perante o princípio da igualdade.

Do princípio da igualdade, podemos derivar um novo princípio: o da equidade. Se todos os cidadãos devem ser tratados como igualmente dignos, todos devem ter iguais condições de participar do processo de formação da vontade última do Estado. Ao lado da liberdade negativa do indivíduo, referente às escolhas que o sujeito faz a respeito da sua própria vida, existe a liberdade positiva, que diz respeito à participação política do cidadão, sendo ambos os aspectos considerados indissociáveis. Assim, o princípio da equidade afirma que, para ser legítimo, o exercício do poder pelo Estado deve se basear no consentimento dado pelos cidadãos. Como os povos indígenas existiam antes mesmo da formação do próprio Estado, o exercício do poder pelo Estado em relação a eles precisa contar com o seu consentimento. O Estado só pode exercer poder em relação aos povos indígenas na exata medida em que isso foi acordado com eles, isto é, nos exatos termos do acordo histórico estabelecido. Logo, os povos indígenas têm direito a que seja respeitado o direito à autodeterminação na exata medida em que ele se encontra descrito no acordo histórico, como, por exemplo, na Constituição. Se essas comunidades não deram consentimento para que o Estado intervenha em sua organização política interna, qualquer exercício de poder pelo Estado nesse sentido será considerado ilegítimo. Por outro lado, é preciso garantir condições para que esses povos participem do processo político, impedindo que o seu direito à autodeterminação seja restringido ou revogado sem o seu consentimento.

Por que, porém, a igualdade é considerada o princípio de moralidade política mais importante? Por que a definição da organização política a partir da igualdade e da equidade não nos parece arbitrário? Não há outra resposta a não ser a de que esses princípios representam a nossa própria forma de compreender o mundo e o ser humano. Não há nenhum argumento neutro ou universal que os justifique. Eles são os pressupostos dados pela nossa tradição cultural, a partir dos quais se torna possível a elaboração do raciocínio de moralidade política. Chamaremos essa coerência para com a tradição cultural de integridade. A integridade é um sobreprincípio, um princípio a respeito de princípios. Dito agora de outra forma, os princípios da igualdade e da equidade fazem sentido porque cumprem com a integridade, refletem os critérios morais considerados fundamentais pela nossa própria tradição política.

Agora podemos perceber o real alcance das indagações de Tully.[77] O mesmo autor afirma que, mesmo esse modelo normativo construído com base no princípio da igualdade, por mais que seja favorável aos povos indígenas, ainda fere a autonomia desses povos, na medida em que ele é construído a partir de princípios que fazem sentido para nós, mas que podem parecer arbitrários para eles. Para fazer real justiça a esses povos, é preciso que os princípios de moralidade política estabelecidos não violem a integridade desses povos. Agora se encontra justificada a imperiosa necessidade de se estabelecer um diálogo transcultural como fusão de horizontes, tal qual elaborado por Charles Taylor,[78] com base em Gadamer,[79] regulado pelas convenções do mútuo reconhecimento, do consentimento e da continuidade.

Por essa razão, o direito à autodeterminação dos povos indígenas não deve ser limitado, à primeira vista, pelos direitos individuais. Os direitos individuais são dispositivos que visam à proteção de determinados bens considerados essenciais para uma vida digna, a exemplo da vida. No entanto, como também ressaltado por Tully,[80] as palavras são plurissignificativas, isto é, podem nos remeter a diferentes significados, como vimos em relação ao início da vida. Portanto, os bens protegidos pelos direitos individuais estão ligados às concepções de mundo da tradição de onde eles se originaram.

Dessa forma, ao limitar o direito à autodeterminação pelos direitos individuais, pode-se correr o risco de estar se limitando a autonomia daqueles povos para a proteção de bens ou de interpretações desses bens que não condizem com as concepções de mundo e com o imaginário social mantido por aqueles povos. Conforme ordena o princípio da integridade, é preciso que o juízo moral, político e jurídico esteja de acordo também com a tradição histórica das comunidades onde aqueles direitos serão aplicados. São os direitos individuais que devem ser interpretados de acordo com o contexto culturalmente diferenciado de aplicação para que não se dê uma solução de continuidade à tradição histórica daqueles povos.

---

[77] TULLY, James. *Strange Multiplicity*: Constitucionalism in an Age of Diversity. Cambridge: Cambridge University Press, 1997.
[78] TAYLOR, Charles. *Multiculturalism*: Examining the Politics of Recognition. Princeton: Princeton University Press, 1994.
[79] GADAMER, Hans-Georg. *Verdade e Método 1*: Traços Fundamentais de uma Hermenêutica Filosófica. Tradução de Flávio Paulo Meurer. Petrópolis: Vozes, 2008.
[80] TULLY. *Op. cit.*

6 Considerações finais

Questionamos:
a) se o respeito à cultura dos povos indígenas é uma condição necessária para o respeito aos seus próprios membros enquanto seres humanos;
b) de que modo o Estado deve garantir o igual respeito às culturas dos povos indígenas: por meio de uma carta de direitos individuais ou por meio do direito à autodeterminação;
c) se esse direito à autodeterminação é limitado por direitos individuais.

A resposta a essas três perguntas nos permitira elaborar um modelo geral sobre como o Estado deve tratar os povos indígenas. Para tanto, analisamos três propostas, de diferentes escolas de pensamento: Charles Taylor,[81] comunitarista; Will Kymlicka,[82] liberal; e James Tully,[83] pós-colonial.

Charles Taylor (1994) respondeu afirmativamente ao questionamento *a*. O respeito à cultura é uma condição necessária para o autorrespeito individual devido aos vínculos existentes entre identidade e comunidade. A identidade individual é dialogicamente construída por meio de relações de reconhecimento. Por outro lado, em relação à questão *b*, Taylor[84] afirma que os direitos individuais são insuficientes para acomodar a diferença de grupos que visam à sobrevivência cultural. Deve-se prever uma política da diferença consubstanciada no direito à autodeterminação para esses grupos. Por fim, no que diz respeito a *c*, esse direito à autodeterminação não pode se sobrepor aos direitos individuais, mas estes direitos individuais devem ser diferenciados das simples prerrogativas e imunidades.

Kymlicka[85] também responde afirmativamente ao questionamento *a* utilizando-se também da teoria social do indivíduo elaborada

---

[81] TAYLOR, Charles. *Multiculturalism*: Examining the Politics of Recognition. Princeton: Princeton University Press, 1994.
[82] KYMLICKA, Will. *Multicultural Citizenship*: A Liberal Theory of Minority Rights. Oxford: Oxford University Press, 1995.
[83] TULLY, James. *Strange Multiplicity*: Constitutionalism in an Age of Diversity. Cambridge: Cambridge University Press, 1997.
[84] TAYLOR, Charles. *Argumentos Filosóficos*. Tradução de Adail Sobral. São Paulo: Loyola, 2000a.
[85] KYMLICKA. *Op. cit.*

por Taylor.[86] No que toca a *b*, afirma que os direitos individuais devem ser complementados por direitos diferenciados de grupo, dentre os quais se encontram o direito à autodeterminação e o direito à especial representação, titularizados pelos povos indígenas. Quanto a *c*, afirma que esses direitos só devem ser mantidos com a finalidade de promover proteções externas, e não restrições internas. O Estado deve se utilizar de todos os meios não coercitivos ao seu dispor para liberalizar as comunidades iliberais.

Tully,[87] por fim, também concorda com Taylor[88] e Kymlicka[89] em relação ao questionamento *a*, mas discorda deles no plano normativo *b*. Afirma que toda e qualquer organização política que visa acomodar de forma justa a diferença cultural deve ser resultado do diálogo entre os povos existentes em um território. Esse diálogo deve ser mediado pelas convenções do mútuo reconhecimento, do consentimento e da continuidade. Em relação a *c*, afirma que o modelo proposto não corre o risco de violar os direitos das minorias dentro das minorias, porque as três convenções também se aplicam ao diálogo entre os indivíduos.

Concordamos com os três modelos em relação aos questionamentos *a* e *b*, mas discordamos em relação a *c*. Todos os três modelos são insuficientemente sensíveis à diferença dos povos indígenas nesse aspecto. Todos eles exigem, de uma maneira ou de outra, a aceitação dos valores liberais para que eles sejam protegidos da sociedade majoritária. Taylor[90] admite uma política da diferença consubstanciada no direito à autodeterminação, mas não admite a prevalência deste em relação aos direitos individuais. Kymlicka[91] só concebe direitos diferenciados de grupo quando eles visam proteger a comunidade de interferências externas. Tully[92] assevera que as três convenções também devem ser aplicadas ao diálogo entre os indivíduos.

---

[86] TAYLOR, Charles. *Multiculturalism*: Examining the Politics of Recognition. Princeton: Princeton University Press, 1994.
[87] TULLY, James. *Strange Multiplicity*: Constitucionalism in an Age of Diversity. Cambridge: Cambridge University Press, 1997.
[88] TAYLOR. *Op. cit.*
[89] KYMLICKA, Will. *Multicultural Citizenship*: A Liberal Theory of Minority Rights. Oxford: Oxford University Press, 1995.
[90] TAYLOR. *Op. cit.*
[91] KYMLICKA. *Op. cit.*
[92] TULLY. *Op. cit.*

Um modelo normativo que seja capaz de acomodar de forma justa a diferença apresentada pelos povos indígenas deve ser o resultado da reunião dos pontos fortes de cada uma das teorias apresentadas, relidas a partir de uma perspectiva crítica. Dessa forma, chegamos à conclusão de que o acesso à cultura é um bem necessário para o autorrespeito individual. A melhor forma de garantir a disponibilidade desse bem para os povos indígenas é por meio da previsão do direito à autodeterminação em complemento à carta de tradicionais direitos individuais civis e políticos e por meio de um contínuo diálogo entre eles e a sociedade majoritária, mediado pelas convenções do mútuo reconhecimento, do consentimento e da continuidade. Por fim, o direito à autodeterminação não deve ser limitado, à primeira vista, pelos direitos individuais. São os direitos individuais que devem ser interpretados de acordo com o contexto cultural de aplicação para que eles não sirvam como uma forma de interferência externa.

Esse modelo é justificado por três princípios de moralidade política: igualdade, equidade e integridade. De acordo com o princípio da igualdade, o direito à autodeterminação se faz necessário para corrigir, no plano jurídico, a desigualdade que invariavelmente existirá, no plano dos fatos, em relação aos povos indígenas devido ao fato de o Estado não poder cumprir com o mandamento da neutralidade cultural. Por sua vez, o princípio da equidade afirma que, para ser legítimo, o exercício do poder pelo Estado precisa do consentimento de todos os seus cidadãos. Dessa forma, qualquer interferência da sociedade majoritária na organização interna desses povos só pode se concretizar mediante a anuência dos mesmos. Por fim, o princípio da integridade afirma que uma acomodação justa da diferença só é possível quando o modelo normativo se encontra justificado também pelas tradições culturais desses povos.

Referências

ACKERMAN, Bruce. *Social Justice in the Liberal State.* New Haven: Yale University Press, 1980.

AYLWIN, José. Tendencias Contemporaneas de Derechos de los Pueblos Indígenas em América Latina. In: CULLETON, Alfredo et al. *Direitos Humanos e Integração Latino-americana.* Porto Alegre: Entrementes Editorial; Assembléia Legislativa do Estado do Rio Grande do Sul; Comissão de Cidadania e Direitos Humanos, 2011. p. 179-196.

BARRY, Brian. *Culture and Equality.* Cambridge: Harvard University Press, 2001.

BELL, Daniel. *Communitarianism and its Critics*. Oxford: Clarendon Press, 1993.

BHABHA, Homi. *The Location of Culture*. Abingdon: Routledge, 1994.

BOLÍVIA. *Nueva Constitución Política del Estado*. 2009.

BONILLA, Daniel. *La Ciudadanía Multicultural y la Política del Reconocimiento*. Colômbia: Uniandes, 1999.

BRASIL. *Constituição da República Federativa do Brasil*. Brasília: Senado Federal, 1988.

CARENS, Joseph. *Culture, Citizenship, and Community*: A Contextual Exploration of Justice as Evenhandedness. Oxford: Oxford University Press, 2000.

CASTRO, Eduardo Viveiros de. *Araweté*: Os Deuses Canibais. Rio de Janeiro: Jorge Zahar, 1986.

CASTRO, Eduardo Viveiros de. *A Inconstância da Alma Selvagem*: E Outros Ensaios de Antropologia. São Paulo: Cosac Naif, 2002.

CASTRO-GÓMEZ, Santiago. *La Poscolonialidad Explicada a Los Niños*. Bogotá: Editorial Universidad del Cauca; Instituto Pensar, Universidad Javeriana, 2005.

COCCO, Pe. Luis. Maternidad y Infancia. *In*: *Iyëwei-Teri*: Quince Años entre los Yanomamos. Caracas: Don Bosco, 1972.

COLÔMBIA. *Constitución Política de Colombia*. 1991.

DUSSEL, Enrique. *Ethics of Liberation*: In the Age of Globalization and Exclusion. Durham: Duke University Press, 2013.

DWORKIN, Ronald. *Uma Questão de Princípio*. Tradução de Luís Carlos Borges. São Paulo: Martins Fontes, 2000.

DWORKIN, Ronald. *A Virtude Soberana*: A Teoria e a Prática da Igualdade. Tradução de Jussara Simões. São Paulo: Martins Fontes, 2005.

EQUADOR. *Constitución de la República del Ecuador*. 2008.

FAJARDO, Raquel Yrigoyen. El Horizonte del Constitucionalismo Pluralista: Del Multiculturalismo a la Descolonización. *In*: GARAVITO, César Rodríguez (Coord.). *El Derecho en América Latina*: Un Mapa para el Pensamiento Jurídico del Siglo XXI. México: Siglo Veintiuno, 2011. p. 139-159.

FILIPPI, Alberto. Las Identidades Étnicas y Culturales como Base de los Derechos y la Integración Democrática Plurinacional. *In*: CULLETON, Alfredo *et al*. *Direitos Humanos e Integração Latino-americana*. Porto Alegre: Entrementes Editorial; Assembléia Legislativa do Estado do Rio Grande do Sul; Comissão de Cidadania e Direitos Humanos, 2011. p. 27-39.

GADAMER, Hans-Georg. *Verdade e Método 1*: Traços Fundamentais de uma Hermenêutica Filosófica. Tradução de Flávio Paulo Meurer. Petrópolis: Vozes, 2008.

GARGARELLA, Roberto. *As Teorias da Justiça Depois de Rawls*: Um Breve Manual de Filosofia Política. Tradução de Alonso Reis Freire. São Paulo: Martins Fontes, 2008.

GEERTZ, Clifford. O Saber Local: Fatos e Leis em uma Perspectiva Comparada. In: GEERTZ, Clifford. O Saber Local: Novos Ensaios de Antropologia Interpretativa. Rio de Janeiro: Vozes, 1998. p. 249-356.

GUTMANN, Amy. Identity in Democracy. Princeton: Princeton University Press, 2003.

HALL, Stuart. Diáspora. Belo Horizonte: Humanitas, 2003.

HOLANDA, Marianna Assunção Figueiredo. Quem são os Humanos dos Direitos? Sobre a Criminalização do Infanticídio Indígena. Dissertação (Mestrado em Antropologia Social). Brasília: Universidade de Brasília, 2008.

HONNETH, Axel. Luta por Reconhecimento: A Gramática Moral dos Conflitos Sociais. Tradução de Luiz Repa. São Paulo: 34, 2003.

KAYSER, Harmut-Emmanuel. Os Direitos dos Povos Indígenas do Brasil: Desenvolvimento Histórico e Estágio Atual. Tradução de Maria da Glória Lacerda Rurack e Klaus-Peter Rurack. Porto Alegre: Sergio Antonio Fabris, 2010.

KELLY, Paul (Org.). Multiculturalism Reconsidered: Culture & Equality and Its Critics. Cambridge: Polity Press, 2002.

KUKATHAS, Chandran. The Liberal Archipelago: A Theory of Diversity and Freedom. Oxford: Oxford University Press, 2003.

KYMLICKA, Will. Liberalism, Community and Culture. Oxford: Oxford University Press, 1989.

KYMLICKA, Will. Multicultural Citizenship: A Liberal Theory of Minority Rights. Oxford: Oxford University Press, 1995.

KYMLICKA, Will. Filosofia Política Contemporânea: Uma Introdução. Tradução de Luís Carlos Borges. São Paulo: Martins Fontes, 2006.

LOCKE, John. Dois Tratados sobre o Governo. Tradução de Julio Fischer. São Paulo: Martins Fontes, 1998.

MACINTYRE, Alasdair. After Virtue: A Study in Moral Theory. Londres: Duckworth, 1981.

MÉXICO. Constitución Política de los Estados Unidos Mexicanos. 1917.

MEAD, George Herbert. Mind, Self and Society: From the Standpoint of a Social Behaviorist. Chicago: University of Chicago Press, 1967.

MOLOS, Dimitrios (Jim). Culture, Community and the Multicultural Individual: Liberalism and the Challenge of Multiculturality. Tese (Doutorado em Filosofia). Kingston, Ontario: Queen's University, 2012.

ORGANIZAÇÃO INTERNACIONAL DO TRABALHO (OIT). Convenção n.º 169 sobre Povos Indígenas e Tribais. Genebra: 1989.

PAGLIARO, Heloísa; AZEVEDO, Marta Maria; SANTOS, Ricardo Ventura (Org.). Demografia dos Povos Indígenas no Brasil. Rio de Janeiro: Fiocruz, 2005.

POGGE, Thomas. Realizing Rawls. New York: Cornell University Press, 1989.

RAWLS, John. *Uma Teoria da Justiça*. Tradução de Almiro Pisetta e Lenita Maria Rímoli Esteves. São Paulo: Martins Fontes, 2002.

RICARDO, Beto; RICARDO, Fany (Ed.). *Povos Indígenas no Brasil*: 2006-2010. São Paulo: Instituto Socioambiental, 2011.

RODRIGUES, Guilherme Scotti. *Direitos Fundamentais, Eticidade Reflexiva e Multiculturalismo*: Uma Contribuição para o Debate sobre o Infanticídio Indígena no Brasil. Tese (Doutorado em Direito). Brasília: Universidade de Brasília, 2011.

SÁ JUNIOR, Adalberto Fernandes. *Lei Muwaji*: Dos Discursos do Enfrentamento aos Diálogos do Reconhecimento. Dissertação (Mestrado em Direitos Humanos). Belém: Universidade Federal do Pará, 2013.

SAID, Edward. *Orientalism*: Western Representations of the Orient. Harmondsworth: Penguin, 1985.

SANDEL, Michael. *Liberalism and the Limits of Justice*. Cambridge: Cambridge University Press, 1982.

SHACHAR, Ayelet. *Multicultural Jurisdictions*: Cultural Differences and Women's Rights. Cambridge: Cambridge University Press, 2001.

SPIVAK, Gayatri Chakravorty. *A Critique of Postcolonial Reason*: Toward a History of the Vanishing Present. Cambridge: Harvard University Press, 1999.

TAMIR, Yael. *Liberal Nationalism*. Princeton: Princeton University Press, 1993.

TAYLOR, Charles. *Multiculturalism*: Examining the Politics of Recognition. Princeton: Princeton University Press, 1994.

TAYLOR, Charles. *Philosophy and the Human Sciences*: Philosophical Papers 2. Cambridge: Cambridge University Press, 1995.

TAYLOR, Charles. *Human Agency and Language*: Philosophical Papers 1. Cambridge: Cambridge University Press, 1996.

TAYLOR, Charles. *As Fontes do Self*: A Construção da Identidade Moderna. Tradução de Adail Sobral e Dinah Azevedo de Abreu. São Paulo: Loyola, 1997.

TAYLOR, Charles. *Argumentos Filosóficos*. Tradução de Adail Sobral. São Paulo: Loyola, 2000a.

TAYLOR, Charles. *The Ethics of Authenticity*. Cambridge: Harvard University Press, 2000b.

TAYLOR, Charles. *Hegel e a Sociedade Moderna*. Tradução de Luciana Pudenzi. São Paulo: Loyola, 2005.

TULLY, James. *Strange Multiplicity*: Constitucionalism in an Age of Diversity. Cambridge: Cambridge University Press, 1997.

VAN COTT, Donna Lee. *The Friendly Liquidation of the Past*: The Politics of Diversity in Latin America. Pittsburgh: Pittsburgh University Press, 2000.

VILAÇA, Aparecida. Making Kin Out of Others in Amazonia. *Journal of the Royal Anthropological Institute*, n. 8, 2002, p. 347-365.

WALZER, Michael. *Spheres of Justice*: A Defense of Pluralism and Equality. Oxford: Blackwell, 1983.

WINNICOTT, Donald. *O Brincar e a Realidade*. Rio de Janeiro: Imago, 1975.

YOUNG, Robert. *Postcolonialism*: An Historical Introduction. Malden: Blackwell, 2001.

YOUNG, Robert. *Postcolonialism*: A Very Short Introduction. Oxford: Oxford University Press, 2003.

Informação bibliográfica deste texto, conforme a NBR 6023:2018 da Associação Brasileira de Normas Técnicas (ABNT):

SÁ JUNIOR, Adalberto Fernandes; VAZ, Celso Antônio Coelho. Multiculturalismo, povos indígenas e direito à autodeterminação. *In*: BASTOS, Dafne Fernandez de; SALES, José Edvaldo Pereira (Coord.). *Direitos humanos*: abordagens transversais. Belo Horizonte: Fórum, 2020. p. 17-47. ISBN 978-85-450-0732-6.

O *DISTINGUISHING* REALIZADO PELO STF NO JULGAMENTO DA ADIN Nº 3.421-PR: COMPATIBILIDADE COM O SISTEMA DE PRECEDENTES DO NOVO CÓDIGO DE PROCESSO CIVIL

ANDRÉ LUIS BITAR DE LIMA GARCIA

JOSÉ ANIJAR FRAGOSO REI

1 Introdução

A partir de algumas premissas necessárias (transformação da metodologia jurídica contemporânea, convergência dos dois grandes sistemas clássicos de *civil law* e *common law*, compreensão do papel do STF e necessidade de respeito aos precedentes), apresentaremos as características principais de duas teorias sobre precedentes elaboradas por Frederick Schauer ("precedente como regra") e Ronald Dworkin ("precedente como princípio"). Após, verificaremos que o STF, no julgamento da ADIN nº 3.421-PR, se afastou de seus precedentes e realizou um *distinguishing*. Faremos a análise desse caso procurando demonstrar que nele a Corte Suprema se afastou da concepção de precedente como regra e se aproximou da concepção de precedente como princípio. Concluiremos que a decisão foi acertada e utilizou bons argumentos, haja vista que destinou espaço à proteção dos direitos fundamentais. Em adição, como o referido artigo foi escrito inicialmente em 2012,[1] são realizadas breves notas de atualização, especialmente em

---

[1] Artigo originalmente publicado em: GARCIA, André Luis Bitar de Lima; REI, José Anijar Fragoso. O *distinguishing* realizado pelo STF no julgamento da ADIN nº 3.421-PR. Revista de informação legislativa, Brasília, v. 49, n. 196, p. 311-325, out/dez 2012.

razão do advento do Novo Código de Processo Civil (Lei nº 13.105/2015), da Lei Complementar nº 160/17 e de algumas decisões posteriores do Supremo Tribunal Federal.

2 As transformações ocorridas no pensamento jurídico contemporâneo. A aproximação das tradições de *civil law* e *common law*. O papel do STF no atual contexto de jurisdição constitucional. A necessidade de respeito aos precedentes

Principalmente a partir da segunda metade do século XX, a metodologia jurídica sofreu significativas transformações, com implicações na concepção de direito.

Algumas características do pensamento jurídico contemporâneo podem ser destacadas, como, por exemplo, (i) o reconhecimento da *força normativa da Constituição*; (ii) a importância da *teoria dos princípios*; (iii) a inegável mutação da *hermenêutica jurídica* e o reconhecimento da função criativa e normativa da atividade jurisdicional; e (iv) a valorização dos *direitos fundamentais*, os quais devem ser interpretados de modo a dar-lhes o máximo de eficácia.[2]

Dentro desse contexto, antigos dogmas precisam ser quebrados, sendo exemplo disso a necessidade de compreensão de que o juiz da atualidade não é mais servo do Legislativo; hoje, o seu papel é tão criativo quanto o do seu colega do *common law*.

Várias são as formas de perceber essa realidade. Poderíamos lembrar, por exemplo, que atualmente existe verdadeira expansão das chamadas cláusulas gerais, técnica de redação de enunciado normativo que atribui maior poder ao juiz para criar a justiça do caso concreto e rompe com o tradicional modelo de tipicidade estrita das formas, que vigorava à época do Estado liberal clássico. Sua utilização decorre da ideia de que o legislador não pode antever todas as reais e verdadeiras necessidades de direito material, pois estas constantemente

---

[2] SARMENTO, Daniel. O neoconstitucionalismo no Brasil: riscos e possibilidades. *In*: NOVELINO, Marcelo (Org.). *Leituras complementares de Direito Constitucional*: Teoria da Constituição. Salvador: JusPodivm, 2009.
A união dessas principais características marca o que a doutrina chama de *neoconstitucionalismo*. Já podemos verificar considerável literatura no Brasil a respeito dessa nova fase (também denominada por alguns como *pós-positivismo* ou, ainda, *neopositivismo*).

se transformam e assumem diferentes contornos conforme os casos concretos.[3]

Assim também, outra característica marcante dessa nova feição da atividade judicial consiste no fato de o juiz brasileiro controlar a constitucionalidade da lei e ter em suas mãos a possibilidade de utilizar as técnicas da interpretação conforme e da declaração parcial de nulidade sem redução de texto e, ainda, suprir a omissão do legislador diante dos direitos fundamentais. Diferentemente do que acontece em grande parte da Europa, em que o controle de constitucionalidade não é deferido à "magistratura ordinária", todo e qualquer juiz nacional tem o poder-dever de exercer o controle de constitucionalidade nos casos concretos.[4]

De fato, não há como se dar força normativa à Constituição sem um controle de constitucionalidade, ainda mais no caso do Brasil, onde não existe o monopólio da declaração de inconstitucionalidade. Isso quer dizer que nosso país é um sistema plural, cuja característica fundamental é a concorrência no exercício do controle de constitucionalidade, ou seja, vários órgãos judiciais podem apresentar argumentos a favor ou contra a constitucionalidade das leis.[5,6,7]

Sem dúvida, essa característica do direito nacional acaba por aproximar bastante os dois grandes sistemas de *civil law* e *common law*,[8] ajudando a quebrar outro dogma: a suposta incomunicabilidade entre as tradições do *civil law* e *common law*.[9]

---

[3] MARINONI, Luiz Guilherme. *Precedentes Obrigatórios*. São Paulo: RT, 2010a. p. 86-87.

[4] *Ibidem*, p. 73-74.

[5] PEGORARO, Lucio. *La justicia constitucional*: uma perspectiva comparada. Madrid: Dykinson, 2004. p. 25-130 e 145-168.

[6] MAUÉS, Antonio Moreira. O controle de constitucionalidade das leis no Brasil como um sistema plural. *Pensar*, v. 15, n. 2, jul./dez. 2010, p. 356-384.

[7] A noção de sistema plural é fruto dos estudos de Lucio Pegoraro. Para uma análise das atuais características do controle de constitucionalidade no Brasil e a compreensão de que o sistema brasileiro se caracteriza como um sistema plural.

[8] HOLANDA, Sérgio Buarque de. *Raízes do Brasil*. São Paulo: Companhia das Letras, 2010. Aliás, como se sabe, não é apenas no direito que existe essa tendência nacional para a mistura, mestiçagem e hibridismo. Sobre a origem histórica da formação da cultura brasileira, indispensável a leitura de Sérgio Buarque de Holanda.

[9] FERNÁNDEZ SEGADO, Francisco. *La justicia constitucional ante el siglo*: la progressiva convergência de lós sistemas americano y europeu-kelseniano. México: Universidad Nacional Autónoma de México, 2004.
Para um estudo da aproximação dos dois sistemas clássicos de *civil law* e *common law* e, mais especificamente, aproximação do regime *judicial review* norte-americano ao modelo europeu devido à instituição da autoridade do precedente (*stare decisis*).

Particularmente no Brasil, a convergência das duas grandes tradições jurídicas ocidentais pode ser percebida através da tendência de uniformização da jurisprudência, verticalização das decisões judiciais e valorização dos precedentes no ordenamento jurídico brasileiro.[10] Partindo-se da premissa de que os tribunais constitucionais realmente criam direito, diz Fernández Segado que:

> *La gran novedad del último medio siglo reside em la progresivamente mayor asunción por lós tribunales constitucionales de funciones que, desbordando los estrictos limites del 'legislador negativo', caen de lleno em El âmbito de lãs funciones creadoras de derecho próprias de um legislador positivo.*[11]

Não há como pensar na sobrevivência de um sistema plural de constitucionalidade no qual os tribunais regionais e os tribunais de justiça não respeitam os precedentes do STF. Admitir o contrário é não compreender o verdadeiro papel do STF como corte constitucional (visão retrospectiva e prospectiva dos conflitos),[12] que não se confunde com a concepção estrita de tribunal *ad hoc* (característica principal do modelo de justiça constitucional concebido por Kelsen, em que o controle de constitucionalidade das leis e atos normativos é exercido por um tribunal que não pertence ao Poder Judiciário, excluindo dessa atribuição o juiz ordinário).

O respeito e a credibilidade do Supremo Tribunal Federal e, por consequência, do Poder Judiciário passam por um sistema de precedentes obrigatórios, nos moldes do *stare decisis* norte-americano. O sistema plural de controle de constitucionalidade presente em nosso país exige que as decisões do STF vinculem o próprio tribunal (dimensão horizontal) e os demais juízes (dimensão vertical). Aliás, basta ler a redação do art. 102 (missão do STF de guarda da Constituição) e do

---

[10] São exemplos disso: (i) a chamada "objetivação" do recurso extraordinário; (ii) criação da súmula vinculante (CF, art. 103-A); (iii) repercussão geral do recurso extraordinário (CF, art. 102, §3º); (iv) julgamento dos recursos especiais repetitivos (CPC, art. 543-C); (v) aumento do poder dos relatores (CPC, art. 557); (vi) julgamento liminar de improcedência (CPC, art. 285-A).

[11] FERNÁNDEZ SEGADO, Francisco. *La justicia constitucional ante el siglo*: la progressiva convergência de lós sistemas americano y europeu-kelseniano. México: Universidad Nacional Autónoma de México, 2004.

[12] GÓES, Gisele Santos Fernandes. Bases para uma atual Teoria Geral do Processo: as técnicas processuais a serviço do acesso à justiça como tutela jurisdicional adequada. *In*: DIDIER JR., Fredie (Org.). *Teoria do Processo*: Panorama Doutrinário Mundial. v. 2. Salvador: JusPodivm, 2010.

art. 102, I, alínea *l* (previsão da reclamação constitucional) para perceber que o constituinte ampara essa tese (sistema de precedentes).

Assim, considerando que é imprescindível e urgente a adoção de um sistema de precedentes obrigatórios no Brasil, Marinoni sintetiza bem a preocupação de sedimentar na cultura jurídica brasileira a compreensão, estudo e respeito aos precedentes quando ensina:

> Embora deva ser no mínimo indesejável, para um Estado Democrático, dar decisões desiguais a casos iguais, ainda não se vê reação concreta a esta situação da parte dos advogados brasileiros. A advertência de que a lei é igual para todos, que sempre se viu escrita sobre a cabeça dos juízes nas salas do civil *law*, além de não mais bastar, constitui piada de mau gosto àquele que, perante uma das Turmas do Tribunal e sob tal inscrição, recebe decisão distinta a proferida - em caso idêntico - pela Turma cuja sala se localiza metros mais adiante, no mesmo longo e indiferente corredor do prédio que, antes de tudo, deveria abrigar a igualdade de tratamento perante a lei.[13]

As características de duas das principais teorias a respeito dos precedentes serão brevemente expostas a seguir para, após, verificar de qual delas o STF se aproximou ou se afastou quando do julgamento da ADIN nº 3.421-PR.

Não se pode ignorar o advento do novo Código de Processo Civil (Lei nº 13.105, de 16 de março de 2015), que avançou significativamente em prol de um sistema pautado no respeito aos precedentes jurisprudenciais. A seguir, o referido diploma será objeto de breve análise acerca de sua compatibilização às teorias sobre os precedentes.

3 A concepção de precedente como regra de Frederick Schauer

A noção de precedentes como regras foi formulada por Frederick Schauer em sua obra *Las reglas en juego*.[14] O autor é um defensor do positivismo e baseia sua teoria na separação entre direito (normas jurídicas) e moral (normas morais).

---

[13] MARINONI, Luiz Guilherme. Aproximação crítica entre as jurisdições de *civil law* e de *common law* e a necessidade de respeito aos precedentes no Brasil. *In*: DIDIER JUNIOR, Fredie (Org.). *Teoria do Processo*: Panorama Doutrinário Mundial. v. 2. Salvador: JusPodivm, 2010b. p. 558.
[14] SCHAUER, Frederick. *Las reglas en juego*. Madrid: Marcial Pons, 2004.

Para entender a concepção de precedentes como regras, é necessário inicialmente ressaltar que o objeto de estudo de Schauer são as regras prescritivas, ou seja, aquelas que nos obrigam ou proíbem a fazer alguma coisa. Estas formam o conteúdo do direito e possuem uma estrutura binária, qual seja, um predicado factual (circunstâncias de fato que levam à aplicação da regra) e um consequente (resultado dessa aplicação, sanção).[15]

Schauer nos traz como exemplo a seguinte regra: "É proibida a entrada de cães no restaurante".[16] Logo, teríamos como predicado factual a entrada do cão no restaurante (fenômeno no mundo dos fatos) e, como consequente, a proibição dessa conduta.

Predicado factual é sempre uma generalização. Isso quer dizer que, no exemplo dado, todos os cães estariam proibidos de entrar no restaurante. A regra jurídica abrange toda raça de cão (generalidade de casos).

Continuando no exemplo, perguntamos: por que existe a regra que proíbe a entrada de cães no restaurante? Ora, pois é perigoso, o cão pode morder as pessoas. Além disso, a entrada de cães no restaurante seria anti-higiênica. Enfim, existem várias circunstâncias que podem acontecer com a entrada de cães em um restaurante capazes de gerar incômodos aos clientes. Estamos diante, nas palavras de Schauer, de uma generalização provável, ou seja, na maioria das vezes, é provável que o cão traga incômodos aos clientes.[17] Portanto, a generalização probabilística é o que dá a justificativa da regra. No exemplo, a justificativa da regra é não provocar incômodo aos clientes, e isso decorre de uma generalização provável.

Pensemos agora em outra hipótese: além de cães, outros animais podem provocar incômodos aos clientes em um restaurante, como, por exemplo, um urso. Ora, assim como não é certo que nem todos os cães vão provocar incômodos aos clientes (ex.: cães-guia), outros animais podem provocar incômodos aos clientes (ex.: ursos). Com efeito, temos uma dupla deficiência da regra. Essas experiências que surgem da aplicação das regras Schauer denomina de experiências recalcitrantes, isto é, situações em que o resultado da aplicação da regra não está de acordo com sua justificativa.

---

[15] SCHAUER, Frederick. *Las reglas en juego*. Madrid: Marcial Pons, 2004. p. 81-83.
[16] *Ibidem*.
[17] *Ibidem*, p. 86-89.

As experiências recalcitrantes podem ser de dois tipos: a regra pode gerar um caso de sobreinclusão e um caso de subinclusão.[18] A primeira ocorre quando a regra inclui casos que não estão de acordo com a sua justificativa. É o exemplo dos cães-guia. Incluir os cães-guia dentro da regra de proibição é indevido, afinal um cão-guia não provocará incômodo aos clientes. O segundo tipo de experiências recalcitrantes, denominado de subinclusão, é o exemplo do urso de que fala Schauer e acontece quando a regra deixa de incorporar casos que estão de acordo com a sua justificativa. Ou seja, um urso provoca incômodos aos clientes, mas a regra não o incluiu na proibição de entrada no restaurante.

Essa primeira parte da teoria de Schauer é mais descritiva e mostra como as regras funcionam. A questão é que o autor defende que nós não devemos nos aprofundar no estudo das justificativas das regras. Para ele, mesmo que a experiência recalcitrante nos indique que o resultado de aplicação da regra contraria a sua justificativa, devemos aplicar as regras.

Assim, a decisão baseada no modelo de regras é aquela em que prevalece o resultado da regra contra a justificativa. Por outras palavras, o que importa é o resultado e a aplicação da regra, embora possa existir a convicção linguística da experiência recalcitrante. Tal é o modelo enraizado (*el modelo atrincherado*) defendido por Schauer.[19] Esse é o centro da proposta de Schauer. O autor não quer que aprofundemos o exame da justificativa, até mesmo porque, se assim for, estaremos buscando e trazendo para a discussão argumentos e princípios morais, o que não seria desejável.[20]

Seguindo nesse raciocínio, Schauer defende que a melhor concepção de precedentes é aquela baseada em um modelo de regras. Isso significa que, se o precedente é vinculante, ele deve funcionar como uma regra.

Para justificar sua posição nesse particular, Schauer também utiliza o argumento da aversão ao risco, o qual, pensado no sistema judicial, quer significar a intenção de diminuir o risco de decisões erradas tomadas pelas instâncias inferiores do Poder Judiciário.

Com isso, é inegável que Schauer acaba por limitar as distinções quando da utilização, interpretação e aplicação de precedentes.

---

[18] SCHAUER, Frederick. *Las reglas en juego*. Madrid: Marcial Pons, 2004. p. 89-92.
[19] *Ibidem, loc. cit.*
[20] *Ibidem*, p. 89-82.

4 A concepção de precedente como princípio de Ronald Dworkin: compatibilidade com o sistema de precedentes do Novo Código de Processo Civil

Em sentido oposto à teoria de Frederick Schauer, existe a noção de precedentes como princípios, cujo referencial teórico é Ronald Dworkin.[21]

Primeiramente, é preciso relacionar princípios com a concepção de direito como integridade desenvolvida por Dworkin, que consiste, basicamente, em uma atividade de interpretação da prática jurídica cotidiana, de modo a consolidar a legitimidade da jurisdição constitucional e a unidade e coerência do sistema jurídico. Especificamente no momento, interessa destacar que falar em integridade é falar em coerência de princípios.

A integridade é muito diferente do que Dworkin chama de consistência/coerência de estratégia, ou seja, simples manutenção das decisões passadas. Ao seguir apenas a consistência de estratégia, as decisões passadas teriam que ser respeitadas, mesmo que não haja nenhuma razão que as justifique. A integridade, por sua vez, exige que as decisões passadas, a fim de se tornarem precedentes, devem ser coerentes com o conjunto de princípios existente em determinada comunidade jurídica. Isso significa que o intérprete busca o(s) princípio(s) que fundamenta(m) o(s) precedente(s).[22]

Dworkin busca descrever o significado dessa complexa coerência interpretativa da integridade a partir da analogia do romance escrito em cadeia por diversos autores, em uma sociedade pluralista e em evolução constante. Percebemos a importância de se identificarem princípios que emergem das entrelinhas do sistema de regras expressas (do texto já escrito do romance) e que sustentam e justificam a prática jurídica (ou seja, o enredo principal da história). É o respeito a esses princípios que assegura a integridade do sistema jurídico.[23]

O juiz, na técnica de vinculação dos precedentes, utilizando a metáfora do "romance em cadeia", deve ser visto como mais um autor na construção da interpretação do direito, atento ao contexto da moralidade política vigente na comunidade e às respectivas mudanças

---

[21] DWORKIN, Ronald. *O império do direito*. São Paulo: Martins Fontes, 2007.
[22] *Ibidem*.
[23] *Ibidem*, p. 275-279.

do corpo social que influenciam na esfera jurídica, mas igualmente preocupado com a consolidação da coerência e unidade do sistema jurídico.

Seguindo nesse raciocínio, Dworkin afirma que o escritor (juiz) deve fazer dois testes para saber se está cumprindo bem a sua função, quais sejam: adequação e justificativa.

A adequação significa procurar o ajuste ao que foi escrito antes. É verificar se a decisão proposta pelo juiz é adequada aos princípios que fundamentam as decisões passadas. Todavia, sabemos que esse teste oferecerá ao juiz diferentes alternativas, pois este muito provavelmente encontrará várias formas de continuar escrevendo aquele romance. Com efeito, surge a necessidade do segundo teste.

Já o teste da justificativa significa que o juiz deve buscar a decisão passada que mais se ajusta ao conjunto coerente de princípios. O juiz não tem discricionariedade livre e desvinculada. Os princípios darão o limite necessário à decisão.

Tudo isso conduz à ideia de que, não havendo violação de princípios, os precedentes devem ser aplicados. Por consequência, a não aplicação do precedente estará justificada quando a distinção do caso é baseada em princípios.

Como vemos, estamos diante de um cenário oposto ao de Schauer. Dworkin é um crítico do positivismo, e seus estudos aproximam o direito da moral.

Partindo da ideia de que nenhum caso é rigorosamente igual ao outro, podemos aferir que o problema da distinção é identificar quais as razões que nos fazem privilegiar as diferenças ou semelhanças de um caso. Para isso, é preciso que seja feito um juízo de valor, e o melhor fundamento para a distinção passa a ser o argumento dos direitos fundamentais. Noutros termos, se quisermos trabalhar os precedentes de forma menos abstrata, precisamos trabalhar os parâmetros de justiça e equidade através dos direitos fundamentais.

A integridade exige coerência de princípios e, portanto, coerência com os direitos fundamentais. Assim, podemos dizer que, se não houver violação de direitos fundamentais, o precedente deve ser aplicado, e o inverso também é verdadeiro. Este, então, seria o melhor critério, com amparo na visão de Dworkin, para avaliar a viabilidade da técnica da distinção, que, em curtas palavras, significa a possibilidade da não aplicação de um precedente ao argumento, racional e convincente, de que o novo caso a ser julgado possui características especiais que exigem um tratamento diferenciado.

Na oportunidade, cumpre fazer uma breve menção ao sistema de precedentes constante do Novo Código de Processo Civil. O NCPC caminhou bem ao estimular e reforçar a importância dos precedentes no sistema jurídico brasileiro, porém não se pode esquecer que a aplicação de um precedente é um ato hermenêutico e não mecânico-subsuntivo. Não é possível conceber que o legislador seja o responsável pela criação de um sistema de precedentes. A atividade interpretativa por parte do julgador, bem como o exercício do contraditório (enquanto garantia de influência e não surpresa) pelos litigantes, são fatores indispensáveis para o desenvolvimento de uma adequada teoria de precedentes no Brasil.

Interessa aqui ressaltar que o NCPC se aproximou muito mais da noção de precedente como princípio de Ronald Dworkin do que da noção de precedente como regra de Frederick Schauer. Em especial, vale destacar: *i.* a redação do *caput* do artigo 926, que obriga os tribunais a "uniformizar sua jurisprudência e mantê-la estável, íntegra e coerente" (*stare decisis* horizontal); *ii.* o artigo 927, que consagra a necessidade de *stare decisis* vertical no sistema jurídico brasileiro; e *iii.* as inúmeras referências feitas pelo legislador à técnica da distinção.

A obrigatoriedade de aplicar de forma íntegra e coerente as decisões vinculantes amolda-se perfeitamente à noção de precedente como princípio elaborada por Dworkin. O julgador deve ser visto como mais um escritor da cadeia discursiva que elaborou a formação do precedente. Falar em "coerência" significa falar em igualdade de apreciação do caso e igualdade de tratamento. Falar em "integridade" significa falar na exigência de construção dos argumentos do precedente de forma integrada ao conjunto do Direito. Com isso, o legislador afasta-se da ideia de um Judiciário arbitrário, solipsista e voluntarista.

O art. 927 deve ser lido e interpretado seguindo essa perspectiva de respeito à coerência e integridade. Para que os precedentes não engessem o sistema jurídico, é necessário que a sua interpretação e aplicação considere a totalidade do ordenamento jurídico, bem como os princípios que embasaram a construção do precedente. Essa é a razão pela qual o art. 927, §1º, determina que os juízes, desembargadores e ministros decidam com observância do contraditório (art. 10) e de maneira fundamentada analiticamente (489, §1º). Isso quer dizer que há um dever de debate prévio à aplicação de um precedente, mediante análise criteriosa dos fundamentos fático-jurídicos determinantes que originaram o precedente e as particularidades do caso concreto sob julgamento.

O novo Código refere-se em várias oportunidades à necessidade de aplicação da técnica da distinção: arts. 489, §1º, 1.029, §2º, 1.037, §§9º e 12, 1.042, §1º, II, 1.043, §5º. A distinção entre o caso precedente e o caso concreto deve ser demonstrada de maneira consistente na fundamentação. A ausência desse efetivo enfrentamento constitui omissão do julgador, violando o dever de fundamentação (art. 489, §1º, VI). Assim, também ao admitir as distinções na aplicação de precedentes jurisprudenciais, o NCPC se coaduna com a teoria de Ronald Dworkin.

5 Breves considerações acerca das limitações às concessões unilaterais de incentivos fiscais de ICMS pelos estados e os precedentes do Supremo Tribunal Federal sobre o assunto

A Constituição Federal de 1988 delegou aos seus entes federados competências tributárias para instituir tributos para que, com isso, esses entes exerçam as competências materiais que a própria Lei Maior lhes outorga. Desse modo, aos estados e ao Distrito Federal cabe instituir o Imposto sobre Circulação de Mercadorias e Serviços (ICMS), que consiste em uma das maiores fontes de financiamento das políticas públicas e do funcionamento da máquina administrativa estadual.

O art. 155, §2º, XII, g, da Constituição Federal de 1988 preceitua que os benefícios e incentivos fiscais sobre o ICMS devem ser concedidos na forma que a lei complementar federal dispuser. A lei em questão é a Lei Complementar nº 24/75, recepcionada pelo Texto Maior vigente por conta do art. 34, §8º, do ADCT. A LC nº 24/75, em seus arts. 1º e 2º, reza que os benefícios fiscais serão concedidos por meio de convênios firmados por meio de deliberação unânime entre estados e municípios.

Há, portanto, uma proibição que recai sobre os estados-membros no sentido de que eles não podem, unilateralmente, aplicar renúncias de receita de ICMS, devendo tais atos ser autorizados por todos os demais estados e pelo Distrito Federal por meio de convênio celebrado no CONFAZ (Conselho Fazendário), no qual todos os secretários estaduais de Fazenda, juntamente com o ministro da Fazenda, possuem assento.

A referida previsão constitucional, combinada com a legislação complementar em comento, vem se juntar a outros dispositivos federais que regulamentam o ICMS, que o fazem, embora um imposto estadual, ser fortemente disciplinado por textos normativos federais, como ocorre com as resoluções do Senado Federal que fixam alíquotas interestaduais, alíquotas mínimas e máximas, entre outras.

Os dispositivos da Lei Complementar nº 24/75 amoldam-se, no sistema tributário nacional, ao conceito de normas gerais de direito tributário, especialmente por regular limitações constitucionais ao poder de tributar – nesse caso, a concessão de benefícios fiscais do ICMS –, sendo, como norma geral, um canal de interferência da União nos interesses jurídico-tributários dos estados, do Distrito Federal e dos municípios,[24] *a priori* em nome do equilíbrio federativo.

As normas gerais de direito tributário – como essa em discussão – devem-se à necessidade de uniformidade econômica dentro do Estado Federal visando a um tratamento igual aos entes federativos e às pessoas que nele habitam ou que pretendam desenvolver suas atividades econômicas com a finalidade de harmonizar o sistema tributário e para evitar que se fira o princípio federativo. Ou seja, em favor do equilíbrio federativo, devem ser dirigidas aos estados-membros e ao Distrito Federal, como unidades federadas e dotadas de competência tributária, normas gerais que limitem, de forma isonômica, as limitações ao poder de tributar e as concessões de benefícios fiscais de ICMS. Tal diretriz se coaduna, em princípio, com a obrigatoriedade de observância de convênios, deliberados de forma unânime por todos os estados para que esses benefícios sejam válidos.

Devido à importância do ICMS e pelo fato de este imposto importar em exação integral e nacional, revela-se também necessária a obrigatoriedade de convênios deliberados de forma unânime entre todos os estados-membros e o Distrito Federal. Assim, a concessão de benefícios fiscais de ICMS pode provocar efeitos deletérios, pois os estados buscariam atrair para seus territórios os empreendimentos até então instalados em outras unidades da Federação e assim sucessivamente, causando graves efeitos sociais. Ou seja, a referida limitação visa evitar a chamada guerra fiscal, sendo tal intento a razão de ser dos convênios autorizativos de incentivos fiscais do ICMS pelo CONFAZ.[25]

---

[24] CARVALHO, Paulo de Barros. *Curso de direito tributário*. 16. ed. São Paulo: Saraiva, 2004. p. 209-210.
[25] PYRRHO, Sérgio. *Soberania, ICMS e isenções*: os convênios e os tratados internacionais. Rio de Janeiro: Lúmen Júris, 2008, p. 32-33.

Vale ressaltar que o federalismo cooperativo estabelece um paradigma pelo qual as atribuições são exercidas de modo comum ou concorrente, sendo que os entes deverão atuar em conjunto. Decorre tal modelo também da necessidade de coordenação do exercício das competências, dirigidas pelo Estado Federal, tendo sido, inclusive, adotado no Brasil pela Constituição Federal de 1988.

Assim sendo, Gadelha infere que a tentativa de aquecimento econômico como justificativa para a guerra fiscal diverge dos valores e princípios do federalismo, assim como as isenções de ICMS acirram os ânimos econômicos e implementam a disputa por novos sujeitos não contribuintes. Tal quadro acarreta um federalismo atípico, de natureza competitiva, pois privilegia interesses locais, enquanto a razão de ser da Federação reside no bem-estar global da nação.[26]

O processo de alocação de investimentos em certas regiões do país é motivado exclusivamente por atrativos fiscais, acirrando a competitividade entre os entes, e descaracteriza, portanto, o federalismo cooperativo. Nesse sentido, mostra-se conveniente, para coibir essa prática e preservar o federalismo cooperativo, o advento de um agente intermediador que cria parâmetros a esses incentivos, o que se ajusta à sistemática prevista no art. 155, §2º, XII, *g*, da CF c/c LC nº 24/75. Ou seja, o federalismo fiscal brasileiro deve guardar afinidade com o modelo de federalismo cooperativo, notadamente pela coordenação de atividades e poderes entre os entes da Federação. É no sentido da preservação do equilíbrio federativo que, conforme ensina Elali (2005, p. 68), não obstante a competência tributária para a instituição do ICMS ser dos estados e do Distrito Federal, o texto constitucional regula em grau máximo seu âmbito de atuação, por se tratar de imposto que deve manter uma unidade nacional.

Dessa maneira, os dispositivos do art. 155, §2º, XII, *g*, da CF/88 c/c o art. 1º da LC nº 24/75, quando determinam a obrigatoriedade de convênios unanimemente deliberados pelos estados-membros e pelo Distrito Federal como requisitos prévios para a concessão de benefícios fiscais de ICMS, revelam-se como medida que visa diminuir os ímpetos competitivos entre os entes da Federação, de forma a reforçar o caráter de cooperação entre os membros do Estado Federal, assim como o equilíbrio fiscal. Não obstante isso, muitos benefícios fiscais de ICMS foram concedidos sem a prévia celebração de convênios prévios e

---

[26] GADELHA, Gustavo de Paiva. *Isenção tributária*: crise do paradigma do federalismo fiscal cooperativo. Curitiba: Juruá, 2010. p. 132.

unânimes, acentuando a "guerra fiscal".[27] O Supremo Tribunal Federal, por diversas vezes, já decidiu no sentido de que são inconstitucionais os incentivos fiscais de ICMS que não sejam amparados por convênios do CONFAZ, na forma que estabelece a LC nº 24/75, com base no art. 155, §2º, XII, *g*, por entender que, em caso contrário, o equilíbrio na Federação estaria prejudicado.

No mais, o Supremo Tribunal Federal já apontou variadas vezes que as renúncias de receita em matéria de ICMS dependem de convênio deliberado de forma unânime pelos estados e pelo Distrito Federal, apontando que o ICMS é um tributo de característica nacional, pelo que o constituinte determinou que fossem observadas as regras estabelecidas em lei complementar federal em se tratando de benefícios tributários para evitar que um estado prejudicasse outro sob o disfarce de sua autonomia. Tal entendimento consta expressamente do voto condutor, e seguido unanimemente, do ministro Maurício Corrêa, relator da ADI nº 286, julgada em 22 de maio de 2002, em que cita seu voto e acórdão da medida cautelar da ADI nº 2.376.

A preocupação com o equilíbrio fiscal federativo, o repúdio à guerra fiscal entre os estados e a supremacia do texto constitucional do art. 155, §2º, XII, *g*, complementado pelo art. 1º da LC nº 24/75, vêm fazendo o STF julgar inconstitucionais várias leis e instrumentos normativos estaduais que concediam benefícios fiscais, sob as mais variadas denominações e argumentos, sem passar pela autorização unânime no CONFAZ. Alguns exemplos dos precedentes do Pretório Excelso sobre o assunto são: a ADIn nº 84, julgada em 05.02.1996, relatada pelo min. Ilmar Galvão; ADInMC nº 902, de 03.03.1994, relator min. Marco Aurélio; ADI nº 1.179, julgada em 13.11.2002, relatada pelo min. Carlos Veloso; ADInMC nº 2.352, julgada em 19.12.2000, relator min. Sepúlveda Pertence.

---

[27] No afã de estabilizar as relações jurídicas já existentes, foi editada a Lei Complementar nº 160, de 7 de agosto de 2017. Segundo o referido diploma legal, é possível a edição de novos convênios, também a serem celebrados perante o CONFAZ, tendo como objeto a remissão dos créditos tributários, constituídos ou não, decorrentes das isenções, dos incentivos e dos benefícios fiscais ou financeiro-fiscais instituídos unilateralmente pelos Estados até a data de início de produção de efeitos desta Lei Complementar. Também por meio de convênios CONFAZ, é possível a reinstituição das isenções, dos incentivos e dos benefícios fiscais ou financeiro-fiscais irregulares, desde que tenham sido concedidos até aquele momento. A grande novidade prevista na LC nº 160/2019 é que os mencionados convênios de "convalidação" de benefícios fiscais inconstitucionais não precisariam ser deliberados pela unanimidade dos Estados, mas pelo quórum de 2/3 (dois terços) das unidades federadas, além de aprovado por ao menos 1/3 (um terço) dos estados de cada região.

Nesse mesmo sentido, na sessão do dia 1º de junho de 2011, foram julgadas procedentes doze ações diretas de inconstitucionalidade, inclusive a de número 1.247/PA, na qual foi declarado inconstitucional o art. 12 da Lei nº 5.780/93 do estado do Pará, que permitia a concessão de benefícios fiscais ou financeiros que resultassem exclusão ou redução de ICMS, independentemente de autorização do CONFAZ, nos casos de notória necessidade de defender a economia do estado e a capacidade competitiva dos empreendimentos locais.

O Supremo Tribunal Federal seguiu novamente seus precedentes quando, nos autos da Ação Direta de Inconstitucionalidade nº 3.936, relatada pelo ministro Gilmar Mendes, julgou, em 19 de setembro de 2007, inconstitucional a Lei nº 10.689/93 do estado do Paraná, pela qual, uma vez sendo concedido benefício fiscal de ICMS por um estado sem observância dos procedimentos estabelecidos na Lei Complementar nº 24/75, aquele estado estaria autorizado a assim também proceder. Foi afastada, pelo Pretório Excelso, uma possível "compensação de inconstitucionalidades" ou "direito de vingança", que só acirrariam os ânimos da guerra fiscal e ressaltariam o caráter competitivo em detrimento dos preceitos do federalismo cooperativo, devendo permanecer a inconstitucionalidade das normas concessivas de incentivos fiscais pelos estados sem prévia aprovação do CONFAZ.[28]

Enfim, em quase todas as vezes em que se viu diante de dispositivos legais e infralegais editados por estados-membros ou pelo Distrito Federal que concediam benefícios fiscais de ICMS sem passar pela autorização unânime dos demais estados no CONFAZ, o STF declarou as respectivas normas como inconstitucionais, imputando a ofensa ao disposto no art. 155, §2º, XII, *g*, da Constituição Federal de 1988, complementado pelo art. 1º da LC nº 24/75.

6 Caso paradigma: o julgamento da ADIN nº 3.421-PR

Dialogando com a teoria de Schauer, que adota os precedentes como regra, os precedentes mencionados acima trariam, como predicado factual (generalização), a concessão de incentivos fiscais de forma unilateral pelos estados ou pelo Distrito Federal sem que tivesse sido precedido pela anuência dos demais estados no CONFAZ.

---

[28] ALEXANDRE, Ricardo. *Direito tributário esquematizado*. São Paulo: Método, 2009. p. 158.

A consequência da aplicação dessa generalização, de acordo com o conjunto de julgados anteriores, é que todas as normas dessa natureza seriam inconstitucionais, devendo prevalecer tal regra ainda que a justificativa não estivesse presente. Ou seja, mesmo não estando presente a "guerra fiscal" entre os estados em questões envolvendo incentivos fiscais de ICMS, seguindo-se a teoria de precedentes como regra de Schauer, as normas concessivas desses incentivos deveriam ser julgadas inconstitucionais.

Ocorre que não foi isso que aconteceu no julgamento da ADI nº 3.421, julgada em 05 de março de 2010, tendo como relator o ministro Marco Aurélio. Nesse julgamento, o STF não adotou a teoria dos precedentes como regra. Passamos a expor as razões dessa nossa conclusão.

A ação em comento foi ajuizada pelo governador do estado de São Paulo e pretendia ver declarada inconstitucional a Lei nº 14.586, de 22 de dezembro de 2004, do estado do Paraná.[29]

Tal lei, em seu artigo primeiro, confere isenção do ICMS nas contas de serviços públicos estaduais próprios, delegados, privatizados de água, luz, telefone e gás de igrejas e templos de qualquer culto, desde que os imóveis estivessem na propriedade ou posse dessas igrejas e que fossem, efetivamente, utilizados para práticas religiosas.

O autor da referida ação direta de inconstitucionalidade adotou como argumento principal justamente a ofensa ao art. 155, §2º, XII, g, da Constituição Federal de 1988, combinado com a Lei Complementar nº 24/75, pois não constava da referida lei a necessidade de prévio convênio firmado pelos estados junto ao CONFAZ, uma vez que se trata de renúncia de receita no âmbito do ICMS. É sobre esse argumento que a análise proposta neste artigo se concentrará.

---

[29] Lei nº 14.586, de 22 de dezembro de 2004, do Estado do Paraná: Art. 1º Fica proibida a cobrança de ICMS nas contas de serviços públicos estaduais próprios, delegados, terceirizados ou privatizados de água, luz telefone e gás, de igreja e templos de qualquer crença, desde que o imóvel esteja comprovadamente na propriedade ou posse das igrejas ou templos e sejam usados para a prática religiosa.
Parágrafo único. Nos casos em que o imóvel não for próprio, a comprovação do funcionamento deverá se dar através de contrato de locação ou comodato devidamente registrado, ou ainda, da justificativa de posse judicial.
Art. 2º São definidas, para efeito do artigo 1º, as contas relativas a imóveis ocupados por igreja ou templos de qualquer culto, devidamente registrados e reconhecidos pela autoridade competente através do alvará de funcionamento.
Art. 3º Os templos e igrejas deverão requerer, junto as empresas prestadoras de serviços, a isenção a que tem direito, a partir da vigência desta lei.
Art. 4º Esta lei entra em vigor na data de sua publicação.

Se o Pretório Excelso tivesse seguido a doutrina de "precedentes como regra", de Schauer, a referida lei paranaense teria sido julgada inconstitucional, uma vez que o predicado factual firmado nos demais precedentes – qual seja, a existência de renúncia de receita de ICMS sem prévio convenio interestadual – estaria presente, e a conclusão dos precedentes anteriores deveria se impor. Para a tomada de decisão pelo tribunal, de nada importaria que a justificativa – no caso, a necessidade de preservar o equilíbrio federativo entre os estados e evitar a "guerra fiscal" por meio do ICMS – estivesse ou não presente.

No entanto, o voto do relator, ministro Marco Aurélio, seguido de forma unânime pelo tribunal, foi justamente no sentido de fazer preponderar a justificativa em detrimento da regra criada nos precedentes.

Inicialmente, cabe ressaltar que o ministro relator considerou as igrejas e templos de qualquer culto como contribuintes de fato do ICMS cobrado nas contas dos serviços públicos estaduais, pois, embora as contribuintes de direito sejam as empresas públicas ou concessionárias desses serviços, o valor do imposto recairá no preço da fatura, sendo, portanto, suportado pelas entidades religiosas.

Principalmente, o STF entendeu que, no caso em análise, não estava presente qualquer tipo de competição entre os estados utilizando renúncias de receitas de ICMS, o que tanto os dispositivos constitucionais e legais quanto os precedentes adotam como justificativa para declarar normas desse tipo como inconstitucionais. Ou seja, as renúncias de receita em questão, por beneficiarem igrejas e templos de qualquer culto, não trazem consigo qualquer acirramento concorrencial por empreendimentos econômicos, como ocorria nos casos que serviram de base aos precedentes do tribunal.

Dada a relevância central do tema, vale transcrever parte do voto condutor do ministro Marco Aurélio:

> *A disciplina legal em exame apresenta peculiaridades a merecerem reflexão para concluir estar configurada, ou não, a denominada 'guerra fiscal'. (...) Ao lado da imunidade, há a isenção e, quanto ao Imposto sobre Circulação de Mercadorias e Serviços – ICMS, visando a editar verdadeira autofagia, a alínea g do inciso XII do § 2º do art. 155 da CF remete a lei complementar regular a forma como, mediante deliberação dos estados e do Distrito Federal, isenções, incentivos e benefícios fiscais serão concedidos e revogados.*
>
> *A lei complementar relativa à disciplina da matéria é a número 24/1975. Nela está disposto que, ante as peculiaridades do ICMS, benefícios*

fiscais hão de estar previstos em instrumento formalizado por todas as unidades da Federação. *Indago: o preceito alcança situação concreta que objetive beneficiar, sem que se possa apontar como alvo a cooptação, não o contribuinte de direito, mas o contribuinte de fato, presentes igrejas e templos de qualquer crença, quanto a serviços públicos estaduais próprios, delegados, terceirizados ou privatizados de água, luz, telefone e gás? A resposta é negativa.*

A proibição de introduzir-se benefício fiscal, sem o assentimento dos demais estados, tem como móvel evitar competição entre as unidades da Federação e isso não acontece na espécie. (BRASIL, Supremo Tribunal Federal, ADI nº 3.421, grifo nosso).

Diante da leitura do trecho do voto do ministro, podemos concluir que o caso em análise não foi decidido em conformidade com a teoria dos precedentes como regra, pois, uma vez detectada a experiência recalcitrante – qual seja, a inexistência da justificativa que motiva a regra –, esta última não foi aplicada, cedendo lugar em importância para a justificativa. Dito de outra maneira, o STF, ao optar pela justificativa da regra, realizou a distinção e não aceitou os custos da experiência recalcitrante (violação de um direito fundamental).

No julgamento da ADI nº 3.421, a decisão do STF pode ser analisada com base na teoria dos "precedentes como princípio", que, por sua vez, dialoga com a concepção do "direito como integridade", de Ronald Dworkin. Isso porque, no caso, ao invés de seguir estritamente a regra dos precedentes sobre o assunto, procurou uma decisão que fosse coerente com os princípios do ordenamento jurídico brasileiro, especialmente o respeito à liberdade de crença e culto. Além disso, foi relevante a não observância da utilização de renúncia de receita como fomento à guerra fiscal entre os estados.

A analogia do "romance em cadeia" pode ser observada no voto do ministro Marco Aurélio, ainda que não tenha sido explicitada. Isso porque o ministro, ao se pronunciar pela constitucionalidade da citada lei paranaense, se debruçou sobre as razões jurídicas e morais que levaram o Constituinte de 1988 a prever a existência de convênios interestaduais como condição de validade constitucional das normas concessivas de incentivos fiscais de ICMS, quais sejam a necessidade de preservar o equilíbrio federativo entre os estados-membros e evitar renúncias de receita desse tributo ICMS como atração de empreendimentos econômicos, a chamada "guerra fiscal". Não os encontrando na citada lei paranaense, o ministro se voltou ainda à preservação de um direito fundamental – no caso, a liberdade de crença e de culto –, seguindo as manifestações da Advocacia-Geral da União e do Ministério

Público Federal, constantes do relatório do acórdão, as quais relacionam a imunidade tributária dos templos de qualquer culto com a liberdade religiosa e de crença. Convém mencionar que Torres (2011, p. 74) esclarece que a imunidade em questão se estende não apenas ao prédio onde se pratica o culto, mas também a seus anexos e demais imóveis necessários ao fortalecimento da religião, desde que vinculados às finalidades essenciais do templo. O fundamento dessa renúncia fiscal, para esse autor, é a liberdade religiosa, que, no estado-fiscal brasileiro, se estende a todos os cultos, uma vez que a liberdade de religião é considerada um dos pilares do liberalismo. Portanto, o termo "religião" deve ser interpretado da forma mais ampla possível para agasalhar também a religião da minorias. Nesse diapasão, vale ressaltar o entendimento de Costa (2006, p. 79), segundo o qual está implícito na Constituição Federal de 1988, cotejando os direitos fundamentais expressos com os dispositivos que disciplinam a atividade tributante, o princípio da não obstância do exercício de direitos fundamentais por via da tributação. Segundo esse princípio, como o ordenamento constitucional ampara determinados direitos fundamentais, não pode admitir que a tributação seja desempenhada em desfavor da efetivação desses direitos. A tributação deve conviver de forma harmônica com os direitos fundamentais, não podendo levar, ainda que indiretamente, à inviabilização ou restrição indevida de um direito fundamental.[30]

Assim, os templos das religiões mais diversas, tendo que arcar com o ICMS das contas de serviços públicos essenciais, que lhes seria repassado nas respectivas faturas pelos contribuintes de direito, teriam suas atividades mais dificultadas, pois tal exação tributária não está prevista na imunidade conferida pelo art. 150, VI, *b*, da CF/88.

Assim, o Supremo Tribunal Federal, apesar de não ter ignorado as razões que motivaram os precedentes, acabou por afastar sua aplicação no caso.

Com o entendimento de que não estaria presente a "guerra fiscal" e com a necessidade de se preservar o direito fundamental à liberdade de crença e culto, o Supremo Tribunal Federal não aplicou os precedentes e realizou uma distinção (*distinguishing*).

---

[30] Embora conste sucintamente do voto condutor do ministro Marco Aurélio no acórdão em questão, a doutrina especializada relaciona diretamente a imunidade aos templos de qualquer culto à preservação do direito fundamental à liberdade religiosa e de crença.

Conforme ensinam MacCormick e Summers, um precedente, em geral, é universal, por trazer uma opinião fundamentada de um juiz sobre determinado assunto, não sendo um ato de escolha voluntarística ou decisão arbitrária, mas, sim, uma decisão que ganha força, como o resultado de uma diversidade de escolhas articuladas por meio de deliberações e discursos racionais.[31] Embora os precedentes sejam, em geral, universais, sua validade não se dá na base do "tudo ou nada", como acontece geralmente com os atos decorrentes de procedimentos formais. Sua validade se dá por meio de forças ou pesos, o que faz ele ser ou deixar de ser aplicado em determinados casos, sob a influência de determinadas circunstâncias.

Nesse sentido é que se dão as distinções, que são, na realidade, afastamentos dos precedentes em determinadas circunstâncias, sem importar que sua aplicação tenha sido superada para os casos que se amoldem àqueles de sua concepção inicial.

Os precedentes gerais, em que pese sua força, até mesmo vinculante, permitem afastamentos, como as distinções. Tais afastamentos, para estarem em consonância com a ordem jurídica, devem ser fundamentados de forma adequada pelo juiz ou corte que os realiza, sendo preferível que sejam excepcionais. Tais afastamentos podem ser declarados ou não, conforme explicitem ou não o precedente geral do qual se afastam.[32]

Em que pese o sistema do *stare decisis*, não deve haver aderência aos precedentes de forma irrestrita em todos os casos. Assim, em muitas ocasiões, os tribunais se afastam dos precedentes, especialmente sob a forma de *overruling* (superação dos precedentes) ou do *distinguishing*, que limitam seu alcance. Os afastamentos dos precedentes acima citados, no entendimento de Hershovitz, são, na realidade, parte essencial do *stare decisis*, pois o julgador deve decidir tendo em vista a integridade do direito, contemplando os valores mais fundamentais da ordem jurídica.[33]

---

[31] MACCORMINICK, D. Neil; SUMMERS, Robert S. Further general reflections and conclusions. *In*: MACCORMINICK, D. Neil; SUMMERS, Robert S. (Eds.). *Interpreting precedents*: a comparative study. Aldershort: Ashgate, 1997. p. 543-544.

[32] SUMMERS, Robert S.; ENG, Svein. Departures from precedents. *In*: MACCORMINICK, D. Neil; SUMMERS, Robert S. (Eds.). *Interpreting precedents*: a comparative study. Aldershort: Ashgate, 1997. p. 520-523.

[33] HERSHOVITZ, Scott. Integrity and Stare Decisis. *In*: HERSHOVITZ, Scott (Org.). *Exploring law's empire*. New York: Oxford, 2006. p. 113-114.

O afastamento dos precedentes também é admitido no direito brasileiro, até mesmo diante de decisões com efeitos vinculantes do Supremo Tribunal Federal. Nesse sentido, Mendes, Coelho e Branco doutrinam que não deve haver autovinculação estrita do STF a seus próprios precedentes, pois isso significaria uma renúncia ao próprio desenvolvimento da Constituição, tarefa que cabe aos órgãos de jurisdição constitucional. No entanto, no caso de mudança de posicionamento, esta deve ser feita com base em uma crítica fundada à decisão anterior, acompanhada da exposição das razões que justificam a mudança, em um duplo dever de justificar-se.[34]

Ainda segundo Hershovitz, agir com integridade significa reconhecer que o que foi feito no passado é importante, ao mesmo tempo em que exige um comprometimento com uma visão moral, sendo esse comprometimento aferido por meio de modelos de comportamento ao longo do tempo.[35]

No entanto, uma recusa rígida a mudar conceitos morais ao longo do tempo, quando se está diante de novas informações, não representa um sinal de integridade, mas, sim, de estupidez. Ou seja, a integridade exige agir de acordo com novas convicções morais, assim como que não se repitam erros passados.

Portanto, o respeito à integridade fará o julgador seguir um precedente, mas poderá também, quando necessário, superá-lo ou deixar de aplicá-lo quando houver uma distinção.

No caso da ADI nº 3.421, o Supremo Tribunal Federal se afastou dos precedentes, pois sua aplicação naquele caso não seria compatível com o direito como integridade. Inicialmente porque, nesse caso, não estaria presente a "guerra fiscal" entre estados, a fim de atrair investimentos econômicos. Além disso, a lei paranaense ora analisada buscou proteger direitos fundamentais e tidos como relevantes para a concepção atual de direito, como é a liberdade de crença e culto.

A decisão judicial da Corte maior atende aos anseios da integridade e coerência com os princípios da comunidade jurídica. Ao primar pela proteção de um direito fundamental, o referido acórdão atende ao teste da adequação às escolhas passadas feitas pelo

---

[34] MENDES, Gilmar Ferreira; COELHO, Inocêncio Mártires; BRANCO, Paulo Gustavo Gonet. *Curso de direito constitucional*. 2. ed. São Paulo: Saraiva, 2008. p. 1.286.
[35] HERSHOVITZ, Scott. Integrity and Stare Decisis. *In*: HERSHOVITZ, Scott (Org.). *Exploring law's empire*. New York: Oxford, 2006. p. 114-116.

Constituinte, especialmente a consagração da liberdade de crença e culto e a proteção aos locais em que as manifestações são realizadas no texto do art. 5º, VI e VIII.

No mais, essa decisão atende ao teste da justificativa. Utilizando a metáfora do romance em cadeia de Dworkin, a avaliação que fazemos é que a decisão em questão corresponde a um capítulo bem escrito do romance. Ou seja, quando prima pela proteção de direitos fundamentais, o julgado em análise atende, em uma mirada prospectiva para o futuro, os anseios que entendemos serem almejados e fortalecidos pela comunidade jurídica brasileira. Ganha destaque aqui a facilitação das mais diversas e plurais atividades religiosas e de culto, como prevê a Constituição Federal.

Nesse caso, tanto o teste da justificativa quanto o da adequação se voltam à proteção dos direitos fundamentais, especialmente aqueles relacionados à liberdade de crença e de culto. Tal confusão entre adequação e justificativa lhes é peculiar, pois, conforme afirma Dworkin:[36] "Não podemos estabelecer uma distinção muito nítida entre a etapa em que o romancista em cadeia interpreta o texto em que lhe foi entregue e a etapa em que ele acrescenta seu próprio capítulo, guiado pela interpretação pela qual optou".

O acórdão da ADI nº 3.421, na forma do voto do ministro Marco Aurélio, realizou, a nosso ver, a distinção de maneira adequada, uma vez que fundamentou suas razões na inexistência de guerra fiscal no caso em questão, além da proteção a um direito fundamental, qual seja a liberdade de crença e de culto. Embora, na fundamentação, o ministro não tenha explicitado os precedentes do STF sobre o assunto, no relatório ele cita os acórdãos mencionados pelo autor da ação, cujos resultados, se seguidos, levariam à procedência da ADI, com a consequente declaração de inconstitucionalidade da lei paranaense. No mais, o relator, no voto, deixa clara a justificativa que motivou os precedentes do STF sobre renúncias de receitas de ICMS unilaterais, qual seja o repúdio à guerra fiscal entre os estados.

A partir do julgamento da ADI 3.421, o Supremo Tribunal Federal já teve a oportunidade de aplicar os fundamentos firmados no precedente, embora quase sempre para declarar a inconstitucionalidade de benefícios fiscais unilaterais de ICMS, por entender que estavam ausentes as condições que levaram à distinção no precedente

---

[36] DWORKIN, Ronald. *O império do direito*. São Paulo: Martins Fontes, 2007. p. 279.

em referência.[37] [38] Em conclusão, o acórdão da ADI nº 3.421, ao afastar a aplicação dos precedentes do STF sobre incentivos fiscais unilaterais de ICMS, atende aos anseios do direito como integridade, pois se mostra coerente com os princípios da comunidade jurídica brasileira, especialmente a proteção de direitos fundamentais relacionados à liberdade de crença e de culto, da mesma forma que o *distinguishing* realizado na ADI 3421-PR serviu de precedente para outros julgados que a ela se seguiram.

7 Conclusão

Como visto, o direito brasileiro vem recebendo, ao longo dos últimos anos, influência cada vez mais acentuada do sistema jurídico do *common law*, no qual a força dos precedentes se revela como uma das principais características. Foram abordadas duas das principais teorias sobre precedentes: a dos precedentes como regra, de F. Schauer, pela qual os precedentes devem ser obedecidos ainda que o resultado de sua aplicação venha a contrariar a justificativa; e a dos precedentes como princípio, de Ronald Dworkin, que entende que os precedentes devem ser seguidos ou afastados no caso concreto em respeito aos princípios e valores relevantes de uma comunidade jurídica, estando tal concepção em sintonia com o "direito como integridade".

---

[37] Dentre as decisões do Pretório Excelso sobre o assunto, destaca-se a liminar proferida nos Autos da ADI 5816-RO, concedida pelo Ministro Alexandre de Moraes em 19.12.2017. Tal ADI combatia lei estadual que vedava a incidência do ICMS sobre contas de despesas de serviços públicos estaduais próprios, delegados, terceirizados ou privatizados de água, luz, telefone e gás titularizadas por igrejas e templos religiosos de qualquer culto. Embora tenha sido suspensa a eficácia da referida lei, o fundamento foi a ausência de estimativa de impacto financeiro, como determina o art. 113 do Ato das Disposições Constitucionais Transitórias (ADCT). Em que pese tenha prevalecido o equilíbrio financeiro, a referida decisão consigna que o STF tem levado em conta, no exame da efetivação da liberdade e do pleno exercício das crenças religiosas, o reforço da respectiva imunidade, para que esta também alcance os tributos indiretos. SCAFF, Fernando Facury. Estimativa do impacto orçamentário-financeiro das renúncias fiscais. *Revista Consultor Jurídico*, [S. l.], 3 set. 2019. Disponível em: https://www.conjur.com.br/2019-set-03/estimativa-impacto-orcamentario-financeiro-renuncias-fiscais#_ftnref2. Acesso em: 28 out. 2019.

[38] Em julgamento à ADI 2.663-RS, relatada pelo ministro Luiz Fux, o STF julgou inconstitucional lei que conferia incentivos fiscais de ICMS a empresas que concedessem bolsas de estudos a professores. Embora a ADI 3.421-PR tenha sido citada no voto do Ministro relator, o entendimento da Suprema Corte foi de que se tratava de situação diversa, uma vez que as isenções eram diretamente direcionadas ao contribuinte de direito do imposto. Além disso, o Tribunal entendeu que a potencial possibilidade de guerra fiscal entre os Estados membros não estaria evitada. Em divergência, o Ministro Marco Aurélio votou pela constitucionalidade da lei, com fundamento nos fins sociais e objetivos fundamentais da República almejados.

O Supremo Tribunal Federal possui uma série de julgados decidindo pela inconstitucionalidade das concessões de incentivos ficais de ICMS concedidos unilateralmente pelos estados, sem convênio interestadual celebrado no CONFAZ, como determina o art. 155, §2º, XII, *g*, da CF/88, tendo como principal justificativa a necessidade de preservar o equilíbrio fiscal federativo. No entanto, em julgamento da ADI nº 3.421, o Pretório Excelso decidiu pela constitucionalidade de lei estadual do Paraná que concedia isenção do ICMS sobre as contas de serviços públicos estaduais dos templos e igrejas do estado, mesmo não havendo convênio interestadual autorizando. Houve, portanto, uma distinção (*distinguishing*) em face dos julgados anteriores.

No caso em questão, o STF se filiou à doutrina dos precedentes como princípio, pois afastou as regras e primou pela justificativa, considerando que não há prejuízo ao equilíbrio federativo fiscal e não fica configurada a "guerra fiscal". No mais, a decisão em análise utilizou um bom critério para fazer a distinção, qual seja decidir pela proteção e efetivação de um direito fundamental – no caso, liberdade de crença e culto. Com isso, o STF atendeu aos reclamos da integridade, considerando que esse direito fundamental foi prestigiado pelo constituinte e que a sua proteção está de acordo com os valores mais relevantes da comunidade jurídica brasileira.

Por fim, conclui-se que o acórdão proferido na ADI 3421-PR também é compatível com o sistema de precedentes do novo CPC. Portanto, o diploma processual vigente, preocupado em garantir um modelo democrático e constitucional de processo, alinhou-se à posição defendida neste artigo.

Referências

ALEXANDRE, Ricardo. *Direito tributário esquematizado*. São Paulo: Método, 2009.

BARROSO, Luís Roberto. Neoconstitucionalismo e constitucionalização do direito: o triunfo tardio do Direito Constitucional no Brasil. *Jus Navigandi*, out. 2005. Disponível em: http://jus2.uol.com.br/doutrina/texto.asp?id=7547&p=1. Acesso em: 06 jan. 2012

BRASIL. Constituição (1988). *Constituição da República Federativa do Brasil de 1988*. Disponível em: http://www.planalto.gov.br/ccivil_03/constituicao/constitui%C3%A7ao. htm. Acesso em: 26 dez. 2011.

BRASIL. *Lei Complementar nº 24, de 7 de janeiro de 1975*. Dispõe sobre os convênios para a concessão de isenções do imposto sobre operações relativas à circulação de mercadorias, e dá outras providências. Disponível em: http://www.planalto.gov.br/ccivil_03/leis/lcp/lcp24.htm. Acesso em: 26 dez. 2011.

BRASIL. *Lei Complementar nº 160, de 07 de agosto de 2017*. Dispõe sobre convênio que permite aos Estados e ao Distrito Federal deliberar sobre a remissão dos créditos tributários, constituídos ou não, decorrentes das isenções, dos incentivos e dos benefícios fiscais ou financeiro-fiscais instituídos em desacordo com o disposto na alínea "g" do inciso XII do § 2º do art. 155 da Constituição Federal e a reinstituição das respectivas isenções, incentivos e benefícios fiscais ou financeiro-fiscais; e altera a Lei nº 12.973, de 13 de maio de 2014. Disponível em: http://www.planalto.gov.br/ccivil_03/leis/lcp/Lcp160.htm. Acesso em: 29 out. 2019.

BRASIL. Lei nº 13.105, de 16 de março de 2015. Código de Processo Civi. Disponível em: http://www.planalto.gov.br/ccivil_03/_ato2015-2018/2015/lei/l13105.htm. Acesso em: 30 out. 2019.

BRASIL. Supremo Tribunal Federal. *ADI 2376* Rio de Janeiro. Relator: Min. Marco Aurélio. Julgamento: 01 jun. 2011. *DJe*, nº 125, 01 set. 2011. Disponível em: http://redir.stf.jus.br/paginadorpub/paginador.jsp?docTP=AC&docID=624810. Acesso em: 10 jan. 2012.

BRASIL. Supremo Tribunal Federal. *ADIn 84* Minas Gerais. Relator: Min. Ilmar Galvão. Julgamento: 15 fev. 1996. *DJe*, 19 abr. 1996. Disponível em: http://redir.stf.jus.br/paginadorpub/paginador.jsp?docTP=AC&docID=266186. Acesso em: 10 jan. 2012.

BRASIL. Supremo Tribunal Federal. *ADInMC 902* São Paulo. Relator: Min. Marco Aurélio. Julgamento: 03 mar. 1994. *DJe*, 22 abr. 1994. Disponível em: http://redir.stf.jus.br/paginadorpub/paginador.jsp?docTP=AC&docID=346680. Acesso em: 10 jan. 2012.

BRASIL. Supremo Tribunal Federal. *ADI 1179* São Paulo. Relator: Min. Carlos Velloso. Julgamento: 13 nov. 2002. *DJe*, 19 dez. 2002. Disponível em: http://redir.stf.jus.br/paginadorpub/paginador.jsp?docTP=AC&docID=266683. Acesso em: 10 jan. 2012.

BRASIL. Supremo Tribunal Federal. *ADInMC 2352* Espírito Santo. Relator: Min. Sepúlveda Pertence. Julgamento: 19 dez. 2000. *DJe*, 09 mar. 2001. Disponível em: http://redir.stf.jus.br/paginadorpub/paginador.jsp?docTP=AC&docID=347560. Acesso em: 10 jan. 2012.

BRASIL. Supremo Tribunal Federal. *ADI 3936* Paraná. Relator: Min. Gilmar Mendes. Julgamento: 19 set. 2007. *DJe*, 09 nov. 2007. Disponível em: http://redir.stf.jus.br/paginadorpub/paginador.jsp?docTP=AC&docID=493838. Acesso em: 10 jan. 2012.

BRASIL. Supremo Tribunal Federal. *ADI 1247* Pará. Relator: Min. Dias Toffoli. Julgamento: 01 jun. 2011. *DJe*, 17 ago. 2011. Disponível em: http://redir.stf.jus.br/paginadorpub/paginador.jsp?docTP=AC&docID=625935. Acesso em: 10 jan. 2012.

BRASIL. Supremo Tribunal Federal. *ADI 3421* Paraná. Relator: Min. Marco Aurélio. Julgamento: 05 maio 2010. *DJe*, 28 maio 2010. Disponível em: http://redir.stf.jus.br/paginadorpub/paginador.jsp?docTP=AC&docID=611722. Acesso em: 10 jan. 2012.

BRASIL. Supremo Tribunal Federal. *ADI 2663* Rio Grande do Sul. Relator: Min. Luiz Fux; Julgamento: 08 março 2017. DJe, 29 maio 2017. Disponível em http://redir.stf.jus.br/paginadorpub/paginador.jsp?docTP=TP&docID=12965010. Acesso em: 29 out. 2019.

BRASIL. Supremo Tribunal Federal. *ADI 5816* Rondônia. Relator: Ministro Alexandre de Moraes. Julgamento em em 19 dezembro 2017. DJe 01 fevereiro 2018. Disponível em:http://www.stf.jus.br/portal/jurisprudencia/visualizarEmenta.asp?s1=000083237&base=baseMonocraticas. Acesso em 29: out. 2019.

CARVALHO, Paulo de Barros. *Curso de direito tributário*. 16. ed. São Paulo: Saraiva, 2004.

COSTA, Regina Helena. *Imunidades tributárias*: teoria e análise da jurisprudência do STF. 2. ed. São Paulo: Malheiros, 2006.

DWORKIN, Ronald. *O império do direito*. São Paulo: Martins Fontes, 2007.

ELALI, André. *O federalismo fiscal brasileiro e o sistema tributário nacional*. São Paulo: MP Editora, 2005.

FERNÁNDEZ SEGADO, Francisco. *La justicia constitucional ante el siglo*: la progressiva convergência de lós sistemas americano y europeu-kelseniano. México: Universidad Nacional Autónoma de México, 2004.

GADELHA, Gustavo de Paiva. *Isenção tributária*: crise do paradigma do federalismo fiscal cooperativo. Curitiba: Juruá, 2010.

GÓES, Gisele Santos Fernandes. Bases para uma atual Teoria Geral do Processo: as técnicas processuais a serviço do acesso à justiça como tutela jurisdicional adequada. *In*: DIDIER JR., Fredie (Org.). *Teoria do Processo*: Panorama Doutrinário Mundial. v. 2. Salvador: JusPodivm, 2010.

HERSHOVITZ, Scott. Integrity and Stare Decisis. *In*: HERSHOVITZ, Scott (Org.). *Exploring law's empire*. New York: Oxford, 2006.

HOLANDA, Sérgio Buarque de. *Raízes do Brasil*. São Paulo: Companhia das Letras, 2010.

MACCORMINICK, D. Neil; SUMMERS, Robert S. Further general reflections and conclusions. *In*: MACCORMINICK, D. Neil; SUMMERS, Robert S. (Eds.). *Interpreting precedents*: a comparative study. Aldershort: Ashgate, 1997.

MARINONI, Luiz Guilherme. *Precedentes Obrigatórios*. São Paulo: RT, 2010a.

MARINONI, Luiz Guilherme. Aproximação crítica entre as jurisdições de *civil law* e de *common law* e a necessidade de respeito aos precedentes no Brasil. *In*: DIDIER JUNIOR, Fredie (Org.). *Teoria do Processo*: Panorama Doutrinário Mundial. v. 2. Salvador: JusPodivm, 2010b.

MAUÉS, Antonio Moreira. O controle de constitucionalidade das leis no Brasil como um sistema plural. *Pensar*, v. 15, n. 2, p. 356-384, jul./dez. 2010.

MENDES, Gilmar Ferreira; COELHO, Inocêncio Mártires; BRANCO, Paulo Gustavo Gonet. *Curso de direito constitucional*. 2. ed. São Paulo: Saraiva, 2008.

PARANÁ (Estado). *Lei nº 14.586, de 22 de dezembro de 2004*. Proíbe a cobrança de ICMS nas contas de serviços públicos estaduais à igrejas e templos de qualquer culto. Disponível em: http://celepar7cta.pr.gov.br/SEEG/sumulas.nsf/319b106715f69a4b03256efc00601826/7182c631f79bb15d83256f9d005ad858?OpenDocument. Acesso em: 06 jan. 2012.

PEGORARO, Lucio. *La justicia constitucional*: uma perspectiva comparada. Madrid: Dykinson, 2004.

PYRRHO, Sérgio. *Soberania, ICMS e isenções*: os convênios e os tratados internacionais. Rio de Janeiro: Lúmen Júris, 2008.

SARMENTO, Daniel. O neoconstitucionalismo no Brasil: riscos e possibilidades. *In*: NOVELINO, Marcelo (Org.). *Leituras complementares de Direito Constitucional*: Teoria da Constituição. Salvador: JusPodivm, 2009.

SCAFF, Fernando Facury. Estimativa do impacto orçamentário-financeiro das renúncias fiscais. *Revista Consultor Jurídico*, [S. l.], 3 set. 2019. Disponível em: https://www.conjur.com.br/2019-set-03/estimativa-impacto-orcamentario-financeiro-renuncias-fiscais#_ftnref2. Acesso em: 28 out. 2019.

SCHAUER, Frederick. *Las reglas en juego*. Madrid: Marcial Pons, 2004. Cap. 2, 3, 7 e 8.

SUMMERS, Robert S.; ENG, Svein. Departures from precedentes. *In*: MACCORMINICK, D. Neil; SUMMERS, Robert S. (Eds.). *Interpreting precedents*: a comparative study. Aldershort: Ashgate, 1997.

TORRES, Ricardo Lobo. *Curso de direito financeiro e tributário*. 18. ed. Rio de Janeiro: Renovar, 2011.

Informação bibliográfica deste texto, conforme a NBR 6023:2018 da Associação Brasileira de Normas Técnicas (ABNT):

GARCIA, André Luis Bitar de Lima; REI, José Anijar Fragoso. O *distinguishing* realizado pelo STF no julgamento da ADIN nº 3.421-PR: compatibilidade com o sistema de precedentes do Novo Código de Processo Civil. *In*: BASTOS, Dafne Fernandez de; SALES, José Edvaldo Pereira (Coord.). *Direitos humanos*: abordagens transversais. Belo Horizonte: Fórum, 2020. p. 49-75. ISBN 978-85-450-0732-6.

O IMPACTO DA PROVA
NO CONVENCIMENTO JUDICIAL

CLÍVIA RENATA LOUREIRO CROELHAS

1 Introdução

A temática envolvendo o convencimento judicial é um tema amplo e de grandes repercussões na doutrina; afinal, a prolação final é justamente o resultado esperado por todos no processo. Assim, quando esse convencimento é analisado sob a ótica da valoração das provas, ele se torna, em certa medida, mais passível de controle.

A avaliação da prova cível, em especial após a promulgação da Constituição Federal de 1988, que acabou por avançar na eficácia do direito fundamental à prova, ao elevar esse princípio ao patamar constitucional, é o ponto inicial para se chegar à possibilidade de controle do raciocínio do magistrado ao formar seu convencimento a partir das provas produzidas no processo.

Justamente com essa preocupação, toma espaço o novo paradigma processual influenciado pelo Estado Democrático de Direito e pela constitucionalização do princípio do devido processo legal e, como ele, do contraditório e da ampla defesa. A esse novo paradigma somam-se o neoprocessualismo e a doutrina da colaboração no processo, pois, juntas, todas essas influências são as responsáveis pela atual feição do processo civil brasileiro.

A elaboração da convicção do magistrado, a forma de sentir e avaliar a prova apresentada pelos participantes do processo e a exteriorização dessa avaliação através da obrigatória fundamentação da decisão tornaram-se importantes instrumentos constitucionais de combate ao arbítrio do juízo.

A argumentação como forma de exteriorização e justificação da sentença é estudada, mesmo que com pouco representantes. O objetivo, porém, é demonstrar, de forma pequena, a evolução do instituto e sua utilização também como legitimador da valoração probatória.

Nem sempre o caminho desenvolvido pelo julgador na sentença é exposto de forma suficientemente clara para as partes; pior, algumas vezes não há suficiente fundamentação ou a mesma é falha e, nesse diapasão, merece mencionar que todos esses distúrbios na decisão podem e irremediavelmente levam à discricionariedade judicial.

Importa ressaltar que não se trata de buscar formas para engessar a atuação do julgador, e sim de buscar bases para estudar como se processa a mente do decisor na atividade de valoração da prova, ou seja, busca-se entender como ocorre essa passagem do material probatório elaborado no processo até o convencimento.

2 Neoprocessualismo: o neoconstitucionalismo[1] e a mudança do paradigma processual em virtude da necessidade de preservação dos direitos fundamentais

Como é sabido, com o fim da Segunda Guerra Mundial, a humanidade, após fazer um balanço sobre as atrocidades ocorridas naquele momento histórico, verificou a necessidade de instituir certos direitos e garantias dos cidadãos contra o Estado para, dessa forma, coibir abusos que poderiam ser perpetrados (em repetição ao que se viu antes); mais do que isso, percebeu-se a importância da criação de mecanismos de controle das normas constitucionais. Ou seja, nesse momento se estabeleceu a premissa de que o conteúdo da constituição deve nortear todo o comportamento do Estado de modo vinculante, não devendo mais as normas constitucionais serem vistas como meras aspirações sem efetividade.

Nas palavras de Daniel Sarmento, até meados do século XX, "prevalecia no velho continente uma cultura jurídica essencialmente legicêntrica, que tratava a lei editada pelo parlamento como a fonte

---

[1] A palavra Neoconstitucionalismo não é empregada no debate Constitucional Norte-americano, tampouco no que é travado na Alemanha. Trata-se de um conceito sobretudo formulado na Espanha e na Itália, mas que tem reverberado bastante na doutrina brasileira nos últimos anos. SARMENTO, Daniel. O Neoconstitucionalismo no Brasil. In: *Definição e Características dos Direitos Fundamentais*: estudos em Homenagem a JJ Canotilho. São Paulo: RT; Coimbra (PT), 2009. p. 11.

principal – quase como a fonte exclusiva – do Direito, e não atribuía força normativa às constituições".[2] Assim, as normas constitucionais eram vistas como "cartas de intenções", programas políticos que serviam para orientar o legislador, que poderia, ao seu arbítrio, não levá-las em consideração.

Pode-se dizer assim que, nesse momento de evolução do direito, se supera o paradigma da validade meramente formal e se passa a imprimir a necessidade de observância do conteúdo constitucional para se validar a norma. Supera-se a fase em que apenas o cumprimento do processo legislativo era suficiente para que a lei fosse tida como legítima. Agora, o legislador está adstrito à Constituição, não mais se tolerando o império da arbitrariedade legislativa alheia à Carta Magna.

As palavras de Eduardo Cambi sobre essa modificação complementam o raciocínio acima exposto:

> A dignidade da pessoa humana passa a ser o núcleo axiológico da tutela jurídica, não se restringindo ao vínculo entre governantes e governados, mas se estendendo para toda e qualquer relação, mesmo entre dois sujeitos privados, em que, pela manifestação do poder, uma destas pessoas tivesse seus direitos violados ou ameaçados de lesão.[3]

No Brasil, tal modificação veio com a Constituição de 1988, na qual foram lançadas as primeiras bases do Estado Democrático de Direito. Com isso, não se quer dizer que a Constituição não tenha sido feliz na escolha do conteúdo responsável para basilar a consecução de justiça no país, e sim que a complexidade do direito e da sociedade é tão grande que, diariamente, as normas legais devem ser apostas a premissas constitucionais para saber se, naquele caso concreto, a aplicação da lei não fere os direitos fundamentais[4] do cidadão.

---

[2] SARMENTO, Daniel. O neoconstitucionalismo no Brasil: riscos e possibilidades. *In*: NOVELINO, Marcelo (Org.). *Leituras complementares de Direito Constitucional*: Teoria da Constituição. Salvador: JusPodivm, 2007. p. 36.

[3] CAMBI, Eduardo. Neoconstitucionalismo e Neoprocessualismo. *Revista do Programa de Pós-Graduação em Direito da Universidade Federal da Bahia*: Homenagem ao Professor Luiz de Pinho Pedreira, Salvador, n. 17, ano 2008.2, p. 96.

[4] Não sendo o objetivo do trabalho, escolhe-se transcrever uma parte do artigo dos professores Dimitri Dimoulis e Leonardo Martins, que falam justamente sobre a definição de direitos fundamentais: "Direitos Fundamentais são direitos públicos subjetivos de pessoas, (físicas ou jurídicas), contidos em dispositivos constitucionais e, portanto, que encerram caráter normativo supremo dentro do Estado, tendo como finalidade limitar o exercício do poder estatal em face da liberdade individual" (DIMOULIS, Dimitri; MARTINS, Leonardo. *Definição e Características dos Direitos Fundamentais*: estudos em Homenagem a JJ Canotilho.

Assim, gradativamente vai se desenvolvendo no país a cultura da constitucionalização do direito, podendo vislumbrar-se dois momentos distintos: o constitucionalismo brasileiro da efetividade e o pós-positivismo constitucional. O primeiro momento era um "positivismo de combate", no qual o debate jurídico não abria espaço para a argumentação moral, sendo o foco principal a norma. Era do próprio texto que o intérprete deveria extrair os efeitos, tendo como um dos objetivos afastar os estudos de direito constitucional da teoria do estado e aproximá-lo do processo. Nessa época, ainda não se podia falar em um neoconstitucionalismo,[5] mas, com certeza, foi uma fase importante para o surgimento do mesmo.

São Paulo: RT; Coimbra (PT), 2009. p. 119). Contudo, tal conceito ainda se mostra um tanto tímido e deve ser associado ao entendimento do professor José Herval Sampaio Júnior, que afirma: "Referimo-nos neste último sentido à forma que os direitos fundamentais possuem até mesmo nas relações particulares, ou seja, a eficácia horizontal dos direitos fundamentais, daí por que atualmente a concretização desses direitos também passa pela compreensão de que todos estamos obrigados a respeitar os direitos fundamentais em quaisquer tipo de relação, respeitando evidentemente a ideia, também assente, de que não há entre os direitos fundamentais quaisquer deles que sejam absolutos, ou seja, não há hierarquia entre os mesmos, logo em cada caso concreto cabe ao operador do direito a par das circunstâncias específicas, fazer valer aquele direito que mais se sobressaia, sem que os demais sejam sacrificados totalmente" (SAMPÁIO JÚNIOR, José Herval. Direito Fundamental a Igualdade. In: *Definição e Características dos Direitos Fundamentais*: estudos em Homenagem a JJ Canotilho. São Paulo: RT; Coimbra (PT), 2009. p. 324).

[5] A relação entre a Constituição e o processo pode ser feita de maneira direta, quando a Lei Fundamental estabelece quais são os direitos e as garantias processuais fundamentais, quando estrutura as instituições essenciais à realização da justiça ou, ainda, ao estabelecer mecanismos formais de controle constitucional. Por outro lado, tal relação pode ser indireta, quando, tutelando diversamente determinado bem jurídico (por exemplo, os direitos da personalidade ou os direitos coletivos ou difusos) ou uma determinada categoria de sujeitos (crianças, adolescentes, idosos, consumidores etc.), dá ensejo a que o legislador infraconstitucional preveja regras processuais específicas e para que o juiz concretize a norma jurídica no caso concreto. A efetividade da Constituição encontra, pois, no processo um importante mecanismo de afirmação dos direitos nela reconhecidos. A Constituição Brasileira de 1988 não somente pela sua posição hierárquica, mas pela quantidade e profundidade das matérias que disciplinou, está no centro do ordenamento jurídico, não se podendo compreender o processo, sem, antes, buscar seus fundamentos de validade – formal e material – na Lei Fundamental. A expressão "neo" (novo) permite chamar a atenção do operador do direito para mudanças paradigmáticas. Pretende colocar a crise entre dois modos de operar a Constituição e o Processo, para, de forma crítica, construir "dever-seres" que sintonizem os fatos sempre cambiantes da realidade ao Direito que, para não se tornar dissociado da vida, tem de se ajustar – sobretudo pela hermenêutica – às novas situações ou, ainda, atualizar-se para apresentar melhores soluções aos velhos problemas (CAMBI, Eduardo. Neoconstitucionalismo e Neoprocessualismo. *Revista do Programa de Pós-Graduação em Direito da Universidade Federal da Bahia*: Homenagem ao Professor Luiz de Pinho Pedreira, Salvador, n. 17, ano 2008.2, p. 1).

No segundo momento, que é marcado pela chegada no país das teorias pós-positivistas por meio de estudiosos como Ronald Dworkin e Robert Alexy, verificam-se (i) a aproximação dos estudos do direito, a moral e a política, a partir de uma perspectiva pós-metafísica, (ii) a discussão de importantes temas, como a ponderação de interesses, a proporcionalidade e a eficácia dos direitos fundamentais, e (iii) uma renovação do estudo hermenêutico, agora guiado pelo giro linguístico na filosofia, que denunciou os equívocos da interpretação positivista baseada na separação cartesiana entre sujeito e objeto, passando a valorizar os princípios constitucionais e as peculiaridades de sua aplicação.[6]

A Constituição, como demonstrado no tópico anterior, é o ponto de partida para a interpretação e argumentação jurídicas, assumindo um caráter fundamental na construção do neoprocessualismo.

3 Dever de motivação da decisão judicial

No curso da presente dissertação, já se explanou que a busca de uma verdade pura é algo impossível filosoficamente falando, pois não se pode recriar no presente o que ocorreu no passado sem a perda da essência do fato, muito menos ainda quando se imagina que tal recriação deveria ocorrer dentro da formatação de um processo judicial. Assim, Marinoni disserta sobre a mudança de foco da legitimidade da decisão, deixando a procura pela verdade e passando para a motivação do juiz sobre seu convencimento. O doutrinador arremata assim:

> O juiz deve procurar se convencer da verdade dentro das suas próprias limitações e considerando a natureza do direito material discutido e as circunstâncias do caso concreto, e prossegue: Como a verdade processual é sempre relativa – ainda que não se questione necessidade de o juiz tentar se convencer da verdade – e, em alguns casos, basta a chamada verossimilhança preponderante, aflora a necessidade de o juiz dar a legitimidade à sua tarefa, uma vez que a tão descantada "verdade" já está longe de aí ter uma participação que possa satisfazer. É quando aparece a necessidade da motivação ou da justificação judicial da formação da convicção (quanto aos fatos). A motivação, nesse sentido, é a explicação

---

[6] SARMENTO, Daniel. O Neoconstitucionalismo no Brasil. In: *Definição e Características dos Direitos Fundamentais*: estudos em Homenagem a JJ Canotilho. São Paulo: RT; Coimbra, 2009. p. 26.

da convicção e da decisão. Ou melhor; o juiz deve explicar, na sentença, a origem e as razões da sua convicção, demonstrando, ainda, que ela é bastante ou não para a procedência do pedido.[7]

Para abordar o tema da motivação, deve-se primeiramente abordar o princípio maior, que assegura a obrigação de motivar as decisões judiciais. O devido processo legal é o princípio processual fundamental sob o qual vários outros se sustentam. Embora sua presença estivesse presente nas raízes dos sistemas constitucionais anteriores, foi apenas com a promulgação da Constituição de 1988 que o ordenamento jurídico pátrio passou a dispor de norma expressa a albergar a garantia ao devido processo legal no âmbito constitucional.

Não se trata, todavia, de inovação do constituinte brasileiro. O *due process of law*, desde o século XIV, encontra previsão no direito anglo-saxão, sendo que, inicialmente, se limitava à garantia processual e, até o final do século XIX, predominava a perspectiva do devido processo legal como mero instrumento de garantia à regularidade do processo, assegurando a ampla defesa, o contraditório e a produção de provas, questões de cunho mais processual.

O Código de Processo Civil de 1973 veio alargar ainda mais o dever de motivação das decisões judiciais e, em seu artigo 458, enumerou a motivação como um requisito essencial da sentença, determinando ainda, no artigo 131, a observância da motivação no momento de avaliação das provas.

Com o passar do tempo, o princípio do devido processo legal transformou-se em garantia do próprio direito, objetivando, inclusive, conferir proteção aos direitos fundamentais. Atualmente, ele é mais do que uma garantia de regularidade do processo, é também um instrumento de controle acerca da legislação e sua interferência na esfera dos direitos fundamentais do indivíduo, bem como possíveis supressões desses direitos pelo poder público ou mesmo por particulares, implementando o que a doutrina convencionou chamar de *substantive due process of law* (devido processo legal substancial).[8]

---

[7] MARINONI, Luiz Guilherme. *Prova*. 2. ed. São Paulo: Editora Revista dos Tribunais, 2009. p. 282.

[8] Nos EUA, desenvolveu-se a dimensão substancial do devido processo legal. Um processo devido não é apenas aquele em que se observam exigências formais: devido é o processo que gera decisões jurídicas substancialmente devidas (DIDIER JR., Fredie. *Curso de Direito Processual Civil*. 7. ed. v. 1. Salvador: JusPodivm, 2007. p. 50).

Essa configuração atual do princípio do devido processo legal emana para o Judiciário e, como principal consequência, está o dever de motivação das decisões judiciais, o que é imprescindível para o exercício de controle sob a formação do convencimento judicial e permite que as partes influenciem na formação do convencimento e afiram na decisão tanto os motivos que levaram o juiz a decidir de um modo, e não de outro, quanto a congruência da decisão com o que foi debatido no processo.

Nos dias atuais, o dever de motivar faz parte da grande maioria dos sistemas processuais do mundo e, buscando o porquê desse fenômeno, encontra-se a possibilidade de racionalizar ao máximo a atividade jurisdicional. Através da motivação, é possível percorrer o caminho da intelecção do magistrado, desde a proposição da demanda até a sentença.

A participação das partes no processo sob a forma do contraditório não se limita ao ponto de vista formal, isto é, à mera oportunidade para o exercício de alguma forma de manifestação. Vai muito mais além. Falar em contraditório, hoje, é falar na possibilidade efetiva que as partes têm de influenciar a formação do convencimento judicial. A garantia ao contraditório ultrapassa, hoje, a esfera exclusivamente procedimental para se tornar uma condição de validade dos atos processuais, incluindo-se a própria sentença.

A decisão não pode ser uma surpresa para os litigantes. Não pode o juiz decidir a causa a partir de um ponto de vista não dialogado no processo. Há a necessidade de tratar a instrução probatória com transparência.

Carlos Alberto Alvaro de Oliveira afirma que a motivação deve abranger todos os pronunciamentos judiciais de caráter decisório. Vejamos:

> O estágio de desenvolvimento civilizatório e político atual, de controle do poder pela sociedade civil, não mais tolera o exercício arbitrário da jurisdição nem admite a possibilidade de ser o processo julgado por critérios arbitrários e irracionais. O Estado Constitucional exigem sejam motivados os pronunciamentos dos órgãos do poder judiciário, inclusive as decisões de caráter administrativo, circunscrevendo o arbítrio judicial.[9]

---

[9] OLIVEIRA, Carlos Alberto Alvaro de; MITIDIERO, Daniel. *Curso de Processo Civil*: Volume 1: Teoria Geral do Processo Civil e Parte Geral do Direito Processual Civil. São Paulo: Atlas, 2010. p. 47.

As provas devem recair sobre os fatos controvertidos, pertinentes e relevantes. Note-se, porém, que o fato controvertido deve ser pertinente e relevante. O primeiro é aquele essencial para a resolução do litígio ou que esteja em seu entorno, de modo que possa contribuir para o esclarecimento do fato controvertido; já o fato relevante é aquele que pode ser útil para convencer o juiz sobre uma alegação ou mesmo fornecer credibilidade a um conjunto de provas.[10]

A motivação da decisão que indefere ou defere a produção de prova é imprescindível, devendo inclusive perpassar a capacidade ou incapacidade da prova pleiteada em provar o fato que se deseja ver elucidado.

A Constituição da Espanha traz um dispositivo específico sobre provas que garante a motivação da denegação da produção de provas quando as mesmas são incontroversas, impertinentes ou relevantes. Porém, frente a uma denegação sem motivação, o Tribunal Constitucional decidiu, tendo em vista que o direito espanhol trata a prova como direito de defesa, que cabe à parte prejudicada comprovar que o irregular indeferimento retirou, ainda que apenas potencialmente, o direito de evidenciar os fatos a seu favor; porém, a decisão quedou inerte em determinar que o juiz de primeiro grau motivasse adequadamente a mesma.

A situação acima narrada não guarda guarida no sistema probatório brasileiro. O juiz deve motivar a decisão interlocutória e, se não o faz, o segundo grau não pode suprir tal fato. Pode rever a decisão, inclusive por falta de motivação, mas não pode fazer as vezes, ou seja, motivar pelo juiz de primeiro grau. Se a decisão tivesse sido motivada, aí, sim, caberia à parte recorrer pleiteando que o indeferimento, mesmo que motivado, foi errado, pois a prova negada teria potencialidade de alterar o convencimento do juiz.[11]

É apenas mediante o exercício de um controle efetivo sobre os motivos que conduziram o julgador à decisão tomada que será possível conceber uma indispensável participação popular na administração da justiça.

A legitimidade de uma decisão judicial deriva da correta exposição dos motivos que conduziram o raciocínio do juiz, verificando se houve a correta valoração da prova existente nos autos.

---

[10] MARINONI, Luiz Guilherme. *Prova*. 2. ed. São Paulo: Editora Revista dos Tribunais, 2009. p. 283.
[11] *Ibidem*, p. 286-287.

A utilização de conceitos jurídicos indeterminados faz aumentar a necessidade de motivação das decisões judiciais, pois, quanto maior for a possibilidade de haver discricionariedade do julgador, maior será a necessidade de exposição dos motivos, sob pena de as decisões estarem eivadas de arbítrio e decisionismo.

Como decorrência lógica, é possível dizer que a correta e adequada valoração da prova é requisito para a legalidade do *decisum*, pois a análise do fato e da norma é indissociável no momento de aplicar o direito, de forma que o dever de motivação das decisões judiciais, previsto em sede constitucional, não é garantia a uma mera motivação, mas a uma motivação adequada e atenta àquilo que resultou da atividade das partes e do próprio juiz ao longo do trâmite processual, sob pena de violação à lei e à Constituição.

Logo, a motivação das decisões judiciais deve abranger a avaliação das provas. O juiz deve expor de que maneira e com quais critérios valorou as provas constantes dos autos, justificando, inclusive, o porquê de ter acolhido determinadas provas que embasaram sua decisão e ter rejeitado as demais. Assim, a valoração das provas pelo juiz encontra um limite no dever de motivação, pois o magistrado precisa exteriorizar os motivos que formam o convencimento para efetivar a garantia das partes em ver o aludido direito à prova respeitado.

O artigo 475 do Código de Processo Civil exige que seja feito um relatório na sentença e, neste, o juiz deve expor os fatos controvertidos, bem como as provas admitidas e produzidas, para que se tenha um parâmetro do que ocorreu até o saneamento do processo. Cabe ainda a ele expor o conteúdo das provas, pois, se não o fizer, será impossível identificar o quanto determinada prova foi importante para o convencimento do juiz e, ao final, o quanto importou para a decisão que pôs fim à demanda.

Na verdade, externar o conteúdo da prova é importante para que as outras partes do processo vislumbrem o que o magistrado entende sobre as provas que foram produzidas e quais os rumos que seu raciocínio tomou para chegar à sentença.

Imagine uma situação em que uma casa em construção desmoronou, gerando prejuízo para os donos do empreendimento. No processo para apurar os responsáveis, a defesa quer demonstrar que um empreiteiro que faz parte de uma pequena sociedade de fato de empreiteiros civis contratada para a obra não é o responsável pelo desmoronamento dessa determinada obra e, para tanto, comprova testemunhalmente que aquela construção nunca foi supervisionada por ele, e sim por um de seus colegas. Com isso, deseja isentar o mesmo de qualquer culpa no fato. O juiz, porém, entende que, agindo assim, esse engenheiro foi desidioso. Ele deve expor na sentença que foi essa prova que o convenceu sobre a desídia do empreiteiro. Marinoni arremata o entendimento: "É preciso valorar a prova individualmente e relacioná-las entre si".[12]

Outro erro comum de se verificar nas sentenças proferidas no Brasil é a fundamentação unicamente nas provas que basearam a tese vencedora, ou seja, o juiz perpassa todas as provas que valorou positivamente na formação de seu convencimento, deixando de fora as razões de não ter se convencido pelas demais provas produzidas. Ora, se fizeram parte do processo, devem ser mencionadas, e as razões de seu não convencimento devem ser expostas claramente.

Geralmente, o juiz faz um recorte para justificar apenas a tese que foi vencedora no seu entender, mas isso não é motivar a decisão, e sim justificar e argumentar juntamente com a parte vencedora, sendo que, geralmente, a parte que mais necessita da motivação é justamente a que teve sua tese improvida. Marinoni esclarece:

> A motivação importa mais para o perdedor não apenas porque é ele que pode recorrer, mas especialmente porque é o perdedor que pode não se conformar com a decisão, e assim ter a necessidade de buscar conforto na justificação judicial. Além disso, não há como esquecer as obviedade de que a motivação também se dirige aos terceiros, isto é, ao público, que tem o direito de conhecer as exatas razões do juiz, além de ser imprescindível para o controle do seu poder.[13]

Da mesma forma entende Michele Taruffo, que, ao tratar do significado constitucional do dever de motivação das decisões judiciais, afirma que, dentro da perspectiva endoprocessual – portanto, que representa o viés técnico da garantia –, a função primordial seria facilitar a impugnação da decisão quando as partes, conhecendo os motivos que levaram o julgador a decidir de tal maneira, puderem formular sua impugnação para o tribunal superior, e o tribunal *ad quem*, diante de

---

[12] MARINONI, Luiz Guilherme. *Prova*. 2. ed. São Paulo: Editora Revista dos Tribunais, 2009. p. 287.
[13] *Ibidem*, p. 289.

uma sentença bem fundamenta, puder formular melhor sua decisão, pois terá os fundamentos adotados pela sentença recorrida.[14]

Temos aqui, então, uma garantia que visa assegurar o controle do procedimento, quando, através da motivação da decisão judicial, for possível averiguar a coerência lógica e racional que levou o juiz a aplicar determinada interpretação da regra legal.

Na atualidade, surge a preocupação em reavivar o caráter problemático e dialético do direito, afastando a lógica apodítica e matemática da solução do litígio, que imperava durante a Idade Moderna. A verdade, ainda que processual, é um objetivo que interessa ao fim último do processo, e, portanto, sua busca constitui tarefa do juiz e das partes. O contraditório surge, nesse momento, como instrumento essencial e apto a viabilizar o ambiente de diálogo e cooperação entre as partes, assegurando deveres de conduta entre as partes e o órgão judicial. A boa-fé deve ser observada por todos os envolvidos no diálogo judicial. Somente com a boa-fé pode-se chegar a uma decisão correta.[15]

Note que, nesse novo cenário, o diálogo das partes que está inserido no processo assume papel de destaque na construção da melhor solução possível para a demanda posta. A resolução da controvérsia não surge da mera subsunção entre fato e norma, e o juiz não é mais a *boca da lei*, tão comum ao positivismo jurídico, quando a função do órgão judicial era totalmente restringida à simples aplicação da letra da lei, pois esta era a visão do paradigma da época, que via nessa forma de hermenêutica uma garantia da imparcialidade e controle dos poderes do juiz e do Estado.

No processo de valorar a prova, o juiz deve primeiramente realizar uma valoração individual, ligando certa prova a certo fato e a capacidade dessa prova em demonstrar o fato; depois, o juiz fará a valoração do conjunto probatório, já utilizando as provas valoradas individualmente, as máximas de experiência, as presunções[16] e os indícios

---

[14] TARUFFO, Michele. Il significato costituzionale dell'obligo di motivazione. *In*: GRINOVER; DINAMARCO; WATANABE. *Participação e Processo*. São Paulo: Revista dos Tribunais, 1988. p. 38.

[15] MITIDIERO, Daniel. *Colaboração no Processo Civil, Pressupostos Sociais, Lógicos e Éticos*. São Paulo: Revista dos Tribunais, 2009.

[16] A presunção está calcada no conhecimento de um fato secundário, que geralmente é um indício, do qual se pode inferir direta ou indiretamente a existência ou inexistência de um fato principal (constitutivo, extintivo, modificativo ou impeditivo) (CAMBI, Eduardo. *A Prova Civil*: admissibilidade e relevância. São Paulo: RT, 2006. p. 361).

probatórios[17] (que são valorados depois da individual, mas antes do conjunto). A valoração em conjunto é a valoração dos argumentos da convicção.[18]

O direito à prova, do qual o direito de defesa é uma das suas principais manifestações, não se configura apenas como um direito a deduzir provas, mas também como um direito das partes de influenciar na decisão do juiz. Contudo, não significa que o juiz deva considerar eficazes todos os elementos trazidos ao processo, e não apenas o que foi deduzido pelas partes, porque isso ofenderia a sua autonomia.

Ao lado da motivação, a publicidade dos atos processuais serve como requisito legitimador da proteção judicial efetiva, mecanismo de controle, pelas partes e pela sociedade, das decisões judiciais. As garantias da ampla defesa, do contraditório e do devido processo legal apenas são eficazes se o processo se desenvolver sob o controle das partes e da sociedade.

O direito processual atual é o direito constitucional aplicado, o que significa que o processo não se esgota dentro dos quadros de uma mera realização do direito material, mas de uma ferramenta de natureza pública indispensável para a realização da justiça e pacificação social.[19]

A racionalização na valoração das provas somente ocorrerá se a análise das provas for realizada de forma completa, ou seja, a avaliação deve recair sobre todas as provas produzias pelas partes para que a livre convicção sobre os fatos seja coerente com o princípio do contraditório.

Quanto à valoração das provas inadmissíveis, é por meio da motivação da sentença que se torna viável apurar a utilização das mesmas pelo juiz, constatando-se a relevância causal da transgressão à proibição probatória.

Com base no acima explanado, pode-se notar que o dever de motivação das decisões judiciais, em que pese estar positivado no artigo 93, incisos IX e X, da Constituição Federal, também pode ser identificado dentro da garantia do devido processo legal e do direito ao

---

[17] O indício é um fato conhecido (*v.g.*, sinal, vestígio, rastro, circunstância, comportamento, etc.) que indica o fato desconhecido, o qual é a sua causa ou seu efeito. Por exemplo, o protesto de um título indica o estado dos negócios do devedor, a ferida em um cadáver dá as dimensões do punhal que serviu o criminoso etc. (CAMBI, Eduardo. *A Prova Civil*: admissibilidade e relevância. São Paulo: RT, 2006. p. 361).

[18] MARINONI, Luiz Guilherme. *Prova*. 2. ed. São Paulo: Editora Revista dos Tribunais, 2009. p. 301.

[19] OLIVEIRA, Carlos Alberto Alvaro de. *Do Formalismo no Processo Civil*: proposta de um formalismo-valorativo. 4. ed. São Paulo: Saraiva, 2010. p. 78-79.

acesso à justiça, identificado também no rol dos direitos fundamentais do artigo 5º da mesma carta. Vale a menção do caráter político que se afere do dever de motivação. Por meio dela, é possível exercer o controle do órgão judiciário, inibindo a arbitrariedade e permitindo que a sociedade participe e exerça um controle sobre as razões de decidir do magistrado. Antes, essa vigilância se limitava às partes do processo, mas, com o alargamento do caráter processual da motivação para uma garantia constitucional de todos os cidadãos, o que ocorreu com a Constituição de 1988, sempre que uma decisão for omissa em observar os argumentos dos litigantes ou mesmo não proceder a escorreita valoração das provas do processo, toda a sociedade está ameaçada com essa arbitrariedade.

Dessa feita, é valido salientar que o dever de motivação das decisões judiciais é uma garantia da sociedade frente à possibilidade de arbítrio estatal, perfazendo assim um direito fundamental do cidadão que fornece legitimidade constitucional ao Estado, bem como os elementos para a legitimidade formal e material da ordem jurídica posta.

4 Argumentação e convencimento judicial perante o avanço no estudo da prova

A realidade contemporânea alterou o que se entendia como conceito, função e objeto da prova no processo civil, e tal pode ser verificado a partir de dois fatores: o primeiro se debruça sobre as mudanças que ocorreram a partir da segunda metade do século XX, com a modificação de vários paradigmas da ciência jurídica, e, por conseguinte, o surgimento de uma nova forma de ciência jurídica; o segundo fator é o atual direcionamento do pensamento lógico no sentido da preservação dos direitos fundamentais.[20]

Vislumbra-se como uma marca dessa ciência jurídica pós-segunda metade do século XX uma abordagem analítico-argumentativa[21] que passa a ser utilizada por conta da insatisfação com o método anterior do silogismo, com estruturas de sistema fechado e a utilização de

---
[20] REICHELT, Luis Alberto. *A Prova no Direito Processual Civil*. Porto Alegre: Livraria do Advogado, 2009. p. 72.
[21] *Ibidem*, p. 73.

premissas que, em tese, seriam verdadeiras e levariam a soluções de mesma natureza.

Importante ressaltar que, no estágio em que se está, não existe uma posição unívoca entre os vários métodos empregados no enfrentamento dos fenômenos jurídicos. Há apenas pontos de convergência frente à heterogeneidade.

Desse modo, o presente trabalho preocupa-se com a liberdade que o magistrado tem para formar seu convencimento e valorar a prova e, ainda, com a existência de mecanismos constitucionais e processuais capazes de limitar essa atuação.

Os estudos mais significativos referentes a essa possibilidade de controle dizem respeito à demonstração de uma argumentação jurídica capaz de legitimar as tomadas de decisão; contudo, mesmo a argumentação pode ser analisada e absorvida de diferentes formas, pois são várias as doutrinas sobre esse tema.

Com o intuito de apresentar algumas bases, mas sem a intenção de aprofundar o assunto, necessária se faz uma breve explanação de alguns autores sobre o fenômeno argumentativo, como Theodor Viehweg (teoria tópica), Chaïm Perelman (nova retórica) e Ronald Dworkin (teoria da integridade)

Observando a mudança paradigmática, não se pode negar um ganho de qualidade na metodologia argumentativa quando comparada ao paradigma cartesiano, mas, como se trata de uma mudança não apenas teórica, mas também pragmática, existe um esforço no sentido da aplicação da persuasão racional do juiz como escopo da finalidade de instrução processual. O mesmo empenho é realizado em relação às argumentações de proporcionalidade em matéria probatória;[22] todavia, não existe um significado efetivamente empregado a essa nova visão paradigmática no momento da realização das provas e, como não há forma para aplicação dessa argumentação na atividade probatória, persiste o método dedutivo, que não consegue alcançar a complexidade para a solução do problema, pois já se comprovou ser insuficiente.

Note-se que os novos meios de prova, como a digital, ou de estudo genético não podem ser atendidos pelo paradigma passado; contudo, a argumentação fomenta a discussão das reais razões que levam o juiz a decidir, deixando transparecer inclusive o quanto a bagagem cultural permeia as decisões judiciais, favorecendo um debate

---

[22] REICHELT, Luis Alberto. *A Prova no Direito Processual Civil*. Porto Alegre: Livraria do Advogado, 2009. p. 86.

processual entre as partes, com igual capacidade de influenciar na decisão sobre a produção de provas.

A finalidade da prova no processo civil, que antes era tratada como exercício de demonstração da verdade dos fatos, passa a ser uma razão construída conjuntamente por todos os sujeitos do processo. O que se tem hoje é a conciliação de realidades *a priori* inconciliáveis, o pensamento sistêmico (para os pontos onde não paira a dúvida) e a retórica (para superar as dificuldades que seguem da incompletude e obscuridade do sistema jurídico), permitindo inclusive a superação do modelo dedutivo de raciocínio relacionado à prova.

Importante salientar que, na atualidade, coexiste um sistema temperado, com obediência ao sistema racional analítico e aos comandos de natureza ética, ou seja, razão e valor se entrelaçam na construção das decisões.

A metodologia contemporânea modificou a repartição das cargas de competência das partes e do juiz na construção do diálogo processual, com grande reflexo no momento da produção da prova, justamente no momento de estreitamento da jurisdição com o princípio democrático; assim, as funções de participação e representação não são meras formalidades. As partes têm direito de participar e ver a sua participação influir e ser debatida na decisão, e essa obrigatoriedade de representação adequada e de participação funciona como uma limitação a manifestações processuais arbitrárias.

No estado atual do direito, o princípio dispositivo[23] e o princípio da imparcialidade judicial devem ser harmonizados para sua completa efetivação. Em regra, o princípio dispositivo simboliza o monopólio das partes quanto à exposição da questão debatida em juízo e à adstrição do julgador aos limites por elas fixados; entretanto, não se pode confundir o momento inicial, quando ocorre a alegação dos fatos jurídicos que sustentam a pretensão *sub judice* e o pedido, com o momento posterior, de andamento interno do processo concernente a demonstrações de cunho probatório.

---

[23] Por um longo período histórico, entendeu-se que o Princípio dispositivo destinava exclusivamente à parte a iniciativa do ingresso em juízo, assim como na fixação do objeto do litígio e a prova dos fatos alegados. Daí o aforismo *judex secundum alleata et probata a partibus judicare debet* (o juiz deve julgar segundo o alegado e provado pela parte). Todavia elaborações doutrinárias posteriores demonstraram que não se pode confundir o pedido de tutela jurisdicional e a fixação dos contornos do objeto do processo com as atuações de cunho probatório (OLIVEIRA, Carlos Alberto Alvaro de; MITIDIERO, Daniel. *Curso de Processo Civil*: Volume 1: Teoria Geral do Processo Civil e Parte Geral do Direito Processual Civil. São Paulo: Atlas, 2010. p. 64).

Assim, existe o momento das alegações dos fatos, no qual as partes decidem o objeto do processo e vinculam o juiz ao dever de julgar dentro da realidade trazida aos autos. Outro momento refere-se à prova das alegações; nesse evento, o juiz também participa ativamente, não ficando adstrito às iniciativas que anteriormente eram exclusivas das partes.

Em razão dos interesses públicos tutelados pelo ordenamento jurídico, o Legislativo pode interferir no princípio dispositivo, criando situações de maior ativismo judicial[24] na determinação dos contornos pela parte do objeto da demanda. Tal prerrogativa não pode ser confundida com uma liberdade total do legislador e do julgador em interferir na modulação da intensidade do princípio dispositivo, devendo essa maior intromissão guardar relação com o contexto cultural.

Esse juiz do Estado contemporâneo participa efetivamente no debate travado nos autos, rompendo com o modelo histórico em busca da efetividade judicial, mas isso não quer dizer que ele seja um juiz parcial.

Correto o entendimento do professor Carlos Alberto Alvaro de Oliveira com relação à possibilidade do juiz interferir na atividade probatória para que tenha subsídios de formação de uma convicção para decidir, não cabendo ao julgador delimitar o problema a ser resolvido. Essa é a função das partes no processo, mas o mesmo pode agir de ofício em busca das provas necessárias para o deslinde da lide; e não só isso, o juiz é livre também para fazer a apreciação dessas provas.[25]

A necessidade de convivência entre o ato das partes de cumprir o ônus de alegações e contestações e o dever do juiz faz nascerem dois problemas a serem harmonizados: (i) a liberdade das partes em apontar o objeto jurídico em debate e (ii) o dever o juiz de julgar com base no que está filtrado nos autos, ressalvadas as possibilidades previstas em lei.

A garantia do contraditório tem um caráter instrumental, sendo necessária para assegurar os pressupostos de regularidade de

---

[24] O termo ativismo judicial é empregado no trabalho no sentido de que o juiz pode ser ativo no processo buscando provas, marcando tentativas de conciliação e agindo processualmente de ofício, ou seja, um juiz que empreende esforços para a resolução final da lide sem ultrapassar as barreiras impostas pelas partes na demanda.

[25] Não há dúvida de que o juiz, para melhor formar sua convicção, deve até de ofício determinar a realização de determinadas provas, mas, se apesar de tudo a dúvida permanece, não pode considerar provados os fatos só porque lhe parece justo acolher o pedido inicial, devendo, isso sim, basear-se em juízos de verossimilhança, fundados na experiência geral (OLIVEIRA, Carlos Alberto Alvaro de. *Do formalismo no processo civil*: proposta de um formalismo-valorativo. 4. ed. São Paulo: Saraiva, 2010).

desenvolvimento do diálogo entre as partes e o juiz durante o processo. As partes trazem suas manifestações, que devem ser analisadas pelo juiz.

O responsável pela sentença é o juiz, mas ele deve prolatar a mesma em acordo com todo o trabalho desenvolvido na marcha processual, respeitando os limites e as finalidades impostas pelo ordenamento jurídico, ou seja, a sentença é o produto final de vários atos conectados entre si, sendo a legitimidade da decisão condicionada ao respeito desse diálogo entre as partes e o juiz.

A consagração constitucional do princípio do contraditório fixou a noção de que o princípio democrático tem uma feição processual; dessa forma, fixou-se como uma garantia fundamental do processo o direito de os sujeitos processuais participarem do debate processual.

O indivíduo deve ter condições de se manifestar no processo a fim de preservar a igualdade e o equilíbrio processual; note, porém, que a manifestação tem que guardar consonância com a finalidade do processo.[26] Como exemplo de pertinência, pode-se destacar a imprescindibilidade de que as partes falem no curso da demanda quando na mesma houver utilização de prova emprestada de outro processo.

Outro direito é o de instaurar um diálogo entre os sujeitos processuais, pois existe uma estrutura dialética na qual todos contribuem para a resolução do problema, sendo vedado ao magistrado silêncio frente a uma manifestação pertinente. Persiste ainda o direito ao estabelecimento de uma mecânica de colaboração entre os sujeitos processuais para a construção do provimento jurisdicional, sendo isso nada mais do que a cooperação entre as partes para a construção de uma decisão justa, impedindo atitudes protelatórias, coibindo até mesmo atitudes de magistrados que ultrapassam os limites de sua atividade no processo.[27]

Por fim, há de se resguardar ainda o direito de não surpresa das partes. Quando da prolação da sentença, deve o julgador encontrar limites para sua decisão, não sendo lícito fundamentar a mesma em um aspecto que não tenha sido analisado pelos integrantes da discussão dos autos.

---

[26] É necessário fazer a ressalva de que, apesar de imprescindíveis, contraditório e ampla defesa não são absolutos em nosso sistema jurídico, tanto que é prevista a possibilidade de decisões serem tomadas *inaudita altera pars*.

[27] REICHELT, Luis Alberto. *A Prova no Direito Processual Civil*. Porto Alegre: Livraria do Advogado, 2009. p. 102-110.

A antiga estrutura de separação de tarefa entre os sujeitos processuais, fruto do liberalismo, cede espaço à nova ordenação dos poderes, dos deveres e do ônus dos sujeitos processuais, em acordo com a atividade jurisdicional contemporânea. Hoje, essa ordenação serve apenas como forma de frear o arbítrio estatal, sendo um instrumento de realização dos fins que esse Estado se compromete a cumprir, com respeito à liberdade e democracia e sempre visando à preservação dos direitos fundamentais.[28]

O processo passa a ser ferramenta da justiça, e não mais um fim em si mesmo, mudando a realidade anterior da prova, que trazia incontáveis prejuízos para o convencimento judicial.[29]

5 Conclusões

Parte-se do princípio que a "verdade pura" não existe, ou seja, não se pode mais legitimar as decisões na verdade. A doutrina não tem um consenso com relação a essa denominação, desse algo que não é a "verdade pura", mas é o mais próximo que se consegue chegar dentro das balizas do procedimento, do tempo e da possibilidade de reconstrução de fatos passados. O mais importante é que o processo não é meio idôneo para encontrar a verdade e, a partir dessa premissa, consegue-se ver a importância do diálogo das partes no processo.

Na premissa deste estudo, o instituto da prova é o mais apto a propiciar esse controle, isso porque ela vai ser a responsável por levar os fatos ao processo. As partes fazem inúmeras alegações, mas apenas as provadas têm o poder de influenciar a sentença. O que se propõe é ver a prova por outro ângulo ao invés de encarcerá-la no procedimento de provas tarifadas, dar à mesma uma liberdade controlada pelo contraditório.

Assim, o trabalho busca nas bases da argumentação e do processo colaborativo meios de fomentar essa conversação das partes no processo

---

[28] O estabelecimento de diálogos entre os sujeitos processuais é, antes de tudo, uma decorrência da coexistência de uma pluralidade de vozes que se comunicam nos autos em torno de um problema a ser resolvido (REICHELT, Luis Alberto. *A Prova no Direito Processual Civil*. Porto Alegre: Livraria do Advogado, 2009. p. 104).

[29] Antes, o juiz, quando analisava as provas, o fazia de acordo com uma tabela de valores, ou seja, o legislador atribuía um valor a cada ato de provar, o que se chamava tarifa. O juiz não podia apreciar livremente o peso de cada prova produzido no processo para explorar melhor o tema (DIDIER JR., Fredie. *Curso de Direito Processual Civil*. 7. ed. v. 2. Salvador: JusPodivm, 2012. p. 40).

e partes no *latu sensu* para incluir o juiz, que assume uma postura mais ativa na condução da lide, devendo determinar a produção de provas de maneira fundamentada quando verificar um ponto não esclarecido. Argumentar é expor de forma encadeada um conjunto de argumentos (razões) que justificam uma conclusão. Com outras palavras, um argumento é um conjunto de premissas (razões, provas, ideias) apresentadas para sustentar uma tese ou um ponto de vista, ou seja, no momento em que uma parte expõe racionalmente sua cadeia de pensamento, a outra poderá fazer o mesmo apoiada em suas provas, ficando a cargo do juiz analisar as exposições. Todos, porém, saberão exatamente onde estão as premissas racionais do processo.

Por todo o exposto neste estudo, pode-se concluir que o alvo a ser atingido, com a prova que as partes levam ao julgador, é a melhor aproximação possível com aquilo que ocorreu no mundo dos fatos, mas o importante é entender o processo racional de como essas provas serão valoradas pelo juiz.

O juiz, ao obter seu convencimento com certeza, valorou as provas carreadas no processo. O que se deseja é que ele exteriorize os caminhos racionais dessa valoração e exponha como, a partir das provas, seu convencimento foi formado. No entender deste estudo, a exposição desse caminho em muito limita a possibilidade de discricionariedade judicial.

A fundamentação foi erigida ao *status* de garantia constitucional por força da Constituição Federal, ao determinar no artigo 93, inciso IX, que todas as decisões serão fundamentadas sob pena de nulidade. Por força do art. 131 do Código de Processo Civil, a valoração da prova no direito brasileiro há muito se afastou dos sistemas clássicos e ultrapassados, da tarifação da prova legal e do livre convencimento para acolher a evolução dos sistemas anteriores, ou seja, o sistema da persuasão racional, no qual o magistrado deve observar as regras lógicas e as máximas da experiência comum, com o dever de fundamentar a decisão tomada e indicar os motivos e as circunstâncias que basearam a sua decisão.

Referências

CAMBI, Eduardo. *A Prova Civil*: admissibilidade e relevância. São Paulo: RT, 2006.

CAMBI, Eduardo. Neoconstitucionalismo e Neoprocessualismo. *Revista do Programa de Pós-Graduação em Direito da Universidade Federal da Bahia*: Homenagem ao Professor Luiz de Pinho Pedreira, Salvador, n. 17, ano 2008.2.

DIDIER JR., Fredie. *Curso de Direito Processual Civil.* 7. ed. v. 1. Salvador: JusPodivm, 2007.

DIDIER JR., Fredie. *Curso de Direito Processual Civil.* 7. ed. v. 2. Salvador: JusPodivm, 2007.

DIDIER JR., Fredie. *Curso de Direito Processual Civil.* 7. ed. v. 4. Salvador: JusPodivm, 2007.

GÓES, Gisele Fernandes. Verdade, verossimilhança e probabilidade na teoria geral da prova. *Revista Síntese de Direito Civil e Processual Civil,* v. 33, p. 45, 2005.

KNIJNIK, Danilo. *A Prova nos Juízos Cível, Penal e Tributário.* Rio de Janeiro: Forense, 2010.

KNIJNIK, Danilo. *Os standards do convencimento judicial:* paradigmas para o seu possível controle. Disponível em: http://www.abdpc.org.br/abdpc/artigos/Danilo%20Knijnik%20-%20formatado.pdf. Acesso em: 21 abr. 2013.

MARINONI, Luiz Guilherme. *Curso de Processo Civil:* Teoria Geral do Processo. 4. ed. v. 1. São Paulo: RT, 2010.

MARINONI, Luiz Guilherme. *Processo de Conhecimento.* 9. ed. v. 2. São Paulo: RT, 2010.

MARINONI, Luiz Guilherme. *Prova.* 2. ed. São Paulo: Editora Revista dos Tribunais, 2009.

MARINONI, Luiz Guilherme; ARENHART, Sérgio Cruz. *Comentários ao Código de Processo Civil.* v. 5. São Paulo: RT, 2000.

MARINONI, Luiz Guilherme. *A questão do convencimento Judicial.* Disponível em: http://jus.com.br/artigos/5966/a-questao-do-convencimento-judicial/2#ixzz2b5Uremrj. Acesso em: 21 abr. 2013.

MITIDIERO, Daniel. *Elementos para uma Teoria Contemporânea do Processo Civil Brasileiro.* Porto Alegre: Livraria do Advogado Ed., 2005.

MITIDIERO, Daniel. *Colaboração no Processo Civil:* Pressupostos sociais, lógicos e éticos. 1. ed. São Paulo: Editora Revista dos Tribunais, 2009.

OLIVEIRA, Carlos Alberto Alvaro de. *Do formalismo no processo civil:* proposta de um formalismo-valorativo. 4. ed. São Paulo: Saraiva, 2010.

OLIVEIRA, Carlos Alberto Alvaro de; MITIDIERO, Daniel. *Curso de Processo Civil:* Volume 1: Teoria Geral do Processo Civil e Parte Geral do Direito Processual Civil. São Paulo: Atlas, 2010.

REICHELT, Luis Alberto. *A Prova no Direito Processual Civil.* Porto Alegre: Livraria do Advogado, 2009.

SAMPÁIO JÚNIOR. José Herval. Direito Fundamental a Igualdade. *In: Definição e Características dos Direitos Fundamentais:* estudos em Homenagem a JJ Canotilho. São Paulo: RT; Comibra (pt), 2009.

SARMENTO, Daniel. O neoconstitucionalismo no Brasil: riscos e possibilidades. *In:* NOVELINO, Marcelo (Org.). *Leituras complementares de Direito Constitucional:* teoria da constituição. Salvador: JusPodivm, 2007.

SARMENTO, Daniel. *O Neoconstitucionalismo no Brasil. Definição e Características dos Direitos Fundamentais:* estudos em Homenagem a JJ Canotilho. São Paulo: RT; Coimbra, 2009.

TARUFFO, Michele. *La Motivazione della Sentenza Civile*. Padova: Cedam, 1975.

TARUFFO, Michele. Il significato costituzionale dell'obligo di motivazione. *In*: GRINOVER; DINAMARCO; WATANABE. *Participação e Processo*. São Paulo: Revista dos Tribunais, 1988.

TARUFFO, Michele. *La Prova Dei Fatti Giuridici – Nozioni gemerali*. Milano: Giuffrè, 1992.

TARUFFO, Michele. *La prueba de los hechos*. Madrid: Trotta, 2011.

Informação bibliográfica deste texto, conforme a NBR 6023:2018 da Associação Brasileira de Normas Técnicas (ABNT):

CROELHAS, Clívia Renata Loureiro. O impacto da prova no convencimento judicial. *In*: BASTOS, Dafne Fernandez de; SALES, José Edvaldo Pereira (Coord.). *Direitos humanos*: abordagens transversais. Belo Horizonte: Fórum, 2020. p. 77-97. ISBN 978-85-450-0732-6.

CASTANHAL UBÁ: O TRATAMENTO DA VIOLAÇÃO DE DIREITOS HUMANOS NA AMAZÔNIA PARAENSE NO SISTEMA INTERAMERICANO DE DIREITOS HUMANOS

DAFNE FERNANDEZ DE BASTOS

1 Introdução

O trabalho analisa o desenvolvimento do caso conhecido como "chacina da fazenda Ubá" perante o Sistema Interamericano de Direitos Humanos, instância à qual chegou após infrutíferas tentativas de solucionar a causa no âmbito interno do país.

O contexto social e econômico da região amazônica denominada "Bico do Papagaio", onde ocorreu o massacre, dizia respeito a um total desvirtuamento da exploração dos imensos castanhais nativos da localidade que, inicialmente de propriedade pública, foram paulatinamente entregues à população para exploração, desde que observadas as limitações impostas pelo ordenamento jurídico vigente.

A evolução da realidade agrária e fundiária do território acima mencionado foi marcada pelos conflitos envolvendo a terra como temática principal, marcados pela violência extrema.

Observa-se que o próprio poder público não se faz totalmente presente em localidades como essa, mesmo nos dias atuais, e, de forma velada, contribui para a manutenção da conjuntura desigual, sendo conivente com as violações que ocorrem à revelia de sua proteção.

A pergunta-problema que moveu o desenvolvimento deste artigo foi justamente avaliar como o Sistema Interamericano se comportou a partir da situação fática que lhe foi posta envolvendo população extremamente carente e em situação de vulnerabilidade, envolvendo diretamente a questão da terra em situação de conflito fundiário. Decerto que a questão principal da violação foram as vidas ceifadas, mas se observou que isso apenas ocorreu porque a necessidade/vontade pela terra foi o fundamento das atitudes violentas perpetradas. A partir disso, reputou-se relevante avaliar o posicionamento do SIDH perante um conflito coletivo pela terra com repercussões vitais, ainda que de forma indireta, sobretudo porque não se trata de questão isolada, mas recorrente na realidade brasileira (assim como em outros países com tradição latifundiária e oligárquica).

A partir disso, busca-se avaliar o desenvolvimento do caso no SIDH, de forma a compreender as medidas tomadas, e possibilitar uma atuação mais informada dos protetores de direitos humanos, munindo-os do perfil do sistema regional de proteção.

2 Caso Castanhal Ubá

A área da fazenda Ubá foi originalmente um castanhal de serventia pública, que era trabalhado por membros da comunidade local de São João do Araguaia em suas origens. Em 1965, foi arrendada para um particular chamado José Oscar de Mendonça Vergolino.

Em 1985, houve a ocupação de parcela da então fazenda por alguns trabalhadores rurais sem-terra, assim como de outras fazendas adjacentes, processo de ocupação que vinha acontecendo desde a década de 1960 como decorrência do grande incentivo governamental para promoção de "modernização" da região amazônica.

A ocupação não era pacífica, havendo, de um lado, constante tensão entre a necessidade de terras pelos trabalhadores rurais e, de outro, o interesse pelo exercício do direito de propriedade pelo Sr. Vergolino em termos quase absolutos, aliado à ausência quase total do Estado *lato senso* fornecendo o substrato para o desenvolvimento de conflitos.

Esse choque de realidades e interesses, auxiliado pelo fato de que a área vinha sendo ocupada, culminou nas mortes encomendadas, no episódio que passou a ser conhecido como "chacina da fazenda Ubá".

Em 13 de junho de 1985, na região sul do estado do Pará, nas iminências da Fazenda Ubá, localizada no município de São João do Araguaia, cinco trabalhadores rurais que ocupavam uma área dentro da fazenda, dentre os quais uma mulher grávida não identificada (referida no processo penal como "Francisca de Tal"), foram assassinados por um grupo de "pistoleiros" por encomenda do proprietário da fazenda: José Edmundo Ortiz Vergolino.

As vítimas desse episódio foram: João Evangelista Vilarins e Francisco Pereira Alves – que, antes de serem executados, tiveram suas casas incendiadas –, Januário Ferreira Lima, Luiz Carlos Pereira de Souza e Francisca – mulher gestante e não identificada. Seus corpos foram encontrados em localidade próxima à fazenda, com várias marcas de ferimentos, em especial na região craniana e torácica.

A chacina, entretanto, não se resumiu a isso. Teve continuidade no dia 18 do mesmo mês, por obra dos mesmos agentes.

Nessa nova investida, mais três trabalhadores rurais foram mortos: José Pereira da Silva – líder católico da comunidade local, conhecido como Zé Pretinho –, Valdemar Alves de Almeida e Nelson Ribeiro,[1] cujos corpos também foram encontrados com marcas de vários ferimentos, com especial concentração nas áreas torácica e craniana.

Estima-se que houve mais vítimas – cerca de 14 – nessa chacina; entretanto, foram apontadas apenas oito no processo criminal.

O processamento do caso perante o Poder Judiciário brasileiro não foi deflagrado de forma imediata, havendo um lapso temporal alargado entre o efetivo início da investigação e do processo judicial contra os responsáveis pelos homicídios brutais.

Não fosse isso suficiente, o próprio rito foi marcado por tumultos processuais, desaforamentos e lacunas temporais em que nenhum ato foi realizado, culminando, enfim, com a condenação do mandante do crime, o Sr. José Edmundo Ortiz Vergolino, em 2008, que, na época, já contava com idade avançada (69 anos), sendo-lhe permitido cumprir a prisão em regime domiciliar. Em relação aos demais executores, os "pistoleiros" contratados, alguns faleceram no curso do processo e outros foram igualmente condenados.

Ocorre que, a despeito disto, as últimas informações processuais foram no sentido de que o mandante não fora localizado por estar em local incerto e não sabido, o que concretizou a total ineficácia da atuação do poder público interno em punir os crimes realizados.

---

[1] Essa vítima, na realidade, não era alvo do ato homicida. Era administrador de uma fazenda próxima a Ubá e foi confundido com um trabalhador rural enquanto caminhava na localidade à procura de condução.

3 O Caso Ubá no Sistema Interamericano

Tendo em vista a morosidade e a falta de efetividade da justiça interna, foi apresentada petição contra o Estado brasileiro perante a Comissão Interamericana de Direitos Humanos em 1999, tomando-se por base os artigos 33, alínea *a*, e 41, alínea *f*, da Convenção Americana para fundamentar a competência para o caso.

A acusação específica contra o Estado brasileiro, conforme se pode verificar da análise da petição inicial interposta pela SDDH, em conjunto com o MNDH e o CEJIL, fora a de violação dos seguintes artigos da Convenção Americana: artigo 1º, inciso I (obrigação de respeitar os direitos); artigo 4º (direito à vida); artigo 8º, inciso I (direito às garantias judiciais); e artigo 25 (direito à proteção judicial).

Preliminarmente, em relação à admissibilidade do caso perante a Corte, foram ressaltados o longo prazo entre o cometimento dos crimes e a iníqua atuação da justiça brasileira em resolver a situação de forma efetiva e justa. Deveria, portanto, ser excepcionada a regra do esgotamento dos recursos internos, conforme previsto no art. 46, inciso 2, alíneas *a*, *b* e *c*, da Convenção Americana.

Na questão do mérito, alegou-se ter sido violado o direito à vida. Fundamentou-se o pleito no sentido de que, ainda que os crimes tivessem sido cometidos por agentes privados, o Estado deveria ser responsabilizado pela incapacidade de ser diligente e fiscalizar, solucionar e reparar violações.[2] Portanto, o Brasil deveria ser responsabilizado pela violação do direito à vida em decorrência da incompetência de suas autoridades em investigar, identificar e punir eficazmente os agentes privados responsáveis.

Além da violação do direito à vida, alegou-se também a violação dos direitos à proteção judicial e às garantias judiciais pelo atraso injustificado, previstos nos arts. 8.1 e 25.1, ambos também da Convenção Americana.

O atraso injustificado tem fundamento na expressão "prazo razoável", utilizada no artigo 8.1. Por se tratar de conceito aberto, aponta-se aqui a interpretação dada pela Corte Interamericana, realizada com

---

[2] De acordo com a interpretação da Corte Interamericana de Direitos Humanos, a obrigação de garantir o livre e pleno exercício dos direitos humanos inserida no art. 1.1 não se esgota com a existência de uma ordem normativa dirigida a fazer o possível para o cumprimento dessa obrigação, inclui a necessidade de uma conduta governamental que assegure a existência de garantias efetivas do livre e pleno exercício desses direitos (ver petição inicial SDDH perante a Comissão Interamericana de Justiça relativa ao caso Fazenda Ubá).

base na decisão proferida no Caso Genie Lacayo. A definição pendeu para a indicação de uma equação. Para aferir o significado de um prazo razoável para a atuação interna em relação às violações de direitos humanos antes de se provocarem os instrumentos internacionais de proteção, devem ser aferidos os seguintes elementos: complexidade do caso, atividade processual do interessado e conduta das autoridades policiais.[3]

Patente no caso concreto, entretanto, que a situação não foi pautada por um "prazo razoável", ainda que não houvesse uma baliza interpretativa para tanto, bastando para tanto uma análise sob o viés da razoabilidade.

Em 26 de julho de 2007, os peticionários solicitaram a determinação de uma audiência à Comissão Interamericana, a qual foi deferida para o dia 23 de setembro de 2008 em Washington, sede da Comissão.

Ocorrida a audiência, foi realizada proposta de acordo de solução amistosa, que, apresentada aos familiares das vítimas em 03 de fevereiro de 2009 pelos peticionários, sofreu algumas modificações em seus termos iniciais.

Em 2010, o estado do Pará delegou atribuição à PGE/PA para a tratativa dos assuntos relativos ao Sistema Interamericano de Direitos Humanos, no que diz respeito ao Estado *stricto senso*, por meio do Decreto nº 2.264, de 12 de maio de 2010.[4] A partir de então, foi dada continuidade ao caso perante a Comissão, agora sob atuação direta da PGE/PA.

4 Análise das medidas perante o SIDH no Caso 12.277 e suas implicações

Considerando-se o escopo deste artigo, faz-se mister desenvolver os aspectos do Caso Ubá no Sistema Interamericano de Direitos Humanos, o qual foi registrado na Comissão como "Caso 12.277", de

---

[3] Para essa conclusão, a Corte Interamericana valeu-se dos elementos adotados pela Corte Europeia de Direitos Humanos, conforme eficazmente sintetizado em Estrasburgo, no recurso Guillemin x França, de 21.02.97: "(...) o caráter razoável da duração de um processo se avalia segundo as circunstâncias da causa, que demanda à ocorrência uma avaliação abrangente e tendo em vista os critérios consagrados pela jurisprudência da Corte, em particular a complexidade da causa, o comportamento dos recorrentes e das autoridades competentes".
[4] Publicado no DOE-PA nº 31.666, de 14.05.2010.

sorte a auxiliar na compreensão das causas da provocação da instância internacional e como foi lá resolvida a causa.

Nesse diapasão, importantíssimo destacar o papel da Comissão Interamericana de Direitos Humanos, órgão independente da OEA, também integrante da Convenção Americana, a qual tem atribuições para analisar violações de direitos humanos pelos ritos protetivos estabelecidos tanto na Carta da OEA quanto da Convenção Americana de Direitos Humanos, esta válida apenas para os países que a ratificaram.

A partir de 1969, com a edição da Convenção Americana de Direitos Humanos, o Sistema Regional Interamericano passou a contar com outro órgão, a Corte, que aqui não será analisada, uma vez que suas atribuições são diversas das da Comissão e o Caso 12.277 restringiu-se ao âmbito da Comissão, com resolução satisfatória.

Essa peculiaridade representa diferença prática em dois aspectos: (i) existem dois ritos de proteção a serem deflagrados pelas vítimas/interessados perante a Comissão, cada um com traços próprios; (ii) diferentemente da Comissão – um órgão *quase jurisdicional*,[5] que emite apenas recomendações e conclusões –, a Corte tem caráter jurisdicional; dessa forma, emite decisões judiciais legalmente vinculantes *stricto senso* e somente em relação aos países que reconhecerem expressamente sua jurisdição, sendo possível sua provocação apenas com base na CADH.

O Caso Ubá chegou à Comissão Interamericana a partir do procedimento do estabelecido na Convenção Americana de petições individuais. Portanto, todos os mecanismos convencionais previstos na

---

[5] Devido a essa característica, apesar da autoridade da Comissão e de seu papel fundamental no sistema da OEA, ainda se discute muito sobre a obrigatoriedade das suas recomendações. A própria Corte apresenta posicionamentos dúbios sobre o tema. Já se manifestou no sentido de que as recomendações da Comissão não têm caráter jurisdicional, a ponto de gerar a responsabilidade do Estado pelo seu descumprimento (Caso *Caballero Delgado e Santana vs. Colômbia*, sentença de 8 de dezembro de 1995, parágrafo 67); mas, em contrapartida, também já se posicionou pela necessidade de que os Estados-Partes na Convenção empreguem todos os seus esforços para aplicar as recomendações dos órgãos da proteção, a exemplo da Comissão, que, não obstante, é um dos órgãos mais importantes da OEA (Caso *Loayza Tamayo vs Peru*, sentença de 17 de setembro de 1997, parágrafo 80). De qualquer sorte, o cumprimento das determinações veiculadas nas recomendações da Comissão, em algum grau, depende não somente do Poder Executivo dos Estados, mas também das soluções criativas efetivadas pela própria sociedade civil organizada, advogados, defensores de direitos humanos, acadêmicos, etc. Maiores digressões sobre esse assunto fogem à proposta do tema desta obra; entretanto, reputou-se possível deixar registrada a inclinação da autora no sentido de as recomendações emitidas pela Comissão Interamericana serem consideradas exigíveis e vinculantes juridicamente, sob pena de serem esvaziadas de sentido enquanto instrumentos dentro do que o sistema interamericano objetiva: proteção de direitos humanos.

CADH estavam à disposição da Comissão, inclusive com possibilidade de encaminhamento da situação à Corte, não tendo sido isso necessário no caso analisado. Importante destacar, neste momento da análise, que os sistemas internacionais de proteção de direitos humanos são apenas subsidiários em relação aos sistemas nacionais. Dessa forma, não se tratam de uma instância superior à qual podem obrigatoriamente recorrer os insatisfeitos com as medidas internas em qualquer circunstância. Na realidade, apenas havendo o preenchimento de requisitos específicos é que se permite acesso aos órgãos e tribunais internacionais, sob pena de violação da soberania dos Estados, refutando-se, portanto, a teoria da 4ª instância, que prega em sentido contrário.[6]

A par dessa contextualização, passa-se à análise detalhada do desenvolvimento do Caso Ubá perante as instâncias internacionais, averiguando-se o momento da provocação da Comissão e quais os desdobramentos e implicações a partir daí.

A relevância do desdobramento do Caso Ubá dá-se na medida em que a questão agrária/fundiária é uma constante no sistema interamericano no que tange ao Brasil. A disputa pela terra nem sempre figura como o direito central da atenção das cortes, mas, decerto, é o cerne das disputas que implicam as violações de direitos (vida, integridade, liberdade, etc.).

Dados da CPT apontam que metade das sentenças condenatórias da Corte Interamericana relativas ao Brasil, assim como grande parcela das petições endereçadas à Comissão, versa sobre violações ocorridas em zonas rurais do território brasileiro. Citam-se como exemplos os casos *Garibaldi vs. Brasil* e *Escher vs. Brasil*, os quais repetiram o contexto no mesmo estado (Paraná), na mesma situação envolvendo indivíduos envolvidos com o MST e num curto espaço de tempo, mostrando a recorrência e falta de solvabilidade em curto prazo do problema.

Avaliando-se formalmente a deflagração internacional do processo, observou-se que a iniciativa da SDDH – em atuação conjunta com a CEJIL e o MNDH – de postular uma reparação às vítimas no Sistema Interamericano obedeceu aos requisitos normativos para o peticionamento perante a Comissão previstos nos diplomas normativos

---

[6] Nesse sentido decidiu a Corte Interamericana de Direitos Humanos no *Caso Velásquez Rodríguez*, sentença de 29 de julho de 1988, parágrafo 61; *Caso Godinez Cruz*, sentença de 20 de janeiro de 1989, parágrafo 64; e *Caso Fairén Garbi e Solís Corrales*, sentença de 15 de maço de 1989, parágrafo 85.

básicos do SIDH: o estatuto da Comissão e a Convenção Americana de Direitos Humanos (CADH) – ambos base jurídica para o peticionamento individual e solução amistosa – e a Carta da OEA – no que diz respeito ao direcionamento maior acerca da solução pacífica de controvérsias (arts. 24 a 27).

O Estado brasileiro foi demandado perante a Comissão com fundamento para sua competência para análise do presente caso assentado nos artigos 33, alínea *a*, e 41, alínea *f*, ambos da Convenção Americana.[7]

Competente para apreciar o litígio, a Comissão julgou procedente o juízo de admissibilidade, passando a analisar pormenorizadamente os argumentos jurídicos e fáticos apresentados pelos peticionários.

Importante destacar que existem atribuições específicas da Comissão no que tange aos diferentes graus de incorporação dos países no Sistema Regional Interamericano. Faz-se relevante essa distinção em virtude de serem designadas atribuições específicas em relação aos Estados que sejam Estados-Membros da OEA e partes na Convenção; é maior e mais expressiva a atuação da Comissão nestes últimos do que em relação aos demais Estados-Membros da OEA, mas que são partes apenas da Carta da OEA.[8]

Coexistem vários tipos de procedimentos e atribuições distintos a depender da forma de vinculação de cada país ao Sistema Regional Interamericano de Proteção de Direitos Humanos. O Brasil, por exemplo, além de ser parte da OEA, também é signatário da Convenção Americana.

Portanto, não se trata de esferas de atuação excludentes, mas complementares, sendo possível, inclusive, que a Comissão se valha de fontes de interpretação e informação de um desses diplomas normativos como base interpretativa para a outra.

A acusação específica contra o Estado brasileiro foi a de desrespeito aos seguintes artigos, todos da CADH: obrigação de respeitar direitos (artigo 1), direito à vida (artigo 4), garantias judiciais (artigo 8) e direito à proteção judicial (artigo 25).

---

[7] Art. 33. São competentes para conhecer dos assuntos relacionados com o cumprimento dos compromissos assumidos pelos Estado-Partes nesta Convenção: (...) a) a Comissão Interamericana de Direitos Humanos, doravante denominada a Comissão, e. (...) Art. 41. Qualquer pessoa ou grupo de pessoas, ou entidade não governamental legalmente reconhecida em um ou mais Estados-Membros da Organização, pode apresentar à Comissão petições que contenham denúncias ou queixas de violação desta Convenção por um Estado-Parte.

[8] Neste sentido, ver Estatuto da Comissão Interamericana de Direitos Humanos, art. 18 e ss.

No quesito "preliminares", os peticionantes tentaram ainda afastar a incidência da cláusula de *esgotamento dos recursos internos* (artigo 46.1, *a*, da CADH), a qual determina que, apenas após o regular trâmite interno, tendo-se esgotado todos os meios nacionalmente previstos, é que seria possível acionar as instâncias internacionais, justamente em uma manobra para afastar a teoria da 4ª instância.

Nesses termos, a despeito de o Caso Ubá ainda tramitar perante o Judiciário brasileiro quando do peticionamento na Comissão, fundamentou-se sua admissibilidade perante o SIDH nas exceções ao esgotamento dos recursos internos.

Alegou-se a demora excessiva[9] em julgar o caso no Brasil – considerando que as violações ocorreram em 1985 e que, em 2000, ano em que houve peticionamento perante a Comissão, ainda não havia qualquer manifestação da administração brasileira em solucionar as violações –, bem como a negativa de prestação jurisdicional, razões suficientes para proceder à análise pela Comissão.

Tais alegações estão em consonância com a jurisprudência da Corte Interamericana, a qual não exige o exaurimento de todos os recursos ordinários e extraordinários internos, mas tão somente aqueles considerados adequados e eficazes.[10]

Apesar das discussões que envolvem esse requisito formal, é imperioso destacar a necessidade dessa cláusula de admissibilidade, sobretudo como forma de garantir a manutenção da noção de soberania estatal, tão cara para a ordem internacional. Nesses termos é a jurisprudência da própria Corte Interamericana, que a considera como uma "regra bem estabelecida de direito consuetudinário",[11] conforme se

---

[9] Ver Caso 12.051 (*Maria da Penha Fernandes Maia vs. Brasil*).
[10] Conceitos firmados no Caso *Cantoral Benavides vs. Peru*. Em *Velásquez Rodríguez*, a Corte reafirma seu entendimento ao determinar que, apesar da previsão de vários recursos nos diversos ordenamentos jurídicos, nem sempre se mostram adequados porquanto não aplicáveis em todas as circunstâncias; além disso, na hipótese de nem sequer se proceder ao exame de validade ou de se tomar conhecimento de uma prática ou política regulada ou tolerada pelo poder público com o efeito deletério de impedir o acesso a alguns recursos a determinados demandantes – o que difere do fato de meramente não haver um resultado favorável ao reclamante –, o recurso a esses meios transforma-se em formalidade inócua, o que desde já permite acessar as instâncias internacionais para buscar a efetividade dos direitos violados ou sua proteção.
[11] A jurisprudência da Corte é firme no entendimento de que, "segundo os princípios do Direito Internacional genericamente reconhecidos e pela prática internacional, a regra que exige o prévio esgotamento dos recursos internos está concebida em benefício do Estado, pois procura dispensá-lo de responder diante de um órgão internacional por atos que lhe imputem, antes de haver tido a oportunidade de remediá-los com seus próprios meios. É, portanto, considerado um meio de defesa (do Estado) e como tal, renunciável, mesmo

depreende das sentenças dos casos *Velásquez Rodríguez, Godínez Cruz, Fairén Gabi e Solís Corrales, Asunto de Viviana Gallardo* e outros, casos em que a Corte destacou a necessidade de se oportunizar aos Estados resolver os problemas em sua jurisdição, por seus próprios meios, antes de serem submetidos a um processo internacional, oportunidade que estaria de acordo, inclusive, com o caráter subsidiário da instância internacional.

Obviamente, com a evolução da ordem internacional e, sobretudo, após o marco pós-Segunda Guerra Mundial, em que se observou que muitas vezes o próprio Estado é o principal violador dos direitos de seus jurisdicionados, a questão dos direitos humanos não mais pode ser restrita ao âmbito interno dos países, daí a criação de mecanismos internacionais que permitem a busca de auxílio fora das fronteiras violadoras.

Ocorre que esses instrumentos devem ser usados com parcimônia, sob pena de se instalar o caos na ordem jurídica entre os Estados e desvirtuar a ideia de inter-relacionamento político baseado em respeito mútuo entre pares.

E é justamente nessa medida que a regra do esgotamento dos recursos humanos se apresenta como uma medida viável, considerando-se que preserva a soberania estatal, mas admite em vários casos (exceções previstas no artigo 46.2. *a, b, c*, da CDH, os quais vêm sendo interpretados de forma ampliativa pelos órgãos do SIDH), não desamparando os ofendidos em casos de violações de direitos humanos.

O Caso Ubá contou ainda com um momento de investigação *in loco*,[12] o qual é permitido com base no artigo 48.2 da CADH na hipótese de o caso ser urgente e grave, exata situação do presente caso, na medida em que os fatos ocorreram em 1985, o peticionamento internacional ocorreu em 1999 e somente 2000 fora admitido, evidenciando a urgência de medidas decisórias para pôr um fim à persecução processual.

Após esse procedimento, ao Estado-Parte é oportunizado o mesmo prazo para oferecimento de resposta,[13] resposta esta não

---

de modo tácito" (*Viviana Gallardo e outras vs. Costa Rica*). Ademais, é necessário que a matéria seja explicitamente informada pelo Estado; caso contrário, considera-se ocorrido o denominado *efeito stoppel*, referente à presunção de renúncia tácita a tal direito, o que, uma vez consubstanciado, é irrevogável (Caso *Acevedo Jaramildo e outros vs. Peru*).

[12] Art. 48.2, Convenção Americana.

[13] Dispõe o art. 38.1, da Convenção, sobre o prazo de dois meses para peticionamento de observações adicionais quanto ao mérito, após o recebimento do caso perante a Comissão, sendo possível sua prorrogação por período não superior a três meses, contados do envio do primeiro pedido de observações a cada parte.

ofertada pelo Brasil, que apenas se manifestou no autos praticamente seis anos após o prazo estabelecido pela Convenção (09.07.2007, conforme registros da Comissão) e se limitou a meras informações quando deveria apresentar peça similar a uma contestação.

Salienta-se a temerária atuação do Estado brasileiro em restar inerte dessa forma, uma vez que a CADH determina que, havendo falha do Estado-Parte em proporcionar a informação respectiva acerca dos fatos que lhe sejam imputados dentro do prazo máximo designado pela Comissão, eles são presumidos verdadeiros (artigo 39).

Obviamente, é possível o recebimento de informações e provas supervenientes pela Comissão (artigo 48.1, c, CADH), hipótese em que será possível a determinação de o peticionamento inicial ser insubsistente ou inadmissível. Mas não foi o caso referente à chacina do Caso Ubá.

A despeito dessa conduta desidiosa do Estado brasileiro, importa dizer que foi superada a admissibilidade do caso, mas o mérito não foi efetivamente *decidido* pela Comissão. Houve, em verdade, uma *solução amistosa* entre os envolvidos, instituto previsto no art. 49[14] da Convenção.

Não sendo realizado acordo entre as partes, a CADH prevê a produção de um relatório pela Comissão, do qual constarão votos divergentes, exposições escritas e verbais dos interessados, bem como eventuais proposições e recomendações ao Estado-Parte.

Os Estados interessados – aos quais não é facultada publicação – recebem tal documento e estipula-se um prazo para implementação das recomendações e reparações estipuladas, findo o qual será avaliado se foram cumpridas as determinações para fins de determinar qual a sua atuação seguinte (artigo 50, CADH), sendo possível, a partir de então, até mesmo submeter o caso à Corte (artigo 44.1, CADH).

No Caso Ubá, não houve necessidade de se adentrar a seara jurisdicional da Corte Interamericana, já que foi selada a solução amistosa entre o Estado brasileiro e os familiares das vítimas atingidas na chacina ocorrida em São João do Araguaia, com a estipulação de

---

[14] Se se houver chegado a uma solução amistosa de acordo com as disposições do inciso 1, f, do artigo 48, a Comissão redigirá um relatório que será encaminhado ao peticionário e aos Estados-Partes nesta Convenção e, posteriormente transmitido, para sua publicação, ao Secretário-Geral da Organização dos Estados Americanos. O referido relatório conterá uma breve exposição dos fatos e da solução alcançada. Se qualquer das partes no caso o solicitar, ser-lhe-á proporcionada a mais ampla informação possível.

várias medidas a serem tomadas pelo Estado brasileiro como forma de reparar as violações e minorar a sensação de impunidade vigente. Dentre essas medidas, pode-se citar o pagamento de indenização aos familiares das vítimas, sua inclusão em programas de assentamento agrário e o simbólico ato de pedido de desculpas.

5 Conclusões

O acordo firmado continha as seguintes cláusulas em sua versão final: a) reconhecimento da responsabilidade, b) responsabilidade penal e civil, c) medidas de reparação, d) medidas de prevenção e e) mecanismos de seguimento.

O primeiro ponto abordado na solução amistosa foi o reconhecimento da responsabilidade internacional pela violação dos direitos à vida, proteção e às garantias judiciais e da obrigação de garantir e respeitar os direitos consagrados na SUDH e na CADH em relação às vítimas do Caso Ubá, a qual foi reconhecida quando da assinatura do acordo, o que ensejou a assunção de atribuição para tomar todas as medidas posteriormente fixadas.

Importante destacar que, a despeito da *cláusula federal* (artigo 28, CADH), a PGE/PA assumiu para si o dever de cumprir as cláusulas 8, 9, 10, 11, 12, 13, 17, 18, 19, 20 e 21 da solução amistosa, conforme poderes exarados do Decreto nº 2.264, de 12 de maio de 2010, em virtude do reconhecimento interno da repartição constitucional de competências, muito embora a responsabilidade internacional tenha sido atribuída ao Brasil.

No que diz respeito à determinação de reconhecimento de responsabilidade civil e penal dos responsáveis pelas violações perpetradas no Caso Ubá, as cláusulas 8 e 9, relativas à persecução criminal e à reparação dos danos, determinaram que o poder público envidaria esforços para a conclusão das ações penais já em curso, instando ainda a cooperar com isso todas as instâncias oficiais (polícias, ministério público, defensoria, secretarias, etc.), assim como deveria a Defensoria Pública propor ação de indenização em face dos autores, em prol dos familiares das vítimas.

Dessas duas medidas, foi apenas possível conferir que o mandante foi condenado em última instância, mas atualmente é foragido da justiça. Os demais envolvidos ainda vivos, também condenados em júri popular, também são foragidos. Até o presente momento, não se tomou conhecimento acerca da propositura de ação solicitando indenização por parte da Defensoria Pública do Estado do Pará. As medidas de reparação foram divididas em três espécies: a) simbólicas, b) pecuniárias e c) inclusão em programas e projetos do Estado. Destas, apenas duas foram integralmente cumpridas: a medida simbólica, com a construção de um memorial e realização de uma solenidade para sua inauguração; e a medida de reparação consistente na criação de defensorias agrárias, com a edição da Resolução nº 64/2010-CSDP, da DPE/PA, criando o Núcleo de Defensorias Agrárias nos municípios de Marabá, Redenção, Altamira, Santarém e Castanhal.

As reparações pecuniárias cingiram-se ao pagamento do valor de R$38.400,00 aos familiares da vítimas, a título de indenização por danos morais e materiais, assim como ao pagamento de pensão vitalícia e personalíssima, em caráter especial, de 1,5 salário mínimo; ambos em favor de um representante de cada uma das famílias envolvidas, o que foi cumprido, inicialmente, pela Lei Estadual nº 7.528, de 14 de junho de 2011 (caderno 1, página 1, encarte do executivo, DOE nº 31.937, de 15 de junho de 2011).

Ocorre que houve informação à PGE de que alguns familiares não estariam recebendo os valores, já que apenas aqueles legalmente nominados para o recebimento o fariam, não repassando aos demais. Ademais, em visita aos familiares das vítimas em 2012, pela Secretaria de Estado de Assistência Social, constatou-se que eles não teriam recebido ainda o montante destacado a título de indenização.

Apesar de o Estado ter negado tais situações, não houve qualquer prova concreta no sentido de comprovar o efetivo pagamento de valores, como com a apresentação de dotação orçamentária específica ou apresentação de ordem bancária com as transferências monetárias. Em resumo, houve a reparação, mas de forma incompleta; e isso é tão grave quanto a própria violação inicial, pois falha mais uma vez com a expectativa já frustrada das vítimas do sistema moroso e tendencioso de persecução brasileiro.

Em relação às políticas de inclusão em programas do Estado, não foram fornecidos dados suficientes para fins de determinar quais projetos de assentamento e de acesso à crédito em que foram (e se o foram) inclusos os familiares das vítimas. Foi possível concluir, apenas, a disponibilização de acesso a crédito, estando os indivíduos atualmente vivendo da pequena produção e comercialização de alguns víveres, como mandioca e derivados.

Entretanto, não há comprovação de que esse crédito possui qualquer vínculo com os programas assistencialistas a cargo da imputação ao Estado brasileiro pela Comissão.

Em relação às medidas de prevenção, previstas nas cláusulas 21 e 22 do ajuste, elas voltavam-se ao incentivo da atuação da Comissão Estadual, que apura e combate os homicídios decorrentes de conflitos pela posse da terra, inclusive buscando a participação de órgãos federais afetos à matéria, bem como a promoção de um curso relativo à resolução de conflitos agrários para os órgãos públicos, em caráter de treinamento.

Referida Comissão foi fruto de um projeto conjunto entre Conselho Nacional de Justiça (CNJ) e o Tribunal de Justiça do Estado do Pará (TJE/PA) e, graças aos esforços conjuntos dos dois órgãos, foi possível a condenação do mandante José Edmundo Ortiz Vergolino e dos pistoleiros responsáveis pela chacina do Castanhal Ubá, muito embora tenha sido impossível seu encarceramento.

O curso, por outro lado, se ocorreu, não foi devidamente registrado, não havendo qualquer prova de sua realização.

De bom tom, a Comissão Interamericana acompanhou a celebração da solução amistosa, estipulando como mecanismo de seguimento a obrigação de prestar contas a ser feita periodicamente tanto por relatórios do Estado como dos interessados para verificação da implementação das medidas (cláusula 23), devendo ser encaminhados relatórios semestrais a partir da celebração do acordo.

Para subsidiar a pesquisa para o presente estudo, solicitaram-se esclarecimentos à PGE/PA acerca do envio desses relatórios semestrais, a qual informou, que desde a assinatura do acordo internacional, já foram enviadas comunicações à Secretaria de Direitos Humanos da Presidência da República, órgão responsável pela prestação de contas à Comissão. Todavia, não foi possível localizar qualquer documento comprobatório dessa afirmação, nem estes foram apresentados pela PGE/PA.

A partir das informações apresentadas, é possível concluir, acerca do delineamento do caso na instância internacional, que a postulação perante o SIDH foi necessária e que a escolha pelo rito da Convenção Interamericana foi a melhor possível, na medida em que oferece o maior leque de proteção em relação àqueles ofertados a partir da DUDH e da Carta da OEA.

Ademais, acertada alegação dos peticionantes acerca da não aplicabilidade no caso da regra do esgotamento dos recursos internos, uma vez que o caso não vinha sendo solucionado no plano interno; muito pelo contrário, cada vez mais era agravado com tumultos processuais, falta de assistência aos familiares das vítimas, etc. Dessa forma, não ocorreu um peticionamento leviano, valendo-se do SIDH como uma instância extra, afastada aqui qualquer inclusão nos ditames da 4ª instância.

Ao contrário, estava em curso uma efetiva e grave violação de direitos humanos, cuja resolução não se vislumbrava no plano interno, agravando a situação.

Os responsáveis pelo processamento do Caso Ubá perante o sistema interamericano – SDDH, CEJIL, MNDH – são instituições com tradição nesse tipo de representação e procuraram os órgãos internacionais em virtude de o processamento interno do caso ter sido sobremaneira protelado, tumultuado, irregular, em síntese: mais violador de direitos do que reparador.

As comunicações internas, em várias tentativas de solução nacional, não foram atendidas, de forma que foi necessário socorrer-se de outro mecanismo de proteção, que cumpriu da forma adequada a sua função *subsidiária*, sendo, justamente, um instrumento de auxílio em um momento e conjuntura tais que não era possível aos vitimados ver seus direitos atendidos.

Importa ressaltar, nesta parte da análise, que as medidas acordadas foram, sim, implementadas pelo Estado brasileiro, em atenção à solução amistosa firmada perante a Comissão Interamericana; entretanto, isso não se deu de forma integral, havendo várias falhas e incompletudes.

Essa efetivação do acordo em tempo relativamente hábil e o reconhecimento da responsabilidade perante o sistema interamericano evidenciam uma atitude governamental de *vontade política* em favor da proteção dos direitos humanos, o que pode ser igualmente um fator benéfico e maléfico.

Depender da vontade ou discricionariedade do Estado para implementar alguns direitos ou reparar algumas situações em detrimento de outras pode ser um elemento ensejador de grande apreensão acerca da tolerabilidade ou engajamento do governo para fins de proteção e garantia dos direitos humanos.

Apesar disso, traduz-se em um indicativo extremamente relevante. Considerando-se que a responsabilidade estatal por violação de direitos humanos no plano internacional é decorrente da mera negativa de proteção ou garantia – independentemente de os violadores serem ou não agentes estatais – e que as sanções internacionais têm uma característica marcante de pressão moral e política, um país que não demonstre iniciativa em corrigir as violações de direitos humanos no seu plano interno invariavelmente sofre sanções colaterais dos demais países – a exemplo de não ratificação de contratos, tratados, não fixação de parcerias em seara econômica, etc.

Dessa forma, ainda que o governo não seja totalmente engajado com a questão dos direitos humanos e, no caso, dá-se maior destaque àqueles relacionados ao direito à terra, a repercussão internacional de sua responsabilidade por negligência na proteção dos direitos humanos pode funcionar como um fator de pressão política, seja qual for a área de concentração de violações – rural, urbana, trabalhista, etc. –, o que pode funcionar como um mecanismo de escape em relação à incerteza sobre o engajamento governamental acerca de alguma questão como garantia de sua proteção.

Apenas um detalhe merece pontuação negativa da análise do Caso Ubá e das repercussões do seu desdobramento internacional, e é aquele atinente à impunidade, sobretudo porque não se trata de um *ipso facto* apenas das violações de direitos relativos à questão agrária, mas de todas as violações, apesar de nesta ser bastante emblemática.

E ainda que tenha havido uma determinação bem direta da Comissão no sentido de o Estado brasileiro ter a obrigação de identificar os culpados e puni-los adequadamente, observou-se ser esta uma previsão inócua.

De fato, houve a paradigmática condenação dos envolvidos, inclusive do mandante, evidenciando uma virada hermenêutica na proteção de direitos humanos na jurisprudência pátria, sobretudo paraense. Todavia, a apuração e o processamento dos crimes demoraram muito para começar, foram marcados por tumultos, e alguns envolvidos faleceram no curso do processo. Quando finalmente condenados, os réus não foram localizados para dar cumprimento à medida de efetivação, e os registros concernentes a eventuais períodos de cárcere preventivo demonstram a brevidade das medidas.

Apesar de ser impossível aceitar a integralidade da reparação do massacre do Caso Ubá, em sentido *lato* é aceitável afirmar que ele foi "solucionado". Os familiares das vítimas foram indenizados – ainda que em parte não venham recebendo os valores acordados –, foram priorizados para inscrição em programas de reassentamento e crédito rural – apesar de não haver dados concretos no processo acerca de sua real efetividade –, o Estado se desculpou publicamente pela ineficiência na proteção dos direitos humanos, os responsáveis pelas violações foram condenados – apesar de não terem sido concretamente recolhidos à prisão, e os processos foram todos terminados.

A demora no julgamento do caso, bem como os vários tumultos processuais, com inúmeras remessas de autos, refazimento de provas desnecessariamente, não localização dos responsáveis, tudo isso colabora para o entendimento de que houve reiteradas novas violações aos direitos dos familiares das vítimas.

Os autores do crime enfrentaram processo criminal, foram a júri popular, mas qual a efetividade dessa medida? Não eram homens ordinários, o dito *hommus medius*, que serve de parâmetro para termos penais de aferição de responsabilidade; portanto, a simples submissão à persecução criminal não pode ser tida como punição suficiente.

Por outro lado, a demora excessiva retirou a dignidade dos sobreviventes, dos parentes das vítimas. Durante esses vinte anos em que estiveram à espera de um julgamento justo e regular, bem como de uma reparação pelos danos que sofreram, viveram sem seus entes queridos e de quem muitas vezes necessitavam para complementar rendas familiares, vendo-se cada vez mais descrentes do Sistema Nacional de Proteção de Direitos e desamparados pelo Estado.

A pressão emocional e a falta de dignidade a que essas pessoas foram submetidas foram caracterizadores de nova violação de direitos em adição àquela sofrida quando da retirada de seus parentes de sua esfera de convívio por motivo fútil.

Portanto, ainda que tenham sido determinadas medidas de reparação, de compensação, de prevenção, isso somente ocorreu após 26 anos. E, ainda assim, somente após a intervenção de uma instância judicial internacional; ou seja, não foi suficiente provocar o Judiciário brasileiro, foi preciso um esforço maior pelos vitimados para buscar seus direitos.

Não se pode deixar de reconhecer, em todo caso, que se trata de um primeiro passo, um início no sentido de proteção e reparação de direitos humanos. Resta, porém, saber se isso será permanente; sobretudo, resta saber se o Estado mudará a postura de forma permanente, adotando uma atitude preventiva – a mais adequada –, evitando que novas violações no meio rural possam acontecer, garantindo os direitos de seus jurisdicionados.

Espera-se que o Caso Ubá seja um novo paradigma no que diz respeito ao Estado brasileiro em observar as determinações dos órgãos internacionais a que aderir, em consonância ao princípio da boa-fé, regente também da ordem internacional.

Referências

ANNONI, Danielle. *Direitos humanos e acesso à justiça no direito internacional*: responsabilidade internacional do Estado. Curitiba: Juruá, 2005.

BARROSO, Lucas Abreu. *Justiça agrária brasileira*. Disponível em: http://www.estig.ipbeja. pt/~ac_direito/Justica.doc. Acesso em: 03 set. 2009.

BENATTI, José Heder. *Posse Agroecológica e Manejo Florestal*. Curitiba: Juruá, 2003.

BENATTI, José Heder. *Direito de propriedade e proteção ambiental no Brasil*. Tese de doutorado (manuscrito), 2003.

BENTES, Rosineide da Silva. Reforma agrária nos castanhais do Tocantins: a reforma que não reforma. In: *PARÁ AGRÁRIO, informativo da situação fundiária n. 1 – reforma agrária: balanço dos 3 anos*. Belém: IDESP, 1986, n. 4-5, jan./dez. 1988.

BRASIL. Câmara dos Deputados, *Coordenação de Publicações*, Comissão Parlamentar de Inquérito destinada a continuar as investigações de crimes de pistolagem nas regiões Centro-Oeste e Norte, especificamente na chamada área do Bico do Papagaio. Relatório Final da CPI da pistolagem. Brasília: 1994.

BRASIL. *INSTITUTO NACIONAL DE COLONIZAÇÃO E REFORMA AGRÁRIA* (INCRA). Disponível em: http://www.incra.gov.br/. Acesso em: ago. 2011 a fev. 2012.

CANÇADO TRINDADE, Antônio Augusto. *A proteção internacional dos direitos humanos e o Brasil*. Brasília: Universidade de Brasília, 2000.

CANÇADO TRINDADE, Antônio Augusto. *Tratado de Direito Internacional dos Direitos Humanos*. v. III. Porto Alegre: Sergio Antonio Fabris, 2003.

CEPIK, Marco. *Direito à informação*: situação legal e desafios. Disponível em: http://www. egov.ufsc.br/portal/sites/default/files/anexos/31106-34214-1-PB.pdf. Acesso em: jan. 2012.

CHAVES, Pedro Rafael Liparotti. *Direitos de propriedade e desmatamento na velha e na nova fronteira agrícola*: o caso dos Estados do Paraná e do Pará. Dissertação de Mestrado. Curitiba: Universidade Federal do Paraná, 2008. [Manuscrito].

CHOUKR, Fauzi Hassan. *A Convenção Americana de direitos humanos e o direito interno brasileiro*: bases para sua compreensão. São Paulo: Edipro, 2001.

COMISSÃO PASTORAL DA TERRA. *Boletim Notícias da Terra e da Água*. Disponíveis em: http://www.cptnacional.org.br/. Acesso em: jan./set. 2009.

EMMI, Marília Ferreira. Os castanhais do Tocantins e a indústria extrativa no Pará até a década de 60. *Paper do NAEA*, out. 2002, versão digitalizada.

EMMI, Marília Ferreira. *A Oligarquia do Tocantins e o Domínio dos Castanhais*. Belém: UFPA/ Centro de Filosofia/Núcleo de Altos Estudos amazônicos, 1988.

EMMI, Marília Ferreira; MARIN, Rosa E. Acevedo. Crise e rearticulação das oligarquias no Pará. *Revista do Instituto de Estudos Brasileiros*, São Paulo, n. 40, p. 51-68, 1996.

GUIMARÃES, Ed Carlos de Sousa. *A violência desnuda*: justiça penal e pistolagem no Pará. Tese (doutorado) UFPA, Instituto de Filosofia e Ciências Humanas, Programa de Pós-Graduação em Ciências Sociais: Belém, 2010.

HUMAN RIGHTS WATCH. *Relatório Violência Rural no Brasil*. São Paulo: Núcleo de Estudos da Violência da Universidade de São Paulo, 1991.

GUIMARÃES, Ed Carlos Sousa. (In)Justiça e violência na Amazônia: o massacre da fazenda Princesa. *Revista de Humanidades do Curso de Ciências Sociais da UNIFAP*, Macapá, n. 3, p. 109-122, dez. 2010.

HOLANDA, Sergio Buarque de. *Raízes do Brasil*. 26. ed. São Paulo: Companhia das Letras, 1995.

INSTITUTO BRASILEIRO DE GEOGRAFIA E ESTATÍSTICA – IBGE. *Variado*. Disponível em: www.ibge.org.br. Acessado em: set. 2011 a fev. 2012.

KAFKA, Franz. *O processo*. 3. ed. coleção: o imaginário. Coimbra: Assírio e Alvim, 2006.

LEDESMA, Héctor Faúndez. *El sistema interamericano de protección de los derechos humanos*: aspectos institucionales y procesales. 2. ed. rev. atual. San José, CR: Instituto Interamericano de Derechos Humanos, 1999.

LOUREIRO, Violeta Refkalefsky. Amazônia: uma história de perdas e danos, um futuro a (re) construir. *Estudos Avançados*, São Paulo: USP, 2002, n. 45.

LOUREIRO, Violeta Refkalefsky. *Amazônia. Estado, Homem, Natureza*. Belém: Cejup, 2004. (Coleção Amazoniana 1).

LOUREIRO, Violeta Refkalefsky; PINTO, Jax Nildo Aragão. A questão fundiária na Amazônia. *Estudos Avançados*, v. 19, n. 54, 2005.

LOUREIRO, Violeta Refkalefsky; GUIMARÃES, Ed Carlos Sousa. Reflexões sobre a pistolagem e a violência na Amazônia. *Revista Direito GV*, São Paulo, v. 3, n. 1, p. 221-246, jan./jun. 2007.

LOUREIRO, Violeta Refkalefsky. *A Amazônia no século XXI*: novas formas de desenvolvimento. São Paulo: Empório do Livro, 2009.

MARTINS, Cristiane de Lima; TOSI, Giuseppe. *A violação de direitos civis de trabalhadores rurais envolvidos em conflitos agrários na comarca de Itabaiana – PB*. Monografia apresentada como requisito para conclusão do III Curso de Especialização em Direitos Humanos, UFPB [manuscrito]. Revista prim@ facie – ano 5, n. 9, jul./dez. 2006.

PARÁ. INSTITUTO DE TERRAS DO ESTADO DO PARÁ (ITERPA). Disponível em: http://www.iterpa.pa.gov.br/.

PARÁ AGRÁRIO. *Informativo da situação fundiária*. n. 1. Belém: Idesp, 1986.

PARÁ AGRÁRIO. Informativo da Situação Fundiária. Ocupação do solo e subsolo. *Conflitos Agrários*. Belém: Idesp, 1990. Edição Especial.

PARÁ AGRÁRIO. Informativo da Situação fundiária. Ocupação do solo e subsolo. *Castanhais*. Belém, Idesp, 1992. Edição Especial.

PIOVESAN, Flávia. *Direitos Humanos*: Direito Constitucional Internacional. 7. ed. São Paulo: Saraiva, 2007.

QUIROGA, Cecilia Medina. *The Battle for Human Rights*: Gross, Systematic Violations of Human Rights and the Inter-American System. The Hague: Kluwer Law International, 1988.

RAMOS, André de Carvalho. *Processo internacional de direitos humanos*: análise dos sistemas de apuração de violações dos direitos humanos e a implementação das decisões no Brasil. Rio de Janeiro/São Paulo: Renovar, 2002.

RAMOS, André de Carvalho. *Responsabilidade internacional por violação de direitos humanos*: seus elementos, a reparação devida e sanções possíveis: Teoria e prática do direito internacional. Rio de Janeiro/São Paulo: Renovar, 2004.

RAMOS, André de Carvalho. *Responsabilidade internacional por violação de direitos humanos*. Rio de Janeiro, São Paulo: Renovar, 2004.

RIBEIRO, Nelson de F. *Caminhada e esperança de reforma agrária*: a questão da terra na Constituinte. Rio de Janeiro: Paz e Terra, 1987.

ROCHA, Ibrahim; TRECCANI, Girolamo Domenico; BENATTI, José Heder; HABER, Rogério; CHAVES, Rogério Arthur Friza. *Manual de Direito Agrário Constitucional*: lições de direito ambiental. Belo Horizonte: Fórum, 2010.

SEN, Amartya. *Desenvolvimento como Liberdade*. Tradução: Laura Teixeira Motta; revisão técnica Ricardo Doninelli Mendes. São Paulo: Companhia das Letras, 2010.

SILVA, Cristiane Freitas da; PEREIRA, Tatiane da Silva; SOUSA JR., Airton Silva. *CONFLITOS AGRÁRIOS, VIOLÊNCIA E IMPUNIDADE: a luta do campesinato paraense por justiça social*. 7º Encontro Anual da ANDHEP - Direitos Humanos, Democracia e Diversidade. 23 a 25 de maio de 2012, UFPR, Curitiba (PR). GT 11: Estado, Conflitos e Acesso à Terra. Disponível em: http://www.andhep.org.br/anais/index.php/edicaoatual/2-uncategorised/18-anais-do-7-encontro-gt11. Acesso em: dez. 2012.

SILVA, João Marcio Palheta da. *Organização e estratégia de comercialização da produção no município de São João do Araguaia/Sudeste do Pará/Brasil*: O caso dos castanhais Ubá e Araras. Disponível em: http://observatoriogeograficoamericalatina.org.mx/egal6/Geografiasocioeconomica/Geografiaeconomica/843.pdf. Acesso em: jan. 2013.

TRECCANI, Girolamo Domenico. *Violência e Grilagem*: Instrumentos de Aquisição da Propriedade da Terra no Pará. Belém: UFPA; ITERPA, 2001.

VAZ, Lúcio. *Sanguessugas do Brasil*. v. 6. São Paulo: Geração Editorial, 2012. (Coleção história agora).

VENTURA, Deisy; CETRA, Raísa Ortiz. *O Brasil e o sistema interamericano de direitos humanos*: de Maria da Penha à Belo Monte. (Porto Alegre, 2/04/2012). Belo Horizonte: Fórum, 2013. Disponível em http://www.conectas.org/arquivos/Ventura%20Cetra%20 O%20Brasil%20e%20o%20SIDH%202012%20(2)(1).pdf. Acesso em: nov. 2012.

Informação bibliográfica deste texto, conforme a NBR 6023:2018 da Associação Brasileira de Normas Técnicas (ABNT):

BASTOS, Dafne Fernandez de. Castanhal Ubá: o tratamento da violação de direitos humanos na Amazônia Paraense no Sistema Interamericano de Direitos Humanos. *In*: BASTOS, Dafne Fernandez de; SALES, José Edvaldo Pereira (Coord.). *Direitos humanos*: abordagens transversais. Belo Horizonte: Fórum, 2020. p. 99-119. ISBN 978-85-450-0732-6.

LEI E LIBERDADE NA ADPF Nº 130: UMA LEITURA DA LIBERDADE DE EXPRESSÃO A PARTIR DE HANNAH ARENDT

DIEGO FONSECA MASCARENHAS

1 Introdução

O pressuposto do pensamento jurídico moderno é a tradição liberal, e o seu desenvolvimento foi talhado até o século XVIII, predominando-se no século XIX.

Apesar de a concepção liberal representar importantes conquistas para a humanidade no que tange aos direitos fundamentais e de o seu conceito ter se tornado universal, a problematização do presente trabalho está em tornar claro que há certos limites no conceito liberal de liberdade pelo fato de basear os seus pressupostos no indivíduo, centrando-se na garantia dos direitos individuais como um direito absoluto que deve ser, inclusive, reivindicado na esfera pública.

O artigo é constituído por quatro tópicos. O primeiro tópico abordará a análise dos fundamentos da liberdade de expressão na APDF nº 130 ao considerar que o tema da liberdade é um problema recorrente na racionalidade do judiciário brasileiro. Destaca-se que esse julgado foi proposto pelo Partido Democrático Trabalhista (PDT) contra a recepção de dispositivos da Lei nº 5.250/1967, a chamada Lei de Imprensa, pela Constituição Federal de 1988, assim como a favor da interpretação conforme de outros artigos. A ação foi julgada procedente por maioria de votos para declarar como não recepcionada pela Carta Constitucional de 1988 toda a Lei nº 5.250/1967. O segundo tópico tratará o conflito entre a liberdade dos antigos e a liberdade dos modernos com a finalidade de apontar que a liberdade dos modernos está associada com a concepção de liberdade negativa, pelo fato de promover a proteção e a garantia dos direitos individuais contra a ação do poder público, contrapondo-se ao máximo à zona de interferência em que os homens podem sofrer para exercer o gozo da liberdade dentro da sua vida privada.

Por outro lado, o terceiro tópico estabelecerá a consideração na relação entre o poder constituído e o poder constituinte no pensamento de Castoriadis nas obras *A instituição imaginária da sociedade* e *A ascensão da insignificância*, como também a reflexão de Hannah Arendt no livro *Sobre a revolução*, especificamente o capítulo *Constitutio libertatis*. Por fim, o quarto capítulo discutirá em torno do risco da (des)formação da opinião pública e da ascensão do social.

Em outras palavras, para aprofundar a análise desse caso enfrentado pela Corte nacional, será utilizada a interpretação de Hannah Arendt sobre liberdade, que é centrada na ação e na pluralidade, para que seja ampliada a cognição no que diz respeito a esse tema, tendo em vista que pode estabelecer contraponto à concepção liberal predominante no pensamento jurídico ocidental.

Nesse contexto, será analisada a diferença entre a liberdade arendtiana e a liberdade dentro da perspectiva dos direitos individuais – portanto, uma liberdade negativa –, com o fundamento nos modernos, como também deve ser analisada a liberdade positiva, centrada na liberdade dos antigos. Então, até em que medida os conceitos de liberdade positiva e negativa, que são muito caros para o direito, se aproximam ou se distanciam na jurisprudência brasileira?

Desse modo, para que o direito seja analisado sob a ótica do pensamento arendtiano, é preciso saber a partir de que pressuposto está baseada a liberdade negativa e quais são os fundamentos da liberdade positiva. Para o empreendimento se tornar realizável, é preciso estudar Benjamin Constant e Isaiah Berlin a fim de se estabelecer um diálogo com Hannah Arendt para, assim, tomar conhecimento se aqueles dois conceitos se aproximam ou se distanciam do que a autora entende por liberdade.

2 Análise dos fundamentos da liberdade de expressão na ADPF nº 130

Este trabalho tem por objetivo verificar o conceito de liberdade tratado pelo Supremo Tribunal Federal na ADPF nº 130, caso que envolveu a não recepção constitucional da Lei de Imprensa. A razão da escolha desse julgamento é pelo fato de este enfrentar uma questão relativa à liberdade e, necessariamente, tender a delimitar as ancoragens filosóficas de sua compreensão, o que torna esse julgado um documento primoroso para a análise dos fundamentos filosóficos da liberdade no exercício da atividade jurisdicional da Corte Constitucional, requerendo ser refletido a partir da perspectiva do pensamento de Hannah Arendt e de Castoriadis. No transcorrer do desenvolvimento do tema, será abordado o pensamento de Benjamin Constant e de Isaiah Berlin de acordo com a hipótese de que o STF trata o conceito de liberdade a partir da lente dos pressupostos do liberalismo, em que o indivíduo é dotado de uma esfera inviolável de direitos contra o poder do Estado e que o direito à liberdade de expressão só pode ser controlado posteriormente ao seu exercício.

O caso problematizado neste escrito é a Arguição de Descumprimento de Preceito Fundamental (ADPF) nº 130 oposta pelo Partido Democrático Trabalhista (PDT) contra a recepção de dispositivos da Lei nº 5.250/1967, a chamada Lei de Imprensa, pela Constituição Federal de 1988, assim como a favor da interpretação conforme de outros artigos. A ação foi julgada procedente por maioria de votos nos termos do voto do relator ministro Carlos Ayres Britto para declarar como não recepcionada pela Carta Constitucional de 1988 toda a Lei nº 5.250/1967.

Visando à leitura do entendimento majoritário do julgamento, o ministro relator Carlos Ayres Britto informa que a Carta Maior reserva todo um capítulo, intitulado *Da Comunicação Social* (capítulo V do seu título VIII), consubstanciando o preâmbulo dos artigos 1º e 5º, ambos da Constituição Federal, no qual proíbe qualquer forma de censura. O ministro evoca duas coisas que foram separadas no julgamento do STF: o direito à livre manifestação e o direito à proteção.

O direito à livre manifestação do pensamento e à expressão artística, científica, intelectual e comunicacional, assim como o direito à informação, está livre de qualquer restrição em seu exercício, enquanto a proteção da intimidade, da vida privada, da imagem e da honra sobrevêm apenas *a posteriori*, com eventual responsabilização pelo abuso no exercício daquele direito primeiro ou sobredireito (STF,

2009). As liberdades de pensamento, criação, expressão e informação são garantidas por inteiro, vedado que é qualquer cerceio ou restrição. O direito à resposta e a responsabilização civil, penal e administrativa, não obstante incidirem apenas posteriormente à manifestação, servem de impedimento ao abuso, o que se constata pela excessiva indenização.[1]

A Corte concebe que a liberdade de imprensa representa o fundamento do pluralismo e da democracia, uma vez formadora da opinião crítica do público com a capacidade de oferecer uma alternativa à versão oficial dos fatos (STF, 2009, p. 11-12). A liberdade de imprensa, pois, é plena, salvo a restrição do estado de sítio. Não é pelo temor do abuso que se vai coibir o uso, é a conclusão a que se chega. Deve-se expurgar a face autoritária do Estado. A imprensa deve se autorregular, sempre apegada à completude e à fidedignidade das informações prestadas ao público.[2]

Contudo, durante o percurso deste artigo, há o quinhão de avaliar criticamente que, para assegurar o exercício da imprensa de modo idôneo, requer que a sua atividade seja regulamentada, como foi o posicionamento do voto vencido do ministro Marco Aurélio, assinalando que o vácuo normativo só ocasionaria a bagunça, a insegurança jurídica, inclusive quanto ao direito de resposta previsto na Constituição Federal, sem que esta explicite as necessárias balizas (STF, 2009, p. 11).[3]

Destaca-se que, em seu voto dissidente, o ministro Marco Aurélio se opõe à concepção levantada pelo ministro Carlos Ayres Brito no que tange à superioridade da liberdade de expressão e começa o seu voto indagando a quem interessa o vácuo normativo causado pela retirada da Lei de Imprensa do ordenamento, deixando claro, desde já, que esse vácuo só seria prejudicial para a própria sociedade brasileira, que ficaria à mercê do ato interpretativo do arcabouço da ordem jurídica.

O ministro argumenta que, atualmente, tendo em vista a Constituição Federal de 1988 e os princípios do Estado Democrático de Direito, a Lei de Imprensa não se presta para cercear a liberdade de expressão, mas, sim, para conter os abusos cometidos no livre exercício da imprensa, regulamentando as peculiaridades que o exercício desse direito fundamental suscita.

---

[1] SUPREMO TRIBUNAL FEDERAL. *ADPF n.º 130*. 2009. Disponível em: http://www.stf.jus.br/portal/geral/verPdfPaginado.asp?id=334823&tipo=TP&descricao=ADPF%2F130. Acesso em: 22 nov. 2016.
[2] *Ibidem*, p. 23-18.
[3] *Ibidem, loc. cit.*

Os limites impostos pela Lei de Imprensa não podem ser tomados como limites negativos, cerceadores da liberdade de expressão e do direito à informação, tão somente porque a lei em questão entrou em vigor na época da ditadura militar. Não se pode, por conta de um ranço do período militar, interpretar que todas as leis desse período são antidemocráticas. Importante observar que outras leis, editadas também nesse período de exceção, se mostram totalmente em consonância com a atual Constituição Federal.

Desse modo, segue afirmando o ministro que, desde 1985, quando começou a redemocratização, a Lei de Imprensa está sendo corrigida pelo Poder Judiciário e, atualmente, o Judiciário não aplica os dispositivos mais autoritários que se contrapõem à Constituição Federal de 1988, estando em vigor atualmente uma lei purificada pelo crivo deste Poder, o que propicia segurança jurídica sem ameaçar os direitos fundamentais.

Por fim, o ministro argumenta que a Lei de Imprensa, no momento da votação da ADPF, estava em vigor há 40 (quarenta) anos, sendo 20 (vinte) anos em vigência concomitante com a atual Constituição Federal, e durante esses vinte anos nada foi feito no sentido de retirar a eficácia da Lei de Imprensa, sendo estranho porque só agora, depois de tanto tempo, surja o argumento de que a mencionada lei é inconstitucional, que descumpra preceito fundamental. Argumenta o ministro que esse lapso temporal é no mínimo estranho, principalmente porque não se vê no país uma imprensa cerceada, limitada na divulgação das informações; ao contrário, o que se vê é uma imprensa livre e que, ao longo desses anos, não foi, de forma alguma, tolhida pela Lei de Imprensa.

Diante desses argumentos, o ministro Marco Aurélio conclui que a Lei de Imprensa não implica em uma transgressão a nenhum preceito fundamental ligado à liberdade de expressão.

A solução apresentada pelo Judiciário brasileiro no caso da ADPF nº 130 foi não recepcionar a Lei de Imprensa e, em contrapartida, não há mais nenhuma lei regulamentando o assunto. Quer dizer que a solução do STF é uma anomalia, pois qualquer magistrado pode fundamentar e decidir de qualquer forma casos que versam sobre a liberdade de expressão da imprensa. Isto é razoável.

3 O conflito entre liberdade dos antigos e liberdade dos modernos: liberalismo político

Para aprofundar a questão para dizer que isso tem a ver com o problema, com a concepção liberal e com a proposição que o liberalismo faz ao afastar hipoteticamente a liberdade. Distinguir hipoteticamente a liberdade dos antigos e dos modernos.

Para pretender analisar o julgamento do STF, implica refletir a concepção de liberdade que norteia a jurisdição. Parte-se do princípio que a construção conceitual da liberdade dos antigos e da liberdade dos modernos é problemática, não conseguindo informar o que venha ser a liberdade dos antigos e, tampouco, conceber um conceito claro da liberdade dos modernos.

Esse cenário requer a síntese da reflexão de Constant sobre os fatores que perpetuaram a diferença entre os mundos antigo e moderno, sendo: em primeiro lugar, a extensão territorial de um país influência diretamente na importância política que cada indivíduo possui no Estado do qual faz parte, sendo maior a influência pessoal nos assuntos da vida pública na antiguidade do que nos Estados modernos; em segundo lugar, na antiguidade havia o sistema escravocrata, que permitia que os cidadãos deliberassem em praça pública; em terceiro lugar, o comércio e a guerra proporcionam constante agitação no convívio entre os homens. No mundo antigo, o centro das discussões era a guerra, onde cada cidadão deliberava em praça pública sobre como o Estado deve proceder nas relações externas com os outros povos vizinhos, enquanto o comércio era a viga mestra para a movimentação do mundo moderno, onde cada indivíduo se ocupa com seus empreendimentos e com a expectativa de resultados financeiros que a circulação de riqueza na sociedade pode proporcionar.

Essa diferença acarreta outra. A guerra é anterior ao comércio, pois a guerra e o comércio nada mais são do que dois meios diferentes de atingir o mesmo fim: possuir o que se deseja. O comércio não é mais que uma homenagem prestada à força do possuidor pelo aspirante à posse. É uma tentativa de obter por acordo aquilo que não se deseja mais conquistar pela violência.[4]

Constant afirma que a experiência provou que a guerra é o meio que desgasta e expõe os povos a invasões estrangeiras e que o comércio é

---

[4] CONSTANT, Benjamin. *Escritos Políticos*. Trad. Maria Luisa Sanchez Mejia. Madrid: Centro de Estudios Constitucionales, 1989.

o meio mais brando para atender os interesses entre os povos. Contudo, Constant observa que houve povos comerciantes na antiguidade, mas esta não era regra, e sim exceção. Segundo Constant, o comércio cativa na alma humana forte inquietude para o homem assegurar a sua independência individual. As transações comerciais satisfazem os desejos do homem em virtude de tornar transacionável a circulação de diversos bens materiais na sociedade. Nesse sentido, a intervenção do governo nos assuntos privados se torna inconveniente, porque impõe limites do exercício da liberdade individual.

Na perspectiva de Constant, a liberdade na modernidade é o direito de cada cidadão se submeter somente perante a lei em virtude de esta ser imparcial. Por exemplo: o sujeito só pode ter a sua liberdade restringida se cometeu algum delito que tenha estipulação legal, pois ele não pode sofrer maus-tratos por causa da vontade arbitrária de terceiros.

A liberdade está em preservar a livre expressão de ideias, a livre locomoção, o direito de reunião, de propriedade privada, de escolher a profissão que deseja exercer e a religião. Enfim, é o direito, para cada um, de influir sobre a administração do governo, seja pela nomeação de todos ou de certos funcionários, seja por representações, petições, reivindicações, às quais a autoridade é mais ou menos obrigada a levar em consideração.[5]

Enquanto para os antigos a liberdade era exercida coletivamente, os cidadãos deliberavam na praça pública sobre a declaração de guerra ou de paz – alianças que eram pactuadas com Estados estrangeiros –, participavam na elaboração das leis, julgavam atos delitivos por meio da absolvição ou da condenação e fiscalizavam as finanças públicas e outras atividades praticadas nesse espaço público.

Contudo, na liberdade dos antigos, também era compatível a total submissão do indivíduo em face da autoridade da coletividade. Não há nessa perspectiva de liberdade quase nenhuma garantia às liberdades individuais que seja tão cara para a modernidade. Assim, para os povos antigos, não há autonomia individual. As decisões tomadas no espaço público se impõem de forma plena.

De acordo com Constant,[6] entre os antigos, o indivíduo, quase sempre soberano nas questões públicas, é escravo em todos os seus

---

[5] CONSTANT, Benjamin. *Escritos Políticos*. Trad. Maria Luisa Sanchez Mejia. Madrid: Centro de Estudios Constitucionales, 1989. p. 259-260.
[6] *Ibidem*.

assuntos privados. Como cidadão, ele decide sobre a paz e a guerra; como particular, permanece limitado, observado, reprimido em todos os seus movimentos; como porção do corpo coletivo, ele interroga, destitui, condena, despoja, exila, atinge mortalmente seus magistrados ou seus superiores; como sujeito ao corpo coletivo, ele pode, por sua vez, ser privado de sua posição, despojado de suas honrarias, banido, condenado pela vontade arbitrária do todo ao qual pertence. Ao contrário, na concepção moderna de liberdade, o indivíduo é ao mesmo tempo independente na esfera privada, mas não possui soberania para os assuntos públicos; no entanto, é importante ressaltar que, em épocas excepcionais, a soberania é exercida pelo indivíduo, mas não tarda para esta ser cercada de impedimentos e precauções, e abdicada.

Desse modo, liberdade para modernos requer a não intervenção por parte do Estado no que diz respeito aos assuntos privados dos indivíduos, e a submissão dos homens se centra exclusivamente na lei. É importante ressaltar que a liberdade dos modernos está mais próxima do conceito negativo de liberdade, ou seja, a sua preponderância é a liberdade negativa, pois há na modernidade certos elementos de liberdade positiva, como, por exemplo, o direito de petição.

Constant conclui que os tempos mudaram, e o modo como se concebe a liberdade hoje não é mais como era antigamente. Então, o que se poderia admitir como aplicável antigamente não se pode mais admitir atualmente e, ainda que se queira fazer isso, devem ser feitas sempre as devidas adaptações. O que é absurdo é forçar alguém a ser livre nos moldes de uma liberdade que não existe mais.

A consistência do autor está no fato de ele representar o pensamento de uma época. O seu célebre discurso sobre a liberdade dos antigos comparado com o dos modernos, pronunciado no Athénée Royal de Paris, em 1819, foi considerado um marco do pensamento liberal. Constant encontra-se na primeira versão da oposição entre as concepções negativas e positiva da liberdade, que ele associou às formas de organização política moderna e antiga, respectivamente. No autor, ainda se nota a referência, até mesmo emocionada, ao significado daquele mundo desaparecido, no qual a liberdade queria dizer "a partilha do poder estatal entre todos os cidadãos de uma mesma pátria". Isso explica o enorme contraste entre o tom do discurso do político francês e dos autores contemporâneos de Hannah Arendt, com sua avaliação muito ressentida da vida política.[7]

---

[7] JARDIM, Eduardo. *Hannah Arendt*: pensadora da crise e de um novo início. Rio de Janeiro: Civilização Brasileira, 2011.

A debilidade desse autor consiste em que a distinção entre liberdade dos antigos e liberdade dos modernos não pode ser entendida para conceber a atual prática do Judiciário brasileiro, tendo em vista que, para compreender e experimentar a liberdade de modo pleno, não é possível dissociar a relação da liberdade política dos antigos em conjunto com a liberdade individual dos modernos.

Procurando alcançar a complexidade da temática, a forma como Hannah Arendt concebe a razão de ser política é de assegurar a liberdade. Assim, a "política", no sentido grego da palavra, está centrada na liberdade, com o que está entendida negativamente como o estado de quem não é dominado, nem dominador, e positivamente como um espaço que só pode ser criado por homens e no qual cada homem circula entre seus pares.[8] Outra consagrada distinção é a firmada entre liberdade positiva e liberdade negativa defendida por Isaiah Berlin. Ora, o julgado analisado parece se vincular aos direitos fundamentais de primeira geração, nos quais os direitos individuais possuem a sua origem remota no liberalismo. Mas o conceito de liberdade fundamentado no julgado é baseado realmente em pressupostos liberais? E a liberdade moderna está relacionada com conceito positivo ou conceito negativo de liberdade?

O conceito de liberdade negativa é identificado como afiliado à concepção de liberdade do pensamento liberal, pelo fato de promover a proteção e a garantia dos direitos individuais contra a ação do poder público, contrapondo-se, ao máximo, à zona de interferência em que os homens podem sofrer para exercer o gozo da liberdade dentro da sua vida privada.

Os pensadores liberais sempre denunciaram o que consideraram como os traços autoritários da concepção positiva de liberdade. Esse temor condicionou a doutrina dos teóricos do liberalismo no período do segundo pós-guerra, dentre os quais se destaca Isaiah Berlin, filósofo, historiador das ideias que escreveu *Dois conceitos de liberdade* na conferência de 1958, feita em defesa do conceito negativo de liberdade e para repudiar toda a definição positiva, sobretudo na versão marxista que espelha a exacerbada polarização do debate político da época.[9]

---

[8] ARENDT, Hannah. *Entre o Passado e o Futuro*. Trad. Mauro Barbosa. 6. ed. Rio de Janeiro: Perspectiva, 2009.
[9] JARDIM, Eduardo. *Hannah Arendt*: pensadora da crise e de um novo início. Rio de Janeiro: Civilização Brasileira, 2011. p. 76.

Isaiah Berlin assinala que "a coerção implica a deliberada interferência de outros seres humanos na área em que eu poderia atuar". Um homem não possui liberdade política, individual ou institucional, apenas se estiver sendo impedido de atingir determinada meta por outros seres humanos. Ser livre nesse sentido significa não sofrer interferências dos outros. Quanto mais ampla a área de não interferência, mais ampla a liberdade.[10]

Nesse contexto, no caso de haver incapacidade humana de perquirir o que almeja ou até mesmo a desigualdade financeira entre os homens, ambos os fatores não caracterizaram falta de liberdade política, haja vista que a obstrução para o exercício da liberdade somente ocorre quando há interferência de terceiros para realização de determinadas atividades que o indivíduo realizaria e não as fez devido à ação arbitrária de terceiros que o impediram.

Contudo, o exercício da liberdade humana não pode ser realizado ilimitadamente, tendo em vista que, se não sofresse qualquer tipo de regulação, inevitavelmente as ações humanas acabariam interferindo em outro homem. Segundo Berlin, os fins aos quais os homens visam são os mais diversos, e nem todos os resultados são harmônicos entre si, possibilitando o conflito tanto na vida pessoal como também social.

O meio seguro para exercer o mínimo de regulação na ação humana é a lei. O homem somente é livre quando abdica uma parte de sua liberdade. Em outros termos, o homem renuncia a sua liberdade para garantir a própria liberdade; caso contrário, não haveria como evitar constantes conflitos entre os homens.

Vale destacar que há necessidade de estabelecer a fronteira que define a área de atuação da vida privada e a da autoridade pública, pois a atividade humana não é completamente exercida no âmbito privado, podendo interferir na vida de outros homens. A liberdade negativa possui *liberdade de*: não haver qualquer modo de interferência para além da fronteira em constante movimentação da vida privada, mas sempre identificável.

A resposta à pergunta "quem me governa?", do ponto de vista da lógica, é distinta da pergunta "até que ponto o governo interfere comigo?". É nessa diferença que consiste, no final, o grande contraste entre os dois conceitos de liberdade positiva e liberdade negativa.[11]

---

[10] BERLIN, Isaiah. *Quatro Ensaios Sobre a Liberdade*. Trad. Wamberto Hudson Ferreira. Brasília: Universidade de Brasília, 1981. p. 139-137.
[11] *Ibidem*, p. 142.

Depois de demonstrada a concepção de liberdade negativa, agora será tratado o conceito de liberdade positiva, que é centrado no desejo do homem de se tornar o seu próprio senhor e amo, sendo um sujeito capaz de pensar e agir para deliberar ativamente como as práticas da vida social devem ser regidas.

A elaboração das leis nessa perspectiva de liberdade requer a autorrealização dos homens. Os indivíduos participam ativamente no âmbito público, e a formação da lei nesse espaço é a face visível da manifestação de sua liberdade, enquanto no conceito negativo de liberdade a lei significa delimitação da liberdade para regular os desejos humanos no âmbito privado.

A liberdade positiva baseia-se no fato de o homem ser o seu amo e senhor de si, relacionado ao fato de não ser dominado ou escravo de ninguém; afinal, o homem deve ser consciente dos seus próprios propósitos, não estando sujeito a fatores externos que podem vir a afetá-los. Segue o entendimento de que o homem é livre na vida pública e, para alcançar esse desiderato, deve exigir sacrifícios até da vida individual em favor da liberdade da sociedade.

Na liberdade positiva, o homem busca o autodomínio tanto no âmbito interno, que visa controlar as suas paixões ou desejos, como também no âmbito externo, local em que o homem periclita para não ser escravo da natureza, projetando-se para superar o reino das necessidades, ambiente em que reside as necessidades básicas de sobrevivência biológica do homem.

As consequências da distinção entre os dois conceitos de liberdade são ainda mais nítidas se forem consideradas as duas formas mais importantes que têm tomado o desejo que deve ser o autogoverno. A liberdade negativa é a da autoabnegação, com vistas a atingir a independência; a liberdade positiva é a autorrealização ou total autoidentificação, com um princípio ou um ideal específico com vistas a atingir o mesmíssimo fim.[12]

O mais importante é evidenciar o que está por trás desses julgados, os seus pressupostos teóricos, tanto políticos como jurídicos, que são identificados preponderantemente com o conceito de liberdade negativa, como pode ser observado na Constituição Federal de 1988, ao prever todo um rol extensivo de direitos e garantias do indivíduo pelo fato de o Estado brasileiro estar de acordo com vários tratados

---

[12] BERLIN, Isaiah. *Quatro Ensaios Sobre a Liberdade*. Trad. Wamberto Hudson Ferreira. Brasília: Universidade de Brasília, 1981. p. 145.

internacionais de direitos humanos, em que se reconhece a dignidade da pessoa humana, assim como uma esfera inviolável de direitos pelo simples fato de ser homem ou mulher por valorizar a propriedade privada de bens, mas limitá-la à sua função social,

De fato, na teoria liberal, o Estado deve permanecer o máximo possível neutro em relação às concepções de bem levadas a efeito por seus cidadãos em suas vidas. Não pode formular nenhuma política que se baseie em um valor maior de bem, como nos Estados perfeccionistas ou patriarcais. Pelo contrário, o Estado é uma associação legitimada pelo consenso, e não somente pela autoridade. Deve oferecer as condições necessárias e iguais para que todos realizem o seu plano de vida, posto que são considerados como pessoas adultas, capazes de julgar com a sua própria consciência os fatos da vida. Segundo Berlin, a preponderância do conceito de liberdade no liberalismo é o conceito de liberdade negativa, mas também possui certo relampejo de liberdade positiva ou de participação política.

Desse modo, ao analisar a ADPF nº 130 sob a ótica de Berlin, observa-se que a decisão manifesta de que a liberdade concebida no judiciário brasileiro é de cunho "negativo", protestar contra as leis que regem a censura como intoleráveis infrações da liberdade pessoal pressupõe a crença de que as atividades que essas leis proíbem são necessidades fundamentais dos homens. Defender essas leis é assegurar que tais necessidades não são essenciais ou que não podem ser satisfeitas sem se sacrificarem outros valores que estão mais elevados que a liberdade individual.[13]

Vale ressaltar que os dois autores anteriormente abordados possuem a noção de complementariedade teórica entre si. Benjamin Constant assinala que a liberdade dos modernos é compreendida na inexorável importância histórica da liberdade negativa que prega a não interferência do Estado no espaço privado e a proteção dos direitos individuais. Isaiah Berlin, por sua vez, afirma que o conceito de liberdade negativa possui maior valor em relação ao conceito de liberdade positiva.

Contudo, Hannah Arendt não segue o entendimento da concepção de liberdade dos autores expostos. Para ela, o conceito de liberdade não se limita em garantir os direitos civis ou individuais, porque estes se limitam apenas em garantir a inviolabilidade da esfera

---

[13] BERLIN, Isaiah. *Quatro Ensaios Sobre a Liberdade*. Trad. Wamberto Hudson Ferreira. Brasília: Universidade de Brasília, 1981. p. 1.968.

privada perante a autoridade pública. Esse conceito abrange de modo parcial o conceito de liberdade, que, para ser completo, deve compor também a participação dos homens na esfera pública. Para a autora, o conceito de liberdade é fundado na ação, na pluralidade e na *doxa*, ou seja, não é baseado no indivíduo, pois sempre precisa do espaço público, e não do espaço privado, para que os *homens* gozem a liberdade plenamente.

4 A relação do poder constituído e o poder constituinte nos pensamentos de Castoriadis e Arendt

Em sentido próximo, Castoriadis afirma que foi importante assegurar a manutenção da coesão social durante a mudança como modo de conceber o conceito de liberdade entre os antigos e os modernos. Nesse sentido, são as instituições sociais que garantem a coesão social, e as modificações se dão por ação da própria sociedade por meio do jogo dinâmico entre sociedade constituída e sociedade constituinte.

Castoriadis propõe uma interpretação da liberdade dos antigos para se contrapor ao conceito de liberdade dos modernos, analisando que o poder constituinte está subjacente no momento que é firmado nas constituições, tentando afastar a lógica pouco dinâmica de que o contrato social é somente constituído, tendo em vista que a autotransformação da sociedade diz respeito ao fazer social e, portanto, também político no sentido profundo do termo – dos homens na sociedade e nada mais.[14]

Para Castoriadis, imaginário social é a utensilagem mental que existe em determinada época, compartilhada por certo grupo de pessoas. Não é um ser concreto, ontologicamente falando, mas algo formado em um processo dinâmico que constantemente se modifica. Desse modo, uma sociedade somente pode ser compreendida dentro da sua dimensão simbólica de significação, significantes e significados. Como o próprio autor afirma, não existe ruído em um meio social, ou seja, todo som que se proponha social deve necessariamente significar algo. No jogo das significações, uma sociedade que se institui, se cria e recria constantemente, e esse é o cerne da teoria por ele apresentada. O argumento mais interessante, embora já utilizado por outros autores, é o fato também de o passado ser uma criação do presente e, por isso,

---

[14] CASTORIADIS, Cornelius. *A Instituição Imaginária da Sociedade*. São Paulo: Paz e Terra, 2002. p. 418.

um fruto do imaginário social. Assim, Castoriadis nos apresenta o meio social como fruto de um processo dinâmico de interação entre o eu que se encontra instituído e o que se faz instituinte, mostrando-nos toda a complexidade existente no trabalho da análise dos fenômenos da vida humana. É importante ressaltar que, para teorizar dessa maneira, o autor termina por se valer de um conceito caro aos historiadores, qual seja: o de imaginário.[15]

Contudo, sobre a relação do constituído e do constituinte no constitucionalismo moderno, Hannah Arendt ressalta que todas as liberdades garantidas pelas leis do governo constitucional são de natureza negativa, pois os homens não reivindicam uma participação no governo, mas uma salvaguarda contra o governo pelo fato de haver total desconfiança.

Hannah Arendt adverte que a Constituição não é o ato de um governo, e sim de um povo constituindo um governo, pois se deve constituir paulatinamente a participação política dos homens dentro para estabelecer o constituído.

Nessa direção, é, a partir de Arendt,[16] recordado que o principal objeto de grande obra de Montesquieu era de fato "a constituição da liberdade política", mas a palavra "constituição", nesse contexto, perdia todas as conotações negativas de limitação e negação do poder; pelo contrário, o termo significa que o "grandioso templo da liberdade federal" deve se basear na fundação e distribuição correta do poder. Era exatamente porque Montesquieu – nesse aspecto, único entre as fontes em que os fundadores retiraram seus conhecimentos políticos – defendia que poder e liberdade caminhavam juntos; que, conceitualmente falando, a liberdade política consistia não no "eu-quero", e sim no "eu-posso", e que, portanto, a esfera política devia ser entendida e constituída de maneira que combinasse o poder e a liberdade.

Retornando, anteriormente foi realizada a análise do julgado a partir da concepção teórica de Benjamin Constant e Isaiah Berlin. Contudo, o pensamento arendtiano sobre o julgado será diferente, tendo em vista que há divergência na concepção de liberdade desses autores em relação ao pensamento de Hannah Arendt, pois, para a autora, a

---

[15] SILVEIRA, Cássio Rodrigues. *Legalidade vs Legitimidade*: representações sobre a democracia no movimento de luta pela terra. Uberlândia, 2008. p. 16.
[16] ARENDT, Hannah. *Sobre a Revolução*. Trad. Denise Bottmann. São Paulo: Companhia das Letras, 2011b. p. 198-199.

liberdade não está em alguém agir individualmente, e sim em poder agir em conjunto. Ora, agir em conjunto pressupõe a pluralidade de indivíduos que têm a possibilidade de agir tanto praticando atos como agindo pelas palavras ou pelo discurso. Com Hannah Arendt, podemos supor que a discussão envolvida na ADPF nº 130 não deveria ser centrada apenas no fato de se a imprensa deve ou não sofrer censura prévia. Para ela, não basta excluir a censura para garantir que a imprensa seja livre, pois, a partir da ótica da autora, ainda permanece insuficiente para que a imprensa seja capaz de realizar a sua função institucional de livre difusão de ideias no Estado Democrático de Direito. Para assegurar o seu exercício, a imprensa deve ser resguardada da pressão do Estado e do social:

> Se a imprensa tiver de se tornar algum dia realmente o "quarto poder", ela precisará ser protegida do poder governamental e da pressão social com zelo ainda maior que o poder judiciário, pois a importantíssima função política de fornecer informações é exercida, em termos estritos, exteriormente ao domínio político; não envolve, ou não deveria envolver nenhuma ação ou decisão.[17]

Para Hannah Arendt, a mídia deve ser resguardada pelas garantias institucionais; contudo, também enfatiza que a imprensa deve ser idônea. Desse modo, a autora faz grandes distinções entre o que é interesse, o que é opinião e o que é opinião pública:

> O interesse e a opinião são fenômenos políticos totalmente diversos. Em termos políticos, os interesses são cabíveis apenas enquanto interesses de grupo, e para a purificação desses interesses de grupo aparentemente basta que sejam representados de maneira que seu caráter parcial fique resguardado em todas as circunstâncias, mesmo quando o interesse de um grupo vem a ser o interesse da maioria. As opiniões, ao contrário, nunca pertencem a grupos, e sim apenas a indivíduos, que "exercem sua razão com serenidade e liberdade", e nenhuma multidão, seja a multidão de uma parte ou de toda a sociedade, jamais será capaz de formar uma opinião.[18]

---

[17] Idem, Entre o passado e o futuro, p. 322.
[18] Idem, Sobre a revolução, p. 288.

As opiniões surgem sempre quando os homens podem agir de modo livre e em concerto; na contramão dessa concepção está a formação da "opinião pública" ou opinião unânime, tendo em vista que assinala a morte da diversidade de opiniões.

5 O risco da (des)formação da opinião pública e a ascensão do social

Habermas, em sua obra *Mudança estrutural da esfera pública*, tece maior reflexão crítica atualizada sobre o surgimento da opinião pública, que compreende ser colonizado pelas empresas da comunicação. Na perspectiva desse autor, o fato ocorreu devido ao aumento do intervencionismo estatal sobre a esfera do social, assim como também houve o crescimento econômico da imprensa, o que propiciou importantes mudanças do seu impacto na comunidade:

> Desde que a venda da parte redacional está em correlação com a venda da parte dos anúncios, a imprensa, que até então fora instituição de pessoas privadas enquanto público, torna-se instituição de determinados membros do público enquanto pessoas privadas – ou seja, pórtico de entrada de privilegiados interesses privados na esfera pública.[19]

Em outro momento, Habermas afirma que:

> Em comparação com a imprensa da era liberal, os meios de comunicação de massa alcançaram, por um lado, uma extensão e uma eficácia incomparavelmente superiores e, com isso, a própria esfera pública se expandiu. Por outro lado, também foram cada vez mais desalojados dessa esfera e reinseridos na esfera, outrora privada, do intercâmbio de mercadorias; quanto maior se tornou a sua eficácia jornalístico-publicitária, tanto mais vulneráveis se tornaram à pressão de determinados interesses privados, sejam individuais, sejam coletivos. Enquanto antigamente, a imprensa só podia intermediar e reforçar o raciocínio das pessoas privadas reunidas em um público, este passa agora, pelo contrário, a ser cunhado primeiro através dos meios de comunicação de massa.[20]

---

[19] HABERMAS, Jürgen. *Mudança Estrutural da Esfera Pública*: investigações quanto a uma categoria da sociedade burguesa. Trad. Flávio Kothe. Rio de Janeiro: Tempo Brasileiro, 2003. p. 217-218.
[20] *Ibidem*, p. 221.

Desse modo, a comunicação de massa é capaz de fabricar consensos no imaginário simbólico social, colonizando a esfera pública por atores privados que proporcionam a indistinção entre público e privado. Para destacar a importância da imprensa em resguardar a liberdade política e como esta pode ser um instrumento prático para proteger os indivíduos contra o arbítrio do Estado, em *A mentira na política* no livro *Crises da República*, narra-se o evento de como ocorreu a manipulação da sociedade de massa sobre polêmica de falta de transparência do governo americano referente aos documentos do Pentágono da Guerra do Vietnã.

O caso torna claro como o poder da publicidade nos governos contemporâneos possui a capacidade de persuadir a opinião pública. Graças ao jornal *The New York Times*, foram divulgadas, em 1971, várias informações ocultadas pelo governo americano sobre a guerra do Vietnã, culminando com a queda do presidente Nixon:

> A integridade e o poder da imprensa são confirmados mais vigorosamente pelo fato de que o público teve acesso durante anos ao material que o governo tentou em vão ocultar, do que pelo modo como o *Times* rompeu a história. O que sempre foi sugerido agora foi demonstrado: na medida em que a imprensa é livre e idônea, ela tem uma função enormemente importante a cumprir e pode perfeitamente ser chamada de quarto poder do governo. Se a primeira Emenda será suficiente para proteger a mais essencial liberdade política, o direito à informação não manipulada dos fatos, sem a qual a liberdade de opinião não passa de uma farsa cruel.[21]

Preservar a *idoneidade* da imprensa implica garantir a transparência na política, significa resguardar um mundo comum de circulação de ideias para que seja exercida genuinamente a democracia. É a preservação da autêntica manifestação da liberdade, representando a pedra de toque para a dignificação da política, tendo em vista que não há como os indivíduos manifestarem a *doxa* se os fatos trazidos para o espaço público forem filtrados ou manipulados.

É importante destacar que Hannah Arendt[22] não relaciona imprensa com propaganda. Na obra *Origens do totalitarismo*, a autora informa que a propaganda dentro do "movimento totalitário" foi

---

[21] ARENDT, Hannah. *Crises da República*. Trad. José Volkmann. 2. ed. São Paulo: Perspectiva, 1999. p. 46-47.
[22] *Idem, Sobre a Revolução*. Trad. Denise Bottmann. São Paulo: Companhia das Letras, 2011b.

utilizada como meio de comunicação política, substituindo o diálogo entre os homens em favor da forma de comunicação unilateral das sociedades de massa.

Segundo o pensamento arendtiano, a esfera pública necessita que haja tanto a livre circulação de ideias ou de opiniões como também que sejam asseguradas as veracidades das informações. Contudo, o instituto da propaganda destrói o alicerce desses dois institutos essenciais para a realização da ação política.

Hannah Arendt torna clara a sua concepção sobre propaganda no capítulo *A propaganda totalitária* da obra *Origens do totalitarismo*. Para ela, o totalitarismo se apropria das técnicas publicitárias norte-americanas usadas para a comercialização de mercadorias. Nas palavras da autora: "Os nazistas aprenderam tanto com as organizações dos gângsteres americanos quanto a sua propaganda aprendeu com a publicidade comercial americana".[23]

A importância desse fato consiste em que a propaganda explora o surgimento do fenômeno da ascensão do social na modernidade como condição de comunicação que será difundida dentro da sociedade de massa.

Na perspectiva da autora, a sociedade de massa assevera o ambiente ideal para o desenvolvimento de governos totalitários, sendo originada com a Revolução Industrial pelo fato de esta estimular o processo de urbanização, miséria, educação, moradia, saúde e outros fatores que habitam o reino das necessidades humanas, que são assuntos típicos do mundo do labor ou do social.

Esse cenário social fez com que os homens não mais se "sentissem em casa" nos assuntos referente à esfera pública; portanto, os homens não buscavam mais a ampla visibilidade pública para manifestar as suas opiniões e pensamentos. A preocupação humana volta-se para a mera manutenção da vida biológica, sendo esta questão que a publicidade manipula e induz a padronização do comportamento dos homens. Afinal, "o que convence as massas não são os fatos, mas a coerência com o sistema o qual esses fatos fazem parte".[24]

Hannah Arendt afirma que social é um conceito que está no meio da esfera pública e da esfera privada, tendendo indevidamente a pegar coisas que são privadas e publicizá-las. A autora não concebe

---

[23] *Idem, Origens do Totalitarismo*, p. 394.
[24] *Ibidem*, p. 401.

o social como conceito legítimo. É ilegítimo porque tende a misturar indevidamente os dois conceitos em um momento que não seria possível fazê-lo. Porém, quanto à crítica do social, Hannah Arendt não é suficientemente clara, porque a autora não define critérios para distingui-los, e nem poderia tê-los; afinal, não há como precisar a definição do que é público, do que é privado e do que é o social.

Quanto mais completamente a sociedade moderna rejeita a distinção entre aquilo que é particular e aquilo que é público, entre o que somente pode vicejar encobertamente e aquilo que precisa ser exibido a todos à plena luz do mundo público, ou seja, quanto mais ela introduz entre o privado e o público uma esfera social na qual o privado é transformado em público e vice-versa.[25]

Assim, conceitualmente, não existe uma questão pública ou uma questão privada, mas questões que podem ser tratadas publicamente ou não, dependendo da situação ou do momento, pois não existem as questões públicas em si e, tampouco, as questões privadas em si.

Os conceitos que diferenciam o que é público e privado não são essencialistas, e ambos os conceitos se relacionam. Por exemplo: um sujeito está no recinto do lar e, neste local, ele deve ter garantida a sua privacidade. Isso se trata como sendo questão privada, mas é uma questão privada e também pública, porque o indivíduo precisa ter o reconhecimento dessa privacidade publicamente.

Contudo, é interessante ressaltar que a autora faz duras críticas ao surgimento do conceito do social na sua obra *Da revolução*, criticando a trajetória da Revolução Francesa e assinalando que havia nesta o fator da pobreza, que se trata, na realidade, de um assunto de cunho social. Em contrapartida, a autora elogia a Revolução Americana, porque não havia esse problema do social.

Tendo em mente que, para Hannah Arendt, satisfazer a fome das pessoas, a moradia ou a vestimenta não devem ser discutidas na esfera pública. Isso está compreendido dentro do mundo do labor. A política não deve descer o seu debate para o nível da manutenção da sobrevivência, pois, na concepção arendtiana, isso não é o mais importante para o ser humano.

---

[25] *Idem, Sobre a revolução*, p. 238.

O conceito de liberdade da autora contém como pressuposto a liberação, pois, para ser livre, o homem deve atender as necessidades vitais básicas. Quando esse elemento se encontra satisfeito, o sujeito já pode começar a se preocupar em fazer outras coisas. Contudo, não quer dizer que, ao atender as suas necessidades de sobrevivência, o homem está automaticamente capacitado para se projetar no estado de liberdade.

A liberdade necessitava, além da mera liberação, da companhia de outros homens que estivessem no mesmo estado e. também. de um espaço público comum para encontrá-los – um mundo politicamente organizado, em outras palavras, no qual cada homem livre poderia se inserir por palavras e feitos.[26]

Hannah Arendt vincula a liberdade de expressão com o conceito de opinião ou *doxa*. Segundo a autora, os homens devem ter resguardado o direito de exercer o discurso e que toda ação somente pode ocorrer mediante o exercício deste.

6 Conclusão

Concluímos que, apesar de a liberdade ser prevista como princípio das naturezas das constituições, mesmo assim, o enfrentamento desse conceito é problemático, requerendo reflexão acerca do tema a partir do pensamento arendtiano por ser rico e profundo quando o assunto versado se trata sobre a liberdade.

O conceito de liberdade é um tema tratado no pensamento arendtiano como algo inerente à condição humana. Na realidade, a liberdade somente se torna tangível quando há a pluralidade de homens para agir politicamente com o intuito de solucionar os problemas humanos dentro de um espaço público devidamente organizado, constituindo o ambiente propício para que a liberdade possa aparecer em público.

Dentre as atividades humanas, a que talvez requeira maior grau de liberdade é o pensamento; contudo, a ação deve ser exercida de modo organizado, e o direito possui a função de estabelecer o marco regulatório para definir quais são as regras pertinentes para que as pessoas possam agir politicamente. Porém, o desempenho de seus participantes dentro desse espaço de oportunidade será definido em

---

[26] *Idem, Entre o passado e o futuro*, p. 94.

cada momento político. Por exemplo: no Brasil, houve um momento da ditadura em que as pessoas se mobilizaram no movimento *Diretas Já*; depois, houve as eleições diretas, quando Collor de Melo se tornou presidente da República, mas as pessoas observaram como ele estava agindo e desencadeou as circunstâncias favoráveis para o *impeachment*. Posteriormente, houve o mensalão no governo Lula, a discussão a Lei da Ficha Limpa e o *impeachment* da presidente Dilma. Quer dizer, são acontecimentos do mundo que formam o ambiente apropriado para as coisas florescerem ou não.

A riqueza teórica está em mostrar que o que hoje é pensado como suprassumo da liberdade não é liberdade quando se compara com outra experiência de liberdade, que é muito mais genuína com o que é vivenciado na modernidade. Nesses termos, apesar de Hannah Arendt não estar preocupada em fazer uma pesquisa histórica, a autora utiliza certos elementos históricos para compreender dignamente o conceito de liberdade.

Desse modo, foram feitas as seguinte considerações neste texto: a) a era moderna reduziu o conceito ou a ideia de liberdade mediante o processo de judicialização deste prática; b) é situada a percepção de que a anterioridade lógica e ontológica do indivíduo em relação à comunidade resulta na ampliação do entendimento da liberdade, centrando-a no indivíduo como sujeito de direito; c) a prevalência do indivíduo frente à comunidade, tendo em vista que a liberdade dos modernos permite ao mesmo tempo o diálogo e a tensão da esfera privada em torno da esfera pública; d) a decisão judicial da ADPF nº 130 do STF encontra-se na perspectiva do liberalismo político e no empoderamento do sujeito para participar e expressar livremente o seu pensamento na sociedade; contudo, com a revogação da Lei de Imprensa, que regulamentava a liberdade de expressão, pode-se ocasionar insegurança jurídica por falta de referência legal para disciplinar o assunto.

Referências

ARENDT, Hannah. *Crises da república*. Trad. José Volkmann. 2. ed. São Paulo: Perspectiva, 1999.

ARENDT, Hannah. *Entre o passado e o futuro*. Trad. Mauro Barbosa. 6. ed. Rio de Janeiro: Perspectiva, 2009.

ARENDT, Hannah. *Origens do totalitarismo*. Trad. Roberto Raposo. São Paulo: Companhia das Letras, 2011a.

ARENDT, Hannah. *Sobre a revolução*. Trad. Denise Bottmann. São Paulo: Companhia das Letras, 2011b.

HABERMAS, Jürgen. *Mudança Estrutural da Esfera Pública*: investigações quanto a uma categoria da sociedade burguesa. Trad. Flávio Kothe. Rio de Janeiro: Tempo Brasileiro, 2003.

BERLIN, Isaiah. *Quatro ensaios sobre a liberdade*. Trad. Wamberto Hudson Ferreira. Brasília: Universidade de Brasília, 1981.

CASTORIADIS, Cornelius. *A instituição imaginária da sociedade*. São Paulo: Paz e Terra, 2002.

CONSTANT, Benjamin. *Escritos Políticos*. Trad. Maria Luisa Sanchez Mejia. Madrid: Centro de Estudios Constitucionales, 1989.

JARDIM, Eduardo. *Hannah Arendt*: pensadora da crise e de um novo início. Rio de Janeiro: Civilização Brasileira, 2011.

SILVEIRA, Cássio Rodrigues. *Legalidade vs. legitimidade*: representações sobre a democracia no movimento de luta pela terra. Uberlândia, 2008.

SUPREMO TRIBUNAL FEDERAL. *ADPF n.º 130*. 2009. Disponível em: http://www.stf.jus.br/portal/geral/verPdfPaginado.asp?id=334823&tipo=TP&descricao=ADPF%2F130. Acesso em: 22 nov. 2016.

Informação bibliográfica deste texto, conforme a NBR 6023:2018 da Associação Brasileira de Normas Técnicas (ABNT):

MASCARENHAS, Diego Fonseca. Lei e liberdade na ADPF nº 130: uma leitura da liberdade de expressão a partir de Hannah Arendt. *In*: BASTOS, Dafne Fernandez de; SALES, José Edvaldo Pereira (Coord.). *Direitos humanos*: abordagens transversais. Belo Horizonte: Fórum, 2020. p. 121-142. ISBN 978-85-450-0732-6.

DIREITO À CIDADE, ACESSIBILIDADE ARQUITETÔNICA E INCLUSÃO SOCIAL DAS PESSOAS COM DEFICIÊNCIA[1]

DOMINGOS DO NASCIMENTO NONATO

RAIMUNDO WILSON GAMA RAIOL

1 Considerações iniciais

Abordar a categoria social e analítica designada pelo vocábulo deficiência é tarefa densa, mas igualmente instigante, particularmente por se tratar de um campo de estudo em construção e diante da necessidade de resignificar a posição dessa categoria em relação à sociedade em geral, principalmente no que diz respeito à compreensão acerca das possíveis limitações, impedimentos e comprometimentos físico-orgânicos decorrentes das pessoas que apresentam aquela singularidade, especialmente quando em confronto com as inadequações das estruturas físicas e ambientais das cidades.

Nesse quadrante, o que dizer da inexistência de calçadas nas vias públicas ou das que são desniveladas e deterioradas, sem rebaixamentos, dimensões adequadas, rampas, sinalizações, piso tátil e antiderrapante, obstruídas por comércio ambulante, vegetação, poste de

---

[1] O artigo é uma compilação, com atualizações devido à sanção da Lei Brasileira de Inclusão da Pessoa com Deficiência (Estatuto da Pessoa com Deficiência) – Lei nº 13.146, de 6 de julho de 2015 –, da dissertação de mestrado intitulada *Acessibilidade arquitetônica, barreiras atitudinais e suas interfaces com o processo de inclusão social das pessoas com deficiência: ênfase nos municípios de Abaetetuba, Igarapé-Miri e Moju/PA*, defendida em outubro de 2013 junto ao Programa de Pós-Graduação em Direito, área de concentração Direitos Humanos, da Universidade Federal do Pará, sob a orientação do professor doutor Raimundo Wilson Gama Raiol.

iluminação, placas, semáforos, toldos, bancos de praça, telefones e cabines telefônicas, caixa de correio, lixeiras, veículos automotores, bicicletários, buracos e fissuras, entulhos, materiais de construção, inclinações demasiadas, sem adaptações e manutenções, que restringem ou impossibilitam a locomoção e acesso às pessoas com deficiência para desempenharem atividades primordiais, como ir à escola, ao posto de saúde, ao trabalho e aos espaços de lazer? Ruas com estrutura asfáltica danificada, declividade acentuada e demasiadamente estreitas, ausência de espaços livres, bueiros sem tampa ou grades de proteção e grelhas quebradas igualmente se incluem no rol de meios físicos carentes de condições de acessibilidade.

Nesse encadeamento do assunto, por que não mencionar as escadas íngremes, com ausência de corrimões, extensões abruptas, sem sinalização tátil e desprovidas de antiderrapante, os mobiliários, elementos e equipamentos urbanos instalados erroneamente e com estruturas físicas e projeções inacessíveis? Deve-se trazer à baila que as edificações de uso público ou coletivo ou de uso privado multifamiliar, quanto ao entorno e áreas internas, calçadas, banheiros, locais de atendimento, bens, serviços, atividades e suas instalações, adjutórios e dependências, não atendem satisfatoriamente aos critérios e parâmetros técnicos de acessibilidade.

Por outro vértice, soma-se a isso um quantitativo enorme de ônibus, vans, micro-ônibus e embarcações coletivas, além de pontos de parada, estações, rampas de acesso veicular, plataforma veicular e flutuante, portos e estações rodoviárias e terminais de embarque e desembarque, desprovidos de equipamentos, dispositivos, acomodações e condições físicas que, na maioria das vezes, inviabilizam a aproximação, ingresso, locomoção e saída da pessoa em cadeira de rodas e outras mais.

Na intenção de realizar atividades diárias, como estudar, tratar da saúde, trabalhar, ir a locais recreativos, de lazer, salões de beleza, agências bancárias, supermercados, farmácias, lojas de departamentos, mercados, feiras, praças etc., as pessoas com deficiência enfrentam inúmeras barreiras, algumas das quais intransponíveis, como a arquitetônica e nos meios de transporte coletivo, materializadas nas condições e circunstâncias retromencionadas. Elas podem funcionar como verdadeiros obstáculos físicos que tolhem a capacidade e o direito daquelas pessoas à realização de necessidades existenciais básicas, individuais ou coletivas, que lhes proporcionam inclusão plena nos inúmeros contextos e meandros da vida civil, política, econômica, social e cultural.

As referidas barreiras ensejam, diuturnamente, situações de desconforto àqueles seres humanos em face das ocasiões vexatórias, constrangedoras e de acidentes, além de constituírem fatores que exigem deles grandes esforços e elevado grau de dependência em relação a terceiros, para que, com a ajuda destes, quando solidários, materializem seus projetos de vida, o que não deixa de ser constrangedor, ferindo-lhes, de certo modo, a dignidade enquanto pessoas humanas, sendo, portanto, ocorrências de completa inconveniência e gritante desigualdade social.

Nesse acúmulo de reflexões, vale pontilhar que as limitações, restrições e impedimentos físico-orgânicos ou funcionais transitórios ou permanentes que as pessoas com deficiência podem apresentar, aliados às barreiras atitudinais e às interações com o meio ambiente ou físico inacessível, colocam-nas em desvantagem em relação aos seres humanos desvencilhados dessas limitações. Alguns arranjos sociais e institucionais mostram-se incessíveis às demandas legítimas das pessoas com deficiência, porque, em grande medida, avaliam arbitrariamente suas necessidades e interesses, esquecendo-se de que possuem capacidades, habilidades e competências que lhes podem proporcionar bem-estar social e sua participação plena nos rincões da existência individual e coletiva, desde que lhes sejam reconhecidas e garantidas iguais oportunidades, tanto quanto às demais pessoas, inclusive e principalmente mediante a supressão dos obstáculos físico-estruturais.

Em que pese a existência de abrangente legislação, é público e notório que as cidades brasileiras têm servido como ambientes que promovem segregações socioespaciais, apresentando conformações físicas inadequadas, ou não são dotadas de infraestruturas adequadas, aí incluídas as vias públicas, as edificações coletivas e os sistemas de transportes públicos, representando verdadeira afronta a um direito humano e fundamental constitucionalmente garantido: a liberdade de locomoção.

Sob a égide do Estado Social e Democrático de Direito, mostra-se relevante, portanto, a eliminação de barreiras arquitetônicas nas vias públicas, nos edifícios de uso comum e nos sistemas de transportes coletivos ou adaptações destes em atenção ao direito que as pessoas com deficiência têm de aproximação, alcance, locomoção e usufruto de bens, recursos, suportes, serviços e atividades disponíveis em igualdade de condições com as demais pessoas.

Nesse contexto, objetiva-se reconhecer a acessibilidade arquitetônica como condição necessária e instrumental à garantia da inclusão social da pessoa com deficiência à cidade, em observância aos valores constantes no texto constitucional brasileiro, dentre os quais a igualdade, a dignidade humana e o próprio dever de inclusão. À luz da ideia do direito à cidade e mediante análises de dispositivos constitucionais e infraconstitucionais, muitos dos quais alterados e inseridos pela Convenção sobre os Direitos das Pessoas com Deficiência (ONU, 2006), promulgada, no Brasil, pelo Decreto nº 6.949, de 25 de agosto de 2009, e pela recente Lei Brasileira de Inclusão da Pessoa com Deficiência (Estatuto da Pessoa com Deficiência) e pela Lei nº 12.587, de 03 de janeiro de 2012 (Lei da Política Nacional de Mobilidade Urbana), conclui-se que a acessibilidade arquitetônica integra a concepção de meio ambiente urbano sustentável e inclusivo, motivando, inclusive, responsabilização do gestor público por ato de improbidade administrativa quando da sua não efetividade.

Parte-se da hipótese de que a ausência das condições de acessibilidade arquitetônica interfere acintosamente no processo de inclusão social das pessoas com deficiência. Como ressonância dessa questão, o objeto de estudo perfaz-se na discussão bibliográfica e na análise da legislação pertinente sob a âncora da Constituição da República, com algumas ligeiras incursões nas realidades urbanas e rurais dos municípios de Abaetetuba, Igarapé-Miri e Moju/PA quanto à problemática relacionada à falta de acessibilidade arquitetônica.

2 Quantas e quem são as pessoas com deficiência no Brasil

Indubitavelmente, é relevante traçar inicialmente algumas considerações gerais relacionadas às pessoas com deficiência. Nessa atmosfera, é imprescindível buscar definir *quantas* e *quem* são as pessoas com deficiência no Brasil.

O Censo 2010, realizado pelo Instituto Brasileiro de Geografia e Estatística (IBGE), detectou uma população total de 190.755.799 habitantes, sendo que 45.606.048, ou seja, 23,9% desse total, possuem pelo menos uma das deficiências investigadas.[2] Dessas pessoas, 38.473.702

---

[2] No Censo de 2010, organizado pelo IBGE, as perguntas feitas aos entrevistados buscaram identificar as deficiências visual, auditiva e motora pelos seguintes graus de dificuldade:

se encontravam em áreas urbanas, e 7.132.347, em áreas rurais. Vale ressaltar que as pessoas incluídas em mais de um tipo de deficiência foram contadas apenas uma vez. A deficiência foi classificada pelo grau de severidade de acordo com a percepção das próprias pessoas entrevistadas sobre suas funcionalidades.[3] A prevalência da deficiência variou de acordo com a natureza delas. A deficiência visual apresentou a maior ocorrência, afetando 18,8% da população brasileira. Em segundo lugar está a deficiência motora, ocorrendo em 7% da população, seguidas da deficiência auditiva, em 5,1%, e da deficiência mental ou intelectual, em 1,4%, conforme o gráfico abaixo:

Gráfico 1 – Proporção de pessoas com deficiência no Brasil, Censo IBGE, 2010

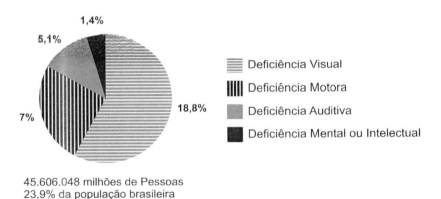

45.606.048 milhões de Pessoas
23,9% da população brasileira

Fonte: IBGE, Censo 2010.

Observa-se que as pessoas com deficiência compõem uma parcela nada desprezível da população brasileira. Com esse expressivo contingente demográfico, aumenta-se a necessidade de promover ações de inclusão social, como a garantia das condições de acessibilidade arquitetônica, posto que não se reporta aqui a um número ínfimo de

---

(i) tem alguma dificuldade em realizar; (ii) tem grande dificuldade; e (iii) não consegue realizar de modo algum; além da deficiência mental ou intelectual.

[3] O IBGE considerou as desvantagens impostas pela restrição de funcionalidades e pela sociedade, que impõe barreiras físicas, econômicas, sociais, culturais e atitudinais às pessoas com deficiência.

brasileiros que vivem a situação de deficiência. Mais do que estatísticas, essa categoria social demanda uma melhor compreensão sobre quem são, seus interesses e do que necessitam para a garantia de sua inclusão social. No intento de definir quem são essas pessoas, Raiol[4] assim se manifesta:

> A noção de quem são as pessoas com necessidades especiais demanda que sejam vistas não apenas pelo ângulo de suas diferenciações orgânicas (físicas, sensoriais ou mentais), em relação a outros seres humanos, mas também sob os prismas das estruturas físico-ambientais que não conseguem superar e das atitudes da sociedade.

Quanto à identificação de quem são as pessoas em situação de deficiência, frisa-se a relevância da definição que prepondera atualmente em todo o mundo. Nessa esteira, em 2006, a Organização das Nações Unidas (ONU) aprovou a Convenção sobre Direitos das Pessoas com Deficiência (CDPD). Baseada no modelo social de deficiência, fundado nos direitos humanos como novo paradigma inclusivo, a Convenção, desde o preâmbulo, reconhece que a deficiência é um conceito em evolução e resultante da interação com as barreiras ambientais e atitudinais. Partindo desse pressuposto, a ONU, em seu art. 1º, positivou uma definição do que deve ser considerada pessoa com deficiência, conforme segue:

> Pessoas com deficiência são aquelas que têm impedimentos de longo prazo de natureza física, mental, intelectual ou sensorial, os quais, em interação com diversas barreiras, podem obstruir sua participação plena e efetiva na sociedade em igualdade de condições com as demais pessoas.

Sem dúvida, um dos maiores avanços da CDPD é a mudança no conceito de quem são as pessoa com deficiência, conceito que leva em consideração vários fatores. O Decreto Brasileiro nº 6.949, de 25 de agosto de 2009, que promulgou a Convenção da ONU, manteve a mesma definição de deficiência por esta apresentado. Ressalta-se que,

---

[4] RAIOL, Raimundo Wilson Gama. Acessibilidade Física, Educação, Saúde e Trabalho: integrantes do mínimo existencial indispensável às pessoas com necessidades especiais, à luz dos direitos humanos e de fundamentos constitucionais, na era da globalização. *In*: MATTOS NETO, Antonio José de; LAMARÃO NETO, Homero; SANTANA, Raimundo Rodrigues (Orgs.). *Direitos Humanos e Democracia Inclusiva*. São Paulo: Saraiva, 2012. p. 36.

como a CDPD foi incorporada no ordenamento jurídico brasileiro com *status* equivalente à emenda constitucional, por força do §3º do art. 5º da Constituição da República, a terminologia "pessoa com deficiência" revogou expressamente o termo "pessoa portadora de deficiência" contida na Carta Magna. Assim, a Convenção introduziu uma significativa alteração e atualização da nomenclatura normativa constitucional e na legislação esparsa federal, estadual e municipal mediante a assunção da expressão "pessoa com deficiência", uma terminologia mais inclusiva, "o que, a propósito, ecoa os reclamos dos integrantes desse grupo vulnerável contra denominações que não expressam, com fidelidade, sua real condição", conforme lição de Brito Filho.[5]

A Lei Brasileira de Inclusão da Pessoa com Deficiência (Estatuto da Pessoa com Deficiência), Lei nº 13.146, de 6 de julho de 2015, expressamente baseia-se na Convenção sobre os Direitos das Pessoas com Deficiência da ONU (artigo 1º, parágrafo único) e reafirma a definição de pessoas com deficiência conforme os termos do art. 1º dessa Convenção (art. 2º).

A deficiência é parte constituinte da pessoa; é um dos seus atributos; é integrante de seu próprio ser; faz parte de sua identidade; não tem como a pessoa se desfazer dela ou abandoná-la sempre que tiver vontade. A deficiência não é algo que se carrega; não é um objeto que se porta durante certo tempo e depois dele se desfaz.[6] Portanto, a pessoa não porta, conduz, carrega ou traz consigo a deficiência. A deficiência é uma das formas de estar no mundo,[7] sendo parte da diversidade humana, que, em si, não limita a pessoa. Certamente, o meio no qual o indivíduo está inserido pode contribuir substancialmente para restringir as possibilidades de inclusão social das pessoas com deficiência. O meio ambiente não diz respeito somente às questões individuais, mas, sobretudo, às coletivas.

---

[5] BRITO FILHO, José Cláudio Monteiro de. Assegurando o gozo dos direitos em condições de igualdade: direitos humanos das pessoas com deficiência – contexto geral. In: BELTRÃO, Jane Felipe *et al.* (Coords.). *Direitos Humanos dos Grupos Vulneráveis*. Manual. Rede Direitos Humanos e Educação Superior, 2014. p. 75-76. Disponível em: https://www.upf.edu/dhes-alfa/materials/DDGV_PORT_Manual_v4.pdf. Acesso em: 25 ago. 2016.

[6] ARAUJO, Luiz Alberto David. *A proteção constitucional das pessoas com deficiência*. Secretaria de direitos humanos. Secretaria Nacional de Promoção dos Direitos da Pessoa com Deficiência. 4. ed. ver. amp. atual. Brasília, 2011.

[7] DINIZ, Débora; BARBOSA, Lívia; SANTOS, Wederson Rufino dos. Deficiência, direitos humanos e justiça. São Paulo. *Sur*, Revista Internacional dos Direitos Humanos, v. 6, n. 11, p. 65-77, dez. 2009.

3 Direito à cidade

O processo de urbanização brasileiro é um fenômeno recente, intenso e produtor de grandes desigualdades socioespaciais, resultando na produção de cidades caóticas e excludentes do ponto de vista social e ambiental, marcadas por carências e despojamento material da quase totalidade de seus habitantes. Como explana Santos:[8]

> Com diferença de grau e de intensidade, todas as cidades brasileiras exibem problemáticas parecidas. Seu tamanho, tipo de atividade, região em que se inserem etc. são elementos de diferenciação, mas, em todas elas, problemas como os do emprego, da habitação, dos transportes, do lazer, da água, dos esgotos, da educação e saúde são genéricos e revelam enormes carências.

Segundo dados do IBGE, o Brasil atingiu uma taxa de urbanização de aproximadamente 85%. Nesse cenário, ganha destaque o conceito de direito à cidade. O estudo sobre o *direito à cidade* não é recente, nem se iniciou com a doutrina jurídica, constituindo-se objeto de análise pioneira pelo sociólogo e filósofo francês Henri Lefebvre, quando do lançamento de sua obra seminal *Le droit à la ville*, publicada em 1968, a qual esboça ideias essenciais e intrigantes sobre o tema, que convergem na compreensão de que esse direito corresponde à produção e fruição coletiva da cidade; ou seja, a partir de uma perspectiva distributiva, Lefebvre postula que todos aqueles que vivem na cidade sejam beneficiários ou tenham pleno acesso e usufruto às suas várias potencialidades (social, política, econômica, cultural, ambiental etc.). Lefebvre[9] considera que o direito à cidade deve ser compreendido como um apelo, uma exigência, "uma forma superior dos direitos: direito à liberdade, à individualização na socialização, ao *habitat* e ao habitar"; onde, segundo o mesmo, se encontram implicados o "direito à obra (à atividade participante) e o direito à apropriação (bem distinto do direito à propriedade)".

Concebe-se, assim, o direito à cidade como um direito eminentemente coletivo, que, nos dizeres de Lefebvre,[10] seria, portanto, o direito:

---

[8] SANTOS, Milton. *A urbanização brasileira*. 3. ed. São Paulo: Hucitec, 1996. p. 95.
[9] LEFEBVRE, Henri. *Espaço e política*. Belo Horizonte: UFMG, 2008. p. 21.
[10] *Ibidem*, p. 139.

[...] à vida urbana, à centralidade renovada, aos locais de encontro e de trocas, aos ritmos de vida e empregos do tempo que permitem o uso pleno e inteiro desses momentos e locais etc. [...]. A proclamação e a realização da vida urbana como reino do uso (da troca e do encontro separados do valor de troca) exigem o domínio do econômico (do valor de troca, do mercado e da mercadoria) [...].

Considerando que espaço e tempo refletem relações sociais de produção, Lefebvre[11] afirma que a cidade é "projeção da sociedade sobre um local, isto é, não apenas sobre o lugar sensível como também sobre o plano específico, percebido e concebido pelo pensamento, que determina a cidade e o urbano". É por meio de uma "reapropriação" do espaço e do tempo, da própria produção do espaço, que Lefebvre propõe a reconstituição da unidade espaço-temporal.[12] O direito à cidade seria o direito de encontro e de acesso a essa centralidade.

Segundo Lefebvre, "o direito à cidade significa, portanto, a constituição ou reconstituição de uma unidade espaço-temporal, de uma reunião, no lugar de uma fragmentação".[13] Para o autor, o direito à cidade seria a expressão do movimento democrático de apropriação do espaço e de reconstituição do espaço-tempo como mecanismo principal para a superação das desigualdades e possibilidade de inserção de todos os cidadãos na centralidade.

Uma das características da cidade é a sua distribuição e usos diferenciados: as diversas áreas não possuem formas semelhantes de ocupação, nem as mesmas facilidades urbanas, nem pessoas com idênticas características sociais e econômicas, representando, por outro lado, uma área conflituosa entre diferentes agentes e interesses em torno da (re)produção e ocupação do espaço.

O direito à cidade ganhou contornos normativos na Constituição Federal de 1988, sendo alçado à ordem jurídica na condição de direito fundamental. Nessa qualidade, o direito à cidade é um direito síntese, congregando um catálogo de inúmeros outros direitos também fundamentais, como moradia, saneamento, transporte coletivo etc. Não há qualquer dúvida de que a finalidade precípua da política urbana disposta no texto constitucional visa à democratização das funções

---

[11] Idem, O direito à cidade. São Paulo: Centauro, 2001. p. 56.
[12] Ibidem, p. 12.
[13] Ibidem, p. 32.

sociais da cidade e da propriedade em proveito de seus habitantes, em prol do bem-estar e qualidade de vida de todos. Veja-se:

> Art. 182. A política de desenvolvimento urbano, executada pelo Poder Público municipal, conforme diretrizes gerais fixadas em lei, tem por objetivo ordenar o pleno desenvolvimento das funções sociais da cidade e garantir o bem-estar de seus habitantes.

A Lei nº 10.257/2001, designada Estatuto da Cidade, veio ao encontro da necessidade de concretizar aqueles preceitos constitucionais, conferindo-lhes corporeidade normativa e disciplinando a execução da política urbana, com *normas de ordem pública e interesse social que regulam o uso da propriedade urbana em prol do bem coletivo, da segurança e do bem-estar dos cidadãos, bem como do equilíbrio ambiental* (art. 1º, parágrafo único).

Trazendo contornos mais claros ao direito à cidade previsto na Constituição, o art. 2º do Estatuto da Cidade enuncia a *garantia do direito a cidades sustentáveis*, entendido como "o direito à terra urbana, à moradia, ao saneamento ambiental, à infra-estrutura urbana, ao transporte e aos serviços públicos, ao trabalho e ao lazer, para as presentes e futuras gerações", de onde imediatamente sobressai a noção de que tal direito está intrinsecamente relacionado à implementação de outros direitos de caráter individual e social no âmbito da cidade e se coaduna, inclusive, com a compreensão de justiça socioambiental disposta no artigo 225 da Constituição, de modo a considerar o desenvolvimento sustentável como componente fundamental da política urbana. Significa, ainda, admitir a compatibilidade entre o direito a cidades sustentáveis e o direito das presentes e futuras gerações ao meio ambiente ecologicamente equilibrado. O Estatuto da Cidade, por sua vez, dispensou ao direito à cidade sustentável o *status* de *diretriz geral* da política urbana, que se projeta em inúmeros instrumentos de política urbana previstos e regulamentados ao longo do Estatuto e se constitui, assim, de normas de *ordem pública e interesse social*.

Interessante notar, também, a projeção internacional gradativa do direito à cidade e a forte articulação entre o reconhecimento do direito à cidade, no âmbito nacional, e as discussões internacionais sobre o assunto, em particular na pauta dos processos globais voltados a tratar dos assentamentos humanos.[14]

---

[14] SAULE JÚNIOR, Nelson. *Direito Urbanístico*: vias jurídicas das políticas urbanas. Porto Alegre: Sérgio Antônio Fabris Editor, 2007. p. 34.

Nesse processo de internacionalização, o delineamento mais preciso a respeito do entendimento sobre o direito à cidade começou a ser elaborado a partir de 2001, no I Fórum Social Mundial (Porto Alegre/RS – Brasil), quando movimentos sociais e organizações não governamentais de todo o mundo, articulados com a luta pela reforma urbana, tiveram a iniciativa de elaborar um documento que representasse a materialização legal desse direito. Os debates tiveram continuidade no II Fórum Social Mundial (Porto Alegre/RS – Brasil, 2002), no Fórum Social das Américas (Quito, 2004) e no Fórum Mundial Urbano (Barcelona, 2004), sendo que, finalmente, no Fórum Social Mundial, realizado em 2005 na cidade de Porto Alegre/RS, Brasil, se obteve a redação definitiva e aprovação da Carta Mundial pelo Direito à Cidade,[15] que se traduz em um esforço importante de reunir diversas normas sobre direitos econômicos, sociais, culturais e ambientais.

A Carta revela o compromisso das autoridades públicas internacionais e locais no sentido de garantir o respeito e a proteção dos direitos humanos para todos os habitantes das cidades, principalmente para as pessoas que se encontram em estado de vulnerabilidade,[16] e tem o potencial de servir de importante instrumento internacional de auxílio a entidades públicas e privadas para melhor atuação em prol de cidades mais justas, democráticas, sustentáveis e humanas. Em face de

---

[15] A Carta condensa valores e princípios amparados em diversos tratados internacionais e na constituição da maioria dos países democráticos, reúne uma síntese de direitos ambientais, sociais, econômicos e culturais e constitui instrumento dirigido a contribuir com as lutas urbanas e com o processo de reconhecimento no sistema internacional dos direitos humanos do direito à cidade. Disponível em: http://www.forumreformaurbana.org.br/index.php/documentos-do-fnru/41-cartas-e-manifestos/133-carta-mundial-pelo-direito-a-cidade.html. Acesso em: 10 mar. 2016. Cumpre ressaltar que, em 2005, durante a realização do Fórum Social Mundial em Porto Alegre/RS, o governo brasileiro, por intermédio do Ministério das Cidades, se comprometeu formalmente com o teor da Carta Mundial do Direito à Cidade.

[16] O Artigo II, item 4 (PROTEÇÃO ESPECIAL DE GRUPOS E PESSOAS VULNERÁVEIS) da Carta Mundial pelo Direito à Cidade, assim estabelece: "4.1. *Os grupos e pessoas em situação de vulnerabilidade têm direito a medidas especiais de proteção e integração, de distribuição de recursos, de acesso aos serviços essenciais e de não-discriminação.* Para os efeitos dessa Carta se consideram vulneráveis as pessoas e grupos em situação de pobreza, em risco ambiental (ameaçados por desastres naturais), vítimas de violência, com incapacidades, migrantes forçados, refugiados e todo grupo que, segundo a realidade de cada cidade, esteja em situação de desvantagem em relação aos demais habitantes. Nestes grupos, por sua vez, serão objeto prioritário de atenção os idosos, as mulheres, em especial as chefes de família, e as crianças. 4.2. *As Cidades, mediante políticas de afirmação positiva aos grupos vulneráveis devem suprir os obstáculos de ordem política, econômica e social que limitam a liberdade, equidade e de igualdade dos cidadãos*(ãs)*, e que impedem o pleno desenvolvimento da pessoa humana e a participação efetiva na organização política, econômica, cultural e social da cidade*". (Grifei).

sua relevância sociopolítica, compartilha-se parte essencial da definição estatuída no artigo I, 2:

> Como o usufruto equitativo das cidades dentro dos princípios de sustentabilidade, democracia e justiça social. É um direito coletivo dos habitantes das cidades, em especial dos grupos vulneráveis e desfavorecidos, que lhes confere legitimidade de ação e organização, baseado em seus usos e costumes, com o objetivo de alcançar o pleno exercício do direito à livre autodeterminação e a um padrão de vida adequado. O Direito à Cidade é interdependente a todos os direitos humanos internacionalmente reconhecidos, concebidos integralmente, e inclui, portanto, todos os direitos civis, políticos, econômicos, sociais, culturais e ambientais que já estão regulamentados nos tratados internacionais de direitos humanos. [...].

Independentemente de qualquer situação, todas as pessoas devem ter o direito a uma cidade sem discriminação. O direito à cidade compreende o usufruto equitativo das cidades dentro dos princípios de sustentabilidade, democracia, equidade e justiça social. É um direito coletivo dos habitantes das cidades, em especial dos grupos vulneráveis e desfavorecidos, com o objetivo de alcançar um padrão de vida adequado. É interdependente a todos os direitos humanos internacionalmente reconhecidos, concebidos integralmente, e inclui, portanto, todos os direitos civis, políticos, econômicos, sociais, culturais e ambientais que já estão regulamentados nos tratados internacionais de direitos humanos.

De plano, é fato que as cidades estão distantes de oferecerem condições e oportunidades equitativas aos seus habitantes. A população urbana, em sua maioria, está privada ou limitada – em virtude de suas características e atributos – de satisfazer suas necessidades básicas. Por sua origem e significado social, a Carta Mundial do Direito à Cidade é, antes de tudo, um instrumento dirigido ao fortalecimento dos processos, reivindicações e lutas urbanas.

4 Acessibilidade arquitetônica como direito fundamental

Comumente, a noção de acessibilidade arquitetônica é vista de forma reducionista, voltada apenas para a construção de rampas ou adaptações de banheiros, por exemplo, não demandando, portanto, avanços substanciais quanto ao atendimento pleno daquelas condições estruturais.

Ao se buscar tal delimitação, subjaz a definição de acessibilidade arquitetônica ou física como resultante da facilidade e oportunidade com que as pessoas podem se aproximar, alcançar e usufruir das atividades, serviços, bens, mobiliários e equipamentos e elementos da urbanização disponíveis para uso público e coletivo. Nessa perspectiva, a acessibilidade arquitetônica não está relacionada com a capacidade individual, mas com otimização, democratização e qualificação das oportunidades e facilidades de atingir determinado destino, utilizando-se para tanto daquelas condições estruturais dispostas anteriormente. É mister destacar que a qualidade de ser acessível para acolher a diversidade humana deve ser um atributo ou característica do conjunto das atividades, serviços, bens, mobiliários, equipamentos e demais elementos urbanísticos afetados ao público, de modo a haver interações entre estes e os usuários, aos quais não deve ser imputada a condição de ser acessível.

Nessa linha de raciocínio, a acessibilidade física representa uma das possibilidades de inclusão social. Parte-se de uma abordagem centrada na pessoa e nas condições acessíveis dos ambientes, bens, equipamentos, mobiliários e serviços. Isso corresponde também à qualidade e otimização com que ocorrem os acessos e deslocamentos seguros e autônomos. Essa abordagem conceitual incorpora valências que se traduzem numa relação entre maior nível de independência, melhor qualidade de vida e igualdade de oportunidade no acesso democrático e pleno às edificações, à arquitetura urbanística, aos bens, serviços, mobiliários, equipamentos e demais adjutórios correlatos disponibilizados à coletividade.

A acessibilidade arquitetônica ora tratada transmuda-se de caráter sociopolítico e ético, consubstanciado na garantia desses acessos como instrumentos à inclusão social das pessoas com deficiência, a qual se configura como um paradigma que entende que as barreiras físicas e sociais são complexas e vão além das questões individuais. Assim, pode-se compreender que um mecanismo imprescindível e capaz de promover a inclusão social das pessoas com deficiência é a acessibilidade arquitetônica, que, na qualidade de direito fundamental, deve ter tratamento prioritário para que outros direitos possam ser efetivados.

Afirmar que a acessibilidade arquitetônica é um direito fundamental deixa à mostra a obrigatoriedade de pôr no núcleo central das atenções as pessoas com deficiência, quer seja para torná-las efetivamente destinatárias desse direito, quer para perseguir a atuação prestacional do poder público para demarcar, com precisão, a compreensão de que o mais elevado e sublime propósito de se garantir tal direito é a adequada e plena inclusão social daqueles seres humanos. Ao encalço dessa premissa, vale frisar as contribuições de Raiol,[17] a saber:

> A Acessibilidade é um conceito amplo, que abrange a possibilidade de acesso fácil e seguro ao meio físico e aos meios de transporte. Deve funcionar como antídoto a obstáculos com se defrontam as pessoas com necessidades especiais [...] A importância da acessibilidade é incomensurável para as pessoas com necessidades especiais. Essa afirmação resulta patente, levando-se em conta que, para uma existência digna, todo ser humano merece ter viabilizada a busca de realizações nos diversos meandros da vida social e econômica, o que lhe exige estar nos mais variados lugares de uso público ou abertos a esse uso [...] Para haver a perspectiva de ingressarem nesses ambientes, devem estes ser dotados de estruturas físicas compatíveis com as singularidades daqueles seres humanos, que, igualmente, para poderem chegar até esses locais, devem ser favorecidos por meios de transporte coletivo dotado de apetrechos acessíveis, em termos de assentos e mecanismos que permitam ingressar e sair de ônibus, embarcações, aviões etc.

Assegurar as condições de acessibilidade às pessoas com deficiência, por via de consequência, funciona como arrimo ao exercício de atividades básicas (educação, saúde, trabalho, lazer etc.), conclui o autor. Consentâneo a esse postulado, o direito fundamental à acessibilidade arquitetônica mostra-se instrumento primordial e indelével para a inclusão social ora mencionada, dando densidade às disposições internacionais, constitucionais e infraconstitucionais afetas à matéria.

Como condição que cada pessoa tem de chegar, alcançar, obter e utilizar bens, serviços e equipamentos disponíveis, a acessibilidade arquitetônica passa a abranger novas dimensões e outras esferas do fazer humano. Refere-se a uma gama de variáveis relacionadas às possibilidades de acesso autônomo, seguro, cômodo e independente a um local, discussão que engloba aspectos como a identificação das trajetórias das pessoas ao se deslocarem em ou para ambientes e às

---

[17] RAIOL, Raimundo Wilson Gama. Acessibilidade Física, Educação, Saúde e Trabalho: integrantes do mínimo existencial indispensável às pessoas com necessidades especiais, à luz dos direitos humanos e de fundamentos constitucionais, na era da globalização. *In*: MATTOS NETO, Antonio José de; LAMARÃO NETO, Homero; SANTANA, Raimundo Rodrigues (Orgs.). *Direitos Humanos e Democracia Inclusiva*. São Paulo: Saraiva, 2012. p. 311.

atividades desejadas, serviços, bens, mobiliários e equipamentos que ali acontecem ou estão disponíveis, buscando reconhecer e respeitar a diversidade humana, onde todas as características das pessoas sejam atendidas, independentemente de possuírem ou não uma deficiência.

O Brasil tem abundância legislativa que se ocupa em garantir direitos às pessoas com deficiência, dentre os quais a acessibilidade arquitetônica, sendo exemplos, no plano constitucional, o art. 5º, XV (direito de ir e vir ou livre locomoção), e os arts. 227, §2º, e 244 (acessibilidade aos logradouros, edificações e meios de transportes coletivos), e, no âmbito infraconstitucional, a Lei nº 10.048, de 08 de novembro de 2000, a Lei nº 10.098, de 19 de dezembro de 2000, e o Decreto nº 5.296, de 02 de dezembro de 2004, que regulamentou tais leis.

Na Convenção sobre os Direitos das Pessoas com Deficiência (ONU, 2006), que ingressa no sistema constitucional brasileiro mediante o Decreto-Legislativo nº 186, de 09 de julho de 2008, e o Decreto de Promulgação nº 6.949, de 25 de agosto de 2009, com *status* de equivalência de emenda constitucional, por força do §3º do art. 5º da Constituição da República, a acessibilidade aparece como princípio e direito fundamental, previstos respectivamente nos art. 3º, alínea *f*; 4º, 1, alínea *f*; e 9º. Tais dispositivos obrigam o Brasil a envidar esforços apropriados, entre tantos outros, para assegurar às pessoas com deficiência o acesso em igualdade de condições com as demais pessoas, ao meio físico, ao transporte, à informação e comunicação, bem como a outros serviços e instalações abertos ou propiciados ao público, tanto na zona urbana como na rural. Com isso, o Brasil assumiu, internacional e nacionalmente, o dever de implementar as condições materiais de acessibilidade, harmonizando formal e materialmente seu arcabouço legal, adequando suas políticas públicas e, principalmente, reafirmando direitos já estabelecidos por nossa legislação-pátria.

Em abril de 2012 entrou em vigor a Lei nº 12.587/12, conhecida como Lei da Mobilidade Urbana, a qual, conforme seu art. 24, IV, §3º, prevê que ao plano diretor do município deve estar integrado o plano de mobilidade urbano, que, por sua vez, deverá contemplar "a acessibilidade para pessoas com deficiência e restrição de mobilidade". Essa lei instituiu as diretrizes da Política Nacional de Mobilidade Urbana, que apresenta, entre outros objetivos, a acessibilidade e mobilidade das pessoas e contribui para o acesso universal à cidade.

A Lei Brasileira de Inclusão da Pessoa com Deficiência (Estatuto da Pessoa com Deficiência), Lei nº 13.146, de 6 de julho de 2015, expressamente baseia-se na Convenção sobre os Direitos das

Pessoas com Deficiência da ONU. O artigo 3º, I, desse estatuto define acessibilidade. O Título III do Livro I do Estatuto é todo destinado à acessibilidade, que, nos termos do artigo 53 da lei, é direito garantido à pessoa com deficiência ou com mobilidade reduzida, garantindo-lhe vida independente e o exercício de seus direitos de cidadania e participação social.

Do ponto de vista das técnicas de engenharia e arquitetura, as condições para assegurar o direito fundamental das pessoas com deficiência à acessibilidade encontram-se descritas em diversas normas da Associação Brasileira de Normas Técnicas (ABNT), tais como: NBR 9.050 – Acessibilidade a Edificações, Mobiliário, Espaços e Equipamentos Urbanos; NBR 13.994 – Elevadores de Passageiros – Elevadores para Transportes de Pessoa Portadora de Deficiência; NBR 15.250 – Acessibilidade em Caixa de Autoatendimento Bancário; e NBR 14.022 – Acessibilidade em Veículos de Características Urbanas para o Transporte Coletivo de Passageiros.

A garantia da acessibilidade arquitetônica representa um grande avanço em termos legais e, ao mesmo tempo, um desafio em termos de cidadania e direitos humanos, pois ela significa assegurar um direito básico e primordial de toda pessoa humana, que é o direito de ir e vir, com segurança, independência e autonomia. Básico e primordial porque, mediante sua garantia, como numa rede conexa, se obtêm outros direitos, como os direitos econômicos (trabalho, renda etc.), os direitos sociais (educação, saúde, moradia, alimentação etc.), os direitos culturais (lazer, esporte, turismo etc.) e os direitos políticos (voto, participação em entidades representativas etc.). Reveste-se de um direito fundamental instrumental, ou seja, constitui condição necessária e mínima para que as pessoas com deficiência possam exercer outros direitos.

A acessibilidade constitui um instrumento de inclusão social aliada à cidadania, vez que, não existindo acesso irrestrito às edificações, aos transportes públicos, aos mobiliários e equipamentos urbanos e rurais, as pessoas com deficiência não poderão exercer direitos humanos e garantias fundamentais, condições mínimas à prática cidadã.[18]

---

[18] ARAUJO, Luiz Alberto David. A proteção constitucional das pessoas portadoras de deficiência: algumas dificuldades para efetivação dos direitos. *In*: SARMENTO, Daniel; IKAWA, Daniela; PIOVESAN, Flávia (Coords.). *Igualdade, diferença e direitos humanos*. Rio de Janeiro: Lúmen Júris, 2008. p. 208-209.

Por exemplo, sem transporte adaptado, as pessoas com deficiência terão dificuldade em comparecer ao local de trabalho, à escola e ao lazer. Nesse sentido, a acessibilidade arquitetônica é um direito humano instrumental indispensável ao exercício do direito de ir, vir, ficar e permanecer ou do direito de locomoção esculpido no art. 5º, inciso XV, da Constituição da República. É uma condição que possibilita ao indivíduo circular ou deslocar-se livremente, conforme o seu desejo.

Apenas o seu reconhecimento não é suficiente para promover o processo de inclusão social das pessoas com deficiência. É necessário operacionalizar mecanismos e instrumentos que planejem e executem políticas públicas voltadas para esse fim. O direito fundamental à acessibilidade arquitetônica constitui pressuposto ou plataforma para que tais pessoas ganhem autonomia e independência nos mais diversos escalões no mundo social, político e econômico. Assegurar esse direito demanda uma agenda mínima de políticas públicas voltadas a essas pessoas, que, na condição de cidadãs, necessitam de um tratamento diferenciado ou de recursos facilitadores, imprescindíveis para viverem incluídas socialmente.

Se os espaços públicos e coletivos, os logradouros, as edificações, os elementos de urbanização e os transportes coletivos, em sua grande maioria, não atendem satisfatoriamente as pessoas com deficiência, isso representa forte empecilho à circulação livre de pessoas com limitação física, sensorial e intelectual, de modo a constituir-se fator que lhes causa um elevado grau de dependência social, além de provocar situações vexatórias, constrangedoras e de desconforto a que são expostas constantemente. Seja nos ambientes urbanos, seja nos rurais, essas pessoas enfrentam dificuldades cotidianas para transitar frente aos inúmeros ambientes, arquiteturas, edificações, mobiliários, equipamentos, elementos da urbanização e serviços de uso público e coletivo inadequados a esses seres humanos.

Inúmeros diplomas legais reconhecem o direito fundamental à acessibilidade; não obstante, há um descompasso entre o direito posto e a realidade da vida diária dessas pessoas, ou seja, há muita previsão legal, mas sua efetivação é deficitária. Se o fosso entre a idealização das normas e a concretização de seus valores não foi ainda superado, as aludidas leis se tornam retórica vazia, o que certamente não contribui para o processo de inclusão social dessas pessoas. Embora os avanços registrados nos últimos anos para garantir os direitos da pessoa com deficiência sejam constantes e visíveis, o Brasil ainda não conseguiu alcançar um progresso mais expressivo no sentido de suprimir barreiras que funcionam como empecilho à liberdade de ir e vir. Do ponto de vista da pesquisa empírica, trazem-se à baila determinadas realidades relacionadas às precárias condições de acessibilidade arquitetônicas nos municípios de Abaetetuba, Igarapé-Miri e Moju, no estado do Pará, tanto no meio urbano quanto no meio rural. Tais municípios estão localizados na microregião do Baixo Tocantins,[19] estado do Pará. Sobre esses municípios, o Censo 2010, do IBGE 2010, revelou estimativas de pessoas acometidas com, pelo menos, uma das deficiências investigadas.[20] O quantitativo dessas pessoas nesses locais está expresso na tabela abaixo, a qual demonstra, ainda, os percentuais no estado do Pará e no Brasil:

---

[19] Segundo Almeida (2010, p. 292), o Baixo Tocantins encontra-se numa zona de fronteira. A microrregião localiza-se entre a Amazônia Central e Amazônia Oriental, no nordeste do Pará, por onde passa a linha dividindo coincidentemente a microrregião do Baixo Tocantins e a de Tucuruí. Sete municípios compõem a região: Abaetetuba, Igarapé-Miri, Limoeiro do Ajuru, Cametá, Mocajuba, Baião e Oeiras do Pará. Dentre as principais características dos municípios situados à jusante da Usina Hidrelétrica de Tucuruí, no rio Tocantins, destaca-se a natureza ribeirinha da população local, ou seja, qualquer estudo implica levar em conta também especificidades da Amazônia ribeirinha que sobrevive, resiste e se redefine em face das transformações ocorridas na região nas últimas décadas. Segundo Ana Claudia Duarte Cardoso (2005): "A região caracteriza-se por extensas áreas de várzea e ocorrência de arquipélagos que limitam a atividade agrícola, e favorecem o extrativismo e a pesca. Com a construção da hidrelétrica o controle do ciclo hidrológico resolveu o problema das enchentes, mas ocasionou redução na quantidade e diversidade de peixes, gerando impactos sócio-econômicos e no perfil nutricional da população. Todos os municípios apresentam fortes contrastes entre a sede e as localidades rurais, e crescentes índices de migração do campo para a cidade, sem a oferta de oportunidades compatíveis com tais fluxos".

[20] No Censo de 2010, organizado pelo IBGE, as perguntas feitas aos entrevistados buscaram identificar as deficiências visual, auditiva e motora pelos seguintes graus de dificuldade: (i) tem alguma dificuldade em realizar; (ii) tem grande dificuldade; e (iii) não consegue realizar de modo algum; além da deficiência mental ou intelectual.

Tabela 1 – Percentual da população com deficiência, segundo o tipo de deficiência investigada – Brasil e unidades da federação, 2010

Brasil e unidades da federação	POPULAÇÃO RESIDENTE					
	Total	Pelo menos uma das deficiências investigadas	Tipo de deficiência			
			Visual	Auditiva	Motora	Mental/ intelectual
Brasil	190.755.799	23,92%	18,8%	5,1%	7,0%	1,4%
Pará	7.581.051	23,63%	19,2%	4,9%	6,5%	1,1%
Abaetetuba	141.100	25,4%	20,8%	5,1%	7,7%	1,2%
Igarapé-Miri	58.077	25,7%	21,1%	5,2%	8,4%	1,6%
Moju	70.018	23,0%	18,7%	5,4%	6,4%	0,9%

Fonte: IBGE, Censo Demográfico 2010.

A pesquisa de campo foi realizada tanto no ambiente urbano quanto no meio rural, o que permitiu verificar que tais espaços são locais de acentuada exclusão social das pessoas com deficiência. Percebeu-se claramente a segregação socioespacial, o abandono político quanto às condições físico-estruturais de bens e serviços públicos e coletivos; enfim, o desrespeito quase que completo das normas relativas à acessibilidade, particularmente nos espaços rurais, vindo ao encontro do que Daniella Dias[21] assinala:

> Toda aglomeração humana que tenha importância como centro de vida e de relações sociais necessita de ordenamentos urbanísticos. Aliás, seria um verdadeiro reducionismo considerar que, somente nos espaços urbanos, o município deva primar pelo pleno desenvolvimento das funções socais da cidade.

---

[21] DIAS, Daniella Maria dos Santos. *Planejamento e desenvolvimento urbano no sistema jurídico brasileiro*: óbices e desafios. Curitiba: Juruá, 2012. p. 19.

Sobressai, assim, a necessária articulação das políticas públicas de desenvolvimento de cidades sustentáveis e inclusivas, de modo a englobar o campo e cidade, posto que a vida no município não se limita à vivência em áreas urbanas, mas se estende a todo o território municipal.

Nesse horizonte, constata-se facilmente que as vias públicas, os mobiliários, equipamentos e elementos urbanísticos, as edificações e os meios de transportes públicos e coletivos existentes nos municípios de Abaetetuba, Igarapé-Miri e Moju padecem quanto aos critérios técnicos de acessibilidade: poucas rampas de acesso (as que existem estão, em sua grande maioria, deterioradas e em desacordo com as normas técnicas e outras especificações determinadas pela ABNT); rampas sem corrimões; calçadas sem rebaixamentos e sem sinalizações (piso tátil); banheiros de uso público e coletivo sem equipamentos e acessórios adequados e sem dimensões em padrões técnicos; ausência de telefone público adaptado à altura compatível com usuários de cadeira de rodas; falta de manutenção de calçadas; portas e corredores de locais públicos e coletivos estreitos; ausência de vaga de estacionamento exclusivo para pessoas com deficiência física (no estádio de futebol, nos estabelecimentos bancários, nos supermercados, nas casas lotéricas, nas redes de farmácias, nos hospitais, nos postos de saúde, nas escolas, nas casas de espetáculos, estádios esportivos, restaurantes, bares, lanchonetes, hotéis, cinemas e similares); ausência de plataforma ou elevadores nos ônibus coletivos; afora outras estruturas que não são disponibilizadas em favor das pessoas com deficiência.

Adicionam-se outras dificuldades que essas pessoas enfrentam para transposição e superação de barreiras arquitetônicas nas edificações que apresentam degraus inacessíveis. Tais obstáculos físico-estruturais estão também nos balcões das bilheterias e nas catracas das salas de espetáculos, os quais são confeccionados em desacordo com o previsto nas normas técnicas (por exemplo, têm altura bastante elevada); as portas giratórias e os caixas eletrônicos das respectivas agências bancárias e outros espaços congêneres são intransponíveis pelas pessoas que necessitam utilizar cadeira de roda; elevadores e sanitários construídos em medidas ou dimensões que não acomodam uma cadeira de roda. O cadeirante não pode transitar livremente pelas calçadas da cidade frente à quantidade elevada de lixeiras, comércio ambulante, estacionamentos de ônibus, micro-ônibus, vans e motocicletas em locais proibidos. Há falta muito grande de solidariedade e alteridade.

Incluem-se nessa situação calamitosa outras barreiras arquitetônicas urbanísticas, como bueiros sem tampa ou grades de proteção, grelhas quebradas, ruas com estrutura asfáltica quebrada, calçadas estreitas, deterioradas, e rampas demasiadamente inclinadas, além das instalações inadequadas, onde se situam os telefones públicos e as caixas dos correios, o que obrigam as pessoas com deficiência a utilizarem a rua sem nenhuma proteção ou, ainda, se defrontam com rampas com declividade acentuada. Diariamente, elas se deparam com canteiros de obras, tapumes, depósitos de areia, pedras, seixo, tijolos e ferragens, bem como máquinas e outros equipamentos que são utilizados em construções de obras públicas e particulares. Essas barreiras acabam causando uma situação de desconforto àquelas pessoas. Com efeito, elas representam grandes empecilhos à circulação livre de pessoas com limitação física, além de constituírem fatores que causam às pessoas com deficiência um elevado grau de dependência social, além das corriqueiras situações vexatórias e constrangedoras a que são expostas.

Inserem-se no rol dos óbices enfrentados no dia a dia pelas pessoas com deficiência os que decorrem de algumas barreiras físicas, como pavimentos deteriorados, portas demasiadamente estreitas, escadas inacessíveis em edifícios, transportes coletivos urbanos com problemas nos veículos (acesso, circulação interna e acomodação). A estrutura de circulação urbana (ônibus, micro-ônibus, vans, calçadas, ruas etc.) não é construída pensando nas pessoas com deficiência. Com isso, elas enfrentam problemas de mobilidade junto a vários ambientes sociais frente à carência de não serem disponibilizadas, em seu favor, condições mínimas de acessibilidade.

Nos espaços rurais desses municípios, evidencia-se grande diversidade de tipos de embarcações e portos, ancoradouros, terminais e demais pontos de embarque e desembarque de passageiros por todo o meio rural, refletindo as diferentes realidades socioespaciais do Brasil, particularmente na Amazônia paraense.

Ademais, tanto os locais de embarque e desembarque como as embarcações foram concebidos, em sua grande maioria, sem levar em consideração aspectos atinentes à acessibilidade arquitetônica. Vários tipos e portes de embarcações existentes não poderão inclusive sofrer adaptações visando à acessibilidade; porém, as embarcações de maior porte podem sofrer as devidas adaptações. Nem todas as embarcações, sejam elas novas ou adaptadas, permitem plena acessibilidade, tendo em vista existirem condicionantes técnicos e estruturais das embarcações, além do fator financeiro alegado pelos proprietários desses bens.

De outra monta, sabe-se que cerca de 90% (noventa por cento) da frota de embarcações operantes funcionam na ilegalidade. Há grande informalidade no transporte, muitas construções artesanais e terminais ou portos totalmente improvisados e praticamente inacessíveis a qualquer pessoa. Isso é extremamente preocupante, pois, nos rincões da imensa Amazônia paraense, onde, por força da própria natureza, a situação geográfica é adversa e tais terminais, portos e embarcações são inacessíveis, as pessoas com deficiência certamente enfrentam diuturnamente grandes obstáculos ao livre acesso e circulação a bens e serviços públicos e coletivos disponíveis à coletividade.

Nos meios de transportes coletivos disponíveis ao uso pelas pessoas com deficiência, verificam-se poucas condições de acessibilidades: tais meios de transportes carecem de adaptações físicas, as empresas concessionárias do serviço público respectivo não reservam, nem identificam devidamente os assentos nas embarcações; estações, plataformas, portos ou terminais de embarque e desembarque ignoram aquelas condições; as cabines de venda de bilhete de passagem são inadequadas quanto à estrutura (obstáculos à aproximação e acesso, altura do balcão elevada etc.); precariedades das edificações e dos calçamentos dos trapiches, pois em desacordo com as regras de acessibilidade; os transportes coletivos hidroviários não têm as devidas adaptações.

Nos referidos municípios, não se depara com nenhuma embarcação adaptada às peculiaridades das pessoas com deficiência, como determinam as normas pertinentes. Em consequência disso, o direito de ir e vir de um lugar para outro não é garantido plenamente, uma vez que tais embarcações não lhes proporcionam as mínimas condições estruturais de acesso e locomoção à qualquer pessoa e, como gravame, às pessoas com deficiência.

5 Considerações finais

Infelizmente, na segunda década do século XXI, as pessoas com deficiência vivenciam, diariamente, uma problemática nevrálgica: a existência de obstáculos físico-estruturais nos espaços, edificações públicas e coletivas, nos transportes públicos, nos equipamentos, mobiliários e nos elementos urbanísticos, e em outros bens e serviços disponíveis.

E não é por falta de legislação que isso acontece, porque, nos planos internacional, constitucional e infraconstitucional, vigora uma profusão de normas jurídicas que convergem para a efetividade do direito fundamental à acessibilidade, como condição *sine qua non* à garantia da inclusão social daquelas pessoas, mediante o pleno exercício de direitos civis, políticos, econômicos, sociais e culturais e de garantias fundamentais correlatas.

Frente a essa demanda social, tem-se verificado, no entanto, que as sucessivas medidas governamentais levadas a efeito nessa área, particularmente na esfera federal, não têm produzido modificações significativas no quadro existente, subsistindo um quantitativo incomensurável de espaços, edificações, transportes públicos, equipamentos, mobiliários e elementos urbanísticos que não satisfaz às condições mínimas de acessibilidade, impedindo ou impondo limitações às pessoas quanto ao acesso e locomoção em tais bens e serviços quando deles pretendem, legitimamente, usufruí-los. Torna-se, assim, imperioso ao poder público, principalmente o municipal, atuar sistematicamente nessa área.

Sabe-se que a acessibilidade arquitetônica é condição indispensável para que toda pessoa possa se desenvolver em sociedade, tendo a possibilidade de alcançar o máximo de suas potencialidades, contribuindo não só com seu próprio desenvolvimento, mas com o desenvolvimento da sociedade como um todo, em particular na qual está inserida. De inegável relevância, gera resultados sociais positivos e contribui para o desenvolvimento inclusivo e sustentável, sendo essencial sua implementação tanto na cidade quanto no campo.

Prepondera o entendimento no sentido de que há, certamente, uma questão crucial e permanente que afeta mais diretamente as pessoas com deficiência: a precariedade das condições de acessibilidade arquitetônica nas vias públicas, edificações e meios de transportes de uso público e coletivo, além da barreira atitudinal materializada em critérios avaliativos pautados em estigmas, estereótipos, preconceitos e discriminações com que a sociedade oprime esses sujeitos. Ponderando tudo que foi anteriormente exposto com relação aos contornos e vicissitudes das situações dos meios físico-estrutural e social dos municípios de Abaetetuba, Igarapé-Miri e Moju, converge-se para a constatação de que a acessibilidade arquitetônica, infelizmente, representa um ideário a ser concretizado, ainda, em um prazo a perder de vista, a despeito da organização e luta política desse segmento social vulnerável, desde o final do século XX, na busca de conquistar espaços de participação, reconhecimento, respeito e efetivação de seus direitos, em todas as esferas da sociedade, tendo sido a sua maior conquista a de assegurar o direito à acessibilidade no bojo da atual Constituição da República, mas a depender de efetividade.

Referências

ALMEIDA, Rogério. Amazônia, Pará e o mundo das águas do Baixo Tocantins. *Revista Estudos Avançados*, v. 24, n. 68, p. 291-298, 2010.

ARAUJO, Luiz Alberto David. A proteção constitucional das pessoas portadoras de deficiência: algumas dificuldades para efetivação dos direitos. In: SARMENTO, Daniel; IKAWA, Daniela; PIOVESAN, Flávia. (Coords.). *Igualdade, diferença e direitos humanos*. Rio de Janeiro: Lúmen Júris, 2008.

ARAUJO, Luiz Alberto David. *A proteção constitucional das pessoas com deficiência*. Secretaria de direitos humanos. Secretaria Nacional de Promoção dos Direitos da Pessoa com Deficiência. 4. ed. ver. amp. atual. Brasília, 2011.

ARAUJO, Luiz Alberto David. A proteção constitucional das pessoas com deficiência e o cumprimento do princípio da dignidade da pessoa humana. In: MIRANDA, Jorge; SILVA, Marco Antonio Marques da (Coord.). *Tratado Luso-Brasileiro da Dignidade Humana*. São Paulo: Quartier Latin, 2008. p. 205-211.

ASSOCIAÇÃO BRASILEIRA DE NORMAS TÉCNICAS (ABNT). *NBR 9.050 – Acessibilidade de pessoas portadoras de deficiência a edificações, espaço, mobiliário e equipamento urbano*. Rio de Janeiro: ABNT, 2004.

ASSOCIAÇÃO BRASILEIRA DE NORMAS TÉCNICAS (ABNT). *NBR 13.994 – Elevadores de passageiros – elevadores para transporte de pessoa portadora de deficiência*. Rio de Janeiro: ABNT, 2000.

ASSOCIAÇÃO BRASILEIRA DE NORMAS TÉCNICAS (ABNT). *NBR 14.022 – Acessibilidade em veículos de características urbanas para transporte coletivo de passageiros*. Rio de Janeiro: ABNT, 2006.

ASSOCIAÇÃO BRASILEIRA DE NORMAS TÉCNICAS (ABNT). *NBR 15.250 – Acessibilidade em caixa de autoatendimento bancário*. Rio de Janeiro: ABNT, 2005.

BRASIL. *Decreto nº 186, de 9 julho de 2008*. Aprova o texto da Convenção Internacional sobre os Direitos das Pessoas com Deficiência e seu Protocolo Facultativo, assinados em Nova York, em 30 de março de 2007. Disponível em: http://www.planalto.gov.br/ccivil_03/constituicao/Congresso/DLG/DLG-186-2008.htm. Acesso 2 dez. 2011.

BRASIL. *Decreto nº 5.296/04, de 2 de dezembro 2004*. Regulamenta as Leis nos 10.048, de 8 de novembro de 2000, que dá prioridade de atendimento às pessoas que especifica, e 10.098, de 19 de dezembro de 2000, que estabelece normas gerais e critérios básicos para a promoção da acessibilidade das pessoas portadoras de deficiência ou com mobilidade reduzida, e dá outras providências. Disponível em: http://www.planalto.gov.br/ccivil_03/_ato2004-2006/2004/decreto/d5296.htm. Acesso em: 02 dez. 2011.

BRASIL. *Decreto nº 6.949, de 25 de agosto de 2009*. Promulga a Convenção Internacional sobre os Direitos das Pessoas com Deficiência e seu Protocolo Facultativo, assinados em Nova York, em 30 de março de 2007. Disponível em: http://www.planalto.gov.br/ccivil_03/_ato2007-2010/2009/decreto/d6949.htm. Acesso em: 02 out. 2011.

BRASIL. *Lei nº 10.048, de 8 de novembro de 2000*. Dispõe sobre a prioridade de atendimento às pessoas que especifica. Brasília, DF, 8 nov. 2000. Disponível em: http://www.planalto.gov.br/ccivil_03/leis/l10048.htm. Acesso em: 10 out. 2011.

BRASIL. *Lei nº 10.098, de 19 de dezembro de 2000*. Estabelece normas gerais e critérios básicos para a promoção da acessibilidade das pessoas portadoras de deficiência ou com mobilidade reduzida, e dá outras providências. Brasília, DF, 20 dez. 2000. Disponível em: http://www.planalto.gov.br/ccivil_03/leis/l10098.htm. Acesso em: 02 out. 2011.

BRASIL. *Lei nº 10.257, de 10 de julho de 2001*. Regulamenta os artigos 182 e 183 da Constituição Federal, estabelece diretrizes gerais da política urbana, e dá outras providências. Brasília, DF, 11 jul. 2001. Disponível em: http://www.planalto.gov.br/ccivil_03/leis/leis_2001/l10257.htm. Acesso em: 02 out. 2011.

BRASIL. *Lei nº 13.146, de 6 de julho de 2015*. Institui a Lei Brasileira de Inclusão da Pessoa com Deficiência (Estatuto da Pessoa com Deficiência). Disponível em: http://www.planalto.gov.br/ccivil_03/_Ato2015-2018/2015/Lei/L13146.htm. Acesso em: 30 ago. 2016.

BRITO FILHO, José Cláudio Monteiro de. Assegurando o gozo dos direitos em condições de igualdade: direitos humanos das pessoas com deficiência – contexto geral. *In*: BELTRÃO, Jane Felipe *et al*. (Coords.). *Direitos Humanos dos Grupos Vulneráveis*. Manual. Rede Direitos Humanos e Educação Superior, 2014. Disponível em: https://www.upf.edu/dhes-alfa/materials/DDGV_PORT_Manual_v4.pdf. Acesso em: 25 ago. 2016.

CARDOSO, Ana Claudia Duarte. Concepção integrada de Planos Diretores Municipais e Plano de Desenvolvimento Regional: o caso do baixo Tocantins/PA. *In: XI Encontro Nacional da Associação Nacional de Pós-Graduação e Pesquisa em Planejamento e Regional – ANPUR de 23 a 27 de maio*. Salvador, 2005.

DIAS, Daniella Maria dos Santos. *Planejamento e desenvolvimento urbano no sistema jurídico brasileiro*: óbices e desafios. Curitiba: Juruá, 2012.

DINIZ, Débora; BARBOSA, Lívia; SANTOS, Wederson Rufino dos. Deficiência, direitos humanos e justiça. São Paulo. *Sur*, Revista Internacional dos Direitos Humanos, v. 6, n. 11, p. 65-77, dez. 2009.

IBGE. Censo Demográfico, Brasil: *IBGE* 2000. Disponível em: http://www.ibge.gov.br/home/estatistica/populacao/censo2000/. Acesso em: 02 out. 2012.

LEFEBVRE, Henri. *Espaço e Política*. Belo Horizonte: UFMG, 2008.

LEFEBVRE, Henri. *O direito à cidade*. São Paulo: Centauro, 2001.

RAIOL, Raimundo Wilson Gama. Acessibilidade Física, Educação, Saúde e Trabalho: integrantes do mínimo existencial indispensável às pessoas com necessidades especiais, à luz dos direitos humanos e de fundamentos constitucionais, na era da globalização. *In*: MATTOS NETO, Antonio José de; LAMARÃO NETO, Homero; SANTANA, Raimundo Rodrigues (Orgs.). *Direitos Humanos e Democracia Inclusiva*. São Paulo: Saraiva, 2012.

RAIOL, Raimundo Wilson Gama. Direito das Pessoas com Necessidades Especiais à Acessibilidade: arcabouço, análise crítica e motivação social. *Revista Fibra e Ciência*, Belém, v. 2, n. 3, p. 35-46, jun. 2010. Disponível em: http://www.fibrapara.edu.br/seer/ojs/index.php/fibra_e_ciencia/article/view/6. Acesso em: 28 maio 2013.

SANTOS, Milton. *A urbanização brasileira*. 3. ed. São Paulo: Hucitec, 1996.

SAULE JÚNIOR, Nelson. *Direito Urbanístico*: vias jurídicas das políticas urbanas. Porto Alegre: Sérgio Antônio Fabris Editor, 2007.

Informação bibliográfica deste texto, conforme a NBR 6023:2018 da Associação Brasileira de Normas Técnicas (ABNT):

NONATO, Domingos do Nascimento; RAIOL, Raimundo Wilson Gama. Direito à cidade, acessibilidade arquitetônica e inclusão social das pessoas com deficiência. *In*: BASTOS, Dafne Fernandez de; SALES, José Edvaldo Pereira (Coord.). *Direitos humanos*: abordagens transversais. Belo Horizonte: Fórum, 2020. p. 143-168. ISBN 978-85-450-0732-6.

BENS JURÍDICOS E INTERVENÇÃO MÍNIMA EM MATÉRIA ELEITORAL: PROTEÇÃO VS. (DES)CRIMINALIZAÇÃO*

JOSÉ EDVALDO PEREIRA SALES

1 Introdução

Há, no direito eleitoral brasileiro, uma vasta gama de tipos penais que têm a pretensão de proteger bens jurídicos. Por outro lado, esse mesmo ramo especializado do direito também apresenta uma grande regulamentação legislativa com a previsão de diversos ilícitos não penais e respectivas sanções que têm o mesmo objetivo, qual seja, proteger bens jurídicos. A questão que se lança aqui é, num primeiro momento, investigar que bens importantes são esses para o direito eleitoral; posteriormente, a partir de uma perspectiva principiológica, a saber, a intervenção mínima, sustentar que a proteção de bens jurídicos não significa necessariamente criminalizar condutas. No caso do direito eleitoral brasileiro, essa reflexão pode conduzir a uma conclusão para além do minimalismo penal.

Portanto, seguindo o itinerário, é feita, inicialmente, uma exposição sobre como a legislação brasileira trata os crimes eleitorais.

---

* Este artigo corresponde a uma síntese, com modificações, da dissertação para obtenção do título de Mestre em Direito (PPGD/UFPA) apresentada no ano de 2013 à banca composta pelo Prof. Dr. Marcus Alan de Melo Gomes (orientador), Profa. Dra. Ana Cláudia Bastos de Pinho e Prof. Dr. Salo de Carvalho.

Em seguida, são tecidas considerações sobre certos ilícitos não penais no direito eleitoral e o modo como a legislação protege os bens jurídicos, fazendo-se a análise de temas como abuso de poder e suas modalidades, condutas vedadas aos agentes públicos em campanha eleitoral, propaganda eleitoral, captação ilícita de sufrágio e captação e os gastos ilícitos de recursos para a campanha eleitoral.

Lançadas essas premissas, o texto debruça-se sobre o seu ponto principal: existe a necessidade da intervenção penal no direito eleitoral brasileiro? Um panorama da legislação penal eleitoral em vigor é dado para que a discussão gire em torno do minimalismo penal (intervenção mínima) como negação do expansionismo penal. O objetivo é deixar claro que proteger não significa necessariamente, no direito penal como *ultima ratio*, criminalizar. Para isso, não apenas considerações teórico-doutrinárias são feitas, mas também dados numéricos são apresentados, no intuito de sustentar o afastamento da ingerência penal.

Para justificar a posição adotada, algumas razões são postas, como, por exemplo, tipos penais eleitorais que possuem natureza semelhante a contravenções e o caráter fundamental ou não desses bens jurídicos protegidos por tais tipificações (relevância do bem jurídico); tipos penais eleitorais e a proteção dada a bens jurídicos de forma semelhante à que é outorgada por normas eleitorais que não possuem natureza penal; a similitude existente entre tipos penais eleitorais e tipos penais não eleitorais, com destaque para o bem jurídico protegido. Este último caso pretende chamar a atenção para a necessidade de saber se normas de ramos diferentes do direito (penal e eleitoral) conferem dupla proteção a bens jurídicos semelhantes. Outros pontos são discutidos, inclusive o que se reporta à função simbólica do direito penal.

Almeja-se, assim, lançar uma proposta de reanálise de toda a legislação penal eleitoral na perspectiva de racionalização, tendo como fundamento a intervenção mínima do direito penal na tutela de bens jurídicos. Por essa via, o ponto central do debate aqui proposto se encontra na relação entre proteção e criminalização. É certo que bens jurídicos, mesmo os tidos como relevantes numa perspectiva de fundamento constitucional, podem ser protegidos pela via da criminalização de condutas, mas não necessariamente, e o direito eleitoral brasileiro é aqui trazido como um palco propício para servir de exemplo nessa reflexão.

2 Tutela penal de bens jurídicos no direito eleitoral brasileiro: o rol criminalizante (simbólico)

A legislação penal regulamentadora dos crimes eleitorais[1] no Brasil tem a sua base primordial no Código Eleitoral.[2] Porém, leis extravagantes, posteriores ao código, passaram a tipificar diversas condutas, como ressaltado por Cândido, que lista, em ordem cronológica: a) Lei nº 6.091, de 15.08.1974 – Lei do Transporte e Alimentação de Eleitores (dispõe sobre o fornecimento gratuito de transporte, em dias de eleições, a eleitores residentes nas zonas rurais, e dá outras providências); b) Lei nº 7.021, de 06.09.1982 (estabelece o modelo de cédula oficial única a ser usada nas eleições de 15 de novembro de 1982 e dá outras providências); c) Lei Complementar nº 64, de 18.05.1990 – Lei de Inelegibilidades (estabelece, de acordo com o art. 14, §9º, da Constituição Federal, casos de inelegibilidade, prazos de cessação e determina outras providências); d) Lei nº 9.504/97, de 30.12.1997 – Lei das Eleições (estabelece normas para as eleições).[3]

Os crimes eleitorais são crimes comuns. Estes, por sua vez, recebem essa nomenclatura para que não sejam confundidos com os crimes de responsabilidade. O Supremo Tribunal Federal, em mais de uma ocasião, desde longa data, entende que os crimes eleitorais são comuns. Depois de fazer a análise de alguns julgados do Supremo Tribunal Federal, Gomes, por exemplo, sustenta que em nenhum momento nesses julgamentos é negada a natureza *política* dos crimes eleitorais, apenas é estabelecida a oposição entre crimes eleitorais e crimes de responsabilidade. Sustenta a autora que os crimes eleitorais dizem respeito às instituições políticas do Estado e buscam proteger bens jurídicos expressos na liberdade de direito de sufrágio e na legitimidade das eleições, ou, em síntese, procuram resguardar os *direitos políticos*; por isso, são espécies de *crimes políticos*.[4] No mesmo sentido, Ribeiro invoca dois motivos para considerar os crimes eleitorais como crimes políticos: primeiro (critério positivo), o legislador retirou-os do contexto do Código Penal e inseriu-os em capítulo próprio da codificação eleitoral; segundo (teleológico), os crimes eleitorais buscam impedir que as

---
[1] São usadas aqui indistintamente as expressões *crimes eleitorais* e *tipos penais eleitorais*.
[2] Lei nº 4.737, de 15.07.1965.
[3] CÂNDIDO, Joel. *Direito penal eleitoral & processo penal eleitoral*. Bauru, SP: Edipro, 2006. p. 27.
[4] GOMES, Suzana de Camargo. *Crimes eleitorais*. São Paulo: Revista dos Tribunais, 2000. p. 36-46.

instituições representativas, estruturas básicas da organização política democrática, sejam afetadas.[5]

Em artigo publicado sobre os crimes eleitorais (1968), Hungria classificou os crimes eleitorais previstos no Código Eleitoral em: a) abusiva propaganda eleitoral (arts. 322 a 337); b) corrupção eleitoral (art. 299); c) fraude eleitoral (arts. 289 a 291, 302, 307, 309, 310, 312, 315, 317, 319, 321, 337, 339, 340, 348, 349, 352, 353, 354); d) coação eleitoral (arts. 300 e 301); e) aproveitamento econômico da ocasião eleitoral (arts. 303 e 304); f) irregularidades no ou contra o serviço público eleitoral (os demais artigos do Capítulo II do Título IV).[6] Ribeiro, por sua vez, leva em consideração os valores ou interesses atingidos de forma predominante e sugere uma classificação de cunho teleológico e sintética: I – lesivos à autenticidade do processo eleitoral; II – lesivos ao funcionamento do serviço eleitoral; III – lesivos à liberdade eleitoral; IV – lesivos aos padrões éticos ou igualitários nas atividades eleitorais.[7]

É possível notar que não há clareza na legislação, nem consenso na doutrina a respeito dos bens jurídicos tutelados por esses tipos penais. Não haveria, assim, grande benefício para os objetivos deste texto tentar elaborar mais uma classificação desses crimes a partir dos bens jurídicos. É necessário, então, fazer um ligeiro deslocamento do foco, a saber, dos bens para as penas; mais adiante, será perceptível a utilidade da abordagem que segue.

Fazendo-se uma síntese dos crimes eleitorais a partir da incidência de dois dos benefícios da Lei nº 9.099/95 – a transação penal e a suspensão condicional do processo –, levando-se, portanto, o *quantum* da pena em abstrato, o resultado é o seguinte:

---

[5] RIBEIRO, Fávila. *Direito eleitoral*. 3. ed. São Paulo: Forense, 1988. p. 472.
[6] HUNGRIA, Nelson. Crimes eleitorais. *Revista Eleitoral Guanabara, do Tribunal Regional Eleitoral*, 1968, ano I, n. 1, p. 134-135 (*apud* RIBEIRO, Fávila. *Direito eleitoral*. 3. ed. São Paulo: Forense, 1988. p. 476).
[7] RIBEIRO, Fávila. *Direito eleitoral*. 3. ed. São Paulo: Forense, 1988. p. 476. Reconhecendo as dificuldades para classificar os crimes eleitorais, uma vez que não é possível ordená-los sob alguns títulos, Gomes propõe uma classificação sem um critério específico, mas de modo pragmático a possibilitar um estudo sistemático. Por isso, mescla critérios considerados relevantes expressos nos valores protegidos pelas normais penais eleitorais em interação com as fases do processo eleitoral em que venham a ser perpetrados. A classificação é a seguinte: a) crimes eleitorais concernentes à formação do corpo eleitoral; b) crimes eleitorais relativos à formação e funcionamento dos partidos políticos; c) crimes eleitorais em matéria de inelegibilidades; d) crimes eleitorais concernentes à propaganda eleitoral; e) crimes eleitorais relativos à votação; f) crimes eleitorais pertinentes à garantia do resultado legítimo das eleições; g) crimes eleitorais relativos à organização e funcionamento dos serviços eleitorais; h) crimes contra a fé pública eleitoral (GOMES, Suzana de Camargo. *Crimes eleitorais*. São Paulo: Revista dos Tribunais, 2000. p. 68).

a) Crimes sujeitos a TCO (pena máxima de 2 anos) e, logo, passíveis de transação penal são a maioria e pode ser feita uma divisão entre os crimes que possuem só pena de multa (total de 9), os que têm pena privativa de liberdade e multa alternativa (total de 15) e os que são apenados com multa cumulada (total 26) ou apenas com pena privativa de liberdade (total 1). A somatória geral dos crimes eleitorais tidos como de menor potencial ofensivo é de 51 (cinquenta e um).

b) Crimes passíveis de investigação por inquérito policial e sujeitos à suspensão condicional do processo[8] (pena mínima de 1 ano, na forma do art. 89 da Lei nº 9.099/95). Total: 14 (quatorze).

c) Crimes passíveis de investigação por inquérito policial sem a incidência de qualquer benefício da Lei nº 9.099/95 totalizam 11 (onze).[9]

Os números[10] são o resultado da somatória[11] dos dispositivos atualmente em vigor.[12] O enfrentamento direto do texto legislado foi aqui necessário.

---

[8] É necessário lembrar que o Código Eleitoral estabelece regra geral para a pena mínima dos tipos penais lá previstos: CE, "Art. 284. Sempre que este Código não indicar o grau mínimo, entende-se que será ele de 15 (quinze) dias para a pena de detenção e de 1 (um) ano para a de reclusão".

[9] No texto original da dissertação constaram dessa lista três tipos penais a menos. No entanto, com a alteração introduzida pela Lei nº 12.891/13, dois novos tipos penais foram inseridos na Lei nº 9.504/97 (art. 57-H, §§1º e 2º), sendo que apenas o do §2º é de menor potencial ofensivo, que integra o número dos possuem pena privativa de liberdade e multa; além desses, há também o tipo penal do art. 354-A do Código Eleitoral introduzido por intermédio da Lei nº 13.448/17.

[10] Além desses dispositivos, encontram-se revogados: CE, 294, 322, 328, 329, 333.

[11] A somatória é a seguinte: a) crimes sujeitos a TCO: apenados com multa isolada: CE, 292, 303, 304, 306, 313, 320, 338, 345; Lei nº 6.091/74, art. 11, II. Apenados com multa alternada: CE, 293, 295, 310, 311, 314, 318, 319, 321, 323, 326, 331, 341, 342, 343, 344. Apenados com multa cumulada: CE, 290, 296, 297, 300, 305, 324, 325, 326 §2º, 332, 335, 337, 346, 347; Lei nº 6.091/74, art. 11, I, parágrafo único; Lei nº 7.021/82, art. 5º; LC nº 64/90, art. 25; Lei nº 9.504/97, art. 33 §4º, art. 34 §2º, §3º, art. 39 §5º, art. 40, art. 57-H, §2º, art. 68 §2º, art. 87 §4º, art. 91. Apenados somente com pena privativa de liberdade: CE, 312. b) Crimes nos quais pode ocorrer o benefício da suspensão condicional do processo: CE, 289, 291, 298, 299, 301, 307, 308, 309, 315, 316, 340, 349, 350, 352. c) Crimes sobre os quais não incide nenhum dos benefícios legais antes mencionados: CE, 302, 317, 334, 339, 348, Lei nº 6.091/74, art. 11, III, IV, V, Lei nº 9.504/97, art. 57-H, §1º, art. 72. Em relação ao tipo penal previsto no art. 334 do CE, cabe registrar que tem como sanção a pena de detenção de 6 (seis) meses a 1 (um) ano e cassação do registro se o responsável for candidato. Ele foi inserido não sujeito a benefício da Lei nº 9.099/95 em razão desta última sanção, seguindo entendimento do Tribunal Superior Eleitoral (TSE): (...) As Leis nºs 9.099/95 e 10.259/2001, no que versam o processo relativo a infrações penais de menor potencial ofensivo, são, de início, aplicáveis

Esses números levam em consideração a pena cominada *em abstrato*. Seria possível apontar, ainda, tipos penais eleitorais, entre aqueles não sujeitos a benefícios da Lei nº 9.099/95, que têm a possibilidade (leia-se *obrigatoriedade* quando preenchidos os requisitos) de substituição da pena privativa de liberdade por restritiva de direito.[13] Há apenas um crime eleitoral, a saber, o previsto no art. 72 da Lei nº 9.504/97, que possui pena mínima superior a quatro anos. Em tese, portanto, preenchidos os requisitos legais, apenas para esse tipo penal não seria possível cogitar a incidência de algum dos benefícios mencionados, pois, aplicada a pena mínima, estaria ela acima de 4 (quatro) anos. Isso sem levar em conta possibilidades de aplicação de pena abaixo do mínimo.

Toda essa classificação e a apresentação aritmética dela foram feitas *propositadamente*. Na verdade, discutiu-se aqui um critério (o da pena, e não o dos bens jurídicos) apenas para demonstrar, por outro viés (o da pena), que o contexto para a existência dos crimes eleitorais também é altamente questionável. A saída, alguns poderiam responder, é aumentar as penas. Contudo, há outras razões para justificar que essa via é inadequada, como adiante serão expostas.

Tomando-se como referência a pena, nesse primeiro momento, e não os bens jurídicos, é possível concluir que o rol criminalizante que se apresenta no direito eleitoral brasileiro tem um nítido efeito simbólico.

---

ao processo penal eleitoral. A exceção corre à conta de tipos penais que extravasem, sob o ângulo da apenação, a perda da liberdade e a imposição de multa para alcançarem, relativamente a candidatos, a cassação do registro, conforme é exemplo o crime do artigo 334 do Código Eleitoral (REspE nº 25.137, TSE/PR, Rel. Min. Marco Aurélio. j. 07.06.2005, unânime, DJ 16.09.2005).

[12] Embora, às vezes, haja mais de uma conduta criminalizada no mesmo dispositivo, esse fato não foi considerado, salvo quando expressamente referido, o que significa dizer que cada dispositivo foi considerado com um só crime, já que o critério utilizado não é a descrição da conduta, mas o *quantum* da pena. Foram omitidos, por sua vez, o art. 353 do CE ("Art. 353. Fazer uso de qualquer dos documentos falsificados ou alterados, a que se referem os arts. 348 a 352: Pena - a cominada à falsificação ou à alteração") e o art. 354 do CE ("Art. 354. Obter, para uso próprio ou de outrem, documento público ou particular, material ou ideologicamente falso para fins eleitorais: Pena - a cominada à falsificação ou à alteração"), porque os respectivos tipos penais referentes à falsificação ou à alteração de documento público ou particular foram mencionados segundo os critérios aqui adotados.

[13] Código Penal. "Art. 44. As penas restritivas de direitos são autônomas e substituem as privativas de liberdade, quando: I - aplicada pena privativa de liberdade não superior a quatro anos e o crime não for cometido com violência ou grave ameaça à pessoa ou, qualquer que seja a pena aplicada, se o crime for culposo; II - o réu não for reincidente em crime doloso; III - a culpabilidade, os antecedentes, a conduta social e a personalidade do condenado, bem como os motivos e as circunstâncias indicarem que essa substituição seja suficiente".

Os crimes existem (e são muitos), mas os resultados esperados por aqueles que almejam uma intervenção penal máxima e encarceradora não são alcançados. O discurso maximalista consiste na majoração de penas e criação de novos tipos. Contudo, esse modelo (ou concepções) de direito penal máximo (máxima intervenção) é incompatível com a própria razão de ser do Estado Democrático de Direito. Não há espaço – embora isso ocorra amiúde, num modelo de Estado como é o Democrático de Direito, que agasalha em seu ordenamento jurídico o reconhecimento dos direitos humanos – para formas de maximização penal engendrando um direito penal invasivo ao extremo, maximalista e autoritário. Nesse ponto, o limite é alertado por Ferrajoli ao propor que um modelo normativo de direito, como é o garantismo, deve consistir tanto no plano político, na maximização da liberdade e, inversamente, na minimização da violência quanto no plano jurídico, na necessidade da criação de vínculos à função punitiva do Estado, tendo como fundamento a garantia do direito dos cidadãos.[14]

O movimento expansionista[15] no direito penal revela um processo de *inflação legislativa*, produzindo um direito penal simbólico. A função simbólica, na forma aqui considerada,[16] do direito penal é a mera produção de efeito psicológico na opinião pública na medida em que o legislador dá a impressão, através de leis criminalizadoras de condutas e exasperadoras de penas, de que está atento, embora, efetivamente, tais leis não alcancem os objetivos a que se propõem. Essa função é, para García-Pablos Molina, *patológica, perversa, carecedora de legitimidade, contraditória* entre os fins que o legislador diz perseguir e aqueles que efetivamente consegue, além do que, *"a medio plazo, desacredita al propio ordenamiento, minando el poder intimidatorio de sus prohibiciones"*.[17]

---

[14] FERRAJOLI, Luigi. *Direito e razão*: teoria do garantismo penal. Tradução Ana Paula Zomer Sica, Fauzi Hassan Choukr, Juarez Tavares, Luiz Flávio Gomes. 3. ed. rev. São Paulo: Revista dos Tribunais, 2010. p. 786.

[15] ZAFFARONI diz que isso esse avanço repressivo é "provocado por uma cascata de leis punitivas com que os órgãos políticos respondem ao bombardeio dos meios de comunicação de massa e à crescente incapacidade para dar soluções reais aos conflitos sociais" (ZAFFARONI, Eugenio Raul. *Em busca das penas perdidas*: a perda de legitimidade do sistema penal. 5. ed. Tradução Vania Romano Pedrosa, Amir Lopez da Conceição. Rio de Janeiro: Revan, 2001. p. 82).

[16] Essa advertência é necessária, pois, como adverte Molina, em uma sociedade de signos e símbolos, o direito penal também tem certa função simbólica. O problema é quando o direito penal é utilizado de maneira deliberadamente simbólica para impressionar a opinião pública (GARCÍA-PABLOS DE MOLINA, Antonio. *Derecho penal*: introducción. Madrid: Facultad de Derecho de la Universidad Complutense de Madrid, 2000. p. 98).

[17] A médio prazo, desacredita o próprio ordenamento, minando o poder intimidatório de suas proibições (tradução livre) (GARCÍA-PABLOS DE MOLINA, Antonio. *Derecho penal*:

A tentativa de reafirmação do direito penal por meio desse tipo de produção legislativa revela cada mais vez o constante processo de deslegitimação que lhe é intrínseco na atualidade. Um dos fatores determinantes da deslegitimação é a seletividade do direito penal e do sistema penal. A esse respeito, Zaffaroni destaca que, até agora, em relação a certos crimes (crimes de poluição, *white collar* e crimes econômicos – crimes de poder), "existe uma inoperância geral de nossos sistemas penais que, nos poucos casos em que atua, é instrumentalizado como meio de eliminação competitiva, deixando vulneráveis os menos poderosos".[18]

No caso dos crimes eleitorais, há uma peculiaridade muito latente: em tese, os *selecionados* para sofrerem a punição estatal seriam, em grande parte, os candidatos a cargos eletivos que, embora não todos, ocupam altas posições sociais e políticas no país. As pessoas ditas comuns (não incluídas naquele grupo) – muitos cabos eleitorais, por exemplo – é que acabam sofrendo a reprimenda estatal. E mesmo nesses casos, a maioria resolve-se num termo de ocorrência circunstanciado pela via de medidas despenalizadoras, sem falar nos *espetáculos* que ocorrem a cada eleição quando dezenas e, às vezes, centenas de infratores são postos em ginásios por ordem judicial aguardando a lavratura do procedimento policial ou, simplesmente, para que o horário em que ocorre a votação se encerre. É o espetáculo *real* de um direito eleitoral *simbólico*.

As condutas ilícitas que ocorrem no âmbito eleitoral são graves e merecem a reprimenda do Estado. O que se pretende aqui é apontar um caminho não criminalizante para o direito eleitoral em matéria de proteção de bens jurídicos: a esfera não penal com previsão de ilícitos não penais e com sanções também não penais, como multa, cassação de registro ou de diploma, inelegibilidade. Os efeitos dessas sanções são graves para a vida política do candidato-infrator ou beneficiado. Por outro lado, as garantias processuais plenas, como devido processo legal, direito de defesa, contraditório, juiz natural etc., são todas observadas.

---

introducción. Madrid: Facultad de Derecho de la Universidad Complutense de Madrid, 2000. p. 98-99).

[18] ZAFFARONI, Eugenio Raul. *Em busca das penas perdidas*: a perda de legitimidade do sistema penal. 5. ed. Tradução Vania Romano Pedrosa, Amir Lopez da Conceição. Rio de Janeiro: Revan, 2001. p. 108.

3 Tutela não penal de bens jurídicos no direito eleitoral brasileiro: proteção (s)e(m) criminalização

Retomando a discussão sobre os bens jurídicos protegidos pelo direito eleitoral, três servem de tripé, em torno dos quais gravitam todos os demais: (a) a lisura ou legitimidade do pleito eleitoral, na medida em que o resultado das eleições não sofra riscos ou danos efetivos em razão de ilicitudes; (b) o livre exercício do voto pelo eleitor para que a escolha por ele feita nas urnas seja resultado de um ato livre e consciente, como fruto da análise do que lhe foi apresentado durante a campanha eleitoral; (c) e a igualdade entre os candidatos, propiciando uma disputa eleitoral, na medida do possível, paritária a fim de que os menos aquinhoados financeiramente ou sem grandes apoios políticos ou econômicos também tenham condições democráticas concretas para pleitear um cargo eletivo. Esses bens jurídicos estão sempre interligados. Uma norma eleitoral dessa natureza pretenderá sempre proteger um bem jurídico *diretamente*. É possível que mais de um bem jurídico seja protegido pela norma, uma forma de proteção *indireta*.

A Constituição Federal[19] de 1988, ao remeter à lei complementar a disciplina de inelegibilidades, além daquelas previstas na própria Constituição, estabelece como finalidade a *proteção* da probidade administrativa, da moralidade para o exercício do mandato, considerada a vida pregressa do candidato, e da normalidade e legitimidade das eleições contra a influência do poder econômico ou o abuso do exercício de função, cargo ou emprego na administração direta ou indireta. Ainda, quando trata da impugnação ao mandato eletivo, elenca como causas para essa impugnação o abuso do poder econômico, a corrupção e a fraude. O propósito desses dois dispositivos constitucionais é: a lisura do pleito, o livre exercício do voto e a igualdade entre os candidatos.

Segue, então, uma síntese dos principais ilícitos não penais previstos no direito eleitoral brasileiro.

a) Abuso de poder

O abuso de poder tem suas origens, para Ribeiro, no direito privado e, só depois, é que se projetou para o direito público. Essa *visão privativista* do abuso do poder está na ideia do exercício abusivo de direito. Por isso, Ribeiro define o abuso como "o uso ilícito de poderes,

---
[19] Art. 14, §§9º e 10.

faculdades, situações, causas ou objetos"[20] ou, doutra forma, o abuso "consiste na incontinência, na liberdade, no exercício de direito ou de competência funcional transviando-se em desmando de uso".[21] Já no âmbito do direito eleitoral, entende que esses limites do privado e do público devem ser transpostos "em busca de apoios mais abrangentes que penetrem a fundo nas circunstâncias concretas da realidade contemporânea, para que o regime democrático participativo tenha uma escorreita base de sustentação".[22] O art. 19 da Lei Complementar nº 64/90 é expresso em indicar as práticas abusivas como contrárias à *liberdade* do exercício do voto, e que a punição delas almeja *proteger a normalidade e legitimidade das eleições*. Essas condutas tidas como ilícitas são graves, porque atingem bens jurídicos *dignos* de tutela.

b) Condutas vedadas aos agentes públicos em campanha eleitoral

Não se pretende aqui comentar as condutas vedadas[23] reconhecidas como tais pela legislação eleitoral. O extenso rol não permite isso, e nem é o objeto deste texto. O importante é identificar o bem jurídico tutelado pela norma, que diretamente é apontado como sendo a preservação da igualdade de oportunidades entre candidatos nos pleitos eleitorais. Por isso, Gomes entende que, se a administração tem suas finalidades constitucionais desviadas para beneficiar, de alguma forma, alguém na disputa eleitoral, há afronta aos princípios da moralidade e da impessoalidade. É da natureza das campanhas eleitorais a existência de desigualdades, porque há candidatos com mais recursos financeiros, com mais apoio político etc., e outros, com menos. Porém, a Lei Eleitoral, ao estabelecer condutas tidas como proibidas, não está tratando desse tipo de desigualdade, mas daquela que pode fluir do patrocínio de recursos públicos. Quando isso se dá, tem-se a um só tempo a agressão à probidade administrativa e à igualdade na disputa eleitoral.[24] De forma *oblíqua*, os bens jurídicos atinentes ao livre exercício da escolha feita pelo eleitor e à lisura do processo eleitoral também estão protegidos. Determinado gestor público, chefe do Executivo, candidato à reeleição pode, por exemplo, exigir de funcionários públicos

---

[20] RIBEIRO, Fávila. *Abuso de poder no direito eleitoral*. 3. ed. Rio de Janeiro: Forense, 1988. p. 20.
[21] *Ibidem*, p. 22.
[22] *Ibidem*, p. 21-22.
[23] Vide art. 73 a 77 da Lei nº 9.504/97.
[24] Gomes, José Jairo. *Direito eleitoral*. 4. ed. Belo Horizonte: Del Rey, 2009. p. 513.

contratados que votem nele sob pena de não prorrogação dos contratos de trabalho; pode ainda usar recursos financeiros do erário para custear sua propaganda eleitoral, pagando cabos eleitorais e empresas para a confecção dos impressos e outros materiais de campanha; utilizar bens públicos (papel, frota de veículos etc.) para subsidiar sua campanha eleitoral etc. A caracterização apenas como conduta vedada ou como outro(s) ilícito(s) eleitoral(ais) dependerá da análise de cada caso ou, numa síntese, dependerá da abrangência de seus efeitos e do bem jurídico violado.

c) Ilícitos na propaganda eleitoral

A legislação eleitoral é recheada de detalhes (muitos excessivos e desnecessários) sobre propaganda. Quando procura proteger *precipuamente* a liberdade, princípio basilar da propaganda eleitoral, está a resguardar a igualdade na disputa entre os candidatos. Muitas modificações ocorridas nos últimos anos na legislação eleitoral têm tido como objetivo diminuir os custos da campanha, barateando a propaganda. Nessa perspectiva, não é difícil notar que a legislação eleitoral, em matéria de propaganda, também busca proteger *indiretamente* a própria lisura da campanha contra influências abusivas e a vontade do eleitor, que não deixa, igualmente, de ser resguardada por esses dispositivos na medida em que o eleitor deve ser convencido por meios lícitos, por técnicas propagandísticas legais, e não por meios obscuros (propaganda escamoteada), afrontosos (propaganda abusiva), confusos (propaganda eleitoral na propaganda institucional), entre outros.

d) Captação ilícita de sufrágio

A captação ilícita de sufrágio passou a ter dispositivo[25] na esfera não criminal. Antes, havia apenas um tipo penal específico,[26] ainda em vigor. A norma protege *num primeiro plano* a liberdade para o exercício do voto por parte do eleitor para que não seja, sob qualquer forma, levado a escolher um candidato não em razão de suas propostas políticas, mas por fatores estranhos decorrentes da corrupção eleitoral. Além disso, *num segundo plano*, procura evitar a disputa desigual entre o candidato, *e.g.*, mais aquinhoado financeiramente e que, portanto, possa

---

[25] Art. 41-A da Lei nº 9.504/97.
[26] Art. 299 do CE.

injetar recursos durante a campanha, "adquirindo" ilicitamente votos para si. Por isso, outro bem jurídico protegido é a igual oportunidade entre os candidatos. Mas não é só. Se, de um lado, se almeja que o eleitor manifeste sua vontade nas urnas escorreitamente e, por outro, que os candidatos disputem o pleito em igualdade de condições, a norma tutela também a normalidade e a legitimidade do pleito, ainda que como bem jurídico cuja violação se procura evitar, coibindo o nascedouro do *abuso de poder de maior abrangência*, que, nesse caso, é a corrupção eleitoral.

e) Captação e gastos ilícitos de recursos para campanha eleitoral

Existem diversas vedações quanto ao financiamento da campanha eleitoral e também o dever de prestar contas perante a Justiça Eleitoral. O modelo brasileiro, todavia, tem demonstrado ser extremamente vulnerável à prática de ilícitos. Não havia, até 2006, dispositivo que punisse o infrator de forma específica, atingindo sua possibilidade de ser diplomado, se eleito fosse, ou de afastá-lo do mandato, caso já tivesse assumido. Não é raro que, no Brasil, leis sejam produzidas por força de fatos de repercussão nacional. A mídia exerce papel de extrema importância nesse processo e, não poucas vezes, atendendo a determinados interesses ou a um *clamor social*. Os fatos ensejadores de um dispositivo específico na legislação a respeito da captação e gastos ilícitos de recursos financeiros para campanha eleitoral decorreram dos escândalos divulgados na época sobre o *caixa 2*, que resultou naquilo que ficou cunhado de *mensalão*.[27] Então, em 2006, entre outras alterações, foi inserido o art. 30-A na Lei nº 9.504/97, cujo texto descreve o ilícito (não criminal) de captação e gastos ilícitos de recursos financeiros para campanha eleitoral. Mais recentemente, a chamada Operação Lava Jato revelou como se dava grande parte do financiamento das campanhas eleitorais mediante *caixa 2* envolvendo empresas, políticos, partidos, corrupção e um volume espantoso de dinheiro. Dois aqui são os bens jurídicos tutelados, que, segundo Gomes,[28] são a *lisura da campanha*

---

[27] A respeito desse aspecto histórico envolvendo o art. 30-A, Gomes diz que "é fruto da minirreforma eleitoral que se seguiu ao acirrado debate desencadeado nomeadamente pelo lastimável episódio que ficou conhecido como 'mensalão', no qual muitos deputados federais foram acusados de 'vender' seus votos para apoiar o governo no Parlamento. Como é sabido, as investigações levadas a efeito pela 'CPI do Mensalão' expuseram à luz do meio-dia as misérias, os descaminhos, enfim, a triste sina da política praticada nos trópicos" (GOMES, José Jairo. *Direito eleitoral*. 4. ed. Belo Horizonte: Del Rey, 2009. p. 483).

[28] *Ibidem*, p. 484.

eleitoral e a *igualdade* que deve existir no certamente eleitoral *entre os concorrentes*. A campanha eleitoral não deve ser conspurcada com recursos de fontes proibidas ou com recursos obtidos de modo ilícito, ou, ainda, se são realizados gastos não tolerados pela legislação. Quanto à igualdade entre os candidatos, a norma objetiva diretamente afastar a influência do abuso do poder econômico (*de maior abrangência*), que, por via transversa (*caixa 2*), atinge em cheio a legitimidade do pleito. Não deixa, dessa forma, de proteger também, ainda que *indiretamente*, a vontade do eleitor. Os votos postos nas urnas não devem ser o resultado de uma campanha eleitoral que tenha como suporte financeiro recursos ilícitos.

Feita essa breve exposição desses ilícitos a partir dos bens jurídicos tutelados, é importante também destacar as respectivas sanções. Em relação às práticas abusivas, o mandato eletivo pode ser impugnado por determinação constitucional em razão de abuso do poder econômico. Atualmente, a legislação complementar que disciplina as inelegibilidades, como visto, elenca o abuso e suas modalidades como condutas que devem ser punidas com uma das mais severas sanções[29] no direito eleitoral, que é a inelegibilidade, que é de 8 (oito) anos, além da cassação do registro de candidatura ou do diploma se houver sido expedido. Mesmo condutas que antes não atraíam a inelegibilidade, como captação ilícita de sufrágio, arrecadação e gastos ilícitos de recursos para a campanha eleitoral e condutas vedadas aos agentes públicos em campanha eleitoral, podem ter como sanção inelegibilidade desde 2010.[30] Esses ilícitos também, a depender da situação, ensejam a aplicação de multa, suspensão imediata da conduta, cassação do registro de candidatura ou do diploma, conforme a situação, sem prejuízo de outras medidas que o caso exigir como crimes contra a administração pública e atos de improbidade administrativa. A violação das regras da propaganda eleitoral pode propiciar sanções diversas, dentre as quais a retirada da propaganda e a imposição de multa. Podem ocorrer casos

---

[29] Apesar das controvérsias em torno da natureza jurídica das inelegibilidades, em se tratando de prática abusiva, apurada em processo judicial, a inelegibilidade imposta na sentença possui nítida feição sancionatória.

[30] j) os que forem condenados, em decisão transitada em julgado ou proferida por órgão colegiado da Justiça Eleitoral, por corrupção eleitoral, por captação ilícita de sufrágio, por doação, captação ou gastos ilícitos de recursos de campanha ou por conduta vedada aos agentes públicos em campanhas eleitorais que impliquem cassação do registro ou do diploma, pelo prazo de 8 (oito) anos a contar da eleição (art. 1º, I, *j*, da LC nº 64/90, alterada pela LC nº 135/10).

de direito de resposta, perda de tempo para veiculação da propaganda no rádio e televisão etc.

Há, assim, uma tutela ampla de bens jurídicos, os quais são todos relevantes para o direito eleitoral, e as sanções impostas são graves e produzem, talvez, efeitos tão ou até mais drásticos que a submissão a uma ação penal, cujo resultado final, como visto antes, está sob o manto simbólico do direito penal presente também nessa seara específica do direito eleitoral. O objetivo aqui, entretanto, é discutir se proteger bens jurídicos é sinônimo de criminalização, bem como os efeitos que a conclusão dessa resposta produz no direito eleitoral. Seguindo esse raciocínio, deve-se lembrar que o direito penal, como *ultima ratio*, afasta a possibilidade de criminalização se o bem jurídico estiver protegido doutra forma. Daí a assertiva de que proteger não significa, obrigatoriamente, criminalizar. E o caso do direito eleitoral brasileiro é bastante ilustrativo.

Os exemplos expostos acima – os casos de abuso de poder, as condutas vedadas aos agentes públicos em campanha eleitoral, a propaganda eleitoral, a captação ilícita de sufrágio e a captação e gastos ilícitos de recursos para campanha eleitoral –, ainda que de forma sintética, serviram para demonstrar que essas normas de natureza cível-eleitoral tutelam bens jurídicos relevantes no âmbito do direito eleitoral. O debate nos casos submetidos à Justiça Eleitoral pode ser visto não só pelo número de ações propostas em cada pleito – e uma simples consulta aos *sites* das cortes eleitorais demonstra isso –, como também pelas graves sanções impostas aos que forem condenados nessas ações. Ao que parece, é muito mais vantajoso para um candidato responder por um ilícito penal eleitoral do que por um não penal em razão de fatores como tramitação dos feitos (o não penal é mais célere) e consequências (sanções) impostas ao final do processo.

No que se refere à duração desses feitos não penais, é, em regra, bem mais célere que a tramitação de uma ação penal. A Justiça Eleitoral, até mesmo por estar voltada para deliberações referentes ao pleito, pelo menos no primeiro grau (juízes e juntas eleitorais) e no segundo grau (tribunais regionais eleitorais), tem primado pela celeridade. Além disso, esses procedimentos não são de natureza *administrativa*, mas *cível-eleitoral*, portanto, com observância de todas as regras do devido processo legal, contraditório, ampla defesa etc. Existem procedimentos muito céleres com os que envolvem direito de resposta e propaganda eleitoral. Outros, porém, admitem instrução com a oitiva de testemunhas, juntada de documentos, perícias, alegações escritas, entre outros atos processuais, tudo sob o crivo do contraditório e perante o juiz natural.[31]

4 Intervenção mínima (ou a expulsão) da tutela penal no âmbito eleitoral e suas razões

Se o alargamento (expansão) da zona de abrangência do direito penal é incompatível com o Estado Democrático de Direito, agredindo frontalmente a dignidade humana e os direitos humanos, essa forma de intervenção violenta na vida dos cidadãos somente deve ter lugar quando absolutamente necessária. Isso significa que o direito penal não é apenas a *ultima ratio*, mas a *extrema ratio* de uma política criminal, que é modalidade das políticas públicas, orientada pelos princípios constitucionais. Logo, somente quando imprescindível frente a outras instâncias sociais (família, escola, trabalho etc.) é que o direito penal poderá intervir. Esse modelo é, conforme Queiroz, radicalmente descriminalizador e parece o mais condizente com a Constituição, sobretudo em virtude de sua declarada vocação libertária.[32]

Quando aqui é invocado o *minimalismo* penal, não se está trazendo a reboque o *modelo garantista* apresentado por Ferrajoli na sua totalidade. O minimalismo penal, que não se confunde com o garantismo, é por este abrangido. É uma relação de continência. É que Ferrajoli trabalha com a ideia de que o direito penal somente está justificado diante de sua *absoluta necessidade* e apenas pode estabelecer *proibições mínimas necessárias*. Esse pensamento *minimalista* corresponde ao garantismo ferrajoliano de que o direito penal deve tutelar os direitos dos cidadãos e minimizar a violência. Dessa forma, neste item (*minimalismo*) a relação é direta com o pensamento de Ferrajoli, mas sem endossar tudo proposto pelo *maestro* italiano.[33]

---

[31] Os dois principais ritos no direito eleitoral permitem uma ampla produção de prova (Lei Complementar nº 64/90, arts. 3 e seg. e art. 22).

[32] QUEIROZ, Paulo. *Funções do direito penal*: legitimação *versus* deslegitimação do sistema penal. 3. ed. rev. e atual. São Paulo: Revista dos Tribunais, 2008. p. 116.

[33] Ferrajoli, em seu sistema garantista, propõe, por exemplo, que a duração máxima da pena privativa de liberdade, independentemente da natureza do delito, poderia ser reduzia a dez anos e até mesmo, em médio prazo, um tempo menor. Com essa redução, entende Ferrajoli que "perdem todo sentido os argumentos humanitários com os quais hoje se defende a flexibilidade das penas e a incerteza de sua duração máxima". Fixando-se a pena dessa forma, os direitos hoje implementados na fase da execução penal não teriam sentido (FERRAJOLI, Luigi. *Direito e razão*: teoria do garantismo penal. Tradução Ana Paula Zomer Sica, Fauzi Hassan Choukr, Juarez Tavares, Luiz Flávio Gomes. 3. ed. rev. São Paulo: Revista dos Tribunais, 2010. p. 381-382).

Segue uma lista de tópicos apresentados em síntese que conduzem, pela via da intervenção mínima do direito penal, a dar um tratamento exclusivamente não penal para a tutela de bens jurídicos no âmbito do direito eleitoral. Os argumentos decorrem do que foi exposto nos parágrafos anteriores deste texto.

a) Muitos crimes eleitorais são semelhantes (verdadeiras) a contravenções, e um grande número é composto de crimes de menor potencial ofensivo

Relacionando bens jurídicos fundamentais e o direito penal mínimo (ou *mínimo de proibições necessárias*), Ferrajoli é favorável à descriminalização de "toda a categoria de contravenções, e, junto com ela, a dos delitos puníveis exclusivamente com pena pecuniária, ou, alternativamente, com outra privativa de liberdade".[34] O pressuposto dessa conclusão é que a eleição pelo legislador desse tipo de ilícito (contravenção) e dessa espécie de sanção demonstra que as condutas eleitas não são lesivas de bens fundamentais. Roxin sustenta que muitas contravenções lesionam bens jurídicos, pois causam dano ao indivíduo, como, por exemplo, ruído perturbador da tranquilidade ou do descanso.[35] Sobre isso, Ferrajoli sustenta que, ou existe um defeito de punição (caso o bem protegido seja fundamental), ou há, na situação inversa, o que na maioria dos casos ocorre, um excesso de proibição. As consequências são: se os bens são relevantes, as contravenções devem converter-se em crimes; caso contrário, devem desaparecer como ilícitos penais. Haveria, assim, uma *simplificação* e *racionalização* do sistema penal, além de uma redução da esfera de hipóteses de erro de proibição.[36]

No Brasil, as contravenções penais[37] integram as *infrações de menor potencial ofensivo* e estão sujeitas ao mesmo procedimento aplicado aos *crimes* a que a lei cominar pena máxima não superior a 2 (dois)

---

[34] FERRAJOLI, Luigi. *Direito e razão*: teoria do garantismo penal. Tradução Ana Paula Zomer Sica, Fauzi Hassan Choukr, Juarez Tavares, Luiz Flávio Gomes. 3. ed. rev. São Paulo: Revista dos Tribunais, 2010. p. 438.

[35] ROXIN, Claus. *Derecho penal*: parte general: tomo I: fundamentos. La estructura de la teoria del delito. Traducción de la 2ª edición alemana y notas por Diego-Manuel Luzón Peña, Miguel Díaz y García Conlledo e Javier de Vicente Remesal. Madrid (España): Civitas, 1999. p. 57.

[36] FERRAJOLI, Luigi. *Direito e razão*: teoria do garantismo penal. Tradução Ana Paula Zomer Sica, Fauzi Hassan Choukr, Juarez Tavares, Luiz Flávio Gomes. 3. ed. rev. São Paulo: Revista dos Tribunais, 2010. p. 438.

[37] As contravenções penais no Brasil estão previstas no Decreto-Lei nº 3.688, de 03.10.1941.

anos, cumulada ou não. Não cabe aqui discorrer criticamente sobre os institutos trazidos por essa legislação, nem se há ou não afronta a princípios do direito penal. Um ponto, todavia, que interessa é a relação que se dá, em outro viés, entre esse tipo de produção legislativa e o engodo (*aspecto simbólico*) dele decorrente. Hassemer, sob esse aspecto, entende que "é uma arbitrariedade do sistema e (...) uma ilusão para opinião pública que se preconize publicamente a criminalização (eventualmente de delitos de menor potencial ofensivo) nas leis penais e, então, eliminá-los secretamente do processo penal (...)".[38] Como ressaltado, sem discutir quaisquer fundamentos principiológicos, esse comportamento do legislador produz uma iniciativa policial e uma movimentação do aparato judicial que, *concretamente* considerado, quando não produz resultados altamente discutíveis sob a ótica constitucional, gera resultados como atipicidades, decadências, prescrições etc. É preciso repensar até que ponto o direito penal deve intervir nessas questões.

No direito eleitoral brasileiro, aplicada essa proposta, que é absolutamente viável e compatível com o princípio da intervenção mínima e seus desdobramentos, em especial a exclusiva proteção de bens jurídicos relevantes, haveria uma redução drástica do número de tipos penais. Não há contravenções eleitorais no direito brasileiro.[39] De qualquer forma, é possível elaborar uma classificação dos crimes eleitorais com o fito de fazer a comparação entre aquilo que Ferrajoli chama de *defeito de punição* e *excesso de punição*.

b) Há uma estreita relação entre os tipos penais eleitorais e ilícitos cíveis-eleitorais

Tomando como referência os ilícitos cíveis-eleitorais antes indicados, existem diversos tipos penais que mantêm com eles estreita relação. É evidente, como já explicitado alhures, que determinada conduta pode configurar ilícitos cíveis-eleitorais distintos, ora como um abuso de maior abrangência, ora como abuso de menor abrangência, ora como simples violação de regras de propaganda eleitoral. Isso dependerá sempre das circunstâncias do caso. Sendo assim, a partir

---

[38] HASSEMER, Winfried. *Direito penal libertário*. Tradução Regina Greve. Belo Horizonte: Del Rey, 2007. p. 61.
[39] Apesar disso, se fosse considerado o critério adotado pelo Decreto-Lei nº 3.914, de 09.12.1941 (Lei de Introdução ao Código Penal e à Lei de Contravenções Penais), parte considerável dos hoje chamados crimes eleitorais seria contravenções.

dessas premissas e exemplificativamente, alguns tipos penais eleitorais podem caracterizar *abuso de poder de maior abrangência* (CE, arts. 304, 334; Lei nº 6.091/74, art. 11, III); outros, *abuso de poder de menor abrangência* (CE, arts. 299, 300, 301, 302; Lei nº 6.091/74, art. 11, V); e outros, propaganda eleitoral (CE, arts. 323, 324, 325, 326, 331, 332, 335, 337; Lei nº 9.504/97, arts. 33 §4º, 39 §5º, 40).

c) *Tipos penais eleitorais que têm correspondência com a legislação penal não eleitoral*

Os tipos penais eleitorais não passam de crimes comuns. No atual regramento constitucional e da legislação infraconstitucional, a Justiça Eleitoral brasileira detém competência também em matéria criminal. É uma justiça especializada da União. Apesar disso, alguns tipos penais previstos na legislação eleitoral têm correlação com outros existentes na legislação não eleitoral. Existe uma longa lista de tipos penais eleitorais que têm correspondência com a legislação penal não eleitoral, alguns até com a mesma descrição (mesmos verbos) e com pena idêntica. Dentre esses, podem ser referidos: o constrangimento ilegal (CP, art. 146; CE, art. 301), os crimes contra a honra (CP, arts. 138, 139 e 140), a desobediência (CP, art. 330; CE, art. 347) e os crimes de falsidade e o uso desses documentos (CP, arts. 297, 298, 299 e 304; CE, arts. 348, 349, 350, 353 e 354). Talvez os exemplos mais inusitados nessa abordagem sejam os tipos penais previstos no Código Eleitoral, que tratam dos crimes contra a honra. São todos de ação pública incondicionada, como, aliás, são todos os crimes eleitorais.[40] A natureza da ação nasce do interesse protegido pela norma como resultado da política criminal adotada. Nesses casos, tem-se dito que o interesse em matéria eleitoral é sempre público e, por isso, essas condutas não podem ser manejadas pelo particular ofendido. Não há distinção concreta entre o bem tutelado por cada um desses tipos penais na esfera eleitoral e a tutela penal fora do direito eleitoral. Na calúnia e na difamação, é a honra objetiva; na injúria, é a honra subjetiva. Decorre daqui outro problema, além do tipo de ação penal, que é a dupla regulamentação, uma no direito eleitoral, e outra, no direito não eleitoral, para proteger os mesmos bens jurídicos. Além disso, o direito eleitoral oferece um tratamento não penal às ofensas assacadas contra alguém na propaganda eleitoral, que é o exercício do direito de resposta. Nos casos, por exemplo, de direito

---

[40] CE, art. 355.

de resposta decorrente de propaganda ofensiva no rádio e na televisão, o ofensor é obrigado a abrir espaço para o ofendido e perderá do seu próprio tempo de propaganda aquele a ser utilizado para a resposta.[41]

Aliás, o projeto do novo Código Penal (Projeto de Lei nº 236/2012),[42] ao listar os crimes eleitorais no seu Título XI[43] (Dos Crimes Eleitorais), aponta como um dos fundamentos para a proposta descriminalizadora e também para a inserção dos crimes eleitorais no próprio texto do Código Penal o fato de que, atualmente, o Código Eleitoral tipifica diversas condutas, como as vistas acima, que já encontram correspondência na legislação não eleitoral; por isso, os crimes eleitorais "não precisam ser distintos daqueles previstos para a proteção de outros bens jurídicos". O relatório do projeto invoca, com acerto, que existe "um mito de que as sanções eleitorais seriam diferentes daquelas próprias do Código Penal".[44] De fato, não há justificativa para dispensar um tratamento diferenciado aos crimes eleitorais sob essa perspectiva, que não passa de *mito*.

A proposta defendida neste trabalho coincide em parte com o projeto do novo Código Penal (Projeto de Lei nº 236/2012), cujo relatório reconhece que a legislação eleitoral é um *conjunto desarmonioso* e que a conduta, por mais pífia que seja, encontrou espaço para ser criminalizada [no Código Eleitoral], embora estivesse mais adequadamente sujeita a sanções cíveis ou administrativas. Os tipos penais hoje existentes na legislação eleitoral refletem, ainda segundo o relatório do projeto, a *ordem autoritária* de 1965, ano do Código Eleitoral. O projeto traz uma proposta descriminalizadora e lista especificamente apenas 15 (quinze) tipos penais[45] no Título XI, destinado aos crimes eleitorais, embora

---

[41] Lei nº 9.504/97, art. 58.
[42] *Projeto de Lei n.º 236, de 9 de julho de 2012.* Disponível em: http://s.conjur.com.br/dl/anteprojeto-codigo-penal.pdf. Acesso em: 12 set. 2012.
[43] Na exposição de motivos, os crimes eleitorais constam do Título IX, mas, no texto do projeto, eles estão no Título XI.
[44] Disponível em: http://s.conjur.com.br/dl/anteprojeto-codigo-penal.pdf. Acesso em: 12 set. 2012.
[45] Embora o relatório reporte-se a 16 (dezesseis) tipos, na verdade, são 15 (quinze): inscrição fraudulenta de eleitor (art. 326); induzimento ou colaboração ao eleitor que se inscreve fraudulentamente (art. 326, parágrafo único); retenção indevida de título eleitoral (art. 327); divulgação de fatos inverídicos (art. 328); inutilização de propaganda legal (art. 329); falsa identidade eleitoral (art. 330); violação do sigilo do voto ou da urna (art. 331); destruição de urna eleitoral (art. 332); interferência na urna eletrônica ou no sistema de dados (art. 333); utilização dos dados referidos no art. 333 (art. 333, parágrafo único); falsificação de resultado (art. 334); corrupção eleitoral ativa (art. 335); corrupção eleitoral passiva (art. 336); coação eleitoral (art. 337); uso eleitoral de recursos administrativos (art. 338). Existem dois casos de aumento de pena (art. 328, parágrafo único, e art. 338, parágrafo

o artigo 325[46] possibilite um aumento significativo desse número. O artigo 543 do projeto encarrega-se de revogar a Lei nº 4.737/65 (Código Eleitoral), o artigo 11 da Lei nº 6.091/74 e os artigos 33, §4º, 34, §§2º e 3º, 39, §5º, 40, 68, §2º, 72, 87, §4º, 90 e 91 da Lei nº 9.504/97. Não se reporta, portanto, à Lei nº 7.021/82 e à Lei Complementar nº 64/90, que também trazem tipos penais em seus respectivos textos.

d) Os graves efeitos da resposta não penal

Outro aspecto que deve ser levado em consideração é que as sanções impostas em decorrência da prática de ilícitos eleitorais de natureza não penal, como práticas abusivas, condutas vedadas a agentes públicos em campanha eleitoral, captação e gastos ilícitos de recursos para a campanha eleitoral, captação ilícita de sufrágio, são extremamente gravosas e vão desde a aplicação de multa até a cassação de registro de candidatura, diploma de eleitos, cassação de mandatos e inelegibilidade, que, em regra, tem prazo de 8 (oito) anos, de acordo com a legislação em vigor. As consequências dessas sanções são tão graves que a mesma conduta, que pode gerar reflexos na esfera penal e não penal eleitoral, acaba sendo enfrentada apenas sob o prisma penal. O processo não penal, isto é, as representações eleitorais, ações de investigação judicial, ações de impugnação de mandato eletivo etc., é que merece a atenção dos autores e dos acusados. A razão para isso é que se pretende alcançar a cassação do registro de candidatura, do diploma do eleito, do mandato eletivo – em síntese, afastá-lo da posição que ocupa em razão da eleição obtida nas urnas – e, além disso, a incidência da inelegibilidade que afeta o exercício pleno dos direitos políticos do cidadão, atingindo sua capacidade eleitoral. Na grande maioria dos casos, essa inelegibilidade pode representar o fim de uma carreira política. E o processo penal? Fica, quase sempre, no esquecimento; ou, quando lembrado e iniciada a investigação ou proposta a ação penal, o resultado, ainda que condenatório, não é o que o discurso do encarceramento almejaria.

único). Além desses 15 (quinze), o artigo 325 possibilita um aumento do número de tipos penais eleitorais (BRASIL. Senado Federal. *Projeto de Lei n.º 236, de 9 de julho de 2012*. Disponível em: http://s.conjur.com.br/dl/anteprojeto-codigo-penal.pdf. Acesso em: 12 set. 2012).

[46] Art. 325. São considerados crimes eleitorais específicos os que seguem, bem como os crimes contra a honra, a fé pública, a Administração Pública e a administração da Justiça, quando praticados em detrimento da Justiça Eleitoral, de candidatos ou do processo eleitoral (*Projeto de Lei n.º 236, de 9 de julho de 2012*. Disponível em: http://s.conjur.com.br/dl/anteprojeto-codigo-penal.pdf. Acesso em: 12 set. 2012).

e) O movimento não penal na legislação eleitoral

Quase que na contramão de uma legislação expansionista no âmbito penal, o direito eleitoral não tem tido inovações penais com a criação de novos tipos ou com a exasperação de penas. O "quase" decorre do fato de que foi acrescido o art. 57-H à Lei nº 9.504/97, bem como os §§1º e 2º pela Lei nº 12.891, de 11.12.2013. Cada um desses parágrafos introduziu um tipo penal novo. Se não fosse essa exceção, o direito eleitoral brasileiro estaria por um longo período silente em relação a qualquer expansão do direito penal. Por outro lado, o que se vê nas minirreformas ocorridas na legislação eleitoral é que as modificações ocorreram exatamente no que se refere a ilícitos não penais, inserindo novos ilícitos, alterando sanções, aperfeiçoando (ou não) os dispositivos já existentes. Se na legislação é assim, na jurisprudência não ocorre de maneira diversa. Basta uma ligeira consulta aos bancos de tramitação processual e julgamentos proferidos pela Justiça Eleitoral para se perceber que o volume processual de que se ocupa a Justiça Eleitoral é de ações não penais com o intuito de alcançar sanções não penais.

f) Não há presos no Brasil cumprindo pena de encarceramento apenas pela prática de crime eleitoral

Como antes visto, sob o aspecto da pena, os crimes eleitorais, à exceção de um apenas, estão sujeitos aos benefícios previstos na legislação eleitoral como transação penal, suspensão condicional do processo e substituição de pena privativa de liberdade por pena restritiva de direito. Uma condenação, apenas para refletir por essa via, não se converterá em prisão e cumprimento por encarceramento. Somente em hipóteses remotas isso poderá ocorrer. É claro que esse argumento (condenação) é usado aqui à moda *ad argumentandum*. É a utilização do argumento dos que defendem a condenação (leia-se, encarceramento) como o êxito do direito penal contra eles mesmos para demonstrar que, no direito eleitoral, essa pretensão de ver o acusado no cárcere cumprimento pena simplesmente não ocorre. Basta uma consulta aos dados fornecidos pelo Depen[47] para se constatar que não há presos no sistema penal brasileiro cumprindo pena por prática de crime eleitoral. Ora, olhando a questão sob o ponto de vista dos

---

[47] Relatório disponível em: http://www.justica.gov.br/seus-direitos/politica-penal/infopen_dez14.pdf/@@download/file. Acesso em: 28 abr. 2017.

custos, pode-se perguntar qual a razão de se ter todo um arcabouço normativo penal eleitoral com grandes gastos para a movimentação da persecução penal se, ao final, não se obtêm os resultados prometidos pela criminalização eleitoral – o encarceramento. E, se há um ou outro caso em que esses resultados tenham sido alcançados, são tão inexpressivos estatisticamente que resta saber se haveria justificativa para a manutenção do quadro atualmente existente. Poderia aqui também ser discutido o trabalho da Polícia Federal, encarregada que é, em regra, de lavrar e concluir os procedimentos relativos a crimes eleitorais, que poderia ocupar seus delegados e agentes noutras atividades investigativas com resultados mais relevantes para a sociedade.

g) Direito penal (e eleitoral) simbólico

Como resposta para os itens anteriores, maximalistas certamente proporão como principais medidas para remediar "o problema" existente quanto aos crimes eleitorais a criminalização de condutas (expansionismo) e a exasperação de penas. Contudo, é um grave engano pensar que o direito penal eleitoral estaria imune às mesmas críticas assacadas ao direito penal comum no que se refere à sua índole simbólica. Os limites de um discurso penalista simbólico, que produziria um direito penal da eficiência, devem ficar nítidos à luz dos princípios regentes do Estado Democrático de Direito, cujo escopo é a efetivação dos direitos e garantias individuais. Para Zaffaroni e Pierangeli, "o direito penal efetivo será aquele que tenha capacidade para mostrar-se como um direito penal 'liberador', enquanto o não efetivo será um direito penal 'repressivo'".[48] Para o jurista argentino, os "Estados de direito não são nada além da contenção dos Estados de polícia, penosamente conseguida como resultado da experiência acumulada ao longo das lutas contra o poder absoluto".[49]

5 Conclusão

Este artigo aponta um tripé para indicar os bens jurídicos relevantes que devem ser protegidos pelo direito eleitoral, a saber:

---

[48] ZAFFARONI, Eugenio Raúl; PIERANGELI, José Henrique. *Manual de direito penal brasileiro*. 7. ed. rev. e atual. v. 1. Parte Geral. São Paulo: Revista dos Tribunais, 2007. p. 319.

[49] ZAFFARONI, Eugenio Raúl. *O inimigo no direito penal*. 2. ed. Tradução Sérgio Lamarão. Rio de Janeiro: Revan, 2007. p. 169.

a lisura ou legitimidade do pleito eleitoral, o livre exercício do voto e a igualdade na disputa eleitoral entre os candidatos. Por conta disso, foram abordados o abuso de poder e suas modalidades (abuso do poder econômico, abuso do poder político ou de autoridade e uso indevido dos meios de comunicação social), as condutas vedadas aos agentes públicos em campanha eleitoral, a propaganda eleitoral, a captação ilícita de sufrágio, a captação e os gastos ilícitos de recursos financeiros para a campanha eleitoral. Existe, portanto, uma vasta proteção de bens jurídicos na seara do direito eleitoral não penal.

No âmbito penal, o direito eleitoral brasileiro apresenta em sua legislação um rol extenso de tipos penais que, igualmente, pretendem proteger bens jurídicos. A questão é saber se, frente àquela tutela não penal, seria necessária a intervenção penal sob a perspectiva dos princípios norteadores do direito penal, tendo aqui a proteção de bens jurídicos relevantes e a intervenção mínima como ponto central para a análise a partir do que sustenta Ferrajoli. Certamente, outros poderiam ser invocados, como a subsidiariedade, fragmentariedade, ofensividade ou lesividade, materialidade do fato etc. O texto, portanto, não adere a propostas maximalistas que buscam inovações na regulação penal de condutas a partir de novas criminalizações e aumento de penas. Sustenta, diversamente, o direito penal como *ultima ratio*. Para isso, vários argumentos (ou razões) são apresentados para refletir sobre a desnecessidade da criminalização diante da proteção não penal.

Algumas dessas razões foram: existe uma significativa quantidade de crimes eleitorais que se assemelham a contravenções penais e que são tidos atualmente pela legislação brasileira como delitos de menor potencial ofensivo; muitos bens jurídicos relevantes para o direito eleitoral são tutelados no âmbito não penal; alguns tipos penais eleitorais correspondem a tipos penais previstos na legislação não eleitoral. Embora parte da doutrina eleitoralista tenha procurado sustentar que os tipos penais eleitorais tutelariam bens jurídicos diversos daqueles da legislação comum, verdade é que há casos em que os verbos utilizados e a pena aplicada são idênticos em ambas as searas. Não há razão que justifique a existência de dupla regulamentação, ainda mais na esfera penal, para tutelar os mesmos bens jurídicos. Por fim, outros aspectos também foram considerados, como as graves sanções da resposta não penal eleitoral, que atingem os direitos políticos do envolvidos, além de questões utilitárias (custos) e também o caráter simbólico do direito penal presente no direito eleitoral.

Se a intervenção penal deve ser expurgada do direito eleitoral, a proteção de bens jurídicos relevantes nessa esfera deve ocorrer pela via não criminal, como, aliás, já vem acontecendo. É preciso um melhor desenvolvimento legislativo, doutrinário e jurisprudencial desse aspecto do direito eleitoral. A ausência desse cuidado pode levar a uma hipertrofia punitiva (não penal) do direito eleitoral, com a desconsideração de toda uma construção elaborada ao longo dos últimos séculos, reconhecida como conquistas e garantias dos indivíduos no Estado Democrático de Direito. Toda a discussão aqui lançada aponta um novo caminho para o direito eleitoral em matéria de proteção de bens jurídicos relevantes: a esfera não penal, com previsão de ilícitos não penais e com sanções também não penais, como multa, cassação de registro ou de diploma, inelegibilidade.

Constata-se, assim, que o modelo condizente com a realidade do Estado brasileiro é o da *intervenção mínima*. Especificamente quanto ao direito eleitoral, não há, à primeira vista, necessidade de um regramento específico sobre tipos penais eleitorais e, por consequência, não há por que manter a competência criminal da Justiça Eleitoral brasileira. A *barreira infranqueável* levantada pelo princípio da intervenção mínima e seus *desdobramentos* (dentre os quais, a exclusiva proteção de bens jurídicos dignos contra ataques intoleráveis) anuncia, se não a desnecessidade, pelo menos uma disciplina mais reduzida (e fora do direito eleitoral) do que aquela hoje em discussão no projeto de Código Penal, que é um avanço em relação ao que se tem na legislação em vigor; mas poderia o projeto ter ido além e é isso que aqui se propõe.

Referências

CÂNDIDO, Joel. *Direito penal eleitoral & processo penal eleitoral*. Bauru, SP: Edipro, 2006.

FERRAJOLI, Luigi. *Direito e razão*: teoria do garantismo penal. Tradução Ana Paula Zomer Sica, Fauzi Hassan Choukr, Juarez Tavares, Luiz Flávio Gomes. 3. ed. rev. São Paulo: Revista dos Tribunais, 2010.

GARCÍA-PABLOS DE MOLINA, Antonio. *Derecho penal*: introducción. Madrid: Facultad de Derecho de la Universidad Complutense de Madrid, 2000.

GOMES, José Jairo. *Direito eleitoral*. 4. ed. Belo Horizonte: Del Rey, 2009.

GOMES, Suzana de Camargo. *Crimes eleitorais*. São Paulo: Revista dos Tribunais, 2000.

HASSEMER, Winfried. *Direito penal libertário*. Tradução Regina Greve. Belo Horizonte: Del Rey, 2007.

QUEIROZ, Paulo. *Funções do direito penal*: legitimação versus deslegitimação do sistema penal. 3. ed. rev. e atual. São Paulo: Revista dos Tribunais, 2008.

RIBEIRO, Fávila. *Abuso de poder no direito eleitoral*. 3. ed. Rio de Janeiro: Forense, 1988.

RIBEIRO, Fávila. *Direito eleitoral*. 3. ed. Rio de Janeiro: Forense, 1988.

ROXIN, Claus. *Derecho penal*: parte general: tomo I: fundamentos. La estructura de la teoria del delito. Traducción de la 2ª. edición alemana y notas por Diego-Manuel Luzón Peña, Miguel Díaz y García Conlledo e Javier de Vicente Remesal. Madrid (España): Civitas, 1999.

ZAFFARONI, Eugenio Raul. *Em busca das penas perdidas*: a perda de legitimidade do sistema penal. 5. ed. Tradução Vania Romano Pedrosa, Amir Lopez da Conceição. Rio de Janeiro: Revan, 2001.

ZAFFARONI, Eugenio Raúl. *O inimigo no direito penal*. 2. ed. Tradução Sérgio Lamarão. Rio de Janeiro: Revan, 2007.

ZAFFARONI, Eugenio Raúl; PIERANGELI, José Henrique. *Manual de direito penal brasileiro*. 7. ed. rev. e atual. v. 1. Parte Geral. São Paulo: Revista dos Tribunais, 2007.

Informação bibliográfica deste texto, conforme a NBR 6023:2018 da Associação Brasileira de Normas Técnicas (ABNT):

SALES, José Edvaldo Pereira. Bens jurídicos e intervenção mínima em matéria eleitoral: proteção *vs*. (des)criminalização. *In*: BASTOS, Dafne Fernandez de; SALES, José Edvaldo Pereira (Coord.). *Direitos humanos*: abordagens transversais. Belo Horizonte: Fórum, 2020. p. 169-193. ISBN 978-85-450-0732-6.

DESAFIOS PARA A SUSTENTABILIDADE DA AMAZÔNIA: PASSIVOS AMBIENTAIS EM IMÓVEIS RURAIS

JOÃO DANIEL MACEDO SÁ

1 Introdução

O controle do desmatamento ilegal e a necessidade de regularização ambiental dos imóveis rurais estão entre os principais passivos ambientais que a sociedade brasileira precisa enfrentar no âmbito de políticas públicas para a Amazônia. Esses desafios vêm exigido esforços contínuos dos Poderes Executivo, Legislativo e Judiciário para garantir a conservação da biodiversidade da região.

O debate que marcou a aprovação do novo Código Florestal levantou alguns dilemas sobre o discurso da sustentabilidade. Esses dilemas giram em torno da mudança de parâmetros e da flexibilização ou não de regras para aplicação da legislação ambiental.

De um lado, estão aqueles que defendem a proteção da natureza, independentemente do interesse utilitário e do valor econômico que ela possa conter, por uma questão de equilíbrio ecológico. Do outro, aqueles que defendem o uso sustentável dos recursos, cujo limite estaria regulado pela satisfação das necessidades humanas.

Dentro da proposta apresentada, o objetivo geral deste ensaio é fazer uma análise das mudanças advindas com o novo Código Florestal, discutindo sua aplicabilidade enquanto mecanismo de atenuação de passivos ambientais em propriedades rurais para mostrar de que modo esse instrumento pode contribuir para a proteção dos recursos naturais na Amazônia.

O trabalho está dividido em duas partes. A primeira parte discute o marco teórico do debate ambiental em torno da sustentabilidade. Trata ainda das diferentes abordagens propostas em torno das questões ligadas à sustentabilidade e o desenvolvimento econômico da Amazônia. A segunda parte analisa algumas das principais mudanças trazidas pela Lei nº 12.651/12 no regime de proteção dos espaços especialmente protegidos, de maneira especial os institutos da reserva legal e das áreas de preservação permanente, bem como suas repercussões sobre questões ligadas à sustentabilidade.

2 Marco teórico do debate ambiental

O antropocentrismo (ou *shallow ecology*) e o biocentrismo (ou *deep ecology*) são as linhas de pensamento filosófico que marcaram a evolução histórica do direito ambiental até se chegar ao que estudamos hoje. Essa mesma discussão também pode ser encontrada na economia e na ecologia, entre os assim chamados preservacionistas (que defendem a proteção da natureza, independentemente do interesse utilitário e do valor econômico que ela possa conter, uma vez que a mesma possui um valor próprio) e os conservacionistas (que defendem o uso sustentável dos recursos, por considerarem que o homem é um agente modificador do processo).

Independentemente do nome dado às teorias que estudam a relação entre homem e natureza, constata-se que tais divergências teóricas foram e estão pautadas nos mesmos fundamentos filosóficos, valorizando em maior ou menor escala o papel do ser humano e inserindo-o ou não como parte integrante das relações ecossistêmicas.

É possível afirmar que o antropocentrismo, de referência iluminista, concebeu o homem numa posição de destaque em relação à natureza, num processo de distanciamento influenciado pelas descobertas científicas que permitiram não somente o domínio físico dos processos naturais, como colocaram o ser humano no centro de tudo, deixando a natureza como elemento dissociado e coisificado.[1]

Já o biocentrismo apoia seus fundamentos na crítica a essa separação que define o paradigma antropocêntrico e enxerga na natureza a medida de todas as coisas, rechaçando absolutamente uma relação estritamente econômica, no sentido de defender que, acima de tudo,

---

[1] OST, François. *A natureza à margem da lei*: ecologia à prova do direito. Tradução: Joana Chaves. Lisboa, Portugal: Instituto Piaget, 1995.

o meio ambiente possui um valor intrínseco. Essa corrente teve sua influência marcada pelas descobertas de Darwin, que demonstraram que o ser humano integra uma espécie entre milhões, o que comprovaria que o mesmo é apenas uma parte integrante da natureza.[2]

O reflexo da corrente antropocêntrica no direito pode ser expresso principalmente pela noção de meio ambiente como objeto, um recurso natural à disposição do usufruto humano.

Já a influência da corrente biocêntrica pode ser expressa principalmente pela criação de unidades de conservação de proteção integral, em áreas em que a presença humana não é permitida. O biocentrismo critica a visão antropocêntrica por considerar que os sistemas de conservação ambiental estão eminentemente pautados no valor econômico dos elementos do ecossistema, vistos apenas de maneira utilitarista.

Desse modo, necessário seria que existissem áreas inteiramente preservadas para assegurar a integridade dos ecossistemas e a continuidade dos processos ecológicos, como acontece com algumas das áreas definidas pelo Sistema Nacional de Unidades de Conservação.

Os preservacionistas defendem a proteção da natureza, independentemente do interesse utilitário e do valor econômico que ela possa conter, uma vez que a mesma possui um valor próprio. A biologia da conservação fornece a base científica dos defensores dessa corrente, que buscam na ideia de natureza intocada a proposta política, que consiste na manutenção de reservas naturais livres da interferência humana.[3]

Já a visão conservacionista, que se diz contemplar o amor pela natureza, permite o uso sustentável dos recursos. Na conservação, o homem é agente modificador do processo, e a participação humana precisa ser de harmonia e sempre com o intuito de proteção.

Como já destacada, a aplicação prática dessas teorias é facilmente percebida no Sistema Nacional de Unidades de Conservação (SNUC). A legislação brasileira que instituiu o SNUC (Lei nº 9.985/00) faz uma divisão quanto ao regime de uso das UCs, regime esse que pode ser de uso sustentável ou de proteção integral. Nas áreas de proteção integral, não é permitida nenhuma forma direta de utilização dos atributos naturais (apenas o uso indireto). Já nas áreas de uso sustentável, pode ocorrer a utilização da terra e dos recursos naturais sob a forma de manejo.

---

[2] OST, François. *A natureza à margem da lei*: ecologia à prova do direito. Tradução: Joana Chaves. Lisboa, Portugal: Instituto Piaget, 1995.
[3] MARTÍNEZ ALIER, Juan. *O ecologismo dos pobres*: conflitos ambientais e linguagens de valoração. São Paulo: Contexto, 2007. p. 22 e ss.

Essas mesmas tensões são perceptíveis na legislação ambiental aplicável aos imóveis rurais, recentemente modificada pela Lei nº 12.651/12, que instituiu um novo Código Florestal Brasileiro, a partir das formas de destinação da propriedade rural segundo suas possibilidades de uso (APP, Reserva Legal e Áreas de Uso Alternativo). O art. 3º da Lei nº 12.651/12 ilustra bem esse conflito a partir da definição dos termos:

> II - Área de Preservação Permanente - APP: área protegida, coberta ou não por vegetação nativa, com a função ambiental de preservar os recursos hídricos, a paisagem, a estabilidade geológica e a biodiversidade, facilitar o fluxo gênico de fauna e flora, proteger o solo e assegurar o bem-estar das populações humanas;
>
> III - Reserva Legal: área localizada no interior de uma propriedade ou posse rural, delimitada nos termos do art. 12, com a função de assegurar o uso econômico de modo sustentável dos recursos naturais do imóvel rural, auxiliar a conservação e a reabilitação dos processos ecológicos e promover a conservação da biodiversidade, bem como o abrigo e a proteção de fauna silvestre e da flora nativa;
>
> IV - Área Rural Consolidada: área de imóvel rural com ocupação antrópica preexistente a 22 de julho de 2008, com edificações, benfeitorias ou atividades agrossilvipastoris, admitida, neste último caso, a adoção do regime de pousio;
>
> (...)
>
> VI - uso alternativo do solo: substituição de vegetação nativa e formações sucessoras por outras coberturas do solo, como atividades agropecuárias, industriais, de geração e transmissão de energia, de mineração e de transporte, assentamentos urbanos ou outras formas de ocupação humana;

O que pretendemos evidenciar com os exemplos acima é a constante tensão no debate entre preservacionistas e conservacionistas, no qual se percebe que o conceito de sustentabilidade está vinculado à corrente antropocêntrica.

Segundo Lima e Pozzobon,[4] a sustentabilidade ambiental representa "a capacidade de uma dada população de ocupar uma determinada área e explorar seus recursos naturais sem ameaçar, ao longo do tempo, a integridade ecológica do meio ambiente".

---

[4] LIMA, Deborah; POZZOBON, Jorge. Amazônia socioambiental. Sustentabilidade ecológica e diversidade social. *Revista Estudos Avançados*, São Paulo: Instituto de Estudos Avançados, v. 19, 54. ed., 2005, p. 45.

Nesse sentido, Sachs[5] também verifica que a ideia de sustentabilidade não deixa de apresentar um viés do desenvolvimento econômico pautado no crescimento, posto que os pilares do desenvolvimento sustentável, em sua visão, se expressam pela relevância social, prudência ecológica e viabilidade econômica.

Desse modo, passaremos ao debate ambiental a partir da análise dos pressupostos econômicos que levam à incorporação da variável meio ambiente como mais uma forma de capital: o capital natural. Esse capital natural representa os recursos naturais como meios de produção.

2.1 Critérios de sustentabilidade: o que deixaremos para as gerações futuras?

As análises econômicas atuais trabalham com a noção de sustentabilidade na composição dos preços de mercado e pela incorporação dos valores ambientais (externalidades) visando ao uso socialmente adequado dos recursos naturais.[6]

Os valores ambientais são atribuídos, em termos monetários, pela disposição a pagar dos indivíduos. Para definir preços de mercado, inclui-se também nos modelos de análise a taxa de reposição do recurso natural em função da utilidade do mesmo.[7]

Os critérios de sustentabilidade serão então definidos em função da consideração da cadeia produtiva (recursos naturais > produção > consumo > utilidade), ficando a critério de cada abordagem eleger como os elementos "recursos naturais", "produção" e "consumo" serão trabalhados para que a utilidade seja mantida constante ou crescente.[8]

Pelo viés da sustentabilidade forte, os recursos naturais (estoque de capital natural) devem ser mantidos constantes ou crescentes. Por esse critério, defende-se a preservação total do meio ambiente em seu estado atual. A questão fundamental a ser respondida nesses casos

---

[5] SACHS, Ignacy. *Caminhos para o desenvolvimento sustentável*. Rio de Janeiro: Garamond, 2002. p. 35.
[6] Esse tipo de análise está vinculado às teorias econômicas neoclássicas, cuja matriz teórica é pautada em princípios utilitaristas e individualistas. Nesse sentido, existe uma convergência entre a teoria dos recursos naturais (baseada nos aspectos da extração e exaustão dos recursos naturais ao longo do tempo) e a teoria da poluição (que analisa a eficiência de mecanismos de comando e controle para correção de externalidades ambientais) (NOBRE; AMAZONAS, 2002; MUELLER, 1996).
[7] NOBRE, Marcos; AMAZONAS, Mauricio de Carvalho (Orgs.). *Desenvolvimento Sustentável*: A Institucionalização de um Conceito. Brasília: Edições IBAMA, 2002. p. 115.
[8] *Ibidem*, p. 130 e ss.

é: como manter o capital natural constante[9] em se tratando de recursos naturais exauríveis?

Veiga[10] explica que, ao adotar um sistema de preços, a sustentabilidade forte trabalhará com bens ambientais que não possuem valor de uso e de troca. Nesse sentido, o valor de uma mudança ambiental será definido a partir da relação entre a disposição a pagar por esse dano e da disposição a aceitar algo como compensação, numa relação de custo-benefício em consideração à alteração do bem-estar para a sociedade.

Já pelo viés da sustentabilidade fraca,[11] é possível a exploração de alguns recursos não renováveis, desde que com adequada compensação, implicando substitutibilidade por outros recursos.[12] Nesse caso, a utilidade deve ser entendida como função dos níveis de consumo para que os recursos considerados sejam constantes ao longo do tempo, de modo a não favorecer nenhuma geração em detrimento da outra, assim como a produção (diferentes formas de capital) para que o capital total transmitido entre as gerações seja constante ou crescente também.

Assim, o elemento que deve ser transmitido às gerações futuras é a capacidade de produzir, e não qualquer outro componente específico do capital. O conceito de sustentabilidade fraca estabelece como critério da sustentabilidade a restrição da equidade intergeracional a um nível não declinante de consumo *per capta*, em que a introdução da função de produção do capital natural, combinado com o capital artificial, numa escala de depreciação, é menor do que a capacidade econômica de poupar.[13]

---

[9] Os teóricos responderão a esse problema propondo investimentos na compensação ambiental por danos oriundos de atividades poluidoras, de forma que o critério de sustentabilidade a ser mantido ao longo do tempo seja o padrão de vida e de modo que a taxa de extração dos recursos naturais seja menor que a sua taxa de regeneração; bem como que a produção de resíduos seja menor do que a capacidade de assimilação do meio ambiente (VEIGA, José Eli da. *Desenvolvimento Sustentável*: o desafio do Século XXI. Rio de Janeiro: Garamond, 2005. p. 124).

[10] *Ibidem*, p. 125.

[11] Segundo Marcos Nobre e Maurício de Carvalho Amazonas, a sustentabilidade é fraca no sentido de que, apesar da importância atribuída à manutenção do capital natural, se admite que esse estoque possa ser declinante ou mesmo exaurido, desde que esse declínio seja contrabalançado por um acréscimo proporcional do capital reprodutível em geral (também conhecido como capital manufaturado) (*op. cit.*, p. 132).

[12] Ver referência aos trabalhos de Robert Solow, maior expoente desta corrente na economia, abordados em seguida.

[13] *Op. cit.*, p. 78.

De algum modo, a sustentabilidade ambiental tem sido pensada sob um subconjunto de economias de mercado industrializadas com prosperidade e crescimento ilimitado, pressupondo a manutenção atual das desigualdades de distribuição de renda e riquezas.[14]

Não restam objeções ao fato de que, em face do otimismo quanto ao progresso tecnológico substituidor de recursos não renováveis, boa parte dos estudos desconsidera a questão da sustentabilidade do crescimento em face das limitações na disponibilidade de recursos naturais.[15]

Segundo Veiga,[16] essa hipotética conciliação entre crescimento econômico e a conservação da natureza não é algo que possa ocorrer no curto prazo, e muito menos de forma isolada, em certas atividades ou em locais específicos. Ao contrário do que hoje é defendido por muitos economistas, segundo Veiga, no futuro o desenvolvimento humano dependerá da retração econômica ou do decréscimo do produto, e não de seu crescimento.

Assim, a questão que se afigura em última análise é de natureza ética, isto é, fazer ou não opções normativas na direção do favorecimento de gerações futuras, baseando-se apenas nas opções individuais ou considerando critérios biofísicos e ecológicos diante da incerteza do progresso técnico.[17]

Diante dessas questões, põe-se a reflexão: o que deixaremos para as gerações futuras?

3 Passivos ambientais em imóveis rurais

De acordo com a Constituição Federal, nos termos do art. 225, §1º, III, incumbe ao poder público "definir, em todas as unidades da

---

[14] MUELLER, C. C. Economia e meio ambiente na perspectiva do mundo industrializado: uma avaliação da economia ambiental neoclássica. *Estudos Econômicos (IPE/USP)*, São Paulo, v. 26, n. 2, p. 261-304, 1996.

[15] MAY, Peter Herman. Avaliação integrada da economia do meio ambiente: propostas conceituais e metodológicas. *In*: ROMEIRO, A. R. *et al. Economia do Meio Ambiente*: teoria, políticas e a gestão de espaços regionais. São Paulo: Unicamp, 2001. p. 56; MUELLER, C. C. Economia e meio ambiente na perspectiva do mundo industrializado: uma avaliação da economia ambiental neoclássica. *Estudos Econômicos (IPE/USP)*, São Paulo, v. 26, n. 2, p. 261-304, 1996. p. 295.

[16] VEIGA, José Eli da. *Desenvolvimento Sustentável*: o desafio do Século XXI. Rio de Janeiro: Garamond, 2005. p. 113.

[17] NOBRE, Marcos; AMAZONAS, Mauricio de Carvalho (Orgs.). *Desenvolvimento sustentável*: a institucionalização de um conceito. Brasília: Edições IBAMA, 2002. p. 278.

Federação, espaços territoriais e seus componentes a serem especialmente protegidos, sendo a alteração e a supressão permitidas somente através de lei, vedada qualquer utilização que comprometa a integridade dos atributos que justifiquem sua proteção".

Por ser um direito fundamental, a preservação do meio ambiente nos espaços especialmente protegidos afigura-se uma garantia constitucional que impõe deveres individuais, pois a observância dos ditames econômicos não pode comprometer, nem esvaziar o conteúdo essencial do direito à preservação do meio ambiente.

Espaços especialmente protegidos são bens ambientais de interesse público, independentemente de pertencerem ao domínio público ou privado. Essa definição, proposta por José Afonso da Silva, considera que essas áreas constituem:

> Bens ambientais de interesse público, na qual se inserem tanto bens pertencentes a entidades públicas como bens dos sujeitos privados subordinados a uma particular disciplina para a consecução de um fim público. Ficam eles subordinados a um peculiar regime jurídico relativamente a seu gozo e disponibilidade e também a um particular regime de polícia, de intervenção e tutela pública.[18]

Os espaços territoriais especialmente protegidos representam o conjunto de modalidades que protegem os bens ambientais de interesse público e, quando definidos em áreas de domínio privado, como no caso das áreas de preservação permanente e de reserva legal, caracterizam limitações administrativas ao exercício do direito de propriedade.

As limitações administrativas sobre a propriedade rural são restrições ao uso da propriedade para a proteção do meio ambiente, cuja intervenção visa ao atendimento de situações de interesse público. Para Meirelles,[19] a limitação administrativa compreende uma "imposição geral, gratuita, unilateral e de ordem pública condicionadora do exercício de direitos ou de atividades particulares às exigências do bem-estar social". Por isso, a limitação administrativa é uma das formas pelas quais o Estado intervém no domínio privado.

---

[18] SILVA, José Afonso da. *Direito Ambiental Constitucional*. 4. ed. 2. tir. São Paulo: Malheiros, 2003. p. 230.
[19] MEIRELLES, Hely Lopes. *Direito administrativo brasileiro*. 31. ed. São Paulo: Malheiros, 2005. p. 626.

Conforme foi abordado inicialmente, a propriedade rural possui três formas de destinação (APP, Reserva Legal e Áreas de Uso Alternativo). As limitações impostas a essas áreas não esvaziam seu conteúdo econômico. Ao contrario, esse uso é potencializado, pois essas modalidades coexistem em todos os níveis de proteção dos recursos naturais na propriedade rural, nos quais a atividade humana é regulada de forma distinta.

Os passivos ambientais resultam do descumprimento da legislação,[20] isto é, ocorrem quando a propriedade não cumpre sua função ambiental e rigorosamente importam numa depreciação econômica do valor de mercado do imóvel afetado, considerando o custo de cumprimento da norma, que, em tese, gera efeitos *erga omnes*, ou seja, vale contra todos.

O caráter protecionista da legislação ambiental visa, principalmente no contexto amazônico, incentivar o uso sustentável da propriedade, pois as florestas e a vegetação, de modo geral, desempenham funções importantes no ecossistema, tais como a proteção da fauna silvestre, da diversidade biológica, dos recursos genéticos, do microclima, da fertilidade e umidade do solo, entre outros, devendo, por isso, ser protegidas.

Como consequência de ações antrópicas, o que vem ocorrendo é a gradual diminuição das matas ciliares, que tornam o ecossistema vulnerável e fragilizado pela sucessiva retirada de cobertura vegetal, acarretando o carreamento de material particulado para o leito dos rios pela exposição dos solos, erosão das encostas, assoreamento dos cursos d'águas e empobrecimento do solo pela perda de nutrientes.

A Constituição Federal expressamente prevê que a ordem econômica, fundada na valorização do trabalho e na livre iniciativa, deverá observar a função social da propriedade e a defesa do meio ambiente (art. 170, III e VI, CF), e cada propriedade representa uma unidade em particular, com características ambientais próprias, cujas limitações são decorrentes das próprias diferenças biológicas existentes.

---

[20] Nesse sentido, Benatti cita como exemplos de passivos ambientais as propriedades rurais que apresentam desconformidade no cálculo dos percentuais de Reserva Legal e APP (BENATTI, José Heder. Indenização da cobertura vegetal no imóvel rural: um debate sobre o papel da propriedade na contemporaneidade. *In*: FREITAS, Vladimir Passos de (Coord.). *Direito Ambiental em Evolução*. n. 4. Curitiba: Juruá, 2005. p. 220).

3.1 Composição da reserva legal

O respeito aos limites impostos para a reserva legal constitui uma obrigação *propter rem*. Todo imóvel rural deve manter um percentual de cobertura vegetal. Na Amazônia Legal, foram estabelecidos percentuais mínimos a título de reserva legal, que variam de acordo com o bioma em que o imóvel está localizado, na seguinte proporção: floresta (80%), cerrado (35%) e campos gerais (20%). Podem ocorrer situações de imóveis localizados em mais de um bioma. Nesses casos, a Reserva Legal a ser estabelecida deverá levar em consideração, separadamente, os percentuais apresentados pela lei, estabelecendo uma regra de proporção entre o percentual do bioma e a área do imóvel.

Nas áreas de Reserva Legal, é proibido o corte raso. A legislação estabelece que as florestas de domínio privado que não estão sujeitas à preservação permanente são suscetíveis de utilização, desde que sejam mantidos, a título de reserva legal, no mínimo, os percentuais anteriormente indicados.

A reserva legal pode ser economicamente explorada sob regime de manejo florestal sustentável, de acordo com os critérios técnicos e científicos estabelecidos pela SEMA e desde que atenda aos critérios definidos pelo zoneamento ecológico-econômico.

Nos termos do art. 3º, VII, o manejo sustentável compreende a "administração da vegetação natural para a obtenção de benefícios econômicos, sociais e ambientais, respeitando-se os mecanismos de sustentação do ecossistema objeto do manejo e considerando-se, cumulativa ou alternativamente, a utilização de múltiplas espécies madeireiras ou não, de múltiplos produtos e subprodutos da flora, bem como a utilização de outros bens e serviços".

A legislação estabelece ainda que podem ser feitas a recuperação de áreas alteradas e/ou degradadas e a recomposição de reserva legal, através do repovoamento florestal e agroflorestal para fins energéticos, madeireiros, socioambientais, frutíferos, industriais e outros.

Nos casos de passivos ambientais em áreas de reserva legal para propriedades rurais, poderá haver a redução dos respectivos percentuais visando à regularização dos imóveis localizados em regiões consolidadas.

A partir do Zoneamento Ecológico-Econômico (ZEE), conforme estabelece o art. 12, §5º, da Lei nº 12.651/12, os imóveis localizados em áreas de florestas na Amazônia Legal poderão reduzir, para fins de recomposição, a reserva legal, após anuência e aprovação do Conselho Estadual de Meio Ambiente (COEMA) de cada estado. A redução poderá ser para até 50%, e o imóvel deverá efetuar a complementação da área de vegetação nativa até esse percentual, mediante recomposição, regeneração ou compensação da vegetação nativa.

Na prática, isso significa que a redução do percentual de reserva legal, após o Zoneamento Ecológico-Econômico, beneficiará aqueles proprietários ou possuidores de imóveis em área rural consolidada nos casos em que a reserva legal esteja em percentual inferior ao mínimo estabelecido.

O novo Código Florestal define ainda que somente poderão se beneficiar da redução da reserva legal os imóveis localizados em área rural consolidada (art. 13). Nesse sentido, entende-se como área rural consolidada aquela que possui ocupações preexistentes a 22 de julho de 2008, com edificações, benfeitorias, atividades econômicas ou áreas objeto de prática de pousio (art. 3º, inciso IV).

Isso significa que o benefício da redução dos percentuais de reserva legal não se estende a todos os imóveis localizados em áreas abrangidas pelo ZEE, mas somente aos imóveis que possuem áreas degradadas até 22 de julho de 2008.

A Lei nº 12.651/12 prevê ainda a possibilidade de cômputo das áreas de preservação permanente para fins de composição dos percentuais de reserva legal condicionada aos seguintes critérios, cujos requisitos são cumulativos (art. 15): a) desde que o benefício previsto não implique na conversão de novas áreas para o uso alternativo do solo; b) desde que a área a ser computada esteja conservada ou em processo de recuperação, conforme comprovação junto ao órgão ambiental de cada Estado; e c) desde que o proprietário ou possuidor tenha requerido a inclusão do imóvel no Cadastro Ambiental Rural (CAR).

Na prática, o novo Código Florestal definiu diversos instrumentos visando garantir que os proprietários ou possuidores de imóveis rurais atendam às normas de proteção ambiental de diferentes maneiras que não afetem diretamente o próprio imóvel rural. Destacam-se, a seguir, algumas dessas possibilidades.

3.1.1 Instrumentos de compensação ambiental

A compensação florestal, prevista no art. 66, inciso III, da Lei nº 12.651/12, permite ao proprietário ou possuidor a compensação do

percentual de passivo da área de reserva legal em outro imóvel rural, condicionada ao atendimento dos seguintes requisitos:
- a área indicada para compensação deve estar localizada no mesmo bioma da área de reserva legal do imóvel rural que se pretende compensar (se estiver fora do estado, deverá estar identificada como área prioritária);[21]
- a área indicada para compensação deve ser composta pelas mesmas espécies nativas do bioma em que está localizado o imóvel. Nesse sentido, um imóvel localizado em área de cerrado não poderá indicar área composta por vegetação nativa típica de floresta, o que quer dizer que não se pode compensar a reserva legal de um bioma com espécies nativas de outro bioma.

Para fazer a compensação, o proprietário ou possuidor precisa ter um tamanho equivalente de área de vegetação nativa ao que ele deveria ter na sua propriedade, mas respeitando o limite da reserva legal que essa outra propriedade também deverá possuir. Conforme dispõe o artigo 66, §5º, da Lei nº 12.651/2012, para efetuar a compensação, primeiro o proprietário ou possuidor do imóvel deverá requerer sua inscrição prévia no Cadastro Ambiental Rural.

Uma vez realizada a inscrição, a compensação ambiental poderá ser efetuada de acordo com as seguintes possibilidades: a) mediante a aquisição de Cotas de Reserva Ambiental (CRA); b) pelo arrendamento de área sob regime de servidão ambiental ou reserva legal; c) pela doação ao poder público de área localizada no interior de unidades de conservação de domínio público pendente de regularização fundiária; d) pelo cadastramento de área equivalente e excedente à reserva legal, em imóvel de mesma titularidade ou de terceiro, com vegetação nativa estabelecida, em regeneração ou em recomposição, desde que localizada no mesmo bioma.

Nos casos em que a vegetação da área indicada para compensação se encontrar degradada, a aceitação da compensação dependerá da existência de projeto de recomposição devidamente aprovado pelo órgão ambiental, assumindo o interessado todos os custos da recomposição.

---

[21] São consideradas áreas prioritárias aquelas que buscam favorecer, entre outros, a recuperação de bacias hidrográficas excessivamente desmatadas, a criação de corredores ecológicos, a conservação de grandes áreas protegidas e a conservação ou recuperação de ecossistemas ou espécies ameaçadas.

Do ponto de vista ambiental, a compensação não se mostra a alternativa mais adequada.

Apesar de o novo Código Florestal valorizar a conectividade dos fragmentos florestais e a identificação de áreas de maior interesse para conservação ambiental, a legislação não impôs critérios mais rígidos para que a compensação seja feita nas áreas mais próximas do imóvel que apresenta passivos ambientais.

Na prática, o critério adotado para compensação leva em consideração apenas o mesmo bioma da área de reserva legal do imóvel rural que se pretende compensar.

4 Considerações finais

A monetarização do meio ambiente desempenhou um importante papel na evolução do direito ambiental com a introdução de ferramentas valorativas, tais como os estudos de impacto ambiental, a compensação e reparação de danos, a gestão de recursos escassos e a quantificação de passivos ambientais, por exemplo.

No Brasil, a influência da discussão filosófica em torno da relação homem e natureza não deixa de ser importante, mas o tratamento legal que tem sido dado pelo legislador explicita uma visão utilitarista, que trata o meio ambiente como um bem que é importante porque é útil ao homem.

Essa opção levanta objeções filosóficas acerca das opções normativas baseadas apenas em escolhas individuais, que, por desconsiderarem critérios ecológicos diante da incerteza do progresso técnico, podem comprometer o futuro das próximas gerações.

Nesse sentido, partilhamos da opinião de que as atividades econômicas deveriam, sempre que possível, ser reguladas segundo o princípio da prevenção. A compensação, apesar de ser uma ferramenta de efeitos eminentemente práticos, nem sempre representa a melhor alternativa para reparação de danos, pois importa na substituição de um bem ambiental por outro funcionalmente equivalente.

Não obstante, a realidade mostra que a utilização de instrumentos de comando e controle, cujo foco estabelece uma legislação ambiental muito rígida, tem resultados pouco eficazes se não for acompanhada de contínuas ações de fiscalização e sanção. Desse modo, o sucesso das políticas ambientais acaba dependendo da ampla destinação de recursos financeiros do orçamento público para garantir o seu funcionamento a partir do monitoramento, fiscalização e da responsabilização dos agentes econômicos nas esferas civil, administrativa e penal.

Por ser um direito fundamental, a preservação do meio ambiente nos espaços especialmente protegidos afigura-se uma garantia constitucional que impõe deveres individuais, pois a observância dos ditames econômicos não pode comprometer, nem esvaziar o conteúdo essencial do direito a um meio ambiente sadio e ecologicamente equilibrado.

Referências

BENATTI, José Heder. Indenização da cobertura vegetal no imóvel rural: um debate sobre o papel da propriedade na contemporaneidade. *In*: FREITAS, Vladimir Passos de (Coord.). *Direito Ambiental em Evolução*. n. 4. Curitiba: Juruá, 2005.

LIMA, Deborah; POZZOBON, Jorge. Amazônia socioambiental. Sustentabilidade ecológica e diversidade social. *Revista Estudos Avançados*, São Paulo: Instituto de Estudos Avançados, v. 19, 54. ed., 2005. p. 45-76.

MARTÍNEZ ALIER, Juan. *O ecologismo dos pobres*: conflitos ambientais e linguagens de valoração. São Paulo: Contexto, 2007.

MAY, Peter Herman. Avaliação integrada da economia do meio ambiente: propostas conceituais e metodológicas. *In*: ROMEIRO, A. R. *et al*. *Economia do Meio Ambiente*: teoria, políticas e a gestão de espaços regionais. São Paulo: Unicamp, 2001.

MEIRELLES, Hely Lopes. *Direito administrativo brasileiro*. 31 ed. São Paulo: Malheiros, 2005.

MUELLER, C. C. Economia e meio ambiente na perspectiva do mundo industrializado: uma avaliação da economia ambiental neoclássica. *Estudos Econômicos (IPE/USP)*, São Paulo, v. 26, n. 2, p. 261-304, 1996.

NOBRE, Marcos; AMAZONAS, Mauricio de Carvalho (Orgs.). *Desenvolvimento sustentável*: a institucionalização de um conceito. Brasília: Edições IBAMA, 2002.

OST, François. *A natureza à margem da lei*: ecologia à prova do direito. Tradução: Joana Chaves. Lisboa, Portugal: Instituto Piaget, 1995.

SACHS, Ignacy. *Caminhos para o desenvolvimento sustentável*. Rio de Janeiro: Garamond, 2002.

SILVA, José Afonso da. *Direito Ambiental Constitucional*. 4. ed. 2. tir. São Paulo: Malheiros, 2003.

VEIGA, José Eli da. *Desenvolvimento Sustentável*: o desafio do Século XXI. Rio de Janeiro: Garamond, 2005.

Informação bibliográfica deste texto, conforme a NBR 6023:2018 da Associação Brasileira de Normas Técnicas (ABNT):

SÁ, João Daniel Macedo. Desafios para a sustentabilidade da Amazônia: passivos ambientais em imóveis rurais. *In*: BASTOS, Dafne Fernandez de; SALES, José Edvaldo Pereira (Coord.). *Direitos humanos*: abordagens transversais. Belo Horizonte: Fórum, 2020. p. 195-208. ISBN 978-85-450-0732-6.

O ENTENDIMENTO JURISPRUDENCIAL DAS CORTES BRASILEIRAS SOBRE O DIREITO FUNDAMENTAL À MORADIA DIGNA

JONISMAR ALVES BARBOSA

1 Introdução

Faz tempo que se discute no Brasil o significado do direito à moradia, o que seria este e de que forma o Estado e também o Poder Judiciário, por meio de suas decisões, poderiam fomentá-lo, principalmente se o considerasse como um direito fundamental.

As discussões judiciais sobre o tema têm sido fortemente travadas, sobretudo com o surgimento da Carta Constitucional de 1988, que veio solidificar no país a ideia dos direitos fundamentais, dentre eles, aqueles que garantem ao cidadão uma vida digna, o acesso à saúde, ao desenvolvimento econômico, ao meio ambiente saudável e equilibrado. No entanto, tais direitos vieram à baila primeiramente por meio do ordenamento internacional, no caso, com a Declaração Universal dos Direitos Humanos, de 1948, quando enfim se falou em direito à moradia digna, e, pela primeira vez, os chamados direitos sociais, econômicos e culturais surgiram como parte integrante dos direitos humanos, sendo descritos assim como direitos fundamentais.

A Declaração Universal dos Direitos Humanos foi o primeiro passo para as discussões em torno do tema; após ela, vários Estados passaram a repetir em seus textos constitucionais as mesmas lições ali ensinadas, e hoje o direito à moradia digna é visto como um dos elementos e uma das extensões do próprio princípio da dignidade da pessoa humana.

E foi exatamente por isso que a Agenda Habitat II (Declaração de Istambul, de 1996), além de reafirmar o reconhecimento do direito à moradia como direito fundamental, de realização progressiva, fez também acurada previsão quanto ao conteúdo e extensão a esse direito, bem como das responsabilidades gerais e específicas dos Estados signatários para a sua realização.

No caso brasileiro, o direito à moradia foi inserido na Constituição Federal de 1988 na condição de direito fundamental social, conforme delineado no artigo 6º, sendo que outros dispositivos constitucionais dão conta da competência comum da União, estados e municípios em zelar para que o cidadão brasileiro possa ter condições dignas de habitação.[1]

Porém, em que pesem os dispositivos constitucionais e infraconstitucionais sobre o assunto, nota-se que as decisões do Superior Tribunal de Justiça e, principalmente, do Supremo Tribunal Federal ainda caminham a passos lentos, assim como que também são diminutas as ações ajuizadas que visam assegurar tal direito; portanto, incipientes têm sido as decisões dessas cortes sobre a temática em apreço, conforme veremos mais adiante.

2 Direito à moradia e sua condição de direito fundamental no ordenamento brasileiro

O direito à moradia foi definitivamente inserido no ordenamento jurídico brasileiro da Constituição de 1988; no entanto, foi por meio da criação da Emenda Constitucional nº 26/2000 que este passou a ser incluído na esfera dos direitos fundamentais sociais e a receber mais atenção do Estado e dos juristas voltados ao estudo dos direitos humanos.

Registre-se que o direito à moradia está positivado no mesmo plano dos demais direitos sociais básicos nominados no art. 6º da

---

[1] A definição do direito à moradia como um direito fundamental a ser tutelado pelo Estado pode ser vislumbrada em vários excertos da Carta Magna de 1988, a exemplo daqueles inseridos no artigo 7º, IV, quando o Legislador Constituinte passou a descrever o salário mínimo como aquele capaz de atender às necessidades vitais básicas do trabalhador, citando como exemplo disso o direito à moradia. Outros exemplos podem ser encontrados nas leituras dos artigos 5º, XXIII, 170, inciso III, e 182, §2º, art. 183, art. 191, que trazem em seu bojo o direito à moradia como sendo algo que deve ser garantido, assegurado ao cidadão, como decorrência do princípio da dignidade da pessoa humana (artigo 1º, inciso III, da Constituição Federal).

Carta Constitucional, que lhe deu uma conotação especial, além de inserir novas dimensões e perspectivas no que pertine à sua eficácia e efetividade, fazendo com que diversas classes sociais, bem como os próprios estados-membros da federação, atentassem para a consumação do mesmo enquanto direito fundamental, agindo então em conformidade com os tratados e convenções internacionais de direitos humanos.

Nesse diapasão, acredita-se que, em virtude das obrigações assumidas perante a comunidade internacional, o Brasil incluiu no texto da Carta Magna, mediante a Emenda Constitucional nº 26/2000, o direito à moradia como um direito fundamental.[2] E isso foi de suma importância, uma vez que o direito à moradia digna encontra perfeita vinculação entre a dignidade da pessoa humana e os direitos sociais, sendo este, portanto, de extrema relevância para a consumação em território brasileiro dos desígnios da Declaração Universal de Direitos Humanos de 1948. Isso porque, para se que considere alguém enquanto cidadão, conforme descrito na CF/88, necessita-se antes de tudo, que lhe assegure perfeitas condições de vida, e vida com dignidade, requisito este indispensável para o exercício da cidadania.

Essas condições de vida variam – é claro – de acordo com cada sociedade e com cada época, mas sempre devem ser asseguradas, tais como direito à vida, à sobrevivência digna, ao trabalho, à saúde, à liberdade, ao acesso a bens e serviços públicos de qualidade, aos meios de transporte, ao meio ambiente saudável e, claro, a uma habitação digna, sem a qual a sobrevivência do indivíduo na condição de cidadão estaria fadada ao fracasso.[3]

Portanto, no caso do direito à moradia, se fez intrínseca e indissociável a vinculação deste com o princípio da dignidade da pessoa humana, uma vez que aquele se tornou algo elementar a ser respeitado nos Estados Democráticos de Direito, pelo menos no âmbito daquilo que se tem designado como sendo fundamental para garantir condições materiais mínimas para uma existência digna.

---

[2] O art. 6º da Constituição Federal de 1988 assevera que: "São direitos sociais a educação, a saúde, o trabalho, *a moradia*, o lazer, a segurança, a previdência social, a proteção à maternidade e à infância, a assistência aos desamparados, na forma desta Constituição". (Grifou-se)

[3] Para melhor entendimento sobre a origem e o contexto atual do direito à moradia digna, recomenda-se a leitura da tese de SERRANO JÚNIOR, Odoné. *O direito humano fundamental à moradia digna*: exigibilidade, universalização e políticas públicas para o desenvolvimento. Pontifícia Universidade Católica do Paraná. Programa de Pós-Graduação em Direito, 2011.

E não somente a Constituição Federal de 1988 trouxe essa garantia. Tal preocupação tornou-se uma constante na vida do legislador infraconstitucional, que, amparado nas normas constitucionais, criou a Lei nº 9.785/99, que trouxe substanciais alterações ao texto da chamada Lei do Parcelamento do Solo Urbano (Lei nº 6.766/79), bem como o Estatuto da Cidade (Lei nº 10.257/01), que vieram a ser exemplos de textos legais que reforçaram ainda mais a intenção do legislador de defender esse direito fundamental.

Nessa esteira, o Estatuto da Cidade veio para nortear princípios e diretrizes para o ordenamento territorial e urbanístico brasileiro, tendo como pedra angular o princípio da função social e ambiental da propriedade, bem como a garantia do direito às cidades sustentáveis.[4]

No que tange a essa inequívoca ligação entre o direito à moradia e o princípio da dignidade da pessoa humana, compartilhamos do ponto de vista ora sustentado por Ingo Wolfgang Sarlet,[5] no sentido de que o princípio da dignidade da pessoa humana vem sendo considerado fundamento de todo o sistema dos direitos fundamentais, podendo-se afirmar que estes constituem concretizações e desdobramentos daquele.

Morar é, assim, mais que um direito, é uma das mais essenciais atividades, salutar à própria existência e sobrevivência do ser humano em sociedade, e isto é tão verdade que todas as civilizações, desde as mais antigas, bárbaras, sem acesso algum ao conhecimento, construíram sempre locais de habitação, sejam eles tendas, cabanas feitas de pau, pedra e folhagem, iglus ou ocas. O certo, porém, é que todos tinham em comum o costume da habitação e, quanto mais evoluída era a sociedade, mais moderna e diversificada era a moradia; nesse contexto, pode-se afirmar, sem titubear, que a moradia se constitui como essência do próprio homem, sendo algo imanente a ele.

E justamente em defesa desse direito, principalmente com a criação do Estatuto da Cidade em 2001, ocorreu um incremento significativo

---

[4] O direito à cidade sustentável é aquele entendido como o direito à terra urbana, à moradia, ao saneamento ambiental, à infraestrutura urbana, ao transporte e aos serviços públicos, ao trabalho e ao lazer, para as presentes e futuras gerações, conforme delineado no artigo 2º da Lei 10.257/01. No mesmo sentido, ver FERNANDES, Edésio. Direito urbanístico e política urbana no Brasil: uma introdução. In: *Direito Urbanístico e Política Urbana no Brasil*. Belo Horizonte: Del Rey, 2001, onde o autor visa traçar a dimensão jurídica do processo de urbanização, tecendo um apanhado geral sobre o direito urbanístico, a influência deste no ordenamento jurídico atual, desde a era industrial perpassando até o período atual, na era da globalização e das políticas de desenvolvimento econômico. Salienta ainda os problemas urbanos no Brasil, sobretudo aqueles ligados ao meio ambiente e ao bem-estar da população como um todo.

[5] SARLET, Ingo Wolfgang. *A eficácia dos direitos fundamentais*. 4. ed. Porto Alegre: Livraria do Advogado, 2004. p. 123.

do número de demandas e decisões judiciais invocando o direito à moradia, na sua condição de direito fundamental social. Isso ocorreu de modo mais notável após sua incorporação ao texto constitucional do artigo 6º, já que, dessa forma, não se pôde mais refutar a condição do direito à moradia como direito constitucionalizado, que deve ter eficácia e efetividade em sua plenitude.

É importante relembrar ainda que, no Brasil, os direitos fundamentais gozam de extrema importância, sendo essenciais para a proteção da pessoa humana; por isso, são identificados como parte integrante do texto constitucional. O direito à moradia é um deles.[6]

Todavia, em que pesem tais assertivas, convém mencionar que, no Brasil, é comum encontrarmos pessoas vivendo abaixo da linha de pobreza, em condições subumanas, sendo essa, infelizmente, uma realidade vivenciada por milhares de pessoas e famílias, seja na cidade de São Paulo, seja na cidade de Oiapoque, no Amapá. Convém salientar que, na maioria das vezes, essas pessoas não vivem, mas, sim, sobrevivem nas ruas das grandes cidades, moram em locais sem as devidas condições sanitárias ou vivem em áreas de riscos, sem acesso a nenhum serviço público ou algum outro meio digno de subsistência.[7]

---

[6] Cumpre aqui ressaltar que o direito à moradia é parte do direito a um padrão de vida adequado e, assim sendo, não se resume apenas a uma casa coberta, com paredes, mas, sim, ao direito de todos, homens, mulheres e crianças, de terem acesso a um lar e a uma comunidade que lhes tragam segurança, onde possam viver em paz, com dignidade e saúde física e mental. A moradia adequada, portanto, não se resume à disponibilidade de um teto e deve incluir:
 – uma condição de ocupação estável, ou seja, residir em um local sem o medo de remoção ou de ameaças indevidas ou inesperadas;
 – acesso a serviços e bens públicos e infraestrutura, como energia elétrica, sistema de esgoto e coleta de lixo;
 – acesso a bens ambientais, como terra e água, e a um meio ambiente equilibrado;
 – moradia financeiramente acessível, a um custo acessível ou com acesso a subsídios ou financiamentos que garantam que os custos sejam compatíveis com os níveis de renda;
 – um local em condições adequadas de habitação, ou seja, respeitado um tamanho mínimo, com real proteção contra frio, calor, chuva, vento ou outras ameaças à saúde, riscos estruturais e suscetibilidade à doenças;
 – acesso prioritário à moradia para grupos em situação de vulnerabilidade ou desvantagem;
 – moradia em localização adequada, ou seja, em local onde exista acesso a médicos e hospitais, escolas, creches e transporte, em áreas urbanas ou rurais;
 – adequação cultural, ou seja, a construção deve ser feita com materiais, estruturas e disposição espacial que viabilizem a expressão da identidade cultural e a diversidade dos vários indivíduos e grupos que a habitam, pois é exatamente assim que os tratados internacionais a compreendem.

[7] Sobre esse ponto, indica-se a consulta às Séries Históricas e Estatísticas, do IBGE, no que concerne à adequação da moradia, por critérios de adequação. Disponível em: http://seriesestatisticas.ibge.gov.br/series.aspx?vcodigo=IU38&t=adequa.

Cumpre-nos relembrar, diante desse cenário, que o direito à moradia é um direito humano protegido não só pela Constituição Brasileira, mas também pelos diversos dispositivos legais internacionais dos quais o Brasil é parte. Diante disso, podemos mencionar, primeiramente, a Declaração Universal dos Direitos Humanos (1948)[8] e o Pacto Internacional dos Direitos Econômicos, Sociais e Culturais (1996), promulgado pelo Brasil através do Decreto nº 591, de 06.07.1992.[9]

Nos dizeres de Thomas Buergenthal, ao ratificarem o pacto, os Estados não se comprometem a atribuir efeitos imediatos aos direitos especificados neste; ao revés, os Estados se obrigam meramente a adotar medidas, até o máximo dos recursos disponíveis, a fim de alcançarem progressivamente a plena realização desses direitos.[10]

No entanto, os pactos e as convenções assinados pelo Brasil possuem força de lei e geram, por isso, uma obrigação por parte do Estado brasileiro de fazer cumprir esse direito de moradia a todos os seus cidadãos, ou seja, o Estado deve adotar medidas que favoreçam a consumação desse direito. Ademais, devido às assinaturas, hoje é possível a invocação imediata de todos os tratados e convenções de direitos humanos dos quais o Brasil é signatário, não havendo a necessidade de edição de ato com força de lei voltado à outorga de vigência interna aos acordos internacionais.

Diante desse cenário, assevera Ingo Sarlet que o direito à moradia não se confunde com o direito de propriedade (e do direito à propriedade), muito embora haja evidência de que a propriedade também possa servir de moradia ao titular e que, além disso, a moradia (na condição de manifestação da posse) acaba, por expressa previsão constitucional e em determinadas circunstâncias, assumindo a condição de pressuposto para a aquisição da propriedade (como ocorre no usucapião constitucional), atuando ainda como elemento indicativo do cumprimento da função social da propriedade. Desse modo, o direito

---

[8] O artigo 25, §1º, assevera que: "Todo ser humano tem direito a um padrão de vida capaz de assegurar a si e a sua família saúde e bem estar, inclusive alimentação, vestuário, habitação, cuidados médicos e os serviços sociais indispensáveis, e direito à segurança em caso de desemprego, doença, invalidez, viuvez, velhice ou outros casos de perda dos meios de subsistência fora de seu controle".

[9] O referido pacto, em seu artigo 11, destaca que "os Estados Partes reconhecem o direito de toda pessoa à moradia adequada e comprometem-se a tomar medidas apropriadas para assegurar a consecução desse direito".

[10] BUERGENTHAL, Thomas. *Protecting human rights in the Americas-cases and materials apud* PIOVESAN, Flávia. *Direitos Humanos e o Direito Constitucional Internacional.* 7. ed. São Paulo: Saraiva, 2006. p. 169.

à moradia – convém frisar – é direito fundamental autônomo, com âmbito de proteção e objeto próprios.[11]

A existência de moradia digna nas grandes cidades pode ser observada quando existem condições salutares de garantia ao livre exercício de cidadania, além de fatores básicos necessários à sobrevivência, tais como acesso à luz, água e saneamento básico, aliado ao fato de que seja esta elaborada por meio de uma construção resistente, seja de tijolo, pedra, madeira, etc., mas que seja projetada de modo a proteger o seu morador do tempo e de suas possíveis variações, além de garantir àquele privacidade, tranquilidade, acesso aos locais de trabalho e lazer, ao transporte e aos serviços públicos como forma de permitir-lhe ter uma vida minimamente sustentável.[12]

Destarte, pela mensuração do arcabouço legislativo existente em nosso país, bem como dos tratados internacionais dos quais este é signatário, resta patente o caráter fundamental do direito à moradia, uma vez que este nada mais é do que uma das condições mínimas para que o ser humano viva com dignidade.

3 O posicionamento do Superior Tribunal de Justiça e do Supremo Tribunal Federal sobre o direito à moradia digna

Sabendo que, de fato, o direito à moradia foi inserido em nosso ordenamento na qualidade de um direito fundamental, há que se vislumbrar ainda de que forma o Poder Judiciário, mais precisamente as cortes superiores – no caso, o Superior Tribunal de Justiça e o Supremo Tribunal Federal – têm julgado tal matéria.

Nesse sentido, torna-se importante destacar que, dentre as aplicações correntes do direito à moradia, seja na esfera do direito internacional, seja na esfera jurídico-constitucional brasileira, destaca-se notadamente o aspecto do que se pode designar como sendo sua dimensão negativa, que é justamente aquele que diz respeito à tutela da

---

[11] SARLET, Ingo Wolfgang. *A eficácia dos direitos fundamentais*. 4. ed. Porto Alegre: Livraria do Advogado, 2004. p. 123.

[12] Nesse sentido, ver CAVALCANTI, Clóvis. Política de governo para o desenvolvimento sustentável: uma introdução ao tema e a esta obra coletiva. *In*: CAVALCANTI, Clóvis (Org.). *Meio Ambiente, Desenvolvimento Sustentável e Políticas Públicas*. São Paulo: Cortez: Recife: Fundação Joaquim Nabuco, 1997. p. 26, que trata do modelo de participação democrática e de desenvolvimento sustentável.

moradia em face de ingerências oriundas do Estado ou de particulares, o que destacaremos a partir da análise de julgamentos feitos por nossas cortes.

É conveniente ressaltar que, tanto no Superior Tribunal de Justiça quanto no Supremo Tribunal de Justiça, poucas têm sido as ações ajuizadas de modo a tutelar tal direito. No caso do Supremo Tribunal Federal (STF), elas não chegam a uma dezena. No geral, as demandas encerram-se ainda nas decisões de primeiro grau e, quando não muito, apenas chegam aos tribunais estaduais.[13]

Como dito anteriormente, em todas elas é possível ver o preceito de que o direito à moradia tem total consonância com o princípio da dignidade da pessoa humana, uma vez que "a noção de 'mínimo existencial', que resulta, por implicitude, de determinados preceitos constitucionais (Constituição Federal, artigo 1º, III, e artigo 3º, III), compreende um complexo de prerrogativas cuja concretização revela-se capaz de garantir condições adequadas de existência digna, em ordem a assegurar à pessoa acesso efetivo ao direito geral de liberdade e, também, a prestações positivas originárias do Estado, viabilizadoras da plena fruição de direitos sociais básicos, tais como o direito à educação, o direito à proteção integral da criança e do adolescente, o direito à saúde, o direito à assistência social, o direito à *moradia*, o direito à alimentação e o direito à segurança, tudo em conformidade com a Declaração Universal dos Direitos da Pessoa Humana, de 1948 (Artigo XXV)".[14]

É de suma importância ressaltar que as assertivas do texto acima estão em todas as decisões mais recentes exaradas pelo Pretório Excelsior.

---

[13] Em pesquisa de jurisprudência realizada no dia 01.12.2015 no site do Supremo Tribunal Federal, www.stf.jus.br, usando o termo "moradia" podemos encontrar 112 decisões jurisprudenciais (acórdãos), enquanto que, ao se colocar como critério os termos "moradia digna", o resultado é apenas *uma* decisão. Já com a expressão "direito à moradia", temos 54 decisões. Todavia, a maioria não trata do direito de habitação em si, mas, sim, de matérias que envolvem a garantia dos direitos sociais como um todo, auxílio à moradia a servidores públicos, uso do FGTS, a penhora do bem de família, etc. Já no site do Superior Tribunal de Justiça, www.stj.jus.br, usando os mesmos parâmetros de pesquisa jurisprudenciais conseguimos os seguintes resultados, respectivamente, 414, 13, 188, mas novamente poucas são as decisões que tratam do direito à moradia digna enquanto direito fundamental. No geral, apenas cinco decisões interessam ao presente trabalho, são elas: REsp nº 1.251.566/SC, Resp nº 403.190/SP, REsp nº 1.013.153/RS, REsp nº 1.251.566/SC e REsp nº 1.120.253/PE, todos do STJ.

[14] Parte da decisão do ARE nº 639337 AgR/SP - São Paulo, AG.REG no Recurso Extraordinário com Agravo, decisão do STF. Relator(a): Min. Celso De Mello, julgamento: 23.08.2011.

No Superior Tribunal de Justiça (STJ), a maior parte das decisões no que pertine à matéria envolve uma posição de destaque em torno da proteção da propriedade que serve de moradia ao seu titular ou a algum familiar. Assim, em nossa pesquisa, detectamos que, após uma série de decisões judiciais, aquela corte vem vedando a penhora do imóvel utilizado para fins de moradia por parte do devedor em diversas hipóteses, enquanto que, em contrapartida, o Supremo Tribunal Federal acabou por reconhecer, mediante controle incidental, a constitucionalidade da previsão legal que permite a penhora do imóvel residencial do fiador de contrato de locação, algo que recebeu duras críticas por parte dos doutrinadores, uma vez que o imóvel residencial, nesse caso, seria, nada mais, nada menos, do que um bem de família, algo que é impenhorável segundo a legislação brasileira.[15]

A primeira decisão dessa natureza, em total desacordo com o posicionamento do Superior Tribunal de Justiça, foi proferida no Recurso Extraordinário nº 407.688/AC[16] e teve como relator o ministro Cezar Peluso. O feito foi julgado em 08.02.2006 e, depois disso, vieram mais três decisões no mesmo sentido. A mais recente é de 03.02.2009 e foi proferida no AI nº 584.436-AgR/RJ[17] e teve o mesmo ministro como relator.

---

[15] A definição do bem de família está presente no artigo 1.712 do Código Civil. "O bem de família consistirá em prédio residencial urbano ou rural, com suas pertenças e acessórios, destinando-se em ambos os casos a domicílio familiar, e poderá abranger valores mobiliários, cuja renda será aplicada na conservação do imóvel e no sustento da família".

[16] No recurso, o fiador contestou decisão do Tribunal do Acre, que havia determinado a penhora de seu único imóvel para o pagamento de dívidas decorrentes de contrato de locação. O tribunal acreano entendeu que a Lei nº 8.009/90 protege o bem de família, mas faz uma ressalva, no entanto, para os casos em que o imóvel é dado como garantia pelo fiador, em contrato de aluguel (artigo 3º, inciso VII). A questão chegou ao Supremo porque o fiador, inconformado com a decisão do tribunal de seu estado, recorreu alegando que o dispositivo da Lei nº 8.009/90 ofende o artigo 6º da Constituição Federal, alterado pela Emenda Constitucional nº 26/2000, que incluiu a moradia no rol dos direitos sociais amparados pelo texto constitucional.

[17] A ementa do presente recurso assim foi redigida: "1. RECURSO. Agravo de instrumento. Inadmissibilidade. Certidão de intimação do acórdão impugnado. Existência. Comprovação. Demonstrada a existência de peça obrigatória ao agravo de instrumento, deve ser apreciado o recurso. 2. FIADOR. Locação. Ação de despejo. Sentença de procedência. Execução. Responsabilidade solidária pelos débitos do afiançado. Penhora de seu imóvel residencial. Bem de família. Admissibilidade. Inexistência de afronta ao direito de moradia, previsto no art. 6º da CF. Constitucionalidade do art. 3º, VII, da Lei nº 8.009/90, com a redação da Lei nº 8.245/91. Agravo regimental improvido. A penhorabilidade do bem de família do fiador do contrato de locação, objeto do art. 3º, inc. VII, da Lei nº 8.009, de 23 de março de 1990, com a redação da Lei nº 8.245, de 15 de outubro de 1991, não ofende o art. 6º da Constituição da República".

Portanto, no entendimento do Supremo, em sede de contrato de locação, o único imóvel (bem de família) de uma pessoa que assume a condição de fiador nesse tipo de contrato pode ser penhorado em caso de inadimplência do locatário. A decisão foi tomada por maioria pelo plenário do Supremo Tribunal Federal, que rejeitou um recurso extraordinário (RE nº 407.688) no qual a questão era discutida.

Durante o julgamento pelo plenário da Suprema Corte, os ministros debateram duas questões importantes: primeiro, se deve prevalecer a liberdade individual e constitucional de alguém ser ou não fiador e arcar com essa respectiva responsabilidade, ou, segundo, se o direito social à moradia, previsto na Constituição, se sobrepunha a esta, tendo em vista ser o direito à moradia um direito fundamental. Isso implicaria dizer se o artigo 3º, inciso VII, da Lei nº 8.009/90 estaria ou não em confronto com o texto constitucional ao permitir a penhora do bem de família do fiador para o pagamento de dívidas decorrentes de aluguel.[18]

Nesse sentido, o ministro Cezar Peluso entendeu que a Lei nº 8.009/90 é clara ao tratar como exceção à impenhorabilidade o bem de família de fiador. Segundo ele, o jurisdicionado tem a liberdade de escolher se deve ou não avalizar um contrato de aluguel e, assim o fazendo, resta claro que deve arcar com os riscos que a condição de fiador lhe impõe. Para o referido ministro, inexiste incompatibilidade entre o dispositivo da lei e a Emenda Constitucional nº 26/2000, que trata do direito social à moradia e veio para alterar o artigo 6º da Constituição Federal. Nesse mesmo sentido votaram os então ministros à época (Joaquim Barbosa, Gilmar Mendes, Ellen Gracie, Marco Aurélio, Sepúlveda Pertence e Nelson Jobim), e esse tem sido o posicionamento da corte desde então.

Na época da decisão acima, o mais relevante voto de divergência veio do ministro Eros Grau, que divergiu do relator no sentido de afastar a possibilidade de penhora do bem de família do fiador. Para isso, ele citou como precedentes dois recursos extraordinários (RE nº 352.940 e RE nº 449.657), então relatados pelo hoje também aposentado ministro Carlos Velloso e decididos no sentido de impedir a penhora do único imóvel do fiador. Nesses recursos, o embasamento do ministro foi o de que a lei, ao excluir o fiador da proteção contra a penhora de seu

---

[18] De fato, trata a Lei nº 8.009/90 da impenhorabilidade do bem de família e, segundo o disposto, nesta seria possível a penhora de bens dessa natureza para pagar dívidas oriundas de obrigação decorrente de fiança concedida em contrato de locação.

imóvel, feriu o princípio constitucional da isonomia. O então voto de divergência foi acompanhado pelos ministros Carlos Ayres Britto e Celso de Mello.

O importante a se destacar dessa divergência é que os três votos retromencionados no julgamento foram no sentido de que a Constituição ampara a família e a sua moradia e que essa proteção consta do artigo 6º da Carta Magna, de forma que o direito à moradia seria um direito fundamental de 2ª geração, que tornaria indisponível o bem de família para a penhora.

Em nosso entendimento, resta claro que o inciso VII do art. 3º da Lei nº 8.009/90 afronta o princípio da isonomia constitucional e o direito social à moradia (art. 1º, inc. III, art. 5º, *caput*, e art. 6º, da Constituição Federal, com a redação dada pela Emenda nº 26/00), tendo sido um equívoco vexatório feito por parte do legislador infraconstitucional, pois, em que pese o fato de o fiador ter a liberdade de poder decidir ou não pela fiança, fica evidente que, o fazendo, o faz por confiança e sentimento de afeição que nutre para com o locatário, que geralmente é um parente ou amigo de longa data. Ninguém em sã consciência, supondo ou tendo a certeza de que será prejudicado futuramente, seria capaz de perder por dívida alheia seu único lar.

Essa, a nosso ver, tem sido a decisão que mais merece atenção nos ínfimos julgados da Suprema Corte brasileira, mesmo porque é uma das poucas em que se discute o direito à habitação enquanto direito fundamental, que é o objeto de nosso estudo.

Diferentemente das assertivas acima, nota-se que a jurisprudência do Superior Tribunal de Justiça, mais precisamente por meio da Súmula nº 364, tem visado ampliar a proteção legal conferida ao "bem de família", assegurando tal tutela mesmo ao devedor que seja solteiro.[19] Nessa corte, os acórdãos são sempre proferidos de maneira a preservar o direito à moradia enquanto direito fundamental; para isso, as citações dos tratados internacionais são uma constante em suas decisões.

E a motivação principal nos julgamentos de tal monta tem sido o resguardo de direitos individuais homogêneos com relevante cunho

---

[19] É pacífico o entendimento do STJ de que "não descaracteriza automaticamente o instituto do bem de família, previsto na Lei nº 8.009/1990, a constatação de que o grupo familiar não reside no único imóvel de sua propriedade" (AgRg no REsp nº 404.742/RS, relator ministro Herman Benjamin, DJE 19.12.2008). Sobre o assunto, veja também SCHREIBER, Anderson. Direito à moradia como fundamento para impenhorabilidade do imóvel residencial do devedor solteiro. *In*: RAMOS, Carmem Lúcia Silveira *et al*. (Org.). *Diálogos sobre Direito Civil*. Rio de Janeiro: Renovar, 2002. p. 81 e ss.

social – e, portanto, indisponíveis –, tais como os direitos de moradia, de garantia de própria subsistência e de vida digna (artigos. 1º, inc. III, 3º, inc. III, 5º, *caput*, 6º e 7º, inc. VII, todos da Constituição da República).[20] Para melhor entendermos a matéria, vale ressaltar que, nesses julgados, o bem de família, tal como estabelecido pela Lei nº 8.009/90, adveio da necessidade de aumento da proteção legal à célula familiar em momento de grande atribulação econômica, decorrente de sucessivos planos governamentais desastrosos. A norma, por conseguinte, é de ordem pública, de cunho eminentemente social, e tem por escopo resguardar o direito à residência ao devedor e à sua família, assegurando-lhes condições dignas de moradia, indispensáveis à manutenção e à sobrevivência da própria família.

Além disso, vale ressaltar que as decisões do Superior Tribunal de Justiça têm sempre observado o fato de que, no direito urbanístico, sobretudo quanto à garantia do direito à moradia digna, surgem, simultânea e inseparavelmente, direitos e interesses individuais homogêneos (dos sem-teto ou moradores de favelas, cortiços e barracos) e outros de índole difusa, da coletividade, que também é negativamente afetada nos planos ético, material e em sua qualidade de vida diante da existência de guetos de agressão permanente à cidadania urbanística e ao meio ambiente. O ministro da Segunda Turma do STJ, Antônio Herman Benjamin, também ambientalista brasileiro de renome, tem ventilado sempre tais preceitos em suas decisões e assim o fez no julgamento do REsp nº 1.013.153/RS.

Há, todavia, no Superior Tribunal de Justiça casos de proteção da moradia contra despejos arbitrários, reintegrações de posse ou qualquer outro modo de restrição ou violação do direito à moradia por ação ou mesmo omissão. No entanto, os casos mais recentes e emblemáticos nos quais o tema está involucrado e que merecem nossa atenção têm se pautado em ações sobre o uso do Fundo de Garantia por Tempo de Serviço (FGTS), a exemplo do Recurso Especial nº 1.251.566/SC, onde, por meio da interpretação teleológica da Lei nº 8.036/90, se admitiu o levantamento dos valores de FGTS nas hipóteses em que algum direito fundamental estivesse comprometido, por exemplo: suspensão ou interrupção do contrato laboral (direito ao trabalho), acometimento de doença grave (direito à saúde) e mesmo a garantia do pagamento de prestações de financiamento habitacional (direito à moradia). Nesse

---

[20] Sobre a temática, ver REsp nº 1.120.253/PE, Relator Ministro Mauro Campbell Marques, Segunda Turma, julgado em 15.10.2009, DJE 28.10.2009.

aspecto, a Superior Corte tem entendimento firmado de que, com base no art. 35 do Decreto nº 99.684/90, que regulamentou o art. 20 da Lei nº 8.036/90, se permite utilizar o saldo do Fundo de Garantia por Tempo de Serviço para pagamento do preço de aquisição de moradia própria, ainda que a operação tenha sido realizada fora do Sistema Financeiro da Habitação, desde que se preencham os requisitos para esta ser por ele financiada.

Tal entendimento visa justamente assegurar que os dispositivos sejam lidos em conjunto, visando à realização de todos os bens e valores da Constituição e, ao mesmo tempo, não negar nenhum deles, objetivando com isso a unidade da Constituição, já que as normas constitucionais não são isoladas, mas, sim, preceitos integrados em um sistema unitário.

Ademais, bem ressalta o entendimento do recurso especial em questão: "O direito à moradia e ao FGTS (como mecanismo de melhoria da condição social do sujeito jurídico), *visam, não a outra finalidade, mas à direta e efetiva garantia da dignidade da pessoa humana, solução que atende à eficácia integradora da Constituição. Ainda mais: à luz do princípio da proporcionalidade em sentido estrito, a ponderação dos bens jurídicos em questão revela que não há como prosperar o argumento de que o FGTS (direito do trabalhador) não pode ser utilizado para a reforma de imóvel destinado ao atendimento de uma proteção constitucional (direito à moradia), em consonância com o sobre princípio da dignidade da pessoa humana,* simplesmente pelo fato de que a legislação infraconstitucional não previu especificamente essa hipótese".[21]

Ora, no caso em análise, as decisões estão em perfeita consonância com o entendimento de que o direito à moradia inclui o direito de ocupar um lugar no espaço, assim como o direito às condições que tornam esse espaço um local de moradia salubre e digno; assim, morar constitui um requisito existencial humano.

E não é demais citar que o acesso à moradia, principalmente à moradia compatível com as exigências da dignidade da pessoa humana, segue ainda hoje como sendo um dos maiores problemas a serem superados em termos de efetividade dos direitos sociais no Brasil, assim como em outros países que são frutos da colonização europeia, cuja herança e cicatriz mais aguda ainda é a desigualdade social.

---

[21] REsp nº 1.251.566/SC – Recurso Especial nº 2011/0097154-7, Relator(a) Ministro Mauro Campbell Marques. Órgão Julgador, T2 – Segunda Turma, Data do Julgamento 07.06.2011, Data da Publicação/Fonte: DJE14.06.2011.

Assim, no que tange à efetiva concretização do direito à moradia digna no Brasil e não obstante o desenvolvimento econômico alcançado pelo país nos últimos anos, vê-se que os dados são alarmantes, pois os investimentos habitacionais no Brasil cresceram 785,7% de 2002 até 2009, ao passar de 7 bilhões de reais para 62 bilhões de reais, segundo análise do Instituto de Pesquisa Econômica Aplicada (IPEA); todavia, o déficit habitacional brasileiro é de 7,9 milhões de moradias, correspondente a 14,9% do total de domicílios.[22]

Como se não bastasse, as onze principais regiões metropolitanas do país concentram 80% das favelas, 33% de déficit habitacional e cerca de 60% do produto interno bruto (PIB). Os dados da análise do IPEA são do Ministério das Cidades de 2009, analisados em conjunto com dados da Pesquisa Nacional por Amostra de Domicílios (PNAD) de 2005 e processados pela Fundação João Pinheiro. As maiores concentrações, em números absolutos, estão no Sudeste e no Nordeste, com déficit total de 2,9 e 2,7 milhões de domicílios, respectivamente. Em termos relativos, os maiores percentuais estão no Norte (22,9%) e Nordeste (20,6%). O déficit habitacional urbano é de 6,4 milhões de domicílios, e o rural é de aproximadamente 1,5 milhão, com destaque para o Nordeste, cuja demanda se aproxima de 900 mil novas unidades habitacionais (IPEA, 2009).

De outro lado, segundo o Instituto Brasileiro de Geografia e Estáticas (IBGE), 46,7% das pessoas na linha de extrema pobreza residem em área rural. Apesar de apenas 15,6% da população brasileira morar no campo, o restante das pessoas em condição de miséria, 53,3%, mora em áreas urbanas, onde reside a maioria da população (84,4%). A região Nordeste concentra a maior parte dos extremamente pobres (9,61 milhões de pessoas ou 59,1%); destes, a maior parcela (56,4%) vive no campo, enquanto 43,6% estão em áreas urbanas. A região Sudeste tem 2,72 milhões de brasileiros em situação de miséria, seguido pelo Norte, com 2,65 milhões, pelo Sul (715,96 mil), e o Centro Oeste (557,44 mil).[23]

A análise dos dados acima permite afirmar que a questão da moradia no Brasil não é só uma questão de direito a habitar determinado

---

[22] Dados pesquisados e extraídos do site Moradia digna, uma prioridade social. Disponível em: http://www.moradiadigna.org.br/moradiadigna/v1/index2.asp?p=19&id=80&Noticia=S. Acesso em: 10 nov. 2015.

[23] Dados do IBGE extraídos do site: http://g1.globo.com/politica/noticia/2011/05/brasil-tem-1627-milhoes-de-pessoas-em-situacao-de-extrema-pobreza.html. Acesso em: 10 dez. 2011.

local no campo ou na cidade, é também um problema intimamente relacionado à própria condição de sobrevivência de uma população que vive em um estado de desigualdades sociais e sem acesso a bens e serviços de primeira necessidade a qualquer pessoa.

É evidente que estamos tratando de um país rico em diversos aspectos, mas que possui em suas entranhas, como se ainda estivesse em um período arcaico, um ranço de corrupção e de ausência de compromisso social por parte de seus governantes, sejam municipais, estaduais ou federais, em criar políticas públicas que de fato atendam aos anseios da população, que cada vez mais sofre sem um espaço habitacional digno, essencial para viver com um mínimo de saúde e bem-estar.

Vê-se, portanto, que o Estado, embora reconheça constitucionalmente o direito à moradia como um direito fundamental, além de violá-lo, também o nega em muitos sentidos.

Não se poderia aqui olvidar a lição de Henri Lefebvre, que, escrevendo sobre o assunto, diz que: "A reforma urbana não se dá por meio de decreto, ela tem de se dar através de um processo político. O 'direito à cidade' tem de ser conquistado, e seu pleno reconhecimento é uma etapa essencial da luta mais ampla 'pela liberdade da cidade'".[24]

Grazia de Grazia, ao analisar a necessidade de um meio urbano-ambiental sadio, também parte dessa premissa, lembrando que, para evitar situações de degradação ambiental, é necessário que os governos ofereçam soluções de *habitação para as camadas pobres*, tendo em vista que, do ponto de vista social, esta é uma necessidade cuja satisfação será buscada de qualquer forma e principalmente porque está garantida nos direitos universais do homem, bem como na Constituição brasileira.[25]

Ademais, levando em conta os critérios para que uma moradia seja considerada adequada ou digna, como, por exemplo, a existência de instalações sanitárias adequadas, disponibilidade de água potável, acesso aos meios de transporte coletivos, entre outros serviços, também se verifica o quão importante é a questão do direito à moradia, que não pode ser dissociada do contexto geral dos direitos econômicos, sociais e culturais, assim como de outros direitos fundamentais, como a tutela da vida privada, o livre desenvolvimento da personalidade, entre outros direitos que devem ser criados e implementados pelo Estado por meio

---

[24] LEFEBREVE, Henri. *La Revolution Urbaine*. Gallimard, Paris, 1971, p. 205.
[25] Estratégias para a construção da sustentabilidade urbana, De Grazia, Grazia, Alexandre Mello Santos e Athayde Motta, BSD/FASE/IBASE, p. 123.

de políticas públicas adequadas e que, sobretudo em casos de violações, sejam estas praticadas pelo poder público ou por particulares, devem ser garantidos integralmente pelo Poder Judiciário.

4 Conclusão

Para concluir, podemos dizer que os direitos sociais estabelecidos em lei (art. 6º da CF/88) trazem em seu bojo uma finalidade de ordem econômico-social, diante de seu caráter de justiça social, com a finalidade precípua de assegurar a todos uma existência digna.

Vale recordar a importância do direito à moradia, haja vista que, sem um lugar adequado para se proteger e viver, nenhum cidadão certamente terá atendida a essência do direito à vida, que é morar, sobreviver com dignidade.

Desse modo, o direito à moradia, da mesma forma como ocorre com o direito à saúde e uma série de outros direitos fundamentais, embora seja sempre um direito autônomo, está intimamente relacionado com outras esferas de direitos, dentre eles, o da vida, de alimentação, de saúde, de privacidade e intimidade, do meio ambiente saudável e, claro, de propriedade, visto que estes são direitos básicos que devem ser garantidos a qualquer custo a todo homem no Estado Democrático de Direito.

O direito à moradia digna está circunscrito ao princípio da dignidade da pessoa humana, que, segundo Ingo Sarlet, é a qualidade intrínseca e distintiva reconhecida em cada ser humano que o faz merecedor do mesmo respeito e consideração por parte do Estado e da comunidade, implicando, nesse sentido, um complexo de direitos e deveres fundamentais que assegurem a pessoa tanto contra todo e qualquer ato de cunho degradante e desumano como venham a lhe garantir as condições existenciais mínimas para uma vida saudável, além de propiciar e promover sua participação ativa e corresponsável nos destinos da própria existência e da vida em comunhão com os demais seres humanos, vez que este reclama a satisfação das necessidades básicas para uma vida digna.[26]

---

[26] SARLET, Ingo Wolfgang. O direito fundamental à moradia aos vinte anos da Constituição Federal de 1988: notas a respeito da evolução em matéria jurisprudencial, com destaque para a atuação do Supremo Tribunal Federal. *Revista Brasileira de Estudos Constitucionais*, Belo Horizonte, v. 2, n. 8, out. 2008. Disponível em: http://bdjur.stj.jus.br/dspace/handle/2011/28986. Acesso em: 01 dez. 2015.

A ideia de moradia não se associa apenas à concepção de mera habitação, de morada individual ou familiar, mas a um conjunto de elementos ligados ao saneamento básico, serviços urbanos, educação, saúde, meio ambiente saudável, acesso a serviços públicos, lazer, transporte, cultura, que são hoje os elementos cruciais para a vida saudável nas sociedades rurais ou urbanas.

No Brasil, as jurisprudências dos tribunais superiores sobre o direito à moradia digna ainda são incipientes, modestas e pouco debatidas academicamente, mas é fato que, no geral, elas sempre o apontam como um direito fundamental a ser protegido e assegurado pelo Estado. Essas decisões levam em conta não só os preceitos trazidos pela Emenda Constitucional nº 26/2000, que alterou o artigo 6º da Carta Constitucional de 1988, mas, principalmente, diante do fato de o Brasil ter sido signatário de vários tratados internacionais, o vêem como um direito basilar inerente a toda e qualquer pessoa e que deve ser garantido por todos os entes da federação a qualquer preço.

Por conseguinte, entendemos que, excepcionando a decisão do Supremo Tribunal Federal sobre a penhora de bem imóvel de fiador em contrato de locação, que, a nosso ver, foi um erro grotesco do legislador, por desconsiderar o conceito jurídico de bem de família, as decisões jurisprudenciais das altas cortes brasileiras têm tornado inquestionavelmente certo que o direito à moradia é o ventre materno, a partir do qual se desenvolvem os demais direitos do cidadão já reconhecidos pelo Legislador Constituinte, quais sejam, o direito à igualdade, à liberdade, à segurança e, principalmente, o direito à propriedade e à vida.

Referências

BRASIL. *Constituição de 1998*. Título I. São Paulo: Ridel, 2010.

BUERGENTHAL, Thomas. Protecting human rights in the Americas-cases and materials *apud* PIOVESAN, Flávia. *Direitos Humanos e o Direito Constitucional Internacional*. 7. ed. São Paulo: Saraiva, 2006.

CAVALCANTI, Clóvis. Política de governo para o desenvolvimento sustentável: uma introdução ao tema e a esta obra coletiva. *In*: CAVALCANTI, Clóvis (Org.). *Meio Ambiente, Desenvolvimento Sustentável e Políticas Públicas*. São Paulo: Cortez; Recife: Fundação Joaquim Nabuco, 1997.

COSTA MEIRELES, Ana Cristina. *A eficácia dos direitos sociais*. Salvador: JusPodivm, 2008.

DE GRAZIA, Grazia; SANTOS, Alexandre Mello; MOTTA, Athayde. *Estratégias para a construção da sustentabilidade urbana*, BSD/FASE/IBASE.

FERNANDES, Edésio. Direito urbanístico e política urbana no brasil: uma introdução. *Direito Urbanístico e Política Urbana no Brasil*. Belo Horizonte: Del Rey, 2001.

LEFEBREVE, Henri. *La Revolution Urbaine*. Gallimard, Paris, 1971.

SARLET, Ingo Wolfgang. *A eficácia dos direitos fundamentais*. 4. ed. Porto Alegre: Livraria do Advogado, 2004.

SARLET, Ingo Wolfgang (Org.). O direito fundamental à moradia na Constituição: algumas anotações a respeito de seu contexto, conteúdo e possível eficácia. *In*: MELLO, Celso de Albuquerque; TORRES, Ricardo Lobo (Org.). *Arquivos de Direitos Humanos*. v. 4. São Paulo; Rio de Janeiro: Renovar, 2002.

SARLET, Ingo Wolfgang. O direito fundamental à moradia aos vinte anos da Constituição Federal de 1988: notas a respeito da evolução em matéria jurisprudencial, com destaque para a atuação do Supremo Tribunal Federal. *Revista Brasileira de Estudos Constitucionais*, Belo Horizonte, v. 2, n. 8, out. 2008. Disponível em: http://bdjur.stj.jus.br/dspace/handle/2011/28986. Acesso em: 09 dez. 2011.

SCHREIBER, Anderson. Direito à moradia como fundamento para impenhorabilidade do imóvel residencial do devedor solteiro. *In*: RAMOS, Carmem Lúcia Silveira *et al.* (Org.). *Diálogos sobre Direito Civil*. Rio de Janeiro: Renovar, 2002.

SERRANO JÚNIOR, Odoné. *O direito humano fundamental à moradia digna*: exigibilidade, universalização e políticas públicas para o desenvolvimento. Pontifícia Universidade Católica do Paraná. Programa de Pós-Graduação em Direito, 2011.

Informação bibliográfica deste texto, conforme a NBR 6023:2018 da Associação Brasileira de Normas Técnicas (ABNT):

BARBOSA, Jonismar Alves. O entendimento jurisprudencial das cortes brasileiras sobre o direito fundamental à moradia digna. *In*: BASTOS, Dafne Fernandez de; SALES, José Edvaldo Pereira (Coord.). *Direitos humanos*: abordagens transversais. Belo Horizonte: Fórum, 2020. p. 209-226. ISBN 978-85-450-0732-6.

APLICAÇÃO DA BOA-FÉ OBJETIVA NO ÂMBITO DO NOVO CÓDIGO DE PROCESSO CIVIL

KARINE DE AQUINO CÂMARA

1 Introdução

A boa-fé objetiva remonta ao direito romano, em que a *fides* representava, naquela sociedade, a ideia de confiança, lealdade e honestidade.

No ordenamento jurídico pátrio, a boa-fé objetiva foi consagrada expressamente pelo CC de 2002, em seu art. 422, que, além dessa previsão, é ainda permeado por normas genéricas – cláusulas gerais e conceitos jurídicos indeterminados –, o que permite a proteção dos valores éticos por todos os sujeitos envolvidos no processo.

A noção de boa-fé, bem como a teoria do abuso de direito (art. 187 do Código Civil de 2002), foi desenvolvida primeiramente no âmbito do direito privado, especialmente ao tratar das relações contratuais, no intuito de fazer com que as partes envolvidas nessa relação jurídica se comportassem com lealdade e retidão.

Todavia, a boa-fé não está adstrita ao âmbito das relações privadas, pois se encontra espraiada em todo o ordenamento jurídico por constituir a boa-fé um princípio constitucional, sendo aplicável, portanto, também ao direito público, ramo no qual está catalogado o direito processual civil.

Em outras palavras, hodiernamente, o processo civil visa à concretização do direito material sem olvidar dos princípios éticos e morais, não tolerando, portanto, a litigância de má-fé, o abuso de direito, nem o exercício de condutas contraditórias por quaisquer das partes envolvidas no litígio. O processo, como relação jurídica que é, deve, pois, pautar-se sempre pela boa-fé objetiva.

Nesse diapasão, demonstra-se que a boa-fé objetiva está presente, de forma esparsa, na CF, tanto em seu preâmbulo como entre os fundamentos e os objetivos da República Federativa brasileira – art. 1º, III (dignidade da pessoa humana), e art. 3º, I (solidariedade) –, e, ainda, pelo direito fundamental ao devido processo legal (art. 5º, LIV), que implica também um processo justo e equânime (devido processo legal material). Ademais, o próprio modelo político adotado pelo Estado brasileiro, qual seja, o Estado Social, denota a importância dos valores éticos na ordem constitucional.

Nesse contexto, o processo se apresenta, na jurisdição brasileira, como meio viabilizador da tutela prometida pelo direito material e pela Constituição. Por isso, diz-se, atualmente, que existe, no ordenamento jurídico pátrio, o "direito processual civil constitucional", uma vez que estão previstas diversas garantias processuais na CF, como a ampla defesa, o contraditório e a efetividade.

Importante destacar que a boa-fé objetiva, um dos princípios constitucionais do Estado Democrático de Direito brasileiro e corolário da dignidade da pessoa humana, norteia todo o ordenamento jurídico, não obstante ter nascedouro e aplicação mais nítida no diploma material civil. Ademais, sendo o processo o meio de concretização do direito material, é inegável que a boa-fé objetiva também deve ser respeitada no sistema processual, por todos os sujeitos do processo, inclusive e primordialmente pelo juiz.

As reformas que o diploma processual civil brasileiro viveu desde 2015 confirmaram a tendência de apreço pela ética no processo, coibindo recursos protelatórios e infundados, bem como permitindo a antecipação de tutela quando se constatar a ocorrência de abuso de direito ou manifesto propósito protelatório do réu (art. 300 do NCPC).

Esse maior prestígio dado aos valores sociais, políticos e culturais no âmbito processual tem ocorrido na medida em que o processo deixou de ser visto meramente como instrumento técnico de aplicação das normas. O processo é visto hoje como meio público de realização da justiça, o que exige condutas leais, probas e retas de todos aqueles que, de forma direta ou indireta, participem da relação jurídica processual. Nesse contexto, representa a boa-fé objetiva o vetor axiológico dos comportamentos dos sujeitos processuais, uma vez que demanda um modelo objetivo de conduta social que venha imperar no seio processual.

Pretende-se, com a análise aqui realizada, evidenciar que o processo civil deve se pautar por valores éticos, destacando-se entre estes a boa-fé objetiva, que constitui uma norma ética de conduta. Por fim, partindo do pressuposto de que nos encontramos inseridos em um Estado Democrático de Direito, evidenciou-se a importância do papel do juiz na condução do processo, conduzindo-o como instrumento de acesso efetivo e célere à justiça, orientado sempre pela boa-fé objetiva, o que deve ser corroborado por todas as demais partes do processo, pois, consoante já advertia Platão, "não pode haver justiça sem homens justos".

Desse modo, o estudo aqui proposto procura demonstrar que o processo se apresenta, atualmente, como um instrumento ético, norteado pela boa-fé objetiva e pelos demais valores contidos na CF, que visa, sobretudo, à pacificação social com justiça.

2 Conceito de boa-fé

A boa-fé é um instituto plurívoco, não havendo um consenso em sua conceituação, podendo ser analisada sob os prismas subjetivo ou objetivo, e como princípio ou como cláusula geral.[1]

Não obstante essa indefinição da natureza jurídica do instituto, em termos gerais, pode-se afirmar que a boa-fé é um conceito moral que determina que as condutas sejam pautadas pela moralidade, honestidade, confiança e probidade, representando o reflexo da ética no fenômeno jurídico.

A boa-fé possui duas acepções distintas: a subjetiva e a objetiva. A boa-fé subjetiva se refere a um estado, a elementos internos, que conduzem o sujeito a uma ignorância do caráter ilícito de sua conduta; a boa-fé objetiva se relaciona a elementos externos e impõe normas de conduta conforme a moral social.

Como tem ganhado mais espaço na ordem jurídica nacional, a boa-fé objetiva passou a ser bastante valorizada dentro da processualística civil e, para a sua compreensão, faz-se mister, primeiro, estabelecer a distinção entre essas duas feições.

---

[1] Na verdade, no Código Civil brasileiro, a boa-fé aparece tanto sob a acepção de princípio hermenêutico como de conceito jurídico indeterminado e de cláusula geral. Defende-se, contudo, neste trabalho que a boa-fé é um princípio constitucional, efetivado pela cláusula geral da boa-fé, insculpida no art. 14, II, do CPC, conforme será detalhado no item "2" deste capítulo.

2.1 Feição subjetiva

A boa-fé subjetiva, também chamada de "boa-fé crença",[2] diz respeito ao foro íntimo do agente, correspondendo à intenção deste de não prejudicar outrem; possui, portanto, cunho psicológico e é chamada de subjetiva por ser "uma qualidade reportada ao sujeito".

Ocorre a valoração da conduta do sujeito que ignora o caráter ilícito do seu ato, tratando-se de uma boa-fé puramente fática.

Nesse sentido, Judith Martins Costa:

> A boa-fé subjetiva denota, portanto, primariamente, a ideia de ignorância, de crença errônea, ainda que escusável, acerca da existência de uma situação regular, crença (e ignorância escusável) que repousam seja no próprio estado (subjetivo) da ignorância [...], seja numa errônea aparência de certo ato. [...] Diz-se 'subjetiva' justamente porque, para a sua aplicação, deve o intérprete considerar a intenção do sujeito na relação jurídica, o seu estado psicológico ou íntima convicção.[3]

Na análise da boa-fé subjetiva, o juiz deve perquirir a intenção do agente quando da prática da conduta, isto é, deve se pronunciar sobre o estado de ciência ou de ignorância do sujeito.

Essa modalidade de boa-fé remonta às expressões latinas *bona fides* da *usacapio* do direito romano e já se encontrava presente no Código Civil pátrio de 1916, mormente nos dispositivos atinentes ao direito possessório, o que foi repetido com muita semelhança no Código Civil de 2002.

Contudo, a ideia da boa-fé subjetiva vem cedendo lugar à boa-fé objetiva, porque aquela é difícil de ser constatada por se relacionar com os dados psicológicos do agente, enquanto esta possui parâmetros objetivos que facilitam sua visualização pelo magistrado e pelos demais sujeitos do processo.

Logo, o ordenamento não pode ficar adstrito a essa visão subjetivista e, consequentemente, de difícil averiguação, sob pena de restar prejudicada a aplicação de sanções aos sujeitos pelo descumprimento de seus deveres processuais.

---

[2] Boa-fé crença no sentido de se vincular à confiança de uma situação regular.
[3] MARTINS-COSTA, Judith. *A boa-fé no direito privado*. São Paulo: RT, 2000. p. 411.

2.2 Feição objetiva

A boa-fé objetiva não perquire a vontade do agente, pois é examinada externamente e delimitada por critérios objetivos, sendo facilmente percebida em todo o ordenamento jurídico por ter alicerce constitucional e não necessitar da análise do espírito do agente, sancionando-lhe quando deixar de observar o seu dever de honestidade, lealdade e cooperação dentro do processo.

No direito brasileiro, a boa-fé objetiva foi, primeiramente, aventada no CC de 1916, mesmo que de forma dispersa, como se observa de alguns artigos isolados desse diploma. Já no CDC,[4] houve previsão clara e expressa da boa-fé objetiva, o que, posteriormente, também ocorreu no NCC, que previu os deveres acessórios de conduta e a boa-fé como regra de interpretação dos contratos (CC/2002, arts. 113, 187 e 422).

Ademais, a boa-fé objetiva não possui um conteúdo prévio e rigidamente fixado, uma vez que não está limitada pela lei, o que confere um amplo poder ao juiz. Cabe, assim, ao intérprete analisar cada caso e dar-lhe os contornos de acordo com as circunstâncias fáticas concretas.[5]

Importa destacar o relevante papel do magistrado, que deve, portanto, estabelecer, de acordo com a análise do contexto, um padrão de conduta exigível do homem mediano, prescindindo da perquirição da intenção do sujeito ao agir. E, caso essa conduta não seja seguida no caso concreto, o agente deverá sofrer as sanções por não agir de boa-fé, mesmo que desprovido de má-fé.

Autores como Fredie Didier Júnior[6] afirmam que a boa-fé objetiva decorre do devido processo legal, ao limitar o direito de defesa

---

[4] O CDC positivou expressamente a boa-fé objetiva no capítulo da política nacional das relações de consumo (art. 4º, III) e na seção das cláusulas abusivas (art. 51, IV).

[5] Importante notar que a efetiva aplicação da boa-fé objetiva dependerá do tipo de sistema jurídico (aberto ou fechado) em que ela se encontra inserida. O sistema jurídico fechado é aquele que se funda na literalidade exaustiva das normas, infenso a alargamentos hermenêuticos, ao passo que os limites de um sistema normativo aberto podem ser expandidos, de acordo com as peculiaridades do caso concreto, por força do grau de abstração e indeterminação de suas proposições normativas. Desse modo, a aplicação da boa-fé objetiva somente será percebida efetivamente nos sistemas jurídicos abertos, uma vez que seu conteúdo é moldado na regulação de casos concretos, não se restringindo unicamente à vontade do legislador, como ocorre no sistema fechado. Parafraseando Judith Martins-Costa, diferentemente do fechado, o sistema aberto possui uma espécie de "energia expansiva" capaz de exprimir ulteriores princípios e de preencher lacunas (MARTINS-COSTA, Judith. *A boa-fé no direito privado*. São Paulo: RT, 2000).

[6] Fredie Didier Jr. entende que o devido processo legal enseja um processo de lealdade e orientado pela boa-fé objetiva, sendo assim o dever geral de boa-fé o conteúdo do devido processo legal, pois "o processo para ser devido (*giusto*, como dizem os italianos, equitativo, como dizem os portugueses) precisa ser ético e leal" (DIDIER JÚNIOR, Fredie. Multa Coercitiva, Boa-fé processual e Supressio: Aplicação do Duty to Mitigate the loss no Processo Civil. *Revista Magister de Direito Civil e Processo Civil*, n. 32, set./out. 2009).

com o objetivo de resguardar o direito à tutela efetiva. Já para Teresa Negreiros,[7] a boa-fé encontra seu alicerce constitucional na dignidade da pessoa humana. Menezes Cordeiro,[8] por sua vez, assevera que a boa-fé decorre do direito fundamental à igualdade. Outros, como Antônio do Passo Cabral,[9] apontam como espeque da boa-fé o princípio do contraditório.

A boa-fé objetiva, portanto, constitui um princípio constitucional implícito e se dirige para o alcance de objetivos políticos, sociais e jurídicos insculpidos na Magna Carta.

Em razão da onipresença da boa-fé objetiva em todos os campos da ciência jurídica, em virtude de seu fundamento constitucional, defende-se, neste trabalho, a aplicação da boa-fé, instituto tipicamente do direito privado, ao direito público, notadamente ao direito processual civil.

3 Reflexos da boa-fé objetiva no novo Código de Processo Civil brasileiro (NCPC)

O novo Código de Processo Civil brasileiro entrou em vigor no dia 18 de março de 2016, com a vigência da Lei nº 13.105/2015, trazendo alterações estruturais ao antigo sistema processual pátrio.

Consoante consta da Exposição de Motivos do Anteprojeto do NCPC, a nova codificação do sistema processual civil brasileiro possui, resumidamente, cinco objetivos: "1) estabelecer expressa e implicitamente verdadeira sintonia fina com a Constituição Federal; 2) criar condições para que o juiz possa proferir decisão de forma mais rente à realidade fática subjacente à causa; 3) simplificar, resolvendo problemas e reduzindo a complexidade de subsistemas, como, por exemplo, o recursal; 4) dar todo o rendimento possível a cada processo em si mesmo considerado; e, 5) finalmente, sendo talvez este último objetivo parcialmente alcançado pela realização daqueles mencionados antes, imprimir maior grau de organicidade ao sistema, dando-lhe, assim, mais coesão".

---

[7] NEGREIROS, Teresa. *Teoria do contrato*: novos paradigmas. 2. ed. Rio de Janeiro: Renovar, 2006. p. 117.
[8] CORDEIRO, Antônio Manuel da Rocha e Menezes. *Da boa fé no direito civil*. Coimbra: Almedina, 2001.
[9] CABRAL, Antônio do Passo apud DIDIER JR, Fredie. *Curso de Direito Processual Civil, Execução*. v. 5. Salvador: JusPodivm, 2009.

Da leitura, depreende-se que o modelo brasileiro de processo civil passa a ser um modelo constitucional, objetivando à concretização dos direitos fundamentais processuais civis previstos na Carta Magna. O formalismo do processo civil brasileiro é, portanto, um formalismo-valorativo, pautado sobremaneira na boa-fé objetiva. Por isso, diz-se que o Estado de Direito brasileiro é um Estado Constitucional, sendo um de seus pilares a boa-fé objetiva.

O NCPC explicita, em vários dispositivos, a necessidade de observância da boa-fé objetiva e do dever de cooperação nas relações jurídicas processuais. Cita-se como exemplo o art. 5º, referente às normas fundamentais do processo civil, o qual dispõe que "aquele que de qualquer forma participa do processo deve comportar-se de acordo com a boa-fé", estruturando desde seu fundamento o processo brasileiro.

Outras manifestações do direito ao contraditório podem ser vistas ao longo do NCPC: o juiz só pode decidir com base em fundamento a respeito do qual tenha dado oportunidade às partes de se manifestarem, ainda que se trate de matéria sobre a qual tenha que decidir de ofício (art. 10) e "não se proferirá decisão contra uma das partes sem que ela seja previamente ouvida" (art. 9º), o que está intimamente ligado ao dever do juiz de consultar as partes, o que vai ao encontro do princípio da boa-fé que o juiz deve observar juntamente com os demais sujeitos do processo.

Em outras palavras, o direito ao contraditório que privilegia a participação efetiva de todos os sujeitos no processo demonstra que deve haver um constante diálogo entre as partes e entre estas e o magistrado, no afã de se construir um processo justo, baseado na cooperação e na boa-fé.

Dessa forma, a Lei nº 13.105/2015 densifica o direito de ação como um direito a um processo justo, na medida em que o juiz deve interpretar o diploma processual civil com base nos princípios fundamentais previstos na CF. Assim, o direito de ação deve ser compreendido em sua perspectiva dinâmica, pois não objetiva pura e simplesmente o julgamento do mérito da demanda judicial, pretendendo, sobretudo, que as posições jurídicas sejam exercidas ao longo do processo balizadas nos direitos fundamentais processuais.

Corrobora esse entendimento o fato de o NCPC ter previsto a possibilidade de adaptação do procedimento, pelo juiz (art. 139, VI) ou pelas partes (art. 190), de acordo com as circunstâncias do caso concreto e com as peculiaridades do direito material tutelado.

Observe-se, neste ponto, que a adequação da tutela se pauta pela boa-fé objetiva, uma vez que almeja uma decisão justa para o processo, sem se descurar dos princípios constitucionais da igualdade, do contraditório e da ampla defesa, que devem regular qualquer relação subjetiva processual.

Diante desse quadro, afirma-se que o diploma processual civil brasileiro se identifica pela colaboração existente entre os sujeitos processuais, que devem observar a boa-fé objetiva na sua atuação dentro do processo, pois a jurisdição possui, além do escopo jurídico (atuação da vontade concreta do direito), o escopo social (pacificação social com justiça) e político (reafirmação do poder dirigente do Estado e incentivo ao direito de participação dos sujeitos no processo) também.

Em relação à efetividade da tutela jurisdicional, o NCPC prevê o poder de o juiz "determinar todas as medidas indutivas, coercitivas, mandamentais ou sub-rogatórias" no caso de descumprimento de suas determinações (art. 379, parágrafo único), tendo em vista que o legislador pressupôs, em virtude do Estado Constitucional em que o sistema jurídico brasileiro está inserido, que a atividade do magistrado, na direção e condução do processo, se pauta pela boa-fé objetiva, na medida em que o seu objetivo é tutelar o direito material de modo efetivo, célere, adequado e, sobretudo, justo.

Frise-se, aqui, que, apesar de todos os sujeitos processuais terem o dever de agir com boa-fé e de colaborar no processo, esse papel é mais visivelmente desempenhado pelo juiz, pois, conforme os ditames do neoprocessualismo, o magistrado possui o poder de direção e condução do processo, o que lhe permite agir ativamente no andamento do processo com o fito de concretizar o direito material em litígio. Corroboram com tal posição as palavras dos insignes doutrinadores Marinoni e Mitidiero: "O juiz do processo civil do Estado Constitucional é um juiz que é ativo na condução do processo em colaboração com as partes".[10]

Outrossim, o NCPC traz explicitamente disposições que veiculam o direito à igualdade no âmbito do processo e que contribuem para a observância da boa-fé pelos sujeitos do processo, inclusive pelo juiz, pois fornecem instrumentos que facilitam uma atuação baseada na lealdade, probidade e nos valores éticos em geral.

---

[10] MARINONI, Luiz Guilherme; MITIDIERO, Daniel. *O Projeto do CPC*: crítica e propostas. São Paulo: Editora RT, 2010. p. 32.

Outros artigos também prestigiam o direito processual fundamental à igualdade, como a Seção IV (arts. 98 a 102), que prevê a gratuidade judiciária aos menos favorecidos economicamente. Frise-se que a concessão de gratuidade judiciária não prescinde do dever de agir com boa-fé no processo, não isentando o beneficiado com a gratuidade de eventuais sanções ao litigante de má-fé.

O direito constitucional processual à ampla defesa (CF, art. 5º, inciso LV) também se relaciona com a boa-fé objetiva, na medida em que não se pode limitar previamente questões ao debate, pois a tutela dos direitos com justiça exige cognição plena e exauriente, em regra.

Outra incidência da boa-fé objetiva no NCPC se dá nos dispositivos que tratam da instrumentalidade das formas processuais, que, apesar de preverem, em regra, que os atos processuais devem seguir formas predefinidas nas normas do CPC para serem válidos, abrem exceção a essa regra quando a inobservância da forma não acarretar prejuízo para as partes e continuar atendendo aos fins de justiça do processo.

Dessa forma, preserva-se a validade dos atos processuais, pois a boa-fé objetiva com que atuaram os sujeitos processuais proporciona o alcance de uma solução justa da lide, não obstante as regras do processo não terem sido seguidas à risca por aqueles sujeitos.

Nesse sentido, diz o art. 188 do NCPC que "os atos e os termos processuais independem de forma determinada, salvo quando a lei expressamente a exigir, considerando-se válidos os que, realizados de outro modo, lhe preencham a finalidade essencial". Ademais, ao se referir às nulidades processuais, o projeto do NCPC afirma que, "quando a lei prescrever determinada forma, o juiz considerará válido o ato se, realizado de outro modo, lhe alcançar a finalidade" (art. 277).

Em complemento a essa orientação de relativização das formas processuais quando o desvio da forma não altere a finalidade da norma, o NCPC deu ênfase às soluções de mérito em detrimento às decisões terminativas do feito. Tal fato está em consonância com o modelo de processo civil cooperativo, como o é o brasileiro atualmente, no qual todos os sujeitos do processo devem agir alicerçados na boa-fé e com o objetivo de atingir a finalidade primordial do processo, qual seja, a solução justa e efetiva da lide.

Nesse diapasão, o art. 317 preceitua que, "antes de proferir sentença sem resolução de mérito, o juiz deverá conceder à parte oportunidade para, se possível, corrigir o vício".

Por fim, uma das maiores inovações trazidas pelo novo código diz respeito à explicitação da colaboração entre os sujeitos do processo na proteção dos direitos com justiça; afinal, o processo civil do Estado Constitucional é um processo civil cooperativo e baseado em valores constitucionais, dentro dos quais se destaca a boa-fé, com especial ênfase para o Capítulo I, que elenca as normas fundamentais do processo civil.

As inovações trazidas com essa previsão no diploma processual civil merecem ser aplaudidas, pois visam demonstrar, de maneira clara, que a legislação infraconstitucional deve sempre respeitar os preceitos constitucionais, o que jamais deve ser olvidado pelos operadores de direito no momento da aplicação e da interpretação da lei.

Conclui-se, portanto, que o código processual novo enfatizou os valores sociais e éticos presentes na Constituição, sobressaindo, entre estes, a boa-fé objetiva e a colaboração, valores que os sujeitos processuais devem observar durante todas as fases do processo, com vistas a tutelar os direitos materiais de forma adequada, célere, efetiva e, sobretudo, justa.

4 Abuso de direito

O abuso de direito somente foi abordado expressamente pela legislação civil brasileira com o advento no novo Código Civil em 2002, notadamente no seu art. 187, que preceitua: "Comete ato ilícito o titular de um direito que, ao exercê-lo, excede manifestamente os limites impostos pelo seu fim econômico ou social, pela boa-fé ou pelos bons costumes".

Percebe-se, desse modo, que o abuso de direito se relaciona com a boa-fé objetiva, uma vez que comete abuso de direito aquele que age em desconformidade com o princípio da boa-fé. Ademais, a caracterização do abuso de direito independe do estado psicológico do agente, ou seja, sua verificação se dá de forma objetiva, o que se coaduna com as características da boa-fé objetiva.

A esse respeito, Mariana Pretel assevera: "A teoria objetiva do abuso de direito é relacionada à aplicação do princípio da boa-fé objetiva, através da cláusula geral da boa-fé".[11]

---

[11] PRETEL, Mariana Pretel e. *A boa-fé objetiva e a lealdade no processo civil brasileiro*. Porto Alegre: Núria Fabris, 2009. p. 90.

Tendo em vista que a aferição do abuso de direito prescinde da comprovação do elemento subjetivo (dolo ou culpa) do agente, diz-se que o legislador brasileiro optou pelo critério objetivista ou finalista.

Na expressão *abuso de direito*, o direito aqui vislumbrado é o direito subjetivo, que constitui o objeto do instituto. Quando os limites desse direito são ultrapassados, ocorre o abuso. Por isso, diz-se que o direito subjetivo é relativo, haja vista que ele tem que ser exercido dentro de certos limites, ou seja, de acordo com os fins previstos para ele no sistema.

Desse modo, conforme anota Helena Abdo,[12] o ato abusivo tem inicialmente *aparência de legalidade*, mas seu exercício se revela *irregular* a partir do momento em que se observa o *desvio de finalidade* com que é movido o agente. Dessa afirmativa, extraem-se os elementos caracterizadores do abuso de direito: aparência de legalidade, titularidade de um direito subjetivo – que é, por sua natureza, relativo – e desvio de finalidade no exercício desse direito.

A esse respeito, aclara Nelson Rosenvald:

> No abuso de direito a leitura é diversa. Aqui, alguém aparentemente atua no exercício de um direito subjetivo. O agente não desrespeita a estrutura normativa, mas ofende a sua valoração. Conduz-se de forma contrária aos fundamentos materiais da norma, por negligenciar o elemento ético que preside a sua adequação ao ordenamento. Em outras palavras, *no abuso de direito não há desafio à legalidade estrita de uma regra, porém à sua própria legitimidade, posto vulnerado o princípio que fundamenta e lhe concede sustentação sistemática*.[13] (Grifo da autora)

Com efeito, todo aquele que tem uma conduta em desconformidade com a boa-fé objetiva comete abuso de direito, implicando, ainda, tal conduta à reparação dos danos morais e materiais causados à parte prejudicada, à semelhança do que ocorre quando da verificação de um ato ilícito.

Neste ponto, vale fazer breves considerações a respeito da "teoria do adimplemento substancial",[14] estabelecida por Lord Mansfield

---

[12] ABDO, Helena Najjar. *O abuso do processo*. São Paulo: RT, 2007. p. 36.
[13] ROSENVALD, Nelson. *Dignidade humana e boa-fé no Código Civil*. São Paulo: Saraiva, 2005. p. 123.
[14] A doutrina do adimplemento substancial surgiu na Inglaterra, no século XVIII, quando os tribunais ingleses, desejosos de fazer justiça entre as partes contratantes, relativizaram a exigência do exato e estrito cumprimento dos contratos, tendo como precedente histórico o julgamento do caso *Boone v. Eyre*.

em 1779, no caso *Boone v. Eyre*, que decidiu que, em certos casos, se o contrato já foi adimplido substancialmente, não se permite a sua resolução, com a perda do que foi realizado pelo devedor, mas se atribui um direito de indenização ao credor.

No direito privado pátrio, admite-se a aplicação da teoria do adimplemento substancial, especialmente em virtude do art. 187 do Código Civil, que trata da cláusula geral do abuso de direito, e do art. 422 do mesmo diploma, que versa sobre a cláusula geral da boa-fé.

Com relação à aplicação dessa teoria no processo civil, defende-se aqui o seu emprego também nesse ramo do direito, tendo em vista que ela decorre diretamente do princípio da boa-fé e, como já mencionado, esse princípio vige em todo o ordenamento jurídico, por ser um princípio constitucional. Além disso, por ter relação intrínseca com a boa-fé objetiva, a vedação do abuso de direito também tem emprego nas relações processuais, denominando-se, nesse caso, abuso do direito processual, sendo que as implicações da teoria do abuso do direito e da teoria do adimplemento substancial, no âmbito do direito processual civil, serão abordadas, com maior profundidade, na última seção deste trabalho.

4.1 Abuso do processo

Atualmente, o processo é considerado um instrumento ético e axiológico para a realização de valores constitucionais no caso concreto. A boa-fé traduz faceta dupla: a de princípio constitucional e cláusula geral. Esta representa o meio concretizador do princípio da boa-fé, uma vez que possibilita a efetivação desse princípio, pelo juiz, no caso concreto, e o princípio da boa-fé é, por sua vez, o limite axiológico da cláusula geral da boa-fé.

Contrariamente a esse viés valorativo do processo está o abuso processual, pois este impede, por completo ou parcialmente, a plena realização dos valores constitucionais viabilizados pelo processo.

Outrossim, a boa-fé objetiva é a fonte normativa da vedação do exercício inadmissível de posições jurídicas processuais, que podem ser resumidas pela expressão "abuso do direito processual". Em outras palavras, o abuso processual equivale ao desrespeito à boa-fé objetiva.

O abuso do processo caracteriza-se pelos mesmos elementos do abuso de direito conhecido no direito privado (aparência de legalidade, relatividade dos direitos e desvio de finalidade), porém com temperamentos típicos do direito processual.

Assim, destaca-se entre as peculiaridades do abuso processual que ele é exercido dentro de uma relação jurídica processual, sendo os sujeitos do abuso os sujeitos processuais (partes, intervenientes e Estado-Juiz). Ademais, os sujeitos processuais são titulares de diversas situações subjetivas processuais (faculdades, ônus, poderes e deveres), que constituem o objeto do abuso do processo, assim como os direitos subjetivos são objeto do abuso de direito, no direito privado.

Há um "espaço de manobra" no qual os sujeitos processuais podem exercer suas posições jurídicas subjetivas com certa liberdade, em virtude das garantias de liberdade e de legalidade que lhes foram concedidas pela Magna Carta, o que pode criar oportunidades para a ocorrência de abuso processual, a depender do rumo escolhido pelo sujeito dentro do processo.

O abuso do processo constitui, dessa forma, um obstáculo à plena realização da instrumentalidade e escopos do processo. Contudo, a simples violação de uma regra processual não é abusiva por si só, porque pode apenas se relacionar com uma falha da parte, que será submetida às consequências normais previstas para esse erro. Para a configuração do abuso processual, é necessário que haja um desvio de finalidade no comportamento da parte, entre outros critérios, não sendo suficiente apenas a conduta meramente incorreta do sujeito processual.

Segundo Helena Abdo, apesar de não haver na doutrina uma sistematização definitiva do abuso do processo e de seus critérios definidores, "é quase *unânime* a referência ao *desvio de finalidade* como *principal critério caracterizador* da prática abusiva".[15]

Dentre os critérios que devem ser demonstrados no caso concreto para a caracterização do abuso, além do desvio de finalidade, cita-se a falta de seriedade do ato, que pode ser vislumbrada quando o sujeito visa importunar a parte contrária com a procrastinação do processo, sem ter, na verdade, qualquer base legal ou suporte fático plausível para a demanda.

Outro fator que caracteriza o abuso do processo diz respeito à ilicitude e ilegitimidade do escopo visado pelo agente, ou seja, quando o sujeito ingressa com a demanda judicial com interesse distinto e contrário daquele que a lei visa tutelar, não obstante este se encontrar sob a aparência de legalidade.

---

[15] ABDO, Helena Najjar. *O abuso do processo.* São Paulo: RT, 2007. p. 87.

Relaciona-se também o abuso do processo com a lesividade causada à administração da justiça, uma vez que a prática de abusos processuais acarreta, na maioria das vezes, a excessiva duração do processo e corrói a credibilidade da justiça, causando, em síntese, o mau funcionamento da administração da justiça.

Por conseguinte, partindo da premissa de que o abuso do processo se apoia na teoria do abuso de direito, inserida no âmbito do direito privado, pode-se extrair que o critério objetivo-finalístico também deve ser adotado no âmbito do direito processual brasileiro.

Assim, o dano causado pelo abuso do processo pode ser patrimonial, moral (CF, art. 5º, inciso X) ou mesmo a potencialização do dano marginal.[16] Além desses danos, também há abuso do processo quando se verificam prejuízos à eficiência da administração da justiça, como já mencionado anteriormente.

Diante dessas observações, pode-se afirmar que sempre deve estar presente o desvio de finalidade para que se configure o abuso do processo, aliado a um ou mais dos demais critérios supramencionados ou mesmo a outros critérios aqui não mencionados.

Por sua clareza, vale citar a explanação de Helena Abdo sobre o tema:

> Na verdade, *todos* os critérios acima expostos são úteis à individualização do abuso do processo. Nenhum deles é, todavia, tão essencial como o desvio de finalidade, o qual integra efetivamente a noção de abuso do processo. Necessária é, portanto, a *combinação do critério do desvio de finalidade* com um ou mais critérios acima analisados (ou mesmo outros critérios aqui não abordados), para a identificação da prática abusiva.[17]

Ademais, partindo da premissa de que todos os sujeitos que compõem a relação processual devem observar a boa-fé objetiva, conclui-se, por decorrência lógica, que todos eles também podem desrespeitá-la ao fazerem mau uso dos *poderes* ou outro tipo de *liberdade* de que sejam titulares.

---

[16] O dano marginal se refere àquele dano normal, mas que se torna anormal pelo abuso do processo. Por exemplo, a demora do julgamento da causa, que até certo ponto é considerada uma consequência natural da sucessão dos atos processuais, pode ser potencializada pelo abuso do processo, assumindo, portanto, o caráter de anormalidade.

[17] ABDO, Helena Najjar. *O abuso do processo*. São Paulo: RT, 2007. p. 98.

4.2 Meios processuais de proteção da boa-fé objetiva

Tão importante quanto admitir a presença do princípio da boa-fé no diploma processual civil brasileiro é identificar os meios de prevenção e repressão às condutas processuais desleais, pois somente assim é possível verificar, na prática, a incidência da boa-fé objetiva no processo.

Não obstante prevalecer, na prática, a repressão às condutas processuais que desrespeitam a boa-fé em detrimento de sua prevenção, o diploma processual civil brasileiro prevê algumas medidas para a sua prevenção: o magistrado possui deveres genéricos de velar pela rápida solução da lide, bem como de prevenir qualquer ato contrário à dignidade da justiça (CPC, arts. 139 a 143); na instrução do processo, o juiz pode indeferir diligências que considere inúteis ou meramente procrastinatórias (CPC, art. 370, parágrafo único); entre outras hipóteses.

Note-se que todos os sujeitos processuais possuem o dever de lealdade e de boa-fé dentro do processo, o que representa, *per se*, uma forma de prevenção do abuso. Além disso, a mera previsão de sanções no ordenamento jurídico para aqueles que atuem, no processo, de forma desleal e ilegítima já constitui uma forma de prevenção do abuso.

Atente-se também que, como a boa-fé objetiva pode se manifestar de diversas formas, sendo impossível prever todas as formas de sua incidência, consequentemente também não existe um rol limitado de sanções aplicáveis aos agentes que infringem o dever processual de agir com lealdade e boa-fé.

A multa é uma das sanções mais eficazes tanto para prevenir como para reprimir o exercício inadmissível de posições jurídicas no processo. O magistrado apenas tem que agir com cautela a fim de averiguar, de acordo com a realidade do caso, o montante da multa que melhor se ajusta à gravidade do abuso em questão para que não cometa arbitrariedades.

Não só os juízes de primeiro grau, mas também os tribunais superiores têm aplicado multas nos casos em que os sujeitos não observam em suas condutas o princípio da boa-fé. Ilustra-se tal fato com o recente acórdão do STF, que negou provimento a agravo regimental que visava impugnar, "sem razões consistentes, decisão fundada em jurisprudência assente na Corte".[18]

---

[18] EMENTA: 1. RECURSO. Extraordinário. Inadmissibilidade. Servidor público. Remuneração. Proventos e vencimentos. Pretensão de cumulação. Inadmissibilidade. Cargos

Outra forma bastante comum de reprimir o sujeito que agiu contra a boa-fé é a reparação de danos. Seja ele material ou moral, é um dos elementos caracterizadores do abuso do processo, visando à sua reparação o reequilíbrio da relação processual.

Ressalte-se, nesse ponto, que os danos sujeitos à reparação pelo sujeito ativo do abuso devem corresponder aos danos causados, de forma direta, pela conduta abusiva, o que não afasta, entretanto, os danos emergentes e os lucros cessantes, mas apenas aqueles danos causados de forma indireta pelo infrator da boa-fé.

Ademais, é convergente na doutrina que será obrigado a reparar os danos aquele sujeito que violar o dever de agir com boa-fé, independentemente de ter sido, ao final da lide, o vencedor da demanda.[19]

Além da multa e da reparação de danos, existem outras sanções previstas pelo NCPC para os sujeitos que praticarem condutas em desconformidade com a boa-fé, como a restrição de direitos contida no art. 107, que determina a perda de vista dos autos ao advogado (art. 107, §4º), e no art. 1.021, §5º, que condiciona a interposição de recurso ao pagamento de multa.

Cabe, ainda, ação rescisória nas hipóteses previstas nos incisos do art. 966 do CPC, que estão contaminadas, de alguma forma, pela mácula do abuso processual, especialmente em virtude do desvio de finalidade nelas presentes.

Também há possibilidade de aplicação de sanções penais em alguns casos de violação do dever de boa-fé: alguns casos foram tipificados como crimes, dada a sua gravidade no meio social.

Nesse diapasão, constituem crimes contra a administração da justiça os crimes de desobediência (CP, art. 330) e de desobediência à decisão judicial sobre perda ou suspensão de direito (CP, art. 359).

---

inacumuláveis na atividade. Jurisprudência assentada. Ausência de razões consistentes. Decisão mantida. Agravo regimental improvido. Nega-se provimento a agravo regimental tendente a impugnar, sem razões consistentes, decisão fundada em jurisprudência assente na Corte. 2. RECURSO. *Agravo. Regimental. Jurisprudência assentada sobre a matéria. Caráter meramente abusivo. Litigância de má-fé. Imposição de multa. Aplicação do art. 557, § 2º, cc. arts. 14, II e III, e 17, VII, do CPC. Quando abusiva a interposição de agravo, manifestamente inadmissível ou infundado, deve o Tribunal condenar o agravante a pagar multa ao agravado.* (STF, 2.ª T., AgRg no RE 298.856-SP, rel. Min. Cezar Peluso, j. 02.02.2010, DJ 26.02.2010).

[19] Seguem esse raciocínio, por exemplo: THEODORO JR., Humberto. *Abuso do direito processual no ordenamento jurídico brasileiro*: abuso dos direitos processuais. Rio de Janeiro: Forense, 2000. p. 101; BARBOSA MOREIRA, José Carlos. *A responsabilidade das partes por dano processual no direito brasileiro*: temas de direito processual civil. Primeira Série. São Paulo: Saraiva, 1988. p. 25.

Além dessas sanções previstas pelo sistema processual civil e penal brasileiro, o juiz, no Estado Constitucional contemporâneo, dotado do poder-dever de velar pela efetividade e instrumentalidade do processo, tem à sua disposição diversos outros mecanismos de evitar ou reprimir a violação do princípio da boa-fé no direito processual.

Observe-se que todos esses poderes judiciais estão previstos em normas genéricas, uma vez que era impossível o legislador antever todas as hipóteses de abuso do processo. Ademais, a boa-fé objetiva possui diversas formas de manifestação, o que implica, por sua vez, que a repressão à sua violação processual também pode e deve se revelar dos mais variados modos, principalmente porque um dos principais objetivos do sistema processual pátrio consiste em evitar e coibir ao máximo a ocorrência do abuso no processo.

Em arremate a tudo que foi aqui exposto, é importante notar que as diversas formas de sanção aos sujeitos transgressores da boa-fé objetiva podem ser cumuladas, se assim o magistrado entender cabível ao caso, defendendo a jurisprudência, inclusive, a possibilidade de imposição de sanções para o mesmo fato, mas com base em fundamentos diversos (cível, administrativo, penal), não ensejando tal prática qualquer manifestação de *bis in idem*.

Por fim, conclui-se que a responsabilidade por danos processuais pode ser subjetiva ou objetiva. Essa responsabilidade é subjetiva quando ocorrem algumas das hipóteses previstas pelo art. 77 c/c art. 81, NCPC, tendo em vista que a má-fé é a antítese da boa-fé subjetiva.

Por outro lado, a responsabilidade processual de índole objetiva decorre do risco intrínseco ao processo, quando o dano é causado pela mera movimentação da máquina judiciária, pelo manejo da ação e da defesa, casos em que não é preciso perquirir a existência de culpa ou dolo, mas deve estar caracterizada a contrariedade aos princípios éticos constitucionais e do processo civil, bem como a deslealdade de uma parte em relação à outra que lhe depositou confiança, pois se refere à boa-fé objetiva.

5 Conclusão

O Poder Judiciário brasileiro encontra-se desprestigiado nos dias atuais pela morosidade excessiva na resolução dos conflitos, pela ausência de uma orientação jurisprudencial uniforme, pelas denúncias de corrupção de magistrados, advogados e serventuários da justiça, pelo recrudescimento de atos atentatórios à dignidade da justiça e pela famigerada carência de efetividade do processo na obtenção de uma solução justa.

Nesse contexto, imprescindível se faz o respeito da boa-fé objetiva no processo civil a fim de resgatar a confiança do cidadão no sistema judiciário brasileiro, pois somente por meio de um processo pautado pela boa-fé pode se alcançar uma decisão justa.

Assim, o processo deve ser visto atualmente não somente por sua técnica processual, mas também por seu caráter ético, que exige de todos os sujeitos processuais uma atuação baseada na lealdade, na cooperação e na colaboração, com vistas à realização dos princípios constitucionais por intermédio da jurisdição.

Não obstante a boa-fé objetiva dentro da processualística civil ainda se encontrar pouco desenvolvida na doutrina e jurisprudência brasileiras, é indubitável que a consecução dos fins constitucionais depende do manejo correto do processo civil como instrumento ético, devendo, para tanto, haver uma mobilização de toda a máquina judiciária nesse sentido, e não apenas das partes litigantes no processo.

No processo civil pátrio, o novo digesto processual civil traz como núcleo da boa-fé objetiva o art. 5º. Entretanto, o instituto não se restringe a esse dispositivo legal, na medida em que a boa-fé objetiva consiste em uma cláusula geral, cabendo ao magistrado moldá-la às peculiaridades da situação litigiosa, bem como eleger a resposta mais adequada no caso de sua violação.

Importante destacar que a boa-fé objetiva não se dirige apenas ao magistrado, mas também a todos aqueles que de alguma forma participam do processo, limitando e conformando a conduta de todos (partes, advogados, juiz e demais participantes da relação jurídica processual). Portanto, conquanto as partes litigantes assumam posições antagônicas dentro do processo, elas se submetem à boa-fé objetiva, em virtude do princípio de cooperação, que exige lealdade, colaboração e boa-fé de todos os participantes do processo, sem exceção.

Para tanto, é imprescindível que o magistrado atue com liberdade e de maneira ativa dentro do processo, pois a ele cabe adequar a boa-fé objetiva ao caso concreto. Assim, haverá um juízo valorativo para cada situação, razão por que não se pode enclausurar a boa-fé em um conceito legal rígido, próprio dos sistemas fechados, que vão de encontro ao conteúdo aberto da boa-fé.

Ressalte-se, todavia, que o juiz não possui poderes ilimitados, que poderiam causar arbitrariedades no meio jurídico e social, pois esse agente público deve se pautar pela lei e princípios constitucionais.

Assim, apesar de o julgador não subsumir-se à literalidade do texto normativo, o justo que lhe toca realizar é aquele que se encontra agasalhado na norma positivada, harmonizada com os princípios do sistema e com os valores éticos em jogo no momento da concretização do direito. Ademais, o magistrado deve fundamentar sua decisão de forma racional e precisa, pois é a fundamentação de sua decisão que possibilita o controle de sua atuação processual, pelas partes e pela sociedade.

Todavia, não basta a inserção de uma nova legislação para que haja o respeito à boa-fé objetiva no âmbito processual, pois o mais importante é que haja uma conscientização coletiva da relevância da lealdade e da cooperação nas relações jurídicas processuais, que visam, sobretudo, alcançar a justiça material.

Dessa forma, mais relevante que o advento de novas normas processuais a respeito da boa-fé objetiva é a prevenção do abuso do processo. Para tanto, faz-se necessária uma verdadeira revolução cultural da sociedade e de seus valores no afã de incutir nos sujeitos processuais o desejo de colaborar com o processo e, por conseguinte, com a realização da justiça no caso concreto, o que deverá ocorrer de forma natural e espontânea.

Em outras palavras, as raízes do imbróglio da não aplicação da boa-fé no sistema processual civil pátrio são especialmente de cunho psicológico e cultural. Desse modo, deve-se priorizar a educação dos sujeitos desde a sua formação acadêmica até a sua vida laboral a fim de que eles sempre guiem as suas condutas em conformidade com a boa-fé objetiva, bem como devem ser prestigiadas as normas processuais de viés pedagógico.

Conclui-se, portanto, que não se pode conceber, atualmente, o processo como fenômeno alheio à noção de ética, representando a boa-fé objetiva os valores morais que devem orientar a atuação dos sujeitos processuais em todas as fases do processo.

Referências

ABDO, Helena Najjar. *O abuso do processo*. São Paulo: RT, 2007.

ALVIM, José Manuel de Arruda. Deveres das partes e dos procuradores no direito processual civil brasileiro (a lealdade no processo). *Revista de Processo*, n. 69/7.

ARRUDA ALVIM, José Manoel de. Deveres das partes e dos procuradores no direito processual civil brasileiro (a lealdade no processo). *RePro*, São Paulo: RT, v. 69, jan./mar. 1993.

ÁVILA, Humberto. *Teoria dos princípios*: da definição à aplicação dos princípios jurídicos. 8. ed. São Paulo: Malheiros, 2008.

ÁVILA, Humberto. O que é "Devido Processo Legal"?. *Revista de Processo*, n. 163, set. 2008.

BOBBIO, Norberto. *Teoria do ordenamento jurídico*. Brasília: Editora Universidade de Brasília, 1995.

BONAVIDES, Paulo. *A Constituição aberta*: temas políticos e constitucionais da atualidade, com ênfase no federalismo das regiões. 2. ed. São Paulo: Malheiros, 1996.

CAMBI, Eduardo. *Neoconstitucionalismo e neoprocessualismo*: direitos fundamentais, políticas públicas e protagonismo judiciário. São Paulo: RT, 2009.

CARPENA, Márcio Louzada. Da (Des) Lealdade no Processo Civil. *Revista Jurídica*, ano 53, n. 331, maio 2005.

CHIOVENDA, Giuseppe. *Instituições de direito processual civil*. São Paulo: Saraiva, 1969.

CORDEIRO, Antônio Manuel da Rocha e Menezes. *Da boa fé no direito civil*. Coimbra: Almedina. 2001.

CORDEIRO, Antônio Manuel da Rocha e Menezes. *Litigância de má-fé, abuso do direito de ação e culpa 'in agendo'*. Coimbra: Almedina, 2006.

COUTURE, Eduardo Juan. *Os Mandamentos do Advogado*. 3. ed. Trad. Ovídio Araújo Baptista da Silva e Carlos Otávio Athayde. Porto Alegre: Fabris, 1987.

CRUZ E TUCCI, José Rogério. *Precedente judicial como fonte de direito*. São Paulo: RT, 2004.

DANTAS JÚNIOR, Aldemiro Rezende. *Teoria dos atos próprios no princípio da boa-fé*. Curitiba: Juruá, 2007.

DIDIER JÚNIOR, Fredie. *Curso de Direito Processual Civil, Teoria Geral do Processo e processo de conhecimento*. v. 1. Salvador: JusPodivm, 2007.

DIDIER JÚNIOR, Fredie et al. *Curso de Direito Processual Civil, Execução*. v. 5. Salvador: JusPodivm, 2009.

DIDIER JÚNIOR, Fredie. Multa coercitiva, boa-fé processual e supressio: aplicação do duty to mitigate the loss no Processo Civil. *Revista Magister de Direito Civil e Processo Civil*, n. 32, set./out. 2009.

DINAMARCO, Cândido Rangel. *A instrumentalidade do processo*. 13. ed. São Paulo: Malheiros, 2008.

DINAMARCO, Cândido Rangel. *A nova era do processo civil*. 2. ed. São Paulo: Malheiros, 2007.

ENGISCH, Karl. *Introdução ao pensamento jurídico*. Tradução de J. Baptista Machado. 7. ed. Lisboa: Fundação Calouste Gulbenkian, 1996.

JORGE JUNIOR, Alberto Gosson. *Cláusulas gerais no novo Código Civil*. São Paulo: Saraiva, 2004.

LUCON, Paulo Henrique dos Santos. Abuso do exercício do direito de recorrer: aspectos polêmicos e atuais dos recursos cíveis. São Paulo: RT, 2001.

MARINONI, Luiz Guilherme. *Curso de Processo Civil – Teoria Geral do Processo*. 4. ed. v. 1. São Paulo: RT, 2011.

MARINONI, Luiz Guilherme. *Abuso de defesa e parte incontroversa da demanda*. 2. ed. São Paulo: RT, 2011.

MARINONI, Luiz Guilherme; MITIDIERO, Daniel. *O Projeto do CPC*: crítica e propostas. São Paulo: Editora RT, 2010.

MARTINS-COSTA, Judith. *A boa-fé no direito privado*. São Paulo: Revista dos Tribunais, 2000.

MARTINS-COSTA, Judith. *Comentários ao novo Código Civil*: do inadimplemento das obrigações. v. 5. t. 2. Rio de Janeiro: Forense, 2004.

MELLO, Celso Antônio Bandeira de. *Discricionariedade e Controle Jurisdicional*. 2. ed. 8. tir. São Paulo: Malheiros, 2007.

MILMAN, Fabio. *Improbidade processual*: comportamento das partes e de seus procuradores no processo civil. Rio de Janeiro: Forense, 2009.

MITIDIERO, Daniel Francisco. *Colaboração no Processo Civil*: pressupostos sociais, lógios e éticos. 2. ed. São Paulo: RT, 2011.

NEGREIROS, Teresa. *Fundamentos para uma interpretação constitucional do princípio da boa-fé*. 1. ed. Rio de Janeiro: Renovar, 1998.

NERY JR., Nelson; NERY, Rosa Maria de Andrade. *Novo Código Civil e legislação extravagante anotados*. 2. ed. São Paulo: RT, 2003.

OLIVEIRA, Carlos Alberto Alvaro. *Do formalismo no processo civil*: proposta de um formalismo-valorativo. 4. ed. rev. e atual. São Paulo: Saraiva, 2010.

OLIVEIRA, Carlos Alberto Alvaro. O processo civil na perspectiva dos direitos fundamentais. *In*: OLIVEIRA, Carlos Alberto Alvaro (Org.). *Processo e constituição*. Rio de Janeiro: Forense, 2004.

OLIVEIRA, Carlos Alberto Alvaro. Poderes do juiz e visão cooperativa do processo. *Revista da Adjuris*, n. 90.

PRETEL, Mariana Pretel e. *A Boa-fé objetiva e a lealdade no processo civil brasileiro*. Porto Alegre: Núria Fabris, 2009.

ROSENVALD, Nelson; FARIAS, Cristiano Chaves de. *Dignidade humana e boa-fé no Código Civil*. São Paulo: Saraiva, 2005.

ROSENVALD, Nelson. *Direito Civil*: Teoria Geral. 6. ed. Rio de Janeiro: Lumen Juris, 2007.

ROSENVALD, Nelson. *Dignidade humana e boa-fé no Código Civil*. São Paulo: Saraiva, 2005.

SANTOS, Leide Maria Gonçalves. *Boa-fé objetiva no processo civil*: a teoria dos modelos de Miguel Reale aplicada à jurisprudência brasileira contemporânea. Curitiba: Juruá, 2012.

SANTOS, Leide Maria Gonçalves. *In*: FRADERA, Vera Maria Jacob (Org.). O princípio da boa-fé no direito brasileiro e português: o direito privado brasileiro na visão de Clóvis Couto e Silva. Porto Alegre: Livraria do Advogado, 1997.

SLAWINSKI, Célia Barbosa Abreu. *Contornos dogmáticos e eficácia da boa-fé objetiva*. Rio de Janeiro: Lumen Juris, 2002.

STOCO, Rui. *Abuso do direito e má-fé processual*: aspectos doutrinários. São Paulo: Revista dos Tribunais, 2002.

THEODORO JUNIOR, Humberto. *Abuso de direito processual no ordenamento jurídico brasileiro*: abuso dos direitos processuais. Rio de Janeiro: Forense, 2000. p. 99.

THEODORO JUNIOR, Humberto. *Boa-fé e processo*: princípios éticos na repressão à litigância de má-fé – papel do juiz. Disponível em: http://www.abdpc.org.br/abdpc/artigos/Humberto%20Theodoro%20J%C3%BAnior(3)formatado.pdf. Acesso em: 15 fev. 2012.

VICENZI, Brunela Vieira de. *A boa-fé no processo civil*. São Paulo: Atlas, 2003.

WAMBIER, Teresa Arruda Alvim. *Controle das decisões judiciais por meio de recursos de estrito direito e de ação rescisória*: o que é uma decisão contrária à lei?. São Paulo: Revista dos Tribunais, 2002.

WAMBIER, Teresa Arruda Alvim. *Omissão judicial e embargos de declaração*. São Paulo: Ed. RT, 2005.

Informação bibliográfica deste texto, conforme a NBR 6023:2018 da Associação Brasileira de Normas Técnicas (ABNT):

CÂMARA, Karine de Aquino. A plicação da boa-fé objetiva no âmbito do novo Código de Processo Civil. *In*: BASTOS, Dafne Fernandez de; SALES, José Edvaldo Pereira (Coord.). *Direitos humanos*: abordagens transversais. Belo Horizonte: Fórum, 2020. p. 227-248. ISBN 978-85-450-0732-6.

A RESPONSABILIDADE CIVIL OBJETIVA COMO SOLIDARIEDADE NO VIÉS DA TUTELA DA PESSOA HUMANA

MOISÉS DE OLIVEIRA WANGHON

1 Introdução

O artigo científico *A responsabilidade civil objetiva como solidariedade no viés da tutela da pessoa humana* almeja possibilitar uma melhor compreensão sobre a concretização dos direitos fundamentais por intermédio da responsabilidade civil na recente dinâmica harmonizadora entre sociedade de risco e paradigma constitucional do Estado Democrático de Direito.

Nosso propósito é analisar o conceito de responsabilidade civil como solidariedade como dimensão do princípio da dignidade da pessoa humana em face das dificuldades de implementação de um sentido único e dos limites de abrangência para o conceito de dignidade nas relações privadas.

Além disso, interessa saber de que forma a dignidade da pessoa humana está sendo utilizada em sede de responsabilidade civil, haja vista que o problema aqui posto é responsável por severos atrasos na implementação da tutela da vítima, uma vez que a complexização das relações interpessoais na contemporaneidade constituiu inúmeras demandas que não eram tuteladas adequadamente pelo sistema de responsabilidade pautada em culpa, no qual o conceito restrito de responsabilidade se refere à obrigação de reparar o dano por descumprimento do sistema jurídico.

A partir desse pressuposto, tem-se como finalidade principal demonstrar que a responsabilidade civil objetiva é uma das formas de concreção do princípio da dignidade da pessoa humana. Dessa forma, pretende-se contribuir para a discussão acerca da interpretação e da aplicação da dignidade da pessoa humana. Ressalta-se ainda a necessidade de uma atitude interpretativa que permita a derradeira construção de seu conteúdo substantivo nas demandas apresentadas ao Poder Judiciário.

A responsabilidade civil é apontada não apenas como um ato de caridade, mas, também, como a solidariedade social que encontrou sua forma na Constituição Federal de 1988 e na perspectiva humanista do direito, ou seja, constituiu uma maneira de compatibilizar anseios individuais dissonantes e permitiu uma melhor convivência entre os seres humanos, além de trazer um aspecto ético à responsabilidade civil.

A partir dessa reflexão, observar-se-á a responsabilidade como solidariedade a fim de compreender a responsabilidade civil na sociedade de risco. Para isso, investigaremos os escopos da responsabilidade civil e procuraremos identificar a liberdade e a igualdade substantiva como princípios instauradores da responsabilidade civil objetiva.

2 Responsabilidade como solidariedade: a compreensão da responsabilidade na sociedade de risco

Em um ritmo cada vez mais acelerado, as sociedades contemporâneas transformam-se. A globalização promoveu uma quebra de barreiras sociais, constituiu uma maior interdependência entre as nações estatais e também intensificou a cultura do risco como instrumento de lucratividade. Questiona-se se tal panorama não pode perturbar o processo de constitucionalização e personalização das relações privadas.[1] Como se nota, há um dilema entre o paradigma globalizante e o paradigma da tutela da pessoa.

As dificuldades oriundas do processo de globalização residem, *a priori*, no fato de que se trata de um processo no qual as relações entre os diversos agentes ocorrem no quadro de uma hierarquia, que

---

[1] ALENCAR, Maria Luiza P. Globalização Financeira: Mudanças que afetam o campo jurídico-econômico dos contratos e os modos de ligar com o risco. *In*: COUTINHO, Aldacy et al. (Org.). *Liber Amicorum*: Homenagem ao Prof. Doutor Antônio José Avelãs Nunes. Coimbra; São Paulo: Coimbra; RT, 2009. p. 741-770.

estabelece situações assimétricas tanto no acesso às redes globais quanto na distribuição de infraestruturas sociais e econômicas.[2] O processo de globalização conduz a relações de poder desiguais e, em função dessa desigualdade, permeia a sociedade com ideais de consumo somente acessíveis a poucos; ao mesmo tempo, para produzir esses benefícios, aprofunda os níveis de desigualdade econômica e exclusão social, o que afeta a qualidade de vida da maioria.[3]

Assim, Ulrich Beck publicou no século XX a *Sociedade de risco* (2002) a fim de investigar o problema do risco global. A sociedade de risco é fruto dos avanços tecnológicos e do incremento da desigualdade, que geram novos desafios para a democracia, uma vez que a busca de soluções rápidas aos problemas crescentes acaba por resultar em Estado de ordem.[4] A promessa de segurança dos riscos pelo Estado deve ter compatibilidade com a opinião pública alerta e crítica, uma vez que a preocupação com o combate do risco e as adversidades da contemporaneidade possibilita que respostas prontas, afastadas dos derradeiros anseios da sociedade, sejam efetivadas pelo Estado, o que resulta na ausência de identificação do cidadão com o Estado.

Além das fronteiras nacionais, a própria intimidade, como fronteira da individualidade, é reestruturada em tempos de globalização em virtude do desaparecimento de muros no contexto da sociedade complexa,[5] em que o homem poderia se esconder. O homem encontra-se cada vez mais exposto à observação dos demais.

Os riscos na sociedade globalizante são pautados pelo medo e pela incerteza, haja vista a intensificação da complexidade das relações sociais, que torna obscura a relação de ação/resultado praticada pelo sujeito, bem como a variabilidade de inovações, que imprime aos hábitos um ritmo mais acelerado.[6]

Diante das mudanças no cenário mundial, que se refletem diretamente no âmbito de nossa sociedade, o sistema de responsabilidade calcado preponderantemente em culpa demonstrou fragilidades; então,

---

[2] BARRETO, Vicente de Paulo. Direito Cosmopolítico e Direitos Humanos. *Revista Espaço Jurídico*, Joaçaba, jul./dez. 2010, p. 266-275.
[3] BARRETO, Vicente de Paulo. *Idem, ibidem*. p. 266-275.
[4] BECK, Ulrich. *La sociedad del riesgo*: hacia una nueva modernidad. Barcelona: Paidós, 2002. p. 26.
[5] *Ibidem*, p. 11.
[6] *Ibidem*, p. 21.

surgiu o sistema de responsabilidade objetiva, com base na aferição do risco, desvalorizada a identificação da culpa.[7] Vale distinguir que há riscos esperados e pactuados como objetos da negociação, componentes relevantes na busca de maiores lucros, e riscos gerais de perda, inerentes à própria movimentação desse setor econômico, a serem administrados na conjuntura do mercado (monitoramento para evitar grandes prejuízos aos negócios – sistemas de *risk management*) que vislumbra o nível de risco envolvido.[8]

Assim, ao invés de Estado de Ordem, a preocupação com o risco no espaço democrático deve ser harmonizada com soluções legitimadas nos anseios populares e com efetivação da essência constitucional. A nova percepção do Estado decorre da configuração de novo pacto social, que celebra a solidariedade do Estado para com os cidadãos.

Passou-se a criticar o sistema punitivo e meramente indenizatório dos riscos, tendo em vista o caráter irreparável dos danos e a dificuldade em encontrar (e provar) o chamado nexo causal, ou o liame entre o evento danoso e a conduta individual do agente, o que gerou a necessidade de reformular o sistema de responsabilidade civil.[9]

Desse modo, urge a reformulação do conceito de responsabilidade no intuito de harmonizar o panorama internacional de globalização e das peculiaridades da sociedade de risco ao processo de humanização de constitucionalização das relações privadas. Assim, destacaremos os estudos de Paul Ricoeur e Hans Jonas como teorias éticas da responsabilidade, pautadas no dever de proteção e de solidariedade.

---

[7] Impõe-se, designadamente, repensar os parâmetros clássicos da responsabilidade civil assentes na relação lesante e lesado, em que o primeiro fica obrigado a ressarcir o segundo pelos danos causados. Como se faz notar, as ameaças típicas da sociedade de risco não são social, espacial e temporalmente delimitáveis e, por isso, escapam ao esquema tradicional da responsabilização, delimitada por um nexo relacional de causa e efeito. As características dos riscos inviabilizam que se proceda à quantificação precisa do montante do dano, bem como à determinação exata dos lesados, pelo que o Direito se confronta com actividades danosas cujas consequências não são passíveis de compensação à luz do princípio da responsabilização, nem de se enquadrarem na lógica das empresas privadas de seguros (FREIRE, Paula Vaz. Sociedade de risco e direito do consumidor. *In*: LOPEZ, Teresa Ancona *et al.* (Coord.). *Sociedade de risco e direito privado*: desafios normativos, consumeiristas e ambientais. São Paulo: Atlas, 2013. p. 378.

[8] ALENCAR, Maria Luiza P. Globalização Financeira: Mudanças que afetam o campo jurídico-econômico dos contratos e os modos de ligar com o risco. *In*: COUTINHO, Aldacy *et al.* (Org.). *Liber Amicorum*: Homenagem ao Prof. Doutor Antônio José Avelãs Nunes. Coimbra; São Paulo: Coimbra; RT, 2009. p. 741-770.

[9] *Ibidem*, p. 741-770.

A partir dos usos contextuais contemporâneos do termo responsabilidade, Paul Ricoeur[10] propõe um ensaio de análise semântica, uma vez que o uso clássico do termo pressupunha obrigação, mas atualmente passa por reformulações e começou a apresentar uma fluidez conceitual. Destaca Ricoeur[11] que a relação do termo responsabilidade com a obrigação de fazer algo transcende a atividade de reparação e de punição, sendo a polissemia do termo um fator que contribuiu para esse efeito expansivo semântico, que invade a seara da periculosidade, do risco e da solidariedade, trazendo uma crise aos pressupostos da filosofia moral do termo "responsabilidade".

Investigando a relação primitiva com a obrigação, o termo "retribuição" é o mais bem situado, tornando-se a obrigação de reparar ou de sofrer pena corolário do termo retribuição. Por outro lado, o termo "imputação" é utilizado anteriormente ao termo "responsabilidade", referindo-se a prestar contas em sentido extrajurídico (moral), sentido que o termo "responsabilidade" passou a ter no campo jurídico.

Paul Ricoeur faz a conexão entre os termos "imputar" e "retribuir". Em sua visão, uma das vias do juízo de imputação é a condução ao juízo de retribuição enquanto obrigação de reparar ou de sofrer pena, tendo em vista que a tarefa de imputar enseja atribuir ato censurável a outrem, confrontada com uma obrigação. Outra via do juízo de imputação é atribuir a alguém ser seu verdadeiro autor da ação, ou seja, realizar atribuição, tornar alguém responsável por atividade que computa méritos e descréditos.[12] Nesse sentido, percebe-se que a imputação como retribuição é diferente da imputação como autor, que é a construção da responsabilidade objetiva.

A visão kantiana, a partir do questionamento se existe alguma real liberdade em detrimento das leis naturais ou não, situa a imputação

---

[10] O ensaio é motivado pela espécie de perplexidade em que deixou o exame dos usos contextuais contemporâneos do termo responsabilidade. Por um lado, o conceito parece estar ainda bem fixado no seu uso jurídico clássico: em direito civil, a responsabilidade define-se pela obrigação de se reparar o dano que se causou por sua falta e, em certos casos, determinados pela lei; em direito penal, pela obrigação de suportar o castigo (RICOEUR, Paul. *O justo ou a essência da justiça*. Lisboa: Instituto Piaget, 1995. p. 35).

[11] A expansão prossegue em todos os sentidos, graças às assimilações casuais encorajadas pela polissemia do verbo responder: não somente responder por ... mas também responder a ... (uma questão, um apelo, uma injunção, etc.) (*Ibidem*, p. 36).

[12] A definição proposta mostra bem como, a partir da obrigação ou da interdição de fazer, e por intermédio primeiramente da infracção e depois da reprovação, o juízo de imputação conduz ao de retribuição enquanto obrigação de reparar ou de sofrer pena (*Ibidem*, p. 38).

como pensamento mais suave, a espontaneidade absoluta da ação.[13] Ora, como atribuir responsabilidade a alguém como verdadeiro autor se não existe certeza de que o autor agiu com liberdade? Esse questionamento é a grande problemática que Kant levantou e que possui reflexos no conceito de responsabilidade, bem como em suas conexões com o termo imputação e seus consequentes pressupostos morais.

A ideia de atribuição foi substituída, paulatinamente, pela ideia de retribuição, uma vez que, ao agir em desconformidade com a lei, qualquer transgressão deve ser sucedida pela reparação do dano ou da aplicação de pena, o que vinculou o dever de agir conforme a lei com o dever de reparar danos.

Paul Ricoeur considera que a concepção clássica de responsabilidade como obrigação de reparar o dano ou de sofrer a pena é proveniente do desalojamento da atribuição kantiana para retribuição.[14] Assim, em um segundo momento do estudo, busca-se traçar a ideia contemporânea da responsabilidade quando se realiza o reencontro com os pressupostos kantianos de espontaneidade livre. Portanto, a substituição do termo "imputação" pela concepção de responsabilidade veio acompanhada pelo processo de desmoralização do processo de atos.

A reformulação do conceito jurídico de responsabilidade veio questionar sua relação com o caráter punitivo ou de falta, o que, no direito civil, está tradicionalmente atrelado à obrigação de reparar. Destarte, a responsabilidade sem falta utiliza os pressupostos da solidariedade, segurança e/ou do risco.

---

[13] Assim, a imputabilidade, tomada no seu sentido moral, é uma ideia menos radical que a de espontaneidade absoluta da acção. Mas o preço a pagar por um tal radicalismo é o da confrontação com uma situação inelutavelmente antinómica, onde dois tipos de causalidade, a causalidade livre e a causalidade natural, se opõem sem compromisso possível; ao que se junta a dificuldade em pensar em um começo relativo no meio do curso das coisas, o qual obriga a dissociar a ideia de começo na causalidade (que é causalidade livre) da de começo no tempo (o presumível começo do mundo e da realidade no seu conjunto) (RICOEUR, Paul. *O justo ou a essência da justiça*. Lisboa: Instituto Piaget, 1995. p. 42).

[14] Este realinhamento bastante anárquico, temos de o confessar, foi possível devido às reinterpretações, elas mesmas bastante variadas, da ideia de espontaneidade livre, preservada por Kant como pano de fundo da ideia moral de imputação, a título de ideia cosmológica, e isso a custo da antinomia que referimos [...] Se a tentativa tiver êxito, o conceito de responsabilidade, que acabou por desalojar o de imputação a ponto de se tornar contemporâneo, poderá de novo estar disponível para novas aventuras, que não excluem as novas tentativas de remoralização da responsabilidade, mas por outras vias que não a da obrigação, no sentido de constrangimento moral ou de constrangimento social interiorizada (*Ibidem*, p. 45).

Ricoeur preocupa-se em verificar se a responsabilização sem a noção de falta não traria reflexos para a ação, uma vez que a tutela exacerbada da vítima poderia ocasionar crise no sistema de responsabilidade civil, não perdendo de vista que, quanto mais se estende a esfera do risco, maior se torna a procura por um responsável, alguém capaz de determinar e de reparar, assim configurando a ação como mera fatalidade, pois o que se torna importante é amenizar a vítima dos efeitos da incapacidade adquirida.[15]

Nesse raciocínio, conceituar responsabilidade modernamente apenas na perspectiva do risco, sem o paradigma da solidariedade, seria afetar todo o nosso sistema de fidúcia entre sujeitos de direito. Portanto, o conceito moderno de responsabilidade leva em consideração a noção de imputação, de solidariedade e de risco.[16]

Entretanto, a visão aparente denota incompatibilidade entre a noção de imputação e do risco/solidariedade, tendo em vista que a extensão do campo de abrangência do conceito de responsabilidade pela perspectiva do risco e da solidariedade resulta na perda dos contornos da ação e dos limites de sua utilização.

Nessa oportunidade, a extensão contemporânea de responsabilidade considera a análise dos poderes no tempo e no espaço e a dos prejuízos relacionados com o exercício desses poderes.[17] Tal estudo é primordial para ultrapassarmos a dificuldade de diluição do extremo alcance da responsabilidade, dos seus derradeiros limites da atuação; então, analisaremos a nova a concepção de reparação, uma vez afastada a noção de reciprocidade da imputação.

O sujeito responsável é quem possui poder de gerar prejuízos, bem como é aquele que tem o efeito intencional previsível a curto prazo de uma ação.

---

[15] O paradoxo é enorme: numa sociedade que só fala de solidariedade, com o cuidado de reforçar electivamente uma filosofia do risco, a procura vindicativa do responsável equivale a uma reculpabilização dos autores identificados de danos (RICOEUR, Paul. *O justo ou a essência da justiça*. Lisboa: Instituto Piaget, 1995. p. 51).

[16] Em suma, se há necessidade de uma paisagem recomposta, esta é a de uma responsabilidade civil onde imputação, solidariedade e risco encontrem respectivamente seu justo lugar (*Ibidem*, p. 52).

[17] Ora, os prejuízos ligados ao exercício desses poderes, quer sejam previsíveis, prováveis ou simplesmente possíveis, estendem-se igualmente tão longe quanto os próprios poderes. Daí a trilogia poderes-prejuízos-responsabilidade. Dito de outro modo, tão longe quanto se estendem os nossos poderes assim também se estendem as nossas capacidades de provocar prejuízos e igualmente a nossa responsabilidade pelos danos (*Ibidem*, p. 55).

O deslocamento do objeto da responsabilidade para outro, enquanto vulnerável, ao invés da noção de reparação (reciprocidade da ação), deve ensejar responsabilidade pela injunção moral a partir do outro.

Ao corroborar o sentido de responsabilidade como solidariedade, Hans Jonas analisa os tempos contemporâneos e traça uma conotação ética construída a partir das categorias de bem,[18] de dever[19] e de ser. Em sua teoria, Hans Jonas defende que a ética na responsabilidade procura combater os desníveis circunstanciais entre os mais fortes e os mais fracos, tornando-se verdadeiro mecanismo de consolidação dos valores e fins da sociedade.[20]

Ademais, há dentro do princípio da responsabilidade um dever com a humanidade para o futuro para que ela continue a existir (intergeracional). Nesse sentido, Hans Jonas identifica dois sentidos para a responsabilidade, quais sejam:

1º) o de imputação causal de atos realizados, no qual o agente é responsável por seus atos (elemento volitivo) desde que haja nexo de causalidade com os danos sofridos pela vítima. É a responsabilidade como sinônimo de compensação legal ou de punição que recomenda ao agente de menor atuação como recomendação de prudência, mas não cuida do aspecto ético da responsabilidade;[21]

---

[18] Se a natureza cultiva finalidades ou objetivos, como agora supomos, ela também atribui valores. Pois, independentemente da forma como ela estabelece suas finalidades e as persegue, alcançá-las constitui um bem e fracassar constitui um mal. Com essa distinção se inicia a imputabilidade de valor. Mas no interior da busca previamente estabelecida da finalidade, que comporta apenas vitórias ou fracasso, não é possível um julgamento sobre o bem da finalidade. Por isso tampouco é possível deduzir algumas obrigação, que vá além do interesse. Se existem finalidades estabelecidas na natureza, inclusive aquelas que nos concernem, a dignidade delas só pode derivar de sua existência efetiva (JONAS, Hans. *O princípio responsabilidade*: ensaios de uma ética para a civilização tecnológica. Rio de Janeiro: PUC Rio, 2011. p. 149).

[19] Com toda teoria ética, uma teoria da responsabilidade deve lidar com ambos os aspectos: o fundamento racional do dever, ou seja, o princípio legitimador que está por trás da reivindicação de um "deve-se", imperativo, e o fundamento psicológico da capacidade de influenciar a vontade, ou seja, de ser a causa de alguma coisa, de permitir que sua ação seja determinada por ela. Isso quer dizer que a ética tem um aspecto objetivo e outro subjetivo, aquele tratando da razão e o último, da emoção (*Ibidem*, p. 157).

[20] *Ibidem*, p. 229 e ss.

[21] Enfim, quanto menos se age, menor é a nossa responsabilidade, e, na ausência de um dever positivo, evitar a ação pode constituir uma recomendação de prudência. Em suma, entendida assim, a "responsabilidade" não fixa fins, mas é a imposição inteiramente

2º) o segundo sentido de responsabilidade diz respeito ao dever do poder, uma vez que a pessoa se torna objetivamente responsável por quem lhe foi confiado e afetivamente engajada graças ao sentimento de responsabilidade, no sentido de que aquele que obriga encontra nexo com a vontade subjetiva.[22]

Nesse sentido, Hans Jonas defende, na segunda perspectiva, que somos responsáveis até pelos nossos atos mais irresponsáveis, representados pelo exercício do poder sem a observação do dever, ou seja, "representa uma quebra da relação de confiança presente na responsabilidade" em relações jurídicas marcadas pela desigualdade de atribuições ou de competências.[23]

Afinal, a simples condição humana enseja a necessidade de conviver harmoniosamente entre pessoas, como reflexo do princípio da dignidade da pessoa humana, e atualmente é intensificada pelo perigo que a condição humana tem sofrido mediante a necessidade cada vez maior de preservação da condição de sobrevivência em nosso planeta; logo, o pensar solidário torna-se premissa essencial.[24]

Por isso, o primeiro sentido de responsabilidade aqui apresentado é incompatível com o atual paradigma constitucional, tendo em vista que o Estado Democrático de Direito enseja não apenas omissões de ação para concretização dos direitos fundamentais, imprescindível incidência de deveres positivos, tal como o sentido de responsabilidade como dever do poder, a fim de que o valor da solidariedade seja efetivado. Portanto, as duas noções de responsabilidade devem conviver em nosso ambiente interpretativo, mas a primeira compreensão por

---

formal de todo agir causal entre seres humanos, dos quais se pode exigir uma prestação de contas. Assim, ela é a precondição da moral, mas não a própria moral. O sentimento que caracteriza a responsabilidade – não importa se pressentimentos ou reação posterior – é de fato moral (disposição de assumir seus atos), mas em sua formalidade pura não é capaz de fornecer o princípio efetivo para a teoria ética, que em primeira e última instância tem a ver com a apresentação, reconhecimento e motivação de finalidades positivas para o *bonum humanum* (JONAS, Hans. *O princípio responsabilidade*: ensaios de uma ética para a civilização tecnológica. Rio de Janeiro: PUC Rio, 2011. p. 168).

[22] *Ibidem*, p. 167.
[23] *Ibidem*, p. 168.
[24] Quando falamos da 'dignidade do homem' como tal, somente devemos compreendê-la em um sentido potencial, pois em caso contrário, tal discurso expressará uma vaidade imperdoável. Contra tudo isso, a existência do homem, é uma prioridade, pouco importando que ele mereça em virtude do seu passado ou da sua provável continuidade (*Ibidem*, p. 176-177).

si só não adéqua a responsabilidade civil aos parâmetros atuais da essência constitucional.

3 A liberdade e a igualdade substanciais como princípios instauradores da responsabilidade objetiva

É a solidariedade social o fundamento do Estado Democrático de Direito que promoverá uma mudança de compreensão na responsabilidade civil, uma vez que a pré-compreensão sobre o assunto mudou no contexto atual da sociedade, notadamente na sociedade brasileira e em seu modelo democrático.

A influência de imperativos sociais e democráticos sobre o Estado brasileiro no terreno do direito privado promoveu a sua constitucionalização, constituindo o cidadão um elemento participante dos objetivos constitucionais fundamentais, pois foi por ele e para ele que esses fundamentos foram elaborados, a lembrar: a dignidade da pessoa humana, os direitos fundamentais e, principalmente, a aplicação e concretização da igualdade substancial e da liberdade. Logo, o cidadão é também um elemento de base da solidariedade social juntamente com a figura do Estado.[25]

A solidariedade é reclamada não apenas como ato de caridade (deveres morais positivos), mas "para defesa da atuação de deveres de proteção, entendidos como efetivos deveres jurídicos positivos produzidos por um direito social".[26] Configura-se a transformação de deveres morais de beneficência em deveres jurídicos de proteção.

Nesta oportunidade, a análise dos argumentos dos tribunais a respeito da implementação desses escopos social-democráticos é relevante, pois o Poder Judiciário possui o dever casuístico de legitimidade da atividade jurisdicional em implementar as bases valorativas constitucionais nos moldes interpretativos e de compreensões coletivas, em compatibilidade harmônica da maioria e das minorias.[27]

---

[25] CORRÊA, André Rodrigues. *Solidariedade e responsabilidade*: tratamento jurídico dos efeitos da criminalidade violenta no transporte público de pessoas no Brasil. São Paulo: Saraiva, 2009. p. 321.

[26] *Ibidem*, p. 326.

[27] [...] impõe-se analisar a forma como os tribunais superiores tomam decisões relativamente a fatos que se apresentam como signos distintivos de certos estratos sociais e de que forma tratam as pessoas que são diferenciadas em razão de suas relações com esses mesmos fatos (*Ibidem*, p. 326).

Assim, a solidariedade enseja medidas de igualdade social, com o escopo nivelador de desigualdades e provedor de condições de cidadania, tendo em vista o cidadão como o titular efetivo de direitos fundamentais a todos.[28]

Por isso, é destacado o princípio da dignidade humana como vetor interpretativo de nosso Estado Democrático de Direito e torna-se imprescindível aferir quais mecanismos a responsabilidade civil encontra para tutelar a vítima em tempos de sociedade de risco.[29]

A mudança do paradigma da patrimonialização do Código Civil de 1916 para o da personalização no Código Civil de 2002 foi primordial. Além do mais, a estrutura atual do Código Civil é rica em cláusulas abertas e em conceitos jurídicos indeterminados, o que proporciona uma melhor adequação ao conteúdo material da Constituição Federal por intermédio de argumentação do intérprete (em nosso estudo, defendida pela perspectiva construtiva de Ronald Dworkin).

O Código Civil de 2002 adotou três princípios que serviram como base para a construção desse diploma legal – eticidade, socialidade e operabilidade[30] – e resgatou a importância da ética nas relações privadas, tal como Hans Jonas se preocupou anteriormente, valores que não foram preponderantes no Código Civil de 1916. De maneira resumida, a seguir trataremos do que cada um desses princípios reza.

O princípio da eticidade busca efetivar a tutela da pessoa humana, tornando a pessoa e os seus direitos fundamentais o núcleo da lei civil, ao invés do patrimônio. Eis a ética como valor relevante. No que diz respeito à socialidade, a pessoa humana não deve ser considerada fora de um contexto social, mas inserida nele, o que afasta interpretações individualistas nas relações privadas. E o princípio da operabilidade cuida do sistema de cláusulas gerais que norteiam o atual Código

---

[28] Em um Estado Social e Democrático de Direito, a miséria e a desigualdade não parecem impostas inexoravelmente pela Providência. Os fracos não podem ser por esse Estado, tratados como seres inferiores, então decorrendo que: a atenção recebida não tem sequer necessidade de ser "condoída"; a assistência não é "piedade", mas "justiça", quem é fraco tem o direito de ser protegido (CORRÊA, André Rodrigues. *Solidariedade e responsabilidade*: tratamento jurídico dos efeitos da criminalidade violenta no transporte público de pessoas no Brasil. São Paulo: Saraiva, 2009. p. 325-326).

[29] *En la modernidad avanzada, la producción de riqueza va acompapañada sistemáticamente por la producción social de riesgos. Por tanto, lós problemas y conflictos de reparto de la sociedad de la carencia son substituidos por los problemas y conflictos que surgen de la producción, definición y reparto de los riesgos producidos de manera científico-técnica* (BECK, Ulrich. *La sociedad del riesgo*: hacia una nueva modernidad. Barcelona: Paidós, 2002. p. 26).

[30] REALE, Miguel. *O projeto do novo Código Civil*. São Paulo: Saraiva, 1999. p. 50 e ss.

Civil, preocupando-se com a prestação jurisdicional adequada ao caso concreto.[31] Nessa confluência de premissas interpretativas, os princípios basilares do atual Código Civil coadunam-se à perspectiva de responsabilidade como solidariedade, tendo em vista que a cláusula geral da responsabilidade objetiva (art. 927, parágrafo único) decorre da aplicação da igualdade substantiva aos casos concretos como dever de tutelar pessoas em condições de vulnerabilidade adequadamente, bem como promove o equilíbrio entre direito e ética na integração entre as partes.

É o sistema de responsabilidade civil, principalmente na modalidade objetiva, que auxiliará a recompor a vida digna ao indivíduo que teve seu processo de escolha de vida restringido por conduta danosa de terceiro.

O fundamento da responsabilidade civil por risco na ideia de solidariedade social decorre não da violação de um dever jurídico, mas de tutela geral ao dever de proteção, uma vez que a tutela concedida ao vulnerável não lhe é algo exclusivo, mas decorrente de toda a coletividade.

A dignidade da pessoa humana, como epicentro do constitucionalismo contemporâneo, enseja também que o sistema de responsabilidade civil se adapte à melhor proteção do indivíduo, resguardando o pleno desenvolvimento de sua existência.

Essa validação do sistema de responsabilidade como solidariedade a partir da dignidade da pessoa humana preocupa Anderson Schreiber, tendo em vista que o conteúdo da dignidade da pessoa humana é amplo demais para ser aferível.[32]

Ao nos reportarmos à responsabilidade civil, cumpre ressaltar que o fenômeno de constitucionalização do direito civil propiciou a necessidade de tutela ao indivíduo, notadamente aos direitos de personalidade, tornando-se o cerne do direito civil e trazendo unidade valorativa e sistemática.

A responsabilidade civil preocupa-se, tanto quanto possível, em restituir a vítima à situação anterior à lesão, na medida em que promove o reequilíbrio econômico jurídico causado pelo dano. Portanto, este é

---

[31] REALE, Miguel. *O projeto do novo Código Civil*. São Paulo: Saraiva, 1999. p. 50 e ss.
[32] SCREIBER, Anderson. *Novos paradigmas da responsabilidade civil*: da erosão dos filtros da reparação à diluição dos danos. São Paulo: Atlas, 2012. p. 90-91.

o guia do sistema de responsabilidade civil na aplicação da dignidade da pessoa humana: tutela a vítima a fim de que o estado anterior ao dano seja restituído dentro da lógica do possível.

Nesse sentido, a responsabilidade civil objetiva melhor cuidará da proteção da vítima, inserida na dinâmica da sociedade de risco, imprimindo a mera comprovação do nexo de causalidade e do dano superveniente, desde que não recaia em hipótese de exclusão de responsabilidade objetiva.

Como ensina Dworkin, por trás de um sistema de regras sempre existe um princípio que fundamenta a interpretação e a aplicação da norma. Por conseguinte, é a igualdade substantiva que fundamenta a aplicação da responsabilidade, inserida dentro da perspectiva da sociabilidade e de eticidade e promovida pela operabilidade de uma teoria argumentativa substantiva.

Afinal, a responsabilidade civil objetiva do Estado, prevista pela Constituição Federal no artigo 37, §6º, é decorrência da relação de extrema desigualdade entre cidadãos e o Estado. E considerando a eficácia horizontal aos direitos fundamentais nas relações privadas, as relações entre desiguais seriam equivalentes à relação de desigualdade entre os cidadãos e o poder público; portanto, é o princípio da igualdade que está por trás dessa interpretação. Nesse raciocínio, acreditamos que a responsabilidade objetiva deve ser aplicada nas relações privadas quando se tratar de relações desiguais, tal como a própria Constituição Federal estabelece para danos decorrentes da atuação da administração pública.

4 Cláusula geral de responsabilidade e a teoria do risco

Mediante a complexidade das relações sociais, a responsabilidade civil no Estado Democrático de Direito serve como mecanismo de concretização dos direitos fundamentais, tal como os direitos da personalidade, notadamente com a ampliação do poder do intérprete com o advento do atual Código Civil, que, dentre as novidades, estabeleceu a cláusula geral de responsabilização objetiva.

No Código Civil de 2002, a responsabilidade civil pode possuir três sentidos – compensatório, pedagógico e punitivo –, sendo os dois últimos sentidos aplicados em determinadas situações, mas, para a responsabilidade pela cláusula geral da teoria do risco, todos os sentidos podem ser aplicados pelo julgador. O principal sentido é o compensatório nos moldes do artigo 944 do CC, pois satisfaz os prejuízos causados pelo dano, da feita que almeja o retorno dos fatos à situação anterior ao dano; o sentido pedagógico é acessório e inibe a execução de atos danosos ao agente do dano (prevenção específica) e aos demais membros da sociedade (prevenção geral); e o sentido punitivo, sendo também acessório, serve para a aplicação de uma punição ou castigo ao agente causador do dano, principalmente em sede de danos morais, ultrapassando os limites do artigo 944 do CC.[33]

A responsabilidade civil prevista no Código Civil é classificada como contratual nos casos de inadimplemento de uma obrigação (artigos 389, 390 e 391, CC) e extracontratual ou aquiliana mediante a *lex aquilia damno*.

Houve uma mudança estrutural da responsabilidade extracontratual, confrontando-se o Código Civil atual e o anterior. Nesse sentido, o Código Civil de 1916, por intermédio do artigo 159, pautava-se apenas no ato ilícito como elemento desencadeador de responsabilidade extracontratual; em contrapartida, o atual Código Civil fundamenta-se tanto no ato ilícito quanto no abuso de direito como elementos da responsabilidade civil extracontratual.

Em linhas gerais, é ato ilícito aquele que, por ação ou omissão voluntária, negligência ou imprudência viola o direito e causa dano a outrem, ainda que exclusivamente de natureza moral nos termos do artigo 186 do CC. E é abuso de direito o ato lícito quanto ao conteúdo, mas ilícito em sua forma de execução do ato, uma vez que o titular de um direito, ao exercê-lo, excede os limites impostos pelas cláusulas gerais do fim econômico ou social, boa-fé e pelos costumes.[34]

Não obstante, a responsabilidade civil, tanto por ato ilícito quanto por abuso de direito, necessita da existência do dano para sua configuração.

Vale ressaltar que o artigo 187 do CC apresenta várias cláusulas gerais, tais como fim social, fim econômico, boa-fé e bons costumes, que devem ser interpretadas no caso concreto, observando-se a integridade do direito.

Ademais, o abuso de direito dialoga diretamente com os princípios propulsores do Código Civil, que são a eticidade e a sociabilidade, uma

---

[33] MARIN, Rubens Leonardo. Dos sentidos da responsabilidade civil no Código Civil de 2002, e sua correlação aos tipos. In: TARTUCE, Flavio; CASTILHO, Ricardo (Coord.). *Direito Civil*: direito patrimonial e direito existencial. São Paulo: Método, 2006. p. 435-436.
[34] TARTUCE, Flavio. Diálogos entre o direito civil e o direito do trabalho. In: TARTUCE, Flavio; CASTILHO, Ricardo (Coord.). *Direito Civil*: direito patrimonial e direito existencial. São Paulo: Método, 2006. p. 32.

vez que será interpretado observando respectivamente a boa-fé (como vetor ético) e a função social da responsabilidade civil.[35]

O abuso do direito visa impedir que o direito se torne instrumento de opressão, em que o seu titular o utilize para uma finalidade distinta daquela a que se destina, independentemente da consciência do sujeito de direito exercê-lo excedendo os limites impostos pelo fim econômico ou social, pela boa-fé ou pelos bons costumes.[36]

No que diz respeito à responsabilidade por abuso de direito, o Enunciado 37 da I Jornada de Direito Civil do Conselho Federal da Justiça Federal lhe aplica a modalidade objetiva, pois o conceito de abuso de direito é pautado em cláusula aberta, que se pauta no exercício irregular do direito para configuração da reparação. Cumpre enfatizar que o Código Civil adotou o modelo dualista de responsabilidade civil, em que convivem a responsabilidade objetiva e a subjetiva sem que a responsabilidade subjetiva seja preponderante.

A responsabilidade civil objetiva é responsabilidade sem culpa (elemento volitivo), constituída pela aplicação da teoria do risco em uma das suas modalidades. Historicamente, a responsabilidade objetiva é revelada pela incompatibilidade do modelo de responsabilidade subjetiva em acidentes de trabalho, em razão do aumento desproporcional de número de acidentes em decorrência de automação do processo produtivo.[37]

É de se ressaltar que a teoria do risco, surgida no final do século XIX mediante o processo de desenvolvimento industrial, veio proteger originalmente atividades perigosas, nas quais existe probabilidade de dano, tornando-se desnecessário o nexo psicológico entre o fato ou atividade e a vontade de quem pratica,[38] constituindo-se como elemento a comprovação do dano e do nexo, ainda existindo a possibilidade de mitigação do nexo de causalidade, ou seja, cabe ao agente causador do dano apenas alegar excludentes de responsabilidade civil objetiva.

Prevê o artigo 927, parágrafo único, que a responsabilidade objetiva pode ter origem na lei ou em atividade de risco, cláusula geral da responsabilidade objetiva. Nessa oportunidade, vejamos os principais exemplos de responsabilidade objetiva com origem na lei.

---

[35] TARTUCE, Flavio. *Idem, ibidem.* p. 33.
[36] CAVALIERI FILHO, Sergio. *Programa de responsabilidade civil.* São Paulo: Atlas, 2012. p. 173.
[37] *Ibidem*, p. 151.
[38] *Ibidem*, p. 152-153.

O Código de Defesa do Consumidor (Lei nº 8.078/90) instituiu a responsabilidade objetiva dos fornecedores de produtos e prestadores de serviços, como regra, nos casos envolvendo produtos, serviços, oferta e publicidade. Como exceção, prevê a responsabilidade subjetiva dos profissionais liberais que prestam serviço (art. 14, §4º, do CDC).

A partir desse panorama da responsabilidade civil e apresentadas as principais hipóteses legais de aplicação da responsabilidade objetiva, trataremos da cláusula geral da responsabilidade civil objetiva no viés da teoria do risco, independentemente da responsabilidade por abuso de direito ou por ato ilícito.

A técnica de cláusula geral por intermédio de termos semânticos abertos terá seu conteúdo constituído pela atividade interpretativa,[39] eis que nos incumbe evidenciar o conteúdo semântico da cláusula geral da responsabilidade objetiva em prol da dignidade da pessoa humana.

De toda sorte, a responsabilidade objetiva almeja tutelar adequadamente demandas provenientes da massificação das relações interpessoais geradas a partir da Revolução Industrial e intensificadas pela globalização, eis que seu principal escopo é combater a "coisificação" das relações entre as pessoas, regulando atividades danosas que geram desequilíbrio.

No entanto, o artigo 927, parágrafo único, do Código Civil, ao imprimir a cláusula geral de responsabilidade objetiva em sua constituição aberta, permitiu que somente a doutrina e a jurisprudência realizassem os seus verdadeiros contornos.

Alerta Claudio Luiz de Godoy que a expressão "atividade normalmente desenvolvida", do referido dispositivo, acusa a necessidade de que o dano tenha ocorrido no exercício de atividade, ou melhor, não apenas na realização de um ato isolado, mas em um conjunto de atos feitos com habitualidade.[40]

A teoria do risco cuida de transferência de ônus de atividade para quem exerce (ou deveria exercer) controle sobre coisa, pessoa ou empresa, bem como quem desenvolve atividade que importe em incômodos a terceiros.[41]

---

[39] DE GODOY, Claudio Luiz Bueno. *Responsabilidade civil pelo risco da atividade*. São Paulo: Saraiva, 2010. p. 66.
[40] *Ibidem*, p. 71-72.
[41] HERKENHOFF, Henrique Geaquinto. Responsabilidade Pressuposta. *In*: TARTUCE, Flavio; CASTILHO, Ricardo (Coord.). *Direito Civil*: direito patrimonial e direito existencial. São Paulo: Método, 2006. p. 416.

Inclusive, se inicialmente o risco se tornou sinônimo de periculosidade, atualmente já se vislumbram modalidades do risco, tais como: risco proveito, risco profissional, risco excepcional, risco criado, risco integral e risco em torno do dever de segurança.[42] Tais modalidades de risco almejam compatibilizar a complexidade contemporânea das relações jurídicas com a teoria do risco inicialmente traçada no começo do processo de industrialização.

Nesta oportunidade, citaremos o estudo de Giselda Hironaka sobre responsabilidade civil no Código Civil italiano, a partir do qual ela entende que periculosidade se constitui uma atividade potencialmente perigosa em razão do elevado cometimento de danos, seja pela sua natureza, seja pelos meios adotados para o seu exercício, independentemente da conduta daquele que o exerce. Não obstante, a árdua tarefa de estabelecer um critério para desenhar o limiar dessa periculosidade auxiliará a definir padrão de caracterização das circunstâncias prejudiciais que justifiquem a imputação de dever de indenizar.[43]

Avançando em sua tese, Hironaka alerta que a jurisprudência italiana interpreta a periculosidade sob a ótica da intensidade do dano realizado, o que resulta na ampliação do sentido original de perigo.[44] Nesse sentido, identifica a insuficiência da noção de *mise en danger* (periculosidade) como critério fundante do sistema geral de responsabilidade sem culpa.[45]

---

[42] Pela teoria do risco proveito, responsável é aquele que tira proveito da atividade danosa, com base no princípio de que, onde está o ganho, aí reside o encargo - *ubi emolumentum, ibi ônus* [...] A teoria do risco profissional sustenta que o dever de indenizar tem lugar sempre que o fato prejudicial é uma decorrência da atividade ou profissão do lesado. Foi ela desenvolvida especificamente para justificar a reparação dos acidentes ocorridos com os empregados no trabalho ou por ocasião dele, independentemente de culpa do empregador [...] A teoria do risco criado, tem, entre nós, com seu mais ardoroso adepto, o insigne Caio Mário, que assim sintetiza: "aquele que, em razão de sua atividade ou profissão, cria um perigo, está sujeito à reparação do dano que causar, salvo prova de haver adotado todas as medidas idôneas a evitá-lo. [...] A teoria do risco integral é uma modalidade extremada da doutrina do risco destinada a justificar o dever de indenizar até nos casos de inexistência de nexo causal [...] A responsabilidade objetiva exsurge quando a atividade perigosa terá que fazê-lo com segurança, de modo a não causar dano a ninguém, sob pena de ter que por ele responder independentemente de culpa (CAVALIERI FILHO, Sergio. *Programa de responsabilidade civil*. São Paulo: Atlas, 2012. p. 152-156).

[43] HIRONAKA, Giselda Maria F. Novaes. *Responsabilidade pressuposta*. São Paulo: Del Rey, 2005. p. 297.

[44] Não é incomum, portanto, que a jurisprudência constate, primeiro, a produção do dano intenso, e, depois, o caráter perigoso da atividade, construindo a ponte causal necessária a *posteriori* e realizando o imprescindível nexo, de trás para frente. A reparação não será justificada, em casos assim, por uma verdadeira *mise en danger*, mas talvez mais pela expectativa de se obter uma reparação ao direito prejudicado da vítima (*Ibidem*, p. 311).

[45] Não resta nenhuma dúvida a respeito da urgência de se instalar no contexto de responsabilização civil contemporâneo, uma ampliação significativa do espectro do risco que

Ao invés da teoria clássica de responsabilidade civil focada na conduta do agente causador do dano, a responsabilidade objetiva prevista do Código Civil de 2002 avança para abranger a proteção ao risco diferenciado.[46] E mais: migra-se da preocupação com o dano ilícito para o dano injusto em busca de proteger adequadamente um maior número de vítimas irressarcidas por intermédio da atuação da atividade interpretativa construtiva do magistrado a fim de resguardar a dignidade da pessoa humana.

Portanto, se há dano injusto, essa lesão deve ser ressarcida, ou seja, somente danos absolutamente inevitáveis deixarão de ser reparados. Deve a vítima ser, em regra ressarcida quando envolta de atividade que implique risco para seus direitos, sobretudo seus direitos fundamentais.[47]

Indo além da própria criação ou majoração de risco, Anderson Schreiber identifica que a atual noção jurídica empregada para a cláusula geral de responsabilidade objetiva é de uma responsabilidade que independe de culpa ou de qualquer fator de imputação subjetiva e que tem a finalidade de garantir a reparação pelos danos sofridos sob o prisma da solidariedade social.[48]

Outra possibilidade é a técnica decorrente da socialização do dano, que prevê o estabelecimento de fundos de indenização. Nessa perspectiva, os riscos seriam distribuídos entre os segurados.[49] Logo, as

---

permeia e caracteriza uma *mise en danger*, quer dizer, alargar as fronteiras de conformação deste risco, para não entendê-lo apenas como um risco material ou técnico, mas senão ainda, como um risco pelo fato da organização e mesmo como um risco pelo fato de outrem (HIRONAKA, Giselda Maria F. Novaes. *Responsabilidade pressuposta*. São Paulo: Del Rey, 2005. p. 341).

[46] [...] sem confundir, a nosso ver, risco com perigo. É que, como já acentuamos, muito embora seja certo afirmar que toda atividade perigosa é também arriscada, o contrário não é verdadeiro. Existem atividades que, embora demandem risco, em si mesma não são perigosas, mas que, entretanto, exigem em casos de lesões, a aplicação da responsabilidade objetiva, sob pena da vítima ter de arcar com o prejuízo de um dano injusto (MARANHÃO, Ney Stany Morais. *Responsabilidade objetiva pelo risco da atividade*: uma perspectiva civil-constitucional. Rio de Janeiro: Método, 2010. p. 247-248).

[47] *Ibidem*, p. 252.

[48] SCREIBER, Anderson. *Novos paradigmas da responsabilidade civil*: da erosão dos filtros da reparação à diluição dos danos. São Paulo: Atlas, 2012. p. 30.

[49] Dessa forma, a doutrina da "socialização dos riscos" tem fundamento ético na solidariedade social como necessidade de reparação integral de todos os danos. Há de se proteger as vítimas. Os riscos criados não se consideram mais simples riscos individuais. São riscos sociais e não é justo que os homens respondam por eles individualmente. A regra do *neminem laedere* tem muito mais um caráter social que individualista. O que importa é que se repartam as consequências danosas entre todos os membros da sociedade (LOPEZ, Teresa Ancora. Responsabilidade civil na sociedade de risco. *In*: LOPEZ, Teresa Ancona *et al.* (Coord.). *Sociedade de risco e direito privado*: desafios normativos, consumeiristas e ambientais. São Paulo: Atlas, 2013. p. 11).

hipóteses de securitização dos danos garantem ao tutelado a garantia de piso indenizatório, que prescinde de discussões laterais a respeito da demonstração do dano e do nexo de causalidade envolvendo a atividade de risco.[50]

Hironaka evidencia a teoria da garantia como fundamento para justificar a aplicação do seguro como sistema complementar de responsabilidade civil, tendo em vista que traz segurança à coletividade, uma vez que os prêmios são pagos e deixam a coletividade mais tranquila ao exercício da atividade com risco imanente; além disso, a vítima estará mais próxima de concretizar a reparação do dano sofrido. Entretanto, não pode ser tomado como sistema principal de responsabilidade civil, tendo em vista que subverte a lógica da indenização, pois será reparado o dano sem qualquer análise efetiva de sua ocorrência.[51]

5 Considerações finais

A importância da dignidade da pessoa humana revela-se como o princípio-chave do constitucionalismo contemporâneo, derradeiro limite e condutor de ações do Estado, elemento fundamental da ordem constitucional. Por outro lado, a dignidade da pessoa humana é norma jurídica fundamental de contorno vago e impreciso, que tem como características a polissemia, a ambiguidade e a porosidade. Entretanto, nos viés da democracia, é cláusula aberta, que assegura o dever de respeito e de consideração entre as pessoas nos contornos do caso concreto.

Nesse sentido, o conteúdo substantivo da dignidade da pessoa humana necessita ser investigado a fim de coibir eventuais violações. Não é a dignidade apenas apelo ético, pois seu conteúdo se revela no contexto da situação concreta, mas no sentido de observar também suas dimensões cultural e social.

Nessa investigação sobre o conteúdo da dignidade, revela-se a sua dimensão como solidariedade social, em prol da necessidade de coexistência humana e da constatação racional dos interesses em comum. Assim, a solidariedade no Estado Democrático de Direito brasileiro supera os parâmetros do individualismo, não restringe o

---

[50] DE GODOY, Claudio Luiz Bueno. *Responsabilidade civil pelo risco da atividade*. São Paulo: Saraiva, 2010. p. 40.
[51] HIRONAKA, Giselda Maria F. Novaes. *Responsabilidade pressuposta*. São Paulo: Del Rey, 2005. p. 144-145.

objeto da solidariedade ao cidadão brasileiro e serve de instrumento para a dignidade da pessoa humana.

Nesse contexto, defendemos a existência de uma cláusula geral de tutela da pessoa humana a partir da força normativa da Constituição Federal e de seu núcleo interpretativo da dignidade da pessoa humana. Tal cláusula será aplicada na exegese não apenas do direito civil, mas também do direito do trabalho, como mecanismo de fortalecimento do humanismo nas relações de trabalho e concretização da supremacia constitucional.

Logo, identifica-se a necessidade de compatibilizar o paradigma da tutela da pessoa humana com o panorama internacional da globalização e das consequentes características da sociedade de risco, tendo em vista que a busca incessante pelo lucro, utilizado o risco como de obtenção, gera desigualdade social, exploração do homem pelo homem.

O fundamento dessa responsabilidade civil por risco na ideia de solidariedade social encontra-se não como violação de um dever jurídico, mas como proveniente da tutela geral ao dever de proteção, uma vez que a tutela concedida ao vulnerável não lhe é concedida como algo exclusivo, mas decorrente de toda a coletividade.

Mediante a complexidade das relações sociais, a responsabilidade civil no Estado Democrático de Direito serve como mecanismo de concretização dos direitos fundamentais, notadamente com a ampliação do poder do intérprete com o advento do atual Código Civil, que, dentre as novidades, estabeleceu a cláusula geral de responsabilização objetiva.

Os atuais contornos, que merecem avançar na teoria do risco, reportam-se à transferência de ônus de atividade para quem exerce (ou deveria exercer) o controle sobre a coisa, a pessoa ou a empresa, bem como quem desenvolve a atividade que importe em incômodos a terceiros.

Referências

ALENCAR, Maria Luiza P. Globalização Financeira: mudanças que afetam o campo jurídico-econômico dos contratos e os modos de ligar com o risco. In: ALDACY, Coutinho et al. (Org.). Liber Amicorium: homenagem ao Prof. Doutor Antônio José Avelãs Nunes. Coimbra; São Paulo: Coimbra; RT, 2009.

BARRETO, Vicente de Paulo. Direito Cosmopolítico e Direitos Humanos. Revista Espaço Jurídico, Joaçaba, jul./dez. 2010.

BECK, Ulrich. *La sociedad del riesgo*: hacia una nueva modernidad. Barcelona: Paidós, 2002.

CAVALIERI FILHO, Sergio. *Programa de responsabilidade civil*. São Paulo: Malheiros, 2002.

CORRÊA, André Rodrigues. *Solidariedade e responsabilidade*: tratamento jurídico dos efeitos da criminalidade violenta no transporte público de pessoas no Brasil. São Paulo: Saraiva, 2009. p. 317-320.

HERKENHOFF, Henrique Geaquinto. Responsabilidade pressuposta. *In*: TARTUCE, Flavio; CASTILHO, Ricardo (Coord.). *Direito Civil*: direito patrimonial e direito existencial. São Paulo: Método, 2006.

HIRONAKA, Giselda Maria Fernandes Novaes. *Responsabilidade pressuposta*. São Paulo: Del Rey, 2005.

JONAS, Hans. *O princípio responsabilidade*: ensaios de uma ética para a civilização tecnológica. Rio de Janeiro: Puc Rio, 2011.

KANT, Immanuel. *Fundamentos da metafísica dos costumes e outros escritos*. São Paulo: Martin Claret Ltda., 2002.

MARANHÃO, Ney Stany Morais. *Responsabilidade civil objetiva pelo risco da atividade*: uma perspectiva civil-constitucional. São Paulo: Método, 2010.

REALE, Miguel. *O projeto do novo Código Civil*. São Paulo: Saraiva, 1999.

RICOEUR, Paul. *O justo ou a essência da justiça*. Lisboa: Instituto Piaget, 1995.

SCHREIBER, Anderson. *Direitos da Personalidade*. São Paulo: Atlas, 2011.

SCHREIBER, Anderson. *Novos paradigmas da responsabilidade civil*: da erosão dos filtros da reparação à diluição dos danos. São Paulo: Atlas, 2012.

TARTUCE, Flavio. Diálogos entre o direito civil e o direito do trabalho. *In*: TARTUCE, Flavio; CASTILHO, Ricardo (Coord.). *Direito Civil*: direito patrimonial e direito existencial. São Paulo: Método, 2006.

Informação bibliográfica deste texto, conforme a NBR 6023:2018 da Associação Brasileira de Normas Técnicas (ABNT):

WANGHON, Moisés de Oliveira. A responsabilidade civil objetiva como solidariedade no viés da tutela da pessoa humana. *In*: BASTOS, Dafne Fernandez de; SALES, José Edvaldo Pereira (Coord.). *Direitos humanos*: abordagens transversais. Belo Horizonte: Fórum, 2020. p. 249-269. ISBN 978-85-450-0732-6.

OS DIREITOS INDÍGENAS NO BRASIL E O PLURICULTURALISMO: O CASO CONCRETO DA EDUCAÇÃO INDÍGENA NO ESTADO DO PARÁ

SANDOVAL ALVES DA SILVA

1 Introdução

O presente artigo aborda os direitos indígenas no Brasil a partir de uma breve e sucinta análise das questões culturais indígenas[1] na América Latina em relação ao colonialismo europeu para tentar entender o processo de reconhecimento e de integração das culturas indígenas no Brasil e nos demais países latino-americanos nos idos dos anos 1980 a 2009. As questões estudadas serão aplicadas a um caso concreto de educação indígena no Estado do Pará, considerando a obrigação que o Estado tem de prover educação atendendo às diversidades culturais indígenas em seu território, como ação afirmativa, constatando-se inicialmente a adoção de uma concepção multicultural no Brasil.

O caso concreto apresentado versa sobre a necessidade de contratação de professores apropriados para ministrar aulas nas localidades indígenas, ponderando a regra do concurso público e as necessidades

---

[1] O termo que parece ser interessante para nominar o que conhecemos como "indígenas" seria "povos originários", por fazer menção aos primeiros habitantes do território brasileiro. Porém, neste artigo, os dois termos serão utilizados indistintamente, visto que a própria Convenção nº 169 da Organização Internacional do Trabalho (OIT) refere-se a povos indígenas e tribais; além disso, quer-se mostrar que a utilização dos dois termos passou por uma fase de transição, antes da consagração nacional e internacional da referência a "povos originários".

específicas da educação indígena. Para isso, recorre-se a doutrinadores que apresentam ideias reflexivas sobre a questão dos povos originários no Brasil.

Um dos meios mais utilizados para mitigar os efeitos predadores e discriminatórios das diferenças de pessoas hostilizadas na sociedade brasileira é o instrumento das ações afirmativas, num claro e justo intuito de compensar positivamente as oportunidades oferecidas pelas ocorrências fenomênicas do cotidiano aos abastados, segundo características naturais e sociais inerentes ao local de nascimento, ao nome familiar, às amizades etc. Este artigo traz uma reflexão crítica sobre as ações afirmativas quando aplicadas aos povos originários de forma descuidada em relação aos que tiveram educação, formação e crenças de uma cultura eurocêntrica, visto que, em certa medida, inseri-los nos programas de governo, tais como os de educação, saúde e cultura, é inseri-los numa crença perversa e predadora de superioridade das características europeias e desprezar as culturas ditas indígenas, a não ser que se atenda a autodeterminação livre de cada povo.

É certo que não podemos fechar os olhos para as características que diferenciam as pessoas. Aliás, o direito e, em especial, os direitos humanos estão a regular as condutas humanas, positiva ou negativamente, apontando os elementos necessários para definir e caracterizar o conteúdo do princípio da isonomia,[2] demonstrando quando o discrímen é permitido, bem como as características que fazem abominar a discriminação.

O alcance do princípio da isonomia tem duplo aspecto: nivelar os cidadãos da norma posta e consagrar a impossibilidade de a norma ser editada em desconformidade com a isonomia.[3] Assim, o preceito magno da igualdade seria inicialmente destinado ao legislador,[4] que assume o dever de editar leis equânimes, e ao aplicador da lei,[5] que tem a obrigação de tratar todos como iguais perante a lei[6] e às pessoas

---

[2] O princípio da isonomia aqui será utilizado como sinônimo de igualdade.
[3] MELLO, Celso Antônio Bandeira de. *O conteúdo jurídico do princípio da igualdade*. 3. ed., atual., 10. tiragem. São Paulo: Malheiros, 2002.
[4] Celso Antônio Bandeira de Mello analisa o princípio da isonomia sob a ótica legislativa; porém, neste texto, sua utilização tem a pretensão de abranger a definição de juridicidade e de qualquer autoridade investida de poderes para a concretização dos direitos sociais.
[5] Deve-se observar que a referência à isonomia, no que se refere à igualdade de oportunidades e à eliminação da discriminação ou em qualquer campo, inclusive nas relações de trabalho, deve levar em consideração não só as *leis em sentido estrito*, mas também a constituição, as normas internacionais e demais normas que tratam dos direitos humanos.
[6] MELLO, *op. cit.*, p. 9.

destinatárias da norma. Nesse contexto, a lei não deveria ser fonte de privilégios ou perseguições, mas, sim, um instrumento de regulação social, tratando equitativamente os cidadãos, visto que esse é o conteúdo político-ideológico da isonomia.[7]

Assim, cabe observar que as normas nada mais fazem senão discriminar situações para submetê-las à regência de tais ou quais regras ou princípios, uma vez que a função precípua das normas é exatamente dispensar tratamentos desiguais,[8] sem que isso implique efeitos predadores ou de garantia de privilégios a qualquer casta ou grupo, visto que a ofensa à isonomia decorre da escolha de certos diferenciais existentes nas pessoas, coisas ou situações, mas que não poderiam ter sido eleitos como matriz do discrímen.

A obediência ao princípio da isonomia considera e utiliza fatores de discrímen decorrentes de sexo, raça, nascimento, etnia e credo, mas qualquer elemento de diferenciação residente nas pessoas, coisas ou situações pode ser escolhido como fator discriminatório, sem que represente ofensa à isonomia, desde que (i) exista um vínculo de correlação lógica entre a peculiaridade diferencial residente na pessoa, coisa ou situação e a desigualdade de tratamento conferida por tal discrímen e (ii) que essa correlação lógica seja compatível com os interesses prestigiados na Constituição[9] e nas normas internacionais que versem sobre direitos humanos, pois, sem que haja pertinência ou correlação lógica ou, ainda, conformação com os valores constitucionais ou internacionalmente consagrados, também se impõe a vedação de discriminar.

No intuito de definir o conteúdo do princípio da igualdade, Celso Antônio Bandeira de Mello define os critérios ou elementos para a identificação do desrespeito à isonomia. Assim, esses critérios seriam: (i) caracterização do fator de discriminação; (ii) correlação lógica entre o fator de discrímen e a desequiparação realizada; (iii) consonância da discriminação com os interesses protegidos. Assim, ter-se-ia de perquirir se há uma característica ou elemento de discrímen, se há justificativa racional para atribuir tratamento jurídico diferente em função da desigualdade proclamada e, por último, se há harmonia com os valores prestigiados pela Constituição[10] e pelas normas internacionais.

---

[7] MELLO, Celso Antônio Bandeira de. *O conteúdo jurídico do princípio da igualdade.* 3. ed., atual., 10. tiragem. São Paulo: Malheiros, 2002. p. 10.
[8] *Ibidem*, p. 12.
[9] *Ibidem*, p. 17.
[10] *Ibidem*, p. 21.

Deve-se observar ainda que a ocorrência dos critérios acima indicados é concorrente, ou seja, todos devem ser atendidos,[11] sob pena de afronta ao princípio da isonomia. A isonomia e os critérios para constatar o fator de discriminação devem atender a dois requisitos: o primeiro diz respeito à impossibilidade de a lei (*rectius*: norma ou ordem jurídica) erigir critério diferencial que singularize no presente e definitivamente, de forma absoluta, um sujeito a ser acolhido pelo regime peculiar; o segundo refere-se ao fato de que o fator de discriminação deve necessariamente residir na pessoa, coisa ou situação a ser diferenciada, não podendo servir de discrímen fator alheio às pessoas, coisas ou situações submetidas a regime diferentes. Esses requisitos devem ser atendidos em razão do duplo objetivo do princípio da igualdade, quais sejam: o de ser garantia individual contra perseguições ou situações gravosas e o de tolher favoritismo ou benefícios sem justificativa para tanto.[12]

Obviamente que, quando se comparam duas pessoas, coisas ou situações, sempre haverá semelhanças e distinções, pois não há situações tão iguais que não possam ser distinguidas, assim como não há duas situações tão distintas que não possuam algum denominador comum.[13] Entretanto, como são as diferenças de oportunidades que criam distorções de tratamento, deve-se buscar a concretização do princípio da igualdade no sentido de que as pessoas devem ser tratadas com igual interesse (ainda que seja na proporção de suas desigualdades), pois, do contrário, haverá o risco de justificação das desigualdades e o fundamento para que existam vidas de pobreza e desesperança.[14]

É à luz dessa premissa que se busca analisar como o direito brasileiro trata juridicamente as semelhanças e diferenças dos povos originários na América e no Brasil e como os protegem as normas internacionais. Deseja-se que a cultura indígena seja respeitada de forma livre, autodeterminada, isonômica e fraterna, com base em doutrinas que defendem a autodeterminação dos povos originários, pois a imposição de uma cultura eurocêntrica às outras culturas que convivem no território brasileiro revela, além do sentimento de superioridade advindo da civilização europeia, uma clara evidência do que denomino

---

[11] MELLO, Celso Antônio Bandeira de. *O conteúdo jurídico do princípio da igualdade*. 3. ed., atual., 10. tiragem. São Paulo: Malheiros, 2002. p. 22.
[12] *Ibidem*, p. 23.
[13] *Ibidem*, p. 42.
[14] DWORKIN, Ronald. *Uma questão de princípio*. Tradução de Luís Carlos Borges. São Paulo: Martins Fontes, 2001, capítulo 9, p. 312-313.

"vácuo de vivência" em relação à cultura dos povos originários, o que gera incompreensões, julgamentos descontextualizados e conclusões precipitadas e equivocadas a respeito dos direitos indígenas, pela forte desconsideração de suas culturas, hábitos, direitos, sistemas de justiça e crenças e pela falta de percepção de sua forma de vida.

2 Breve contexto histórico do colonialismo na América Latina e a tentativa de domesticação indígena

Desde o processo de colonialismo europeu iniciado no continente americano no final século XV, no âmbito das conquistas, em especial, portuguesas e espanholas, aparece uma série de problemas envolvendo as comunidades indígenas radicadas no continente americano. A título de exemplo, no México[15] e no Brasil,[16] esse processo de conquista tem início no século XVI e, durante um longo período, envolve a retirada de comunidades indígenas de suas terras, a escravização, o abandono, a anulação de direitos e da identidade, chegando a ser substancialmente reduzida a presença de indígenas.

No Brasil, estima-se que viviam até dez milhões de indígenas, com metade radicada na bacia amazônica, os quais falavam aproximadamente 1.300 (mil e trezentas) línguas diferentes. Atualmente, segundo o censo de 2010 do Instituto Brasileiro de Geografia e Estatística (IBGE), há 813.963 (oitocentos e treze mil, novecentos e sessenta e três) indígenas, que compreendem aproximadamente 220 (duzentos e vinte) povos indígenas, além de mais de 70 (setenta) grupos isolados.[17]

Durante o processo de colonização, merece destaque o horizonte do constitucionalismo, que se abre no século XIX com o constitucionalismo liberal, passa pelo constitucionalismo social do século XX e alcança, no final do século XX (anos 80) e no começo do século XXI (2009), o que se denomina "multiculturalismo, pluriculturalismo e plurinacionalismo" em vários países da América Latina.[18]

---

[15] GUTIÉRREZ RIVAS, Rodrigo. Derecho a la consulta de los pueblos indígenas en México: un primer acercamiento. *In*: FERRER MAC-GREGOR, Eduardo; ZALDÍVAR LELO DE LARREA, Arturo (Coord.). *La ciencia del derecho procesal constitucional*: estudios en homenaje a Héctor Fix-Zamudio en sus cincuenta años como investigador del derecho. t. XII. México: Universidad Nacional Autónoma de México, 2008. p. 531.
[16] BRITO FILHO, José Cláudio Monteiro de. *Ações afirmativas*. São Paulo: LTr, 2012. p. 97.
[17] *Ibidem, loc. cit.*
[18] YRIGOYEN FAJARDO, Raquel Z. El horizonte del constitucionalismo pluralista: del multiculturalismo a la descolonización. *In*: RODRÍGUEZ GARAVITO, César (Coord.).

Esse último período, portanto, abrange três ciclos de reconhecimento dos direitos dos povos originários. O primeiro começou na década de 1980, com a aprovação da Convenção nº 169 da OIT[19] sobre povos indígenas e tribais, que impulsionou várias reformas centradas no reconhecimento e na proteção da plurietnicidade e do direito à identidade cultural individual e coletiva, que representa o multiculturalismo. O segundo tem início nos anos 1990, com várias reformas constitucionais reconhecendo (i) os povos indígenas (*rectius*: originários) como sujeitos coletivos e (ii) os direitos políticos de participação, consulta e autonomia, os direitos relacionados com a terra, o território e os recursos naturais e os direitos linguísticos e culturais, caracterizando a natureza multicultural ou pluricultural dos Estados, como Colômbia (1991), México (1992), Peru (1993), Bolívia (1994) e Equador (1998). O terceiro ciclo tem início com as reformas do Equador (2008) e da Bolívia (2009), reconhecendo a plurinacionalidade nesses países mediante o reconhecimento da existência de Estados compostos por distintas nações e povos.[20]

3 Posição dos países da América Latina no que se refere ao multiculturalismo, pluriculturalismo e plurinacionalismo

O colonialismo europeu parte da ideia do eurocentrismo, em que há uma subjetividade privilegiada baseada na concepção de direitos humanos da cultura europeia (homem, branco, bem vestido, católico ou protestante etc.), razão pela qual, no século XVIII, os direitos humanos foram chamados *direitos do homem*. Essa subjetividade privilegiada exclui, portanto, todos os que não se enquadram nesse estereótipo,

---

El derecho en América Latina: un mapa para el pensamiento jurídico del siglo XXI. Buenos Aires: Siglo Veintiuno, 2011. p. 139-159. Disponível em: http://www.cesarrodriguez.net/docs/libros/ElDerechoenAmericaLatina.pdf. Acesso em: 21 out. 2014.

[19] Antes da Convenção nº 169 da OIT, vigorava no Brasil a Convenção nº 107 da OIT, de 1957, ratificada pelo Brasil por meio do Decreto nº 58.824, de 14 de julho de 1966, e denunciada, como resultado da ratificação da Convenção nº 169, pelo Decreto nº 5.051, em 19 de abril de 2004, razão pela qual se considera a última convenção para os fins deste artigo, apesar da importância da referida Convenção nº 107 para o reconhecimento dos direitos indígenas no Brasil.

[20] AYLWIN, José. Tendencias contemporáneas de Derechos de los Pueblos Indígenas en América Latina. *In*: CULLETON, Alfredo; MAUÉS, Antonio; TOSI, Giuseppe; ALENCAR, Maria Luiza; WEYL, Paulo (Org.). *Direitos humanos e integração latino-americana*. Porto Alegre: Entremeios Editorial, 2011. p. 181-184.

dentre os quais os índios e as mulheres.[21] Isso acarreta uma precarização das condições de acesso dos indígenas e das mulheres aos direitos humanos.[22]

No século XIX, sob a influência do constitucionalismo liberal, essa ideia expressou-se por meio de três técnicas constitucionais: (i) assimilar os índios e convertê-los em cidadãos titulares de direitos individuais por meio da dissolução dos povos indígenas; (ii) reduzir, civilizar e cristianizar os indígenas ainda não colonizados, ditos "selvagens", para expandir a fronteira agrícola; (iii) fazer guerra ofensiva e defensiva contra as nações indígenas "bárbaras" para anexar seus territórios ao Estado, buscando impor o *monoculturismo* ou o monismo jurídico.[23] A evolução legislativa no território nacional, com o Código Civil de 1916, a Lei nº 4.121, de 1962, e posteriormente a edição do Estatuto do Índio (Lei nº 6.001/73), mostra claramente a influência liberal no Brasil.

O *horizonte do constitucionalismo social*, com a Constituição mexicana de 1917, permitiu questionar o constitucionalismo liberal com o reconhecimento de sujeitos coletivos e de direitos sociais laborais e agrários dos indígenas (ou melhor, povos originários).[24]

A reação ao eurocentrismo teve início tímido ainda antes da aprovação da Convenção nº 169 da OIT, que teve forte influência nas constituições dos países latinos, que passaram a reconhecer os direitos indígenas em graus diferentes, embora a Convenção nº 107 da OIT tenha trazido traços significantes de reconhecimento dos direitos indígenas. De 1982 a 1988, esse reconhecimento gradual foi denominado internamente nos países, antes da Convenção nº 169 da OIT, *multiculturalismo* – Canadá (1982), Guatemala (1985), Nicarágua (1987) e Brasil (1988).

Depois da citada convenção, foi chamado *pluriculturalismo*, de 1989 (data da aprovação da Convenção nº 169 da OIT) a 2005 – Colômbia (1991), México e Paraguai (1992), Peru (1997), Bolívia e Argentina (1994), Equador (1996 e 1998) e Venezuela (1999) – e *plurinacionalismo*, de 2006 a 2009 – Bolívia (2006-2009) e Equador (2008) –, conforme o nível de proteção e de autonomia da comunidade indígena em cada país.[25]

---

[21] RIVERA CUSICANQUI, Silvia. La noción de "derecho" o las paradojas de la modernidad postcolonial: indígenas y mujeres en Bolivia. *In*: RIVERA CUSICANQUI, Silvia. *Violencias (re) encubiertas en Bolivia*. La Paz: Piedra Rota, 2010. p. 199-200.
[22] *Ibidem*, p. 207.
[23] YRIGOYEN FAJARDO, Raquel Z. El horizonte del constitucionalismo pluralista: del multiculturalismo a la descolonización. *In*: RODRÍGUEZ GARAVITO, César (Coord.). *El derecho en América Latina*: un mapa para el pensamiento jurídico del siglo XXI. Buenos Aires: Siglo Veintiuno, 2011. p. 140.
[24] *Ibidem*, p. 140.
[25] *Ibidem*, p. 141-153.

O plurinacionalismo parece ser também a denominação adotada pela Declaração das Nações Unidas sobre os Direitos dos Povos Indígenas, aprovada na 107ª Sessão Plenária, de 13 de setembro de 2007, que consagrou vários direitos dos povos originários, dentre os quais os direitos de autodeterminação (art. 3º), de autonomia ou autogoverno para assuntos internos e locais (art. 4º), de manter suas próprias instituições políticas, jurídicas, econômicas, sociais e culturais (art. 5º e art. 11), de adotar um sistema de educação segundo sua vontade (arts. 13 a 15), de estabelecer um sistema de informação próprio (art. 16), de serem consultados em sistema de cooperação (art. 19), de buscar a melhora das condições econômicas e sociais, especialmente nas áreas da educação, emprego, capacitação e reconversão profissionais, habitação, saneamento, saúde e seguridade social (art. 20 e art. 21) e de prestar atenção aos direitos e às necessidades especiais de idosos, mulheres, jovens, crianças e indígenas com deficiência (art. 22).

O *multiculturalismo*, influenciado por pensadores como Taylor ou Kymlicka, favoreceu o reconhecimento de direitos de grupo para os povos indígenas, incluindo seu próprio direito e sua própria justiça. Esse ciclo tem forte relação com o uso de ações afirmativas, pois segue a lógica de inclusão de grupos vulneráveis, como o indígena (não hegemônica), na cultura eurocêntrica (hegemônica), o que leva a uma clara deterioração da cultura supostamente não hegemônica.

O *pluriculturalismo* incorpora alguma forma de pluralismo jurídico interno sem afetar a integridade nacional, a segurança jurídica e os valores dos direitos humanos, com a proteção da diversidade cultural e da igualdade das culturas.[26] O *plurinacionalismo* parte da ideia de compatibilidade entre o Estado unitário e a pluralidade de nações, com o reconhecimento de direitos coletivos, da livre determinação e da autonomia dos povos indígenas.[27]

O *multiculturalismo*, baseado no regime capitalista liberal, envolve apenas o reconhecimento dos direitos indígenas, mas não confere aos povos originários o poder de (i) instituir suas próprias autoridades e instituições, (ii) criar suas próprias normas e procedimentos ou o direito consuetudinário e seus costumes e (iii) administrar a justiça

---

[26] YRIGOYEN FAJARDO, Raquel Z. El horizonte del constitucionalismo pluralista: del multiculturalismo a la descolonización. In: RODRÍGUEZ GARAVITO, César (Coord.). *El derecho en América Latina*: un mapa para el pensamiento jurídico del siglo XXI. Buenos Aires: Siglo Veintiuno, 2011. p. 145-147.

[27] AYLWIN, José. Tendencias contemporáneas de Derechos de los Pueblos Indígenas en América Latina. In: CULLETON, Alfredo; MAUÉS, Antonio; TOSI, Giuseppe; ALENCAR, Maria Luiza; WEYL, Paulo (Org.). *Direitos humanos e integração latino-americana*. Porto Alegre: Entrementes Editorial, 2011. p. 183.

e exercer as funções jurisdicionais, como fazem o *pluriculturalismo* e o *plurinacionalismo*, que admitem tais poderes, de forma limitada no primeiro caso e mais ampla no segundo. É o caso da Bolívia e do Equador, que têm justiça ordinária e indígena, bem como da Corte Constitucional boliviana, que é composta de forma paritária com indígenas e não indígenas.[28]

As concepções monistas e multiculturais revelam graus diferentes de superioridade da cultura europeia em relação às culturas indígenas. Na concepção monista, há uma clara imposição cultural, com o predomínio de uma forma de vida sobre a outra, enquanto no multiculturalismo essa imposição é velada e indireta, pois, embora, aparentemente, sejam empregados meios de defesa dos direitos humanos, como é o caso das ações afirmativas, o sistema eurocêntrico firma-se sobre o dos povos originários. Esse fenômeno ocorre, em parte, em virtude do que denominamos "vácuo de vivência", caracterizado pela insensibilidade ante o outro, por falta de vivência e de apreensão intelectual de outro modo de vida. Esse "vácuo de vivência" nos leva à dificuldade de compreensão do outro por empatia, a julgamentos injustos e descontextualizados, bem como a conclusões precipitadas e equivocadas sobre situações da vida ou de culturas que empiricamente não vivemos. De fato, a inexistência de experiência de vida ou de sentimentos de outras culturas leva-nos a querer impor nossas crenças e julgamentos aos outros, menosprezando hábitos, direitos, sistemas de justiça etc., por absoluta ou parcial falta de vivência ou de percepção da forma de vida dos outros, que nos é estranha ou desconhecida.

4 Posição do Brasil no que se refere ao multiculturalismo e ao pluriculturalismo

Contextualizando historicamente o monoculturalismo nacional, no Brasil pós-colonial, índios e negros foram considerados incapazes até que "se civilizassem" (vácuo de vivência), motivo pelo qual foram objetos de uma política de civilização, catequização e domesticação para que saíssem do seu estado primitivo e infantil e fossem efetivamente incorporados à nação brasileira.[29]

---

[28] YRIGOYEN FAJARDO, Raquel Z. El horizonte del constitucionalismo pluralista: del multiculturalismo a la descolonización. *In*: RODRÍGUEZ GARAVITO, César (Coord.). *El derecho en América Latina*: un mapa para el pensamiento jurídico del siglo XXI. Buenos Aires: Siglo Veintiuno, 2011. p. 146-147 e p. 151-152.

[29] LOPES, José Reinaldo de Lima. *Direitos sociais*: teoria e prática. São Paulo: Método, 2006. p. 110.

Seguindo essa premissa, o artigo 6º, inciso III, do Código Civil de 1916 (Capítulo I) tratava os povos originários como silvícolas,[30] incapazes "relativamente a certos atos ou à maneira de os exercer". Para corroborar a concepção liberal, o parágrafo único do mesmo dispositivo dispunha que os silvícolas ficariam sujeitos ao regime tutelar, estabelecido em leis e regulamentos especiais, o que cessaria "à medida de sua adaptação" à cultura nacional, que era, por óbvio, uma decorrência da cultura eurocêntrica por "vácuo de vivência". Houve uma evolução legislativa com a alteração da redação desse artigo 6º, III, e, especialmente, do parágrafo único do mesmo dispositivo pela Lei nº 4.121, de 1962, em que se assevera que a incapacidade relativa dos povos originários cessaria à medida que se fossem se "adaptando à civilização do país".

Nesse contexto histórico da legislação, cabe reafirmar que, antes da Convenção nº 169 da OIT, vigorava a Convenção nº 107 da OIT, de 1957, ratificada pelo Brasil por meio do Decreto nº 58.824, de 14 de julho de 1966, que de fato reconhecia os direitos próprios dos povos originários, visto que não condicionava o reconhecimento desses direitos à possibilidade de não violação dos direitos humanos internacionalmente reconhecidos, como fez a Convenção nº 169 da OIT. A Convenção nº 107 foi denunciada pela ratificação desta última pelo Decreto nº 5.051, em 19 de abril de 2004.

A Lei nº 6.001/73, que dispõe sobre o Estatuto do Índio, ainda em vigor, no artigo 3º, I, define índio ou silvícola como "todo indivíduo de origem e ascendência pré-colombiana que se identifica e é identificado como pertencente a um grupo étnico cujas características culturais o distinguem da sociedade nacional". No inciso II do mesmo artigo, define-se comunidade indígena ou grupo tribal como "um conjunto de famílias ou comunidades índias, quer vivendo em estado de completo isolamento em relação aos outros setores da comunhão nacional, quer em contatos intermitentes ou permanentes, sem contudo estarem neles integrados".

O Código Civil de 2002 tratou os povos originários no artigo 4º, que dispõe sobre os incapazes relativamente a certos atos ou à maneira de os exercer. Porém, no parágrafo único, transferiu a discussão sobre a capacidade dos indígenas, que seria regulada por legislação especial.

---

[30] Termo usualmente utilizado para identificar os povos originários na qualidade de pessoas naturais que vivem nas florestas selvagens.

Houve alguma evolução em relação à legislação que precedeu o Código Civil de 2002, mas atualmente a lei especial ainda é a Lei nº 6.001/73 (Estatuto do Índio), que encerra uma série de regramentos ditados pela cultura não indígena, liberal e eurocêntrica, como direitos civis políticos, assistência ou tutela, registro civil, condições de trabalho, ocupação de terras, bens e rendas, bem como educação, cultura e saúde e normas penais aplicáveis aos povos originários. Tudo de cunho e orientação claramente não indígena e sem que tenha havido qualquer consulta ou participação dos povos originários envolvidos, o que revela a falta de compreensão do modo de vida dos povos originários ou o "vácuo de vivência" indígena para garantir os direitos a eles aplicáveis, segundo a autodeterminação dos povos, sem qualquer meio direto ou indireto de imposição cultural de povos diferentes.

Constata-se, portanto, que, no direito brasileiro, os indígenas eram tratados como pessoas naturais carentes de adaptação à civilização do país, que era liberal e eurocêntrica; deveriam ser integrados à civilização nacional do país não indígena, sem qualquer referência à autodeterminação dos povos originários, o que evidencia a firme característica do monoculturalismo nacional e do monismo jurídico, que é a forma mais clara de "vácuo de vivência" ou mais brutal e direta de imposição de uma cultura a outra, visto que as normas vigentes eram editadas segundo a ordem jurídica não indígena.

Esse panorama começou a mudar com a promulgação da Constituição da República Federativa do Brasil de 1988, que adotou a concepção do *multiculturalismo*, que é uma forma indireta e sutil de submissão da cultura indígena à eurocêntrica. Os artigos 231 e 232 dispõem sobre os direitos indígenas, reconhecendo "aos índios sua organização social, costumes, línguas, crenças e tradições, e os direitos originários sobre as terras que tradicionalmente ocupam", mas confere-se à União a competência de "demarcá-las, proteger e fazer respeitar todos os seus bens" (art. 231). Da mesma forma, conferiu-se legitimidade aos povos originários, suas comunidades e organizações para ingressar em juízo em defesa de seus direitos e interesses, mas se destacou a competência da justiça federal (que seria uma justiça indígena no regime do *plurinacionalismo*) e se determinou a intervenção obrigatória do Ministério Público em todos os atos do processo como forma de garantir a proteção daqueles povos que, em tese, não teriam condições culturais de promover suas próprias defesas de forma autodeterminada. Isso mostra uma clara indicação de adoção do regime capitalista, ora de cunho liberal, ora de cunho social, conforme adotado expressamente no artigo 170 da Constituição, com várias menções a direitos sociais, como as prescrições dos artigos 1º, incisos III e IV, 3º, incisos I a IV, 5º, 6º, 7º etc.

A adoção do *multiculturalismo* no Brasil explica a razão de se defenderem ações afirmativas para compensar injustiças históricas, uma vez que esse tipo de intervenção estatal em proteção dos hipossuficientes indígenas é característico desse sistema de reconhecimento de direitos indígenas. Porém, isso ainda representa, em certa medida, submissão dos povos originários à cultura eurocêntrica, caso não se respeite a autonomia de vontade ou a autodeterminação desses povos, visto que os direitos consagrados são aqueles positivados na Constituição e na legislação, aprovadas por não indígenas e segundo as crenças eurocêntricas.

Em 19 de abril de 2004, o Decreto nº 5.051 ratifica a Convenção nº 169 da OIT e inaugura uma nova fase de reconhecimento dos direitos dos povos originários no Brasil, trazendo elementos determinantes para uma concepção pluricultural, conforme abordagem feita no presente artigo.

É lógico que o fato de o Brasil ter ratificado a Convenção nº 169 da OIT acarreta alguma mudança na ordem jurídica do país, em especial diante da tese da supralegalidade adotada pelo Supremo Tribunal Federal para os tratados que versam sobre direitos humanos. Tal convenção conferiu o direito de propriedade coletiva (art. 14), de consulta para exploração da terra (art. 15) e de compensação de danos, de participação na exploração e na consulta em caso de remoção da comunidade (art. 16). Pode-se, então, afirmar que o Brasil está em fase de transição para o *pluriculturalismo*, pelo menos no campo normativo, com a ratificação da referida Convenção da OIT e com a Declaração das Nações Unidas sobre os Direitos dos Povos Indígenas, que assegura os mesmos direitos consagrados na referida convenção, além de outros no sentido de conferir autodeterminação, autonomia ou autogoverno aos povos originários. Espera-se que em breve possa o Brasil migrar para o *plurinacionalismo*, bastando para isso algumas medidas de maior reconhecimento da cultura dos povos originários, como o reconhecimento da justiça indígena, do sistema de educação que tais povos indicarem, a inserção de indígenas na Suprema Corte etc.

Essa alteração é bastante sentida nas decisões da Corte Interamericana de Direitos Humanos e em algumas cortes constitucionais dos países da América Latina, que, adotando a Convenção nº 169 da OIT diretamente ou como fonte interpretativa, conferiram direito à propriedade coletiva, à vida, ao devido processo, à proteção judicial autônoma, à consulta antes de tomada de decisão que afete os direitos e interesses dos povos originários, a prestações positivas do Estado em situações de extrema pobreza, além da aplicação da citada convenção ao direito penal.[31] Isso representa claramente um alerta, visto que, com o avanço nas decisões da Corte Interamericana, o Brasil pode ser condenado por algum fator não adotado pelo multiculturalismo ou por parte do pluriculturalismo. Um exemplo: o Brasil está sendo demandado perante a Comissão Interamericana de Direitos Humanos (CIDH), órgão da Organização dos Estados Americanos (OEA), pela construção da hidrelétrica de Belo Monte, no rio Xingu, região de Altamira/PA, devendo prestar esclarecimentos sobre a situação das comunidades tradicionais e indígenas e também sobre as condições da água do Xingu e o trabalho de remanejamento das populações afetadas.[32]

A questão de Belo Monte foi levada à CIDH, que concedeu liminar, até hoje não atendida pelo Brasil, para suspender imediatamente o processo de licenciamento da proposta hidrelétrica de Belo Monte e impedir a realização de qualquer obra até que sejam atendidas as seguintes condições mínimas: (i) realizar processos de consulta, em conformidade com as obrigações internacionais do Brasil, no sentido de que a consulta seja de boa-fé, prévia, livre e informada, culturalmente adequada e com o objetivo de chegar a um acordo em relação a cada uma das comunidades indígenas afetadas; (ii) garantir às comunidades indígenas beneficiadas, previamente à realização da consulta, acesso ao Estudo de Impacto Social e Ambiental do projeto, em um formato acessível, incluindo a tradução para as respectivas línguas indígenas; (iii) adotar medidas para proteger a integridade dos membros dos povos indígenas em isolamento voluntário da Bacia do Xingu e para evitar a propagação de doenças e epidemias entre as comunidades

---

[31] COURTIS, Christian. Anotações sobre a aplicação da Convenção 169 da OIT sobre povos indígenas por tribunais da América Latina. *Revista Sur: Revista Internacional de Derechos Humanos*, ano 6, n. 10, jun. 2009, p. 60-67.

[32] A Corte Interamericana de Direitos Humanos (CtIDH) tem precedentes no mesmo sentido do caso brasileiro submetido à Comissão Interamericana de Direitos Humanos (CIDH), sobre a proteção da propriedade coletiva ou comunitária indígena nos seguintes julgados: *Povo Saramaka vs. Suriname* (2007) (exploração comercial por meio da construção de uma usina hidrelétrica, inundando os territórios tradicionais do povo originário Saramaka, além da concessão para exploração de madeira e minério) e *Povo Indígena Kichwa de Sarayaku vs. Equador* (2012) (autorização de uma empresa petrolífera privada para explorar e extrair petróleo no território do referido povo indígena).

indígenas beneficiárias das medidas de precaução devido à construção da hidrelétrica de Belo Monte. A Corte Interamericana de Direitos Humanos tem decidido a favor dos povos originários em vários direitos protegidos pela ordem internacional, conforme decisão nos seguintes casos: *Yatama vs. Nicarágua*[33] (direitos políticos indígenas para participação eleitoral); *Chitay Nech e Outros vs. Guatemala*[34] (direitos políticos e desaparecimento forçado indígena); *Sawhoyamaxa vs. Paraguai*[35] (reconhecimento da personalidade jurídica – comunidade indígena em si, e

---

[33] O caso versa sobre candidatos a cargos políticos no país, como prefeitos, vice-prefeitos e vereadores, pertencentes ao partido YATAMA (Yapti Tasba Masraka Nanih Asla Takanka), os quais foram impedidos de participar das eleições municipais. A Nicarágua foi condenada pela CtIDH a reformular sua lei eleitoral, de forma a prever de forma clara as consequências do não cumprimento dos requisitos estipulados, mudando todos os artigos contrários à Convenção Americana, além de pagar indenização por danos materiais e morais (CORTE INTERAMERICANA DE DIREITOS HUMANOS. *Caso Yatama vs. Nicarágua*. 23 jun. 2005b. Disponível em: http://www.cnj.jus.br/files/conteudo/arquivo/2016/04/b3b2dcefe29f27b2984178160015c3ba.pdf. Acesso em: 29 jun. 2016).

[34] O caso trata de um conflito interno na Guatemala, em que mais de duzentas mil pessoas foram vítimas de execuções arbitrárias e de desaparecimento forçado por grupos paramilitares, consequências de uma instabilidade política no país, caracterizada por um período ditatorial. A Corte reconheceu que o Estado deve garantir que "os membros das comunidades indígenas e étnicas [...] possam participar na tomada de decisões sobre assuntos e políticas que possam incidir em seus direitos e no desenvolvimento destas comunidades, de forma tal que possam se integrar às instituições e órgãos estatais e participar de maneira direta e proporcional à sua população na direção dos assuntos públicos [...] e de acordo com seus valores, usos, costumes e formas de organização". Negar essa garantia significa a carência de representação nos órgãos encarregados de adotar políticas e programas que poderiam influenciar seu desenvolvimento. A Corte, além de condenar o Estado pelo desaparecimento forçado, reiterou seu entendimento sobre a participação política de culturas tradicionais na definição dos destinos do país (CORTE INTERAMERICANA DE DIREITOS HUMANOS. *Caso Chitay Nech e Outros vs. Guatemala*. 25 maio 2010a. Disponível em: http://www.corteidh.or.cr/docs/casos/articulos/seriec_212_por.pdf. Acesso em: 29 jun. 2016).

[35] O caso versa sobre a existência e a identidade de membros da comunidade indígena que, apesar de terem nascido e morrido no Paraguai, não foram reconhecidos legalmente com personalidade jurídica. A CtIDH condenou o Estado paraguaio por ofensa ao direito de reconhecimento da personalidade jurídica (CORTE INTERAMERICANA DE DIREITOS HUMANOS. *Case of the Sawhoyamaxa Indigenous Community v. Paraguay*. 29 mar. 2006. Disponível em: http://www.corteidh.or.cr/docs/casos/articulos/seriec_146_ing.pdf. Acesso em: 29 jun. 2016). No mesmo sentido, o caso *Comunidade Yakye Axa vs. Paraguai*, em que reconhece os povos originários com sistemas de organização social, econômica, cultural e religiosa, com os direitos deles resultantes, como a designação de seus próprios líderes e o direito a reclamar suas terras tradicionais. O reconhecimento de tais direitos não se resume ao reconhecimento formal da pessoa jurídica, mas se estende também à comunidade indígena em si mesma considerada como realidade substancialmente admitida (CORTE INTERAMERICANA DE DIREITOS HUMANOS. *Caso da Comunidade Indígena Yakye Axa vs. Paraguai*. 17 jun. 2005. Disponível em: http://www.cnj.jus.br/files/conteudo/arquivo/2016/04/357a11f7d371f11cba840b78dde6d3e7.pdf. Acesso em: 29 jun. 2016).

não o formalismo); *Comunidade Indígena Xákmok Kásek vs. Paraguai*[36] (personalidade jurídica, propriedade comunitária etc.).[37]

5 O caso concreto da educação indígena paraense e sua análise crítica

O caso que ora analisamos versa sobre o recrutamento de servidores públicos com a garantia de acesso ao trabalho sem qualquer preferência ou discriminação. Importa acentuar que a matéria tratada na ação civil pública se refere a uma grave violação de direitos humanos, à garantia de acesso ao trabalho livre de qualquer preferência ou discriminação, nos termos da Convenção nº 111 da OIT. A ação diz respeito à concretização e ao controle da política pública de recrutamento de servidores públicos, que, ao invés de atender os critérios da regra do concurso público inserta no artigo 37 da Constituição da República Federativa do Brasil de 1988 e nas Convenções da OIT, utilizou critérios de preferências pessoais, contrariando expressamente a Convenção nº 111[38] da OIT, que prescreve a todo Estado-Membro o compromisso de definir e aplicar uma política nacional que tenha por fim promover, por métodos adequados às circunstâncias e aos usos nacionais, a igualdade de oportunidades e de tratamento em matéria de emprego e profissão, com o objetivo de eliminar toda discriminação no trabalho.

---

[36] O caso tratou da declaração de responsabilidade do Estado paraguaio por ofensa à Convenção Americana de Direitos Humanos, especificamente a seus artigos 3º (direito ao reconhecimento da personalidade jurídica), 4º (direito à vida), 8.1 (garantias judiciais), 19 (direitos da criança), 21 (direito à propriedade privada) e 25 (proteção judicial), bem como por ofensa às obrigações consagradas nos artigos 1.1 (obrigação de respeitar direitos) e 2º (dever de adotar disposições de direitos internos). A CtIDH condenou o Estado paraguaio por violação aos direitos indicados (CORTE INTERAMERICANA DE DIREITOS HUMANOS. *Caso da Comunidade Indígena Xákmok Kásek vs. Paraguai*. 24 ago. 2010b. Disponível em: http://www.cnj.jus.br/files/conteudo/arquivo/2016/04/25ecf2789dfd 641e1ec8f520762ac220.pdf. Acesso em: 29 jun. 2016). O direito de propriedade comunitária dos indígenas também foi reconhecido no caso *Comunidade Mayagna (Sumo) Awas Tingni vs. Nicarágua* (2001) e no caso *Comunidade Yakye Axa vs. Paraguai* (2005), em que a demora na demarcação das terras impossibilitou o acesso dos membros da comunidade indígena à posse do território e, consequentemente, levou-os a uma situação de vulnerabilidade sanitária e alimentar.

[37] SILVA, Gabriel de Oliveira. O índio e a Corte Interamericana de Direitos Humanos. *Artigos JusBrasil*, 2015. Disponível em: http://gabriel2052.jusbrasil.com.br/artigos/221595622/o-indio-e-a-corte-interamericana-de-direitos-humanos?print=true. Acesso em: 25 maio 2015.

[38] A Convenção nº 111 da OIT, que versa sobre discriminação em matéria de emprego e profissão, foi promulgada no Brasil pelo Decreto nº 62.150, de 19 de janeiro de 1968.

De acordo com o artigo 1º da Convenção nº 111 da OIT, discriminação é entendida como: a) toda distinção, exclusão ou preferência fundada na raça, cor, sexo, religião, opinião política, ascendência nacional ou origem social, que tenha por efeito destruir ou alterar a igualdade de oportunidades ou de tratamento em matéria de emprego ou profissão; b) toda e qualquer distinção, exclusão ou preferência que tenha por efeito destruir ou alterar a igualdade de oportunidades ou de tratamento em matéria de emprego ou profissão.

A gravidade da questão reside na exclusão de candidatos que poderiam ser recrutados pelo mérito, com base na regra do concurso público, em contraposição à escolha com fundamento em preferência de pessoas indicadas com base em aproximações e influências políticas, familiares e de ciclo de amizades, sem qualquer critério objetivo, cujas consequências têm por efeito destruir ou alterar a igualdade de oportunidades ou de tratamento em matéria de emprego ou profissão no setor público, em que o próprio Estado-Membro é o empregador.

O caso concreto trata, portanto, da invalidação de contratações temporárias pelo Poder Executivo do Estado do Pará, que ganharam irregularmente ares de contratações permanentes, e da renegociação das admissões irregulares na educação indígena, num diálogo institucional que envolve o Ministério Público do Trabalho (MPT), o Estado do Pará, o Judiciário Trabalhista e o Ministério Público Federal (MPF), cuja rodada procedimental se iniciou em 2005.[39]

Após a propositura da demanda, o MPT e a administração pública direta do Poder Executivo do Estado do Pará fizeram um acordo segundo o qual o Estado deveria: abster-se de prorrogar as contratações temporárias além do prazo permitido em lei; abster-se de contratar servidores sem prévia aprovação em concurso público, salvo para os casos permitidos constitucionalmente, sob pena de multa; distratar 21.838 (vinte e um mil, oitocentos e trinta e oito) servidores contratados a título de temporários com características de prazo indeterminado, sendo 10.338 (dez mil, trezentos e trinta e oito) até 31 de dezembro de 2005, 5.500 (cinco mil e quinhentos) até 31 de março de 2006 e 6.000 (seis mil) até 31 de março de 2007, com cota mínima de 500 (quinhentos) servidores por mês, sob pena de multa; dimensionar o quantitativo de pessoal para viabilizar o cumprimento do acordo, além de outras obrigações acessórias e procedimentais. Nesse acordo, os pedidos

---

[39] O procedimento investigatório no MPT foi autuado sob o número ACP 001718.2005.08.000/0. Na Justiça do Trabalho, foi autuado sob o número 00187-65.2005.5.08.0013.

inerentes à improbidade administrativa não foram transacionados ou acordados, por expressa vedação legal do artigo 17, §1º, da Lei nº 8.429/92.[40]

Em 30 de julho de 2009, as instituições envolvidas reconheceram circunstâncias que impediam o cumprimento do acordo, dentre as quais a existência de servidores temporários para atender a educação indígena, razão suficiente para começar uma nova rodada procedimental de diálogo institucional, visto que essa questão não fora prevista e apreciada nas negociações anteriores.

Assim, se a irregularidade ou a violação da igualdade de oportunidades no mercado do trabalho fosse corrigida com certa agilidade, seria afetada a prestação dos serviços públicos de educação, especialmente o atendimento dos direitos sociais de educação indígena, de sorte que declarar nulas as contratações significaria encerrar as atividades de educação indígena.[41]

Essa situação enfrentada pelo MPT e pelo Estado do Pará revelou um abandono do monoculturalismo em prol de uma concepção multicultural, não só porque a contratação de professores indígenas estava irregular, mas também porque o Estado não formara professores apropriados para lecionar nas diferentes comunidades indígenas, obedecendo às peculiaridades de cada povo originário.[42]

Nas rodadas procedimentais instauradas e na interação dialógica concluída sobre distrato e contratação de servidores, a solução encontrada foi firmar um acordo[43] de concretização dos direitos humanos (ACDH)[44] segundo o qual seriam mantidos os professores indígenas

---

[40] O pedido de improbidade foi dirigido contra todos os ex-governadores do Estado do Pará. Inicialmente o pedido foi julgado improcedente, chegando até o Tribunal Superior do Trabalho (TST), que, em competência recursal, infelizmente extinguiu o processo sem resolução de mérito por entender ser a Justiça do Trabalho incompetente para julgar as ações de improbidade.

[41] BRITO FILHO, José Cláudio Monteiro de. *Ações afirmativas*. São Paulo: LTr, 2012. p. 107.

[42] Nesse processo, que se iniciou em 2005, o autor deste artigo atuou na defesa do Estado à época como procurador do Estado do Pará, situação que o motivou a fazer concurso público para seguir a carreira do MPT.

[43] Esse acordo envolveu ainda o MPF, conforme petição endereçada ao juízo em 18 de dezembro de 2009.

[44] O acordo ou compromisso de concretização de direitos humanos (ACHD) – e seu respectivo termo (TACDH) – é o nome sugerido em nossa tese de doutorado para substituir a expressão "ajustamento de conduta", adotada pela lei, conhecida pela doutrina como "termo de ajustamento de conduta" (TAC). A sugestão de alteração do nome do instrumento de diálogo institucional é necessária em razão da perspectiva da tese de um Ministério Público resolutivo, dialógico e focado na concretização prospectiva dos direitos humanos em detrimento da crença de uma instituição demandista, policialesca e focada

contratados irregularmente até que se cumprissem algumas obrigações de concretização e de construção dos significados constitucionais, como aprovação de lei de criação de cargos, concurso público para professores da educação indígena e implantação de curso superior na Universidade Estadual do Pará.[45] Na negociação, verificou-se a necessidade de recrutamento de professores apropriados para ministrar aulas nas localidades indígenas, ponderando-se a regra do concurso público e as necessidades específicas da educação indígena de cada povo originário.

A solução encontrada foi firmar um acordo de manutenção dos professores indígenas contratados irregularmente até que se cumpram as seguintes obrigações: (i) aprovar os projetos de lei para a criação dos cargos necessários ao atendimento da educação indígena (2010); (ii) criar cargos e realizar concurso público para recrutar professores indígenas de nível médio para a educação nas escolas mantidas nas aldeias das etnias Tembé, Kyikatêjê e Parkatêjê (2011); (iii) oferecer, por meio da universidade estadual, o curso de licenciatura intercultural para integrantes de todas as etnias indígenas no Estado do Pará para permitir o ensino nas escolas indígenas até a última série do ensino médio (2012); (iv) criar e fazer concurso público para os cargos de professor de nível superior tendo em vista os formados no curso de licenciatura intercultural para atendimento a todas as escolas indígenas de responsabilidade do Estado (dezembro de 2015).

Na condução desse conflito, que foi muito bem-sucedida à época, verifica-se claramente o multiculturalismo adotado no Brasil, pois a solução encontrada, inclusive com a adoção de ações afirmativas (criação de curso intercultural), resultou do diálogo direto entre o Ministério Público da União (MPU) e o Estado do Pará, sem consulta ou participação de todas as comunidades indígenas envolvidas, na forma preconizada pela Convenção nº 169 da OIT.

Os membros ministeriais, com base na ideia de interculturalidade, conceberam de forma progressiva a participação das etnias Tembé, Kyikatêjê e Parkatêjê por meio de representantes indígenas, em claro respeito à cultura indígena e de forma intercultural e integrativa,

---

na responsabilização pretérita de infratores. Nessa perspectiva, propõem-se a releitura do instrumento para conceber essa nova denominação e a sugestão de *lege ferenda* de utilização pela lei do nome *juris* ora proposto, razão pela qual doravante o antigo TAC será tratado como acordo ou compromisso de concretização de direitos humanos (ACDH) (SILVA, Sandoval Alves da. *O Ministério Público e a concretização dos direitos humanos*. Salvador: JusPodivm, 2016. p. 23).

[45] BRITO FILHO, José Cláudio Monteiro de. *Ações afirmativas*. São Paulo: LTr, 2012. p. 107-108.

mas, na análise progressiva e gradual, essa integração tem de ficar mais intensa e contar com a participação autodeterminada dos povos originários abrangidos.[46]

Nesse sentido, a ordem jurídica brasileira permite ainda que se busquem, progressiva e gradualmente, mecanismos de consulta e de participação das comunidades envolvidas no processo de educação indígena em novas rodadas procedimentais de diálogo institucional entre os atores responsáveis pela interpretação e pela concretização dos direitos humanos sociais, nas quais se pode permitir a participação ampla preconizada na Convenção nº 169 da OIT, utilizando-se de ações interculturais integrativas, sem o contexto tradicional das ações afirmativas. Assim, resta nesse processo contínuo, dinâmico, gradual e progressivo a necessidade de novas negociações em rodadas procedimentais, considerando a vontade livre e autodeterminada das comunidades originárias envolvidas.

Esse problema é muito mais abrangente, pois evidencia que o Estado do Pará precisa desenvolver a educação indígena por intermédio de um diálogo mais amplo com a comunidade indígena envolvida, com a consulta ou a participação livre e autodeterminada de todos os indígenas afetados, ou com uma participação representativa, e ainda com o estabelecimento de meios para o pleno desenvolvimento das instituições de proteção dos povos originários,[47] conforme preceitua o artigo 6º da referida Convenção nº 169. De forma especial, a questão atinge o artigo 27, que, no §1º, determina o desenvolvimento e a aplicação de programas e de serviços de educação em *cooperação* com cada comunidade indígena, o que representa uma orientação dialógica para que o direito seja concretizado por meio de rodadas procedimentais. O §2º do mesmo artigo prescreve a *participação* dos povos indígenas na formulação e na execução de programas de educação. Segundo o §3º, os governos deverão reconhecer o direito que os povos indígenas têm de criar suas próprias instituições e meios de educação, desde que sejam respeitadas as normas mínimas em *consulta* aos povos indígenas.

---

[46] Deve-se observar que a atuação ministerial à época teve a cautela de atender alguns requisitos da Convenção da OIT, demonstrando mais uma ação integrativa de culturas, ainda que em certo grau, do que efetivamente uma ação afirmativa, nos moldes idealizados tradicionalmente.

[47] Deve-se registrar que os membros ministeriais tiveram essa percepção e buscaram contar com a representação indígena dos povos afetados, mas o número de convocados foi pequeno para a quantidade de povos originários afetados, o que mostra a dificuldade à época de conseguir uma representação mais significativa.

O artigo 22 da referida convenção refere-se à "participação voluntária de membros dos povos interessados em programas de formação profissional"; cita ainda a necessidade de cooperação e de consulta no que diz respeito à organização, ao funcionamento e à adequação de programas de formação profissional para os indígenas. Segundo o artigo 28, "sempre que for viável", as crianças dos povos interessados deverão aprender a ler e a escrever na sua própria língua indígena ou na língua mais comumente falada no grupo; quando isso não for viável, cabe às autoridades competentes consultar esses povos sobre as medidas a serem adotadas.

Além de vários outros direitos, como de consulta, cooperação, autogoverno etc., a Declaração das Nações Unidas sobre os Direitos dos Povos Indígenas confere os seguintes direitos na área da educação indígena: (i) revitalizar, utilizar, desenvolver e transmitir às gerações futuras suas histórias, idiomas, tradições orais, filosofias, sistemas de escrita e literaturas (art. 13); (ii) estabelecer e controlar sistemas e instituições educativos que ofereçam educação em seus próprios idiomas, em consonância com seus métodos culturais de ensino e de aprendizagem (art. 14.1); (iii) não serem discriminados em todos os níveis e formas de educação do Estado, em particular as crianças (art. 14.2); (iv) ter acesso à educação em sua própria cultura e em seu próprio idioma, em particular as crianças, inclusive as que vivem fora de suas comunidades (art. 14.3) etc.

Observa-se, por último, que a imposição de ações afirmativas sem garantir os direitos dos povos originários assegurados pela ordem jurídica brasileira configura um ato de discriminação sem fundamento na Constituição e nas normas internacionais que consagram os direitos humanos, caso não haja consulta prévia às comunidades indígenas para fins do exercício da liberdade consciente na autodeterminação e no autogoverno dos povos originários.

Nesse sentido, cabe constatar que a simples imposição das políticas e ações de não indígenas aos povos originários, sem uma prévia consulta e sem a cooperação com a população afetada, constitui um fator de discrímen injusto, pois não há uma correlação lógica entre a peculiaridade diferencial residente na pessoa, coisa ou situação (indígena) e a desigualdade de tratamento conferida por tal discrímen (imposição da vontade política não indígena), bem como revela uma relação lógica incompatível com os interesses prestigiados na Constituição e nas normas internacionais que versam sobre direitos humanos

(Convenção nº 169 e Declaração das Nações Unidas sobre os Direitos dos Povos Indígenas), impondo-se para esse fim a vedação de discriminar. Observa-se assim que a adoção unilateral de medidas políticas, administrativas, legislativas, ministeriais ou judiciais, desconsiderando a autogoverno dos indígenas, não atende o conteúdo do princípio da igualdade, como defende Celso Antônio Bandeira de Mello, por não haver harmonia da discriminação (ações afirmativas eurocêntricas) com os interesses e direitos humanos protegidos na Constituição e nas normas internacionais (autodeterminação dos indígenas) e por não haver justificativa racional para atribuir aos indígenas o mesmo tratamento de não indígenas sem ouvi-los cooperativamente.

No caso concreto em análise, pode-se falar em avanço ou em concretização progressiva, em razão do tempo e da judicialização da causa. Todavia, o Brasil corre um forte risco de ser demandado internacionalmente por não adimplir integralmente a Convenção nº 169 da OIT se não der continuidade às medidas tomadas de forma progressiva, gradual e dinâmica. Isso pode ser evitado com a continuação do diálogo ministerial em novas rodadas procedimentais para a concretização dos direitos humanos sociais, especialmente da educação indígena, com a participação da comunidade afetada nos termos da referida Convenção da OIT, para que possa ser preenchido esse "vácuo de vivência" que as instituições de influências eurocêntricas têm em relação aos povos originários, visto que será a própria comunidade indígena que expressará livremente seus hábitos, crenças, direitos e sistemas de vida que têm experimentado em seu dia a dia por séculos e séculos, passando-os de geração em geração.

Ademais, a ratificação dessa convenção pelo Brasil, juntamente com a tese da supralegalidade adotada pelo Supremo Tribunal Federal (STF) para os tratados internacionais de direitos humanos, faz do Brasil um país gradualmente multicultural e pluricultural.[48] Isso sem se esquecer da tendência plurinacional por que passa a ordem internacional latino-americana. Por outro lado, observa-se que, no caso concreto citado, o diálogo ainda não acabou, visto que há direitos humanos a serem concretizados em relação aos povos originários, o que pode ser viabilizado pelo diálogo institucional extraprocessual ou judicial por meio do Ministério Público, que deverá iniciar outra rodada procedimental para atender a tais direitos de forma contínua, gradual,

---

[48] O Brasil passou a ser pluricultural com a ratificação da Convenção nº 169 da OIT pelo Decreto nº 5.051, de 19 de abril de 2004.

progressiva e dinâmica, a fim de suprir o "vácuo de vivência" que a cultura brasileira eurocêntrica tem em relação aos povos originários que habitam o território brasileiro.

6 Conclusão

O artigo teve como finalidade precípua demonstrar a necessidade de se lançar um novo olhar à questão dos povos originários do Brasil de acordo com a Constituição da República Federativa do Brasil de 1988 e com a Convenção nº 169 da OIT, visto que a promulgação da Constituição em 1988 e a inserção da Convenção pelo Decreto nº 5.051, em 19 de abril de 2004, inauguraram duas fases importantes dos direitos humanos dos indígenas brasileiros.

A principal evolução na concretização dos direitos humanos dos povos originários brasileiros ocorreu com o advento da Convenção nº 169 da OIT, a qual considera o indígena como cultura que deve ser reconhecida de forma livre e independente, respeitando-se suas manifestações de vontade, suas tradições, sua propriedade coletiva de terras, fazendo-se consultas a respeito de qualquer medida que o afete etc.

Isso impõe aos governantes brasileiros a responsabilidade de abrir oportunidades interculturais para ouvir os povos originários e interagir com eles de forma plural no âmbito normativo, dos sistemas de justiça e educacional etc. Em alguns países latino-americanos, como Equador (2008) e Bolívia (2009), a evolução alcançou a plurinacionalidade mediante o reconhecimento da existência de Estados compostos por distintas nações e povos, com justiça ordinária e indígena, e corte constitucional formada, paritariamente, por indígenas e não indígenas, o que ainda não é o caso brasileiro. A convenção traz fortes parâmetros para a consideração dos povos originários brasileiros na concretização dos direitos sociais, os quais devem ser atendidos de forma dinâmica, progressiva, contínua e gradual, como forma de alcançar a plurinacionalidade.

O caso concreto apresentado acerca da educação indígena paraense encerra elementos importantes para a sensibilização da comunidade acadêmica, profissional e governamental, nas esferas municipal, estadual e federal, para suprir o "vácuo de vivência" e evitar uma possível condenação do Brasil no Sistema Internacional de Proteção dos Direitos Humanos, especialmente pela Corte Interamericana de Direitos Humanos (CtDH), caso a situação dos povos originários permaneça inalterada no que se refere à adoção de ações públicas que os envolvam de forma livre e autodeterminada.

O processo de concretização da Convenção nº 169 da OIT revela a necessidade de alteração da estrutura dos órgãos públicos para o desenvolvimento e a aplicação de programas e de serviços de educação de forma cooperativa e participativa com cada comunidade indígena. Os órgãos públicos deverão reconhecer o direito que os povos originários têm de criar suas próprias instituições e meios de educação. O instrumento para motivar a participação nas ações deve ser a consulta aos povos indígenas. No mesmo sentido, deve ocorrer a participação voluntária de membros dos povos interessados em programas de formação profissional, além de outras medidas que trilhem o caminho do reconhecimento progressivo e cada vez mais forte dos direitos humanos dos povos originários. Isso demonstra que o Brasil está, no campo prático, a meio-termo entre o multiculturalismo e o pluriculturalismo como forma de igualdade de consideração e respeito aos povos originários, apesar de normativamente ser pluricultural.

Essa constatação tem ainda um forte impacto na consideração das ações afirmativas, visto que a proposta é inserir os indígenas na cultura eurocêntrica da maioria do povo brasileiro. Daí a adoção de sistemas de cotas em universidades para que a comunidade originária aprenda a cultura do homem, branco e cristão. Na realidade, não se busca respeitar a cultura de cada comunidade segundo suas crenças e autodeterminação de conhecimento e reflexiva (crítica) sobre sua forma de viver.

Numa inversão de papéis, seria interessante imaginar como seria uma ação afirmativa dos povos originários em relação à cultura eurocêntrica brasileira, com cotas em cada comunidade originária para o povo não indígena, com o intuito de buscar apreender com base em sua língua nativa o sistema educacional, as crenças metafísicas, os conhecimentos de saúde e a experiência profissional que cada povo tem. Isso seria um exercício empático interessante para começar a refletir se a ação afirmativa, nesse particular, não é, em certa medida, uma forma de demonstrar que a cultura não indígena é superior à indígena.

Essa inversão reflexiva e empática, que convido todos a fazer, demonstra que as ações afirmativas nos moldes previstos para outros grupos vulneráveis não podem ser aplicadas aos povos originários, sob pena de submissão e de deterioração das culturas indígenas. Nesse contexto, propõe-se a definição de uma ação governamental integrativa entre as culturas que vivem sob a égide de um mesmo país, de forma a respeitar a autodeterminação (de conhecimento e crítica) dos povos que compartilham o mesmo território.

Obviamente que a ação afirmativa (*rectius*: ação integrativa entre culturas) que adote a forma de consulta, cooperação e colaboração de forma livre e consciente, que evidencie a determinação e a autonomia dos povos originários, não se enquadra nessa reflexão, visto que, de forma consciente, se optou por se integrar ou fazer parte do sistema educacional adotado para todos os brasileiros.

Estas considerações têm a pretensão de sensibilizar todos os brasileiros acerca da necessidade de tratamento dos povos originários com base na concepção dos direitos humanos, em especial da necessidade de concretização da Convenção nº 169 da OIT, para suprir o "vácuo de vivência" que os não indígenas têm em relação aos indígenas e evitar uma possível condenação do Brasil por organismos internacionais de proteção dos direitos humanos em razão de práticas discriminatórias eurocêntricas. Busca-se igualmente sensibilizar todos os brasileiros acerca da necessidade de adoção de ações integrativas que obedeçam à interculturalidade, com igualdade e respeito entre povos ou nações que vivem sob a mesma soberania estatal.

Essa reflexão evidencia, ainda, a necessidade de analisar os dispositivos do Estatuto do Índio para que se possam adaptar ou considerar revogados muitos dispositivos que estão em desconformidade com um controle de constitucionalidade e convencionalidade ante a tendência pluricultural da ordem jurídica brasileira vigente.

O que se verifica não só na questão dos povos originários, como em qualquer outra questão que envolva grupos vulneráveis, é a ausência, por parte de uma cultura eurocêntrica e altamente discriminatória, de vivência ou de experiência das dificuldades – ou melhor, vácuo empírico ou de sentidos – pelas quais esses grupos passam na vida cotidiana. Isso poderia ser superado por vários meios: (i) apresentando-se as dificuldades desses grupos para sensibilizar os que não têm vivência como vulneráveis; (i) tendo-se uma vivência direta dessas dificuldades nas comunidades vulneráveis; (iii) instaurando-se um processo empático com o esforço mental de inversão de papéis etc. Esse vácuo empírico de vivência ou o esforço mental de se colocar no lugar do outro representam o enorme buraco negro para se entender ou sentir a situação daqueles cuja capacidade e cuja autonomia são vulneráveis em relação à maioria dos integrantes de uma sociedade.

É nesse contexto que o artigo convida todos a superar esse "vácuo de vivência" e a buscar a concretização dos direitos humanos dos povos originários com fundamento na concepção de igualdade e de respeito entre os povos residentes para se alcançar de forma livre, consciente, harmônica e autodeterminada a concepção da plurinacionalidade mediante o reconhecimento da existência de Estados compostos por distintas nações e povos, como ocorre na Bolívia e no Equador. Dessa forma, será possível assumir o pluralismo jurídico interno sem afetar a integridade nacional, a segurança jurídica e os valores dos direitos humanos, protegendo-se a diversidade cultural e a igualdade das culturas, de forma a compatibilizar as concepções de um Estado unitário com a pluralidade de nações, com o reconhecimento de direitos coletivos, de livre determinação e de autonomia dos povos originários.

Referências

AYLWIN, José. Tendencias contemporáneas de Derechos de los Pueblos Indígenas en América Latina. *In*: CULLETON, Alfredo; MAUÉS, Antonio; TOSI, Giuseppe; ALENCAR, Maria Luiza; WEYL, Paulo (Org.). *Direitos humanos e integração latino-americana*. Porto Alegre: Entrementes Editorial, 2011. p. 179-196.

BRITO FILHO, José Cláudio Monteiro de. *Ações afirmativas*. São Paulo: LTr, 2012.

COMISSÃO INTERAMERICANA DE DIREITOS HUMANOS. *Medida Cautelar nº 382/10*. 2011. Disponível em: https://www.cidh.oas.org/medidas/2011.port.htm.

CORTE INTERAMERICANA DE DIREITOS HUMANOS. *Caso da Comunidade Mayagna (Sumo) Awas Tingni vs. Nicarágua*. 31 ago. 2001. Disponível em: http://www.cnj.jus.br/files/conteudo/arquivo/2016/04/1d066bbac6f06f20e3bb0e08e5697c4a.pdf.

CORTE INTERAMERICANA DE DIREITOS HUMANOS. *Caso da Comunidade Indígena Yakye Axa vs. Paraguai*. 17 jun. 2005a. Disponível em: http://www.cnj.jus.br/files/conteudo/arquivo/2016/04/357a11f7d371f11cba840b78dde6d3e7.pdf.

CORTE INTERAMERICANA DE DIREITOS HUMANOS. *Caso Yatama vs. Nicarágua*. 23 jun. 2005b. Disponível em: http://www.cnj.jus.br/files/conteudo/arquivo/2016/04/b3b2dcefe29f27b2984178160015c3ba.pdf.

CORTE INTERAMERICANA DE DIREITOS HUMANOS. *Case of the Sawhoyamaxa Indigenous Community v. Paraguay*. 29 mar. 2006. Disponível em: http://www.corteidh.or.cr/docs/casos/articulos/seriec_146_ing.pdf.

CORTE INTERAMERICANA DE DIREITOS HUMANOS. *Caso do Povo Saramaka vs. Suriname*. 28 nov. 2007. Disponível em: http://www.cnj.jus.br/files/conteudo/arquivo/2016/04/cc1a1e511769096f84fb5effe768fe8c.pdf.

CORTE INTERAMERICANA DE DIREITOS HUMANOS. *Caso Chitay Nech e outros vs. Guatemala*. 25 maio 2010a. Disponível em: http://www.corteidh.or.cr/docs/casos/articulos/seriec_212_por.pdf.

CORTE INTERAMERICANA DE DIREITOS HUMANOS. *Caso da Comunidade Indígena Xákmok Kásek vs. Paraguai*. 24 ago. 2010b. Disponível em: http://www.cnj.jus.br/files/conteudo/arquivo/2016/04/25ecf2789dfd641e1ec8f520762ac220.pdf.

CORTE INTERAMERICANA DE DIREITOS HUMANOS. *Povo Indígena Kichwa de Sarayaku vs. Equador*. 27 jun. 2012. Disponível em: http://www.cnj.jus.br/files/conteudo/arquivo/2016/04/dd8acea6c7256808b84889d6499e6aaa.pdf.

COURTIS, Christian. Anotações sobre a aplicação da Convenção 169 da OIT sobre povos indígenas por tribunais da América Latina. *Revista Sur: Revista Internacional de Derechos Humanos*, ano 6, n. 10, p. 53-81, jun. 2009.

DWORKIN, Ronald. *Uma questão de princípio*. Tradução de Luís Carlos Borges. São Paulo: Martins Fontes, 2001.

GUTIÉRREZ RIVAS, Rodrigo. Derecho a la consulta de los pueblos indígenas en México: un primer acercamiento. *In*: FERRER MAC-GREGOR, Eduardo; ZALDÍVAR LELO DE LARREA, Arturo (Coord.). *La ciencia del derecho procesal constitucional*: estudios en homenaje a Héctor Fix-Zamudio en sus cincuenta años como investigador del derecho. t. XII. México: Universidad Nacional Autónoma de México, 2008. p. 531-554.

LOPES, José Reinaldo de Lima. *Direitos sociais*: teoria e prática. São Paulo: Método, 2006.

MELLO, Celso Antônio Bandeira de. *O conteúdo jurídico do princípio da igualdade*. 3. ed., atual., 10. tiragem. São Paulo: Malheiros, 2002.

RIVERA CUSICANQUI, Silvia. La noción de "derecho" o las paradojas de la modernidad postcolonial: indígenas y mujeres en Bolivia. *In*: RIVERA CUSICANQUI, Silvia. *Violencias (re) encubiertas en Bolivia*. La Paz: Piedra Rota, 2010. p. 212-223.

SILVA, Gabriel de Oliveira. O índio e a Corte Interamericana de Direitos Humanos. *Artigos JusBrasil*, 2015. Disponível em: http://gabriel2052.jusbrasil.com.br/artigos/221595622/o-indio-e-a-corte-interamericana-de-direitos-humanos?print=true. Acesso em: 25 maio 2015.

SILVA, Sandoval Alves da. *O Ministério Público e a concretização dos direitos humanos*. Salvador: JusPodivm, 2016.

YRIGOYEN FAJARDO, Raquel Z. El horizonte del constitucionalismo pluralista: del multiculturalismo a la descolonización. *In*: RODRÍGUEZ GARAVITO, César (Coord.). *El derecho en América Latina*: un mapa para el pensamiento jurídico del siglo XXI. Buenos Aires: Siglo Veintiuno, 2011. p. 139-159. Disponível em: http://www.cesarrodriguez.net/docs/libros/ElDerechoenAmericaLatina.pdf. Acesso em: 21 out. 2014.

Informação bibliográfica deste texto, conforme a NBR 6023:2018 da Associação Brasileira de Normas Técnicas (ABNT):

SILVA, Sandoval Alves da. Os direitos indígenas no Brasil e o pluriculturalismo: o caso concreto da educação indígena no Estado do Pará. *In*: BASTOS, Dafne Fernandez de; SALES, José Edvaldo Pereira (Coord.). *Direitos humanos*: abordagens transversais. Belo Horizonte: Fórum, 2020. p. 271-296. 978-85-450-0732-6.

RONALD DWORKIN, O SUPREMO TRIBUNAL FEDERAL E O ABORTO

THAIANA BITTI DE OLIVEIRA ALMEIDA

1 Introdução

O presente artigo destina-se à análise da visão do autor Ronald Dworkin acerca do conteúdo da decisão proferida pela Suprema Corte americana no caso *Roe vs. Wade*, o paradigmático julgamento que, em 1973, autorizou a prática de aborto nos Estados Unidos.

Algumas considerações serão feitas, ainda, a respeito do voto-vista proferido pelo ministro Luís Roberto Barroso no *Habeas Corpus* (HC) nº 124.306/RJ, no qual a 1ª Turma do STF, por maioria, considerou necessária a interpretação conforme do tipo penal do aborto para afastá-lo no caso de interrupção voluntária da gestação no primeiro trimestre de gravidez.

2 O aborto em Ronald Dworkin

Em sua obra *O domínio da vida*,[1] Dworkin trata do tema do aborto em três capítulos e busca compreender a real motivação para o debate da autorização do aborto. A maioria das pessoas supõe que a grande polêmica sobre o aborto é um debate sobre a questão moral e metafísica

---

[1] DWORKIN, Ronald. *Domínio da vida*: aborto, eutanásia e liberdades individuais. Trad.: Jefferson Luiz Camargo. São Paulo: Martins Fontes, 2009.

de saber se mesmo o embrião recém-fertilizado já é uma pessoa humana com direitos e interesses próprios, ou se o feto só se torna uma pessoa em algum momento da gravidez, ou, ainda, somente quando nascer. Admitindo-se que o feto já seja uma pessoa, também há divergências quanto a saber se o seu direito à vida deve ou não se curvar diante de algum direito mais forte da gestante.

Dworkin entende que, a despeito de sua popularidade, esse modo de apresentar o debate sobre o aborto é fatalmente enganoso. A estrutura da maior parte da opinião conservadora sobre o aborto é incompatível com o pressuposto de que o feto tem direitos já a partir da sua concepção, e a opinião liberal não pode ser explicada apenas com base no pressuposto de que tais direitos inexistem.

De fato, as opiniões das pessoas sobre o aborto não têm apenas duas variantes (conservadora e liberal). De ambas as partes, existem graus de opinião, desde posições extremas até as mais moderadas, e também há diferenças de opinião que não se situam no espectro conservador-liberal, a exemplo do ponto de vista de que o aborto tardio é pior que o aborto prematuro.

O autor ressalta que muitas pessoas conservadoras acreditam que abortar não é nunca, ou quase nunca, permissível moralmente, mas pensam que a lei deve deixar as mulheres livres para tomar a decisão de abortar ou não. Mesmo entre as pessoas extremamente conservadoras, as quais acreditam que a lei deve proibir o aborto, admitem-se algumas exceções, aceitando o aborto, por exemplo, quando for necessário para salvar a vida da mãe ou quando a gravidez for resultado de estupro ou incesto. Quanto mais se admitem exceções, mais claro se torna que a posição conservadora em relação ao aborto não pressupõe que o feto seja uma pessoa com direito à vida.

Por outro lado, as concepções liberais sobre o aborto não decorrem simplesmente da negação de que o feto seja uma pessoa com direito à vida. Uma posição liberal paradigmática contém quatro partes: (i) rejeita a opinião extrema de que o aborto não é moralmente problemático, insistindo, pelo contrário, sempre se tratar de uma decisão moral; (ii) o aborto se justifica moralmente por uma série de razões importantes, como, por exemplo, para salvar a vida da mãe, nos casos de estupro ou incesto, e, ainda, nos casos em que se diagnosticou uma grave anomalia fetal que torne improvável uma vida duradoura; (iii) a preocupação de uma mulher por seus próprios interesses é tida como uma justificação adequada do aborto quando as consequências do nascimento forem graves tanto para a vida da mulher quanto para a de sua família; 4) o Estado deve deixar que a mulher decida por si mesma em relação ao aborto, não devendo intervir nem mesmo para impedir os abortos não permissíveis moralmente, pois isso resultaria em lhe impor convicções morais de terceiros.

A concepção liberal paradigmática tem como pressuposto necessário o entendimento de que um feto não tem direitos ou interesses próprios. Esse pressuposto, porém, não é suficiente para explicar, por si só, por que existem casos em que o aborto é moralmente errado. Tanto a opinião liberal quanto a conservadora pressupõem que a vida humana tem em si mesma um significado moral intrínseco, de modo que é um erro, em princípio, pôr fim a uma vida, mesmo quando não estão em jogo os interesses de ninguém.

Dworkin pretende considerar em que medida a hipótese que defende – a de que o debate sobre o aborto é um debate sobre valores intrínsecos, e não sobre direito ou interesses do feto – nos ajuda a entender melhor os argumentos de grandes instituições ou movimentos, a exemplo da Igreja e dos feministas.

Acerca da religião, afirma que, em todo o mundo ocidental, a batalha do aborto quase sempre tem o caráter de conflito entre seitas religiosas. Assim ocorre nos EUA, onde as opiniões sobre o aborto correm em paralelo com as crenças religiosas.

Tanto as afirmações que condenam o aborto quanto as que o aprovam em circunstâncias cuidadosamente delimitadas não têm por base o pressuposto de que o feto é uma pessoa. Todas afirmam uma ideia diferente que está na base das opiniões sobre o aborto que a maioria das pessoas defende: *a ideia de que qualquer forma de vida humana tem um valor intrínseco e sagrado que devemos nos empenhar em não sacrificar.*

Dworkin, constatando que cada religião entende que esse valor se fundamenta no amor e no poder criador de Deus, propõe que uma atitude religiosa adequada deve reconhecer e avaliar outro tipo de ameaça à santidade da vida: a ameaça que uma gravidez indesejada pode representar para a saúde e o bem-estar de uma mulher. No seu entender, demonstrar respeito pela criação divina é algo que exige ponderação e equilíbrio, e não uma afirmação de prioridade automática da vida biológica de um feto sobre a vida plenamente desenvolvida de sua mãe.

Ao fazer um resgate histórico do tema, Dworkin afirma que o aborto era comum no mundo greco-romano, mas já em seus primórdios, o cristianismo o condenou. No entanto, nenhuma das primeiras denúncias contra o aborto pressupunha que o feto havia sido animado – dotado de alma por Deus – no momento da concepção. Santo Agostinho, nesse ponto, admitiu que, nos abortos feitos no início da gravidez, um "filho" pode morrer "antes de chegar a viver". Santo Tomás de Aquino, grande filósofo católico do século XIII, afirmava categoricamente que o feto não tem uma alma intelectual ou racional no momento em que é concebido, mas que a adquire em algum momento posterior, quarenta e cinco dias no caso de um feto masculino e mais tarde no caso de um feto feminino. Ele aceitava a doutrina aristotélica do hilemorfismo, a qual sustenta que a alma humana não é uma substância independente e flutuante que possa ser combinada com qualquer coisa, mas que se relaciona logicamente com o corpo humano do mesmo modo que a figura ou a forma de qualquer objeto se relaciona logicamente com a matéria-prima da qual é feita. Dessa forma, Santo Tomás negava que a alma humana já tivesse impregnada no embrião inicial, que, para ele, seria apenas a matéria-prima de um ser humano.

Dworkin concorda com a opinião daqueles filósofos católicos que argumentam que Santo Tomás não teria mudado de opinião sobre o momento em que o feto já possui alma se tivesse tido conhecimento das descobertas da ciência biológica atual. Esse grupo afirma que o motivo mais fundamental para Santo Tomás negar a animação imediata era seu hilemorfismo – sua convicção de que uma alma humana plena, que é necessariamente intelectual, não pode ser a forma de uma criatura que nunca tenha tido a forma material necessária até mesmo para o mais rudimentar estágio do pensamento ou sensibilidade.

Para Dworkin, isso significa não apenas que Santo Tomás teria continuado a negar a animação imediata ainda que houvesse se beneficiado das descobertas modernas, mas que bem poderia ter pensado que o feto é dotado de alma mais tarde do que afirmou – talvez só depois da 26ª semana, o que constitui uma escolha prudente do momento antes do qual, ao longo do desenvolvimento do feto, a sensibilidade não é possível.

A combinação da metafísica tomista com a ciência contemporânea poderia, portanto, produzir uma versão espiritual da principal distinção estabelecida no caso *Roe vs. Wade*: o feto não tem alma humana, e o aborto só pode ser considerado crime por volta do final do segundo trimestre de gravidez.

Por muitos séculos, a doutrina católica, seguindo Santo Tomás, sustentou que o aborto nas primeiras semanas de gravidez, antes que o feto esteja "formado", não é um assassinato, porque a alma ainda não se acha presente. Contudo, apesar disso, o aborto prematuro era visto como um grave pecado. Por esse longo tempo, acreditou-se que essa concepção tradicional da Igreja fosse capaz de sustentar uma firme oposição ao aborto prematuro. Ainda que continue controverso saber se alguma tese filosófica ou doutrinária explica adequadamente a mudança da opinião oficial da Igreja, passando da concepção tradicional de que o feto é dotado de alma algum tempo depois da concepção para a atual concepção da animação imediata, não há dúvida de que a mudança lhe deu uma considerável vantagem política em sua campanha contra o aborto. Desde o século XVIII, as democracias ocidentais haviam começado a rejeitar, na esfera política, argumentos explicitamente teológicos em razão da separação entre Igreja e Estado. Numa cultura que insiste em justificações seculares para seu direito penal, o argumento autônomo de que o aborto é pecado, porque insulta o poder criador de Deus, não pode contar como razão para tornar o aborto crime. É revelador que as leis antiaborto promulgadas nos EUA em meados do século XIX praticamente não tiveram participação importante de grupos e argumentos religiosos durante a campanha de aprovação, em grande parte conduzida por médicos.

Essa mudança da Igreja Católica Romana conferiu grande força à sua posição política, pois as pessoas que acreditam, por alguma razão, que o feto é uma pessoa a partir do instante de sua concepção têm total liberdade para argumentar que o aborto, inclusive o prematuro, equivale ao assassinato de uma criança não nascida, um argumento que não podem apresentar quando acreditam que só mais tarde o feto adquire alma ou se torna uma pessoa. Outra vantagem política de natureza prática da doutrina da animação imediata sobre a doutrina tradicional, em cujos termos o aborto prematuro era um pecado por insultar o valor inerente do dom da vida concedido por Deus, é a distinção consistente no entendimento de que o produto da concepção tem uma alma divina, ainda que o espermatozoide ou o óvulo não tenham.

A doutrina tradicional era parte de uma concepção geral mais ampla da sexualidade e da criação, que condena o aborto, a masturbação e a contracepção como manifestações distintas do pecado do desrespeito a Deus e à vida. Embora a Igreja continue a condenar a contracepção, esta está tão arraigada em muitos países ocidentais que a Igreja precisa encontrar uma maneira perspicaz de distinguir o aborto da contracepção. Isso se tornou particularmente importante nos EUA depois da decisão tomada pela Suprema Corte em 1965 no caso *Griswold vs. Connecticut*, que proibiu totalmente que os Estados declarassem a contracepção ilegal.

Contudo, a doutrina atual tem a evidente desvantagem de tornar o dogma católico oficial muito mais distante das opiniões e práticas da maioria dos católicos, que, nos EUA, acreditam que o aborto deveria ser legal em muitas ou todas as circunstâncias. Os católicos acreditam que o aborto é uma perda terrível e raramente justificável do dom divino da vida humana. Segundo a concepção atual da Igreja, os católicos que aceitam a permissibilidade do aborto nos casos de estupro ou grave deformação do feto estão fazendo vista grossa ao assassinato de inocentes. Por outro lado, os católicos que rejeitam a teoria da animação imediata e negam que o aborto prematuro seja um assassinato podem, ainda assim, admitir que o aborto prematuro é um ato muito grave e pecaminoso, a não ser quando praticado nas circunstâncias mais dramáticas.

Dworkin argumenta que a opinião doutrinária religiosa sobre o aborto será mais bem compreendida se entendermos que ela tem por base o pressuposto independente de que a vida humana tem valor intrínseco, e não a ideia derivativa de que o feto é uma pessoa com interesse e direitos próprios.

Tratando sobre o feminismo, o autor aborda o posicionamento contrário, pretendendo sugerir que os argumentos e estudos feministas têm por base não apenas a negação de que o feto seja uma pessoa ou a afirmação de que o aborto é permissível ainda que o feto o seja, mas que se baseia igualmente em preocupações positivas que reconhecem o valor intrínseco da vida humana.

É um erro grosseiro tratar todas as mulheres que se considerem feministas como adeptas do mesmo conjunto de convicções, pois há no feminismo muitas divisões de opinião sobre as estratégias para melhorar a posição política, econômica e social das mulheres.

Nos EUA, nas décadas que antecederam a decisão *Roe vs. Wade*, as feministas lideraram as campanhas para a revogação de leis antiaborto em vários Estados. Não obstante, algumas feministas se encontram entre os mais ferozes críticos dos argumentos que o juiz Blackmun utilizou no parecer em que justificou a sentença do caso *Roe*; elas insistem que o tribunal chegou ao resultado correto, mas que o fez por ter seguido um raciocínio muito equivocado.

O voto de Blackmun argumentava que as mulheres têm um direito constitucional geral à privacidade e que desse direito geral se infere que elas podem optar pelo aborto antes do final do segundo trimestre de gravidez. Algumas feministas objetam que o direito à privacidade é uma perigosa ilusão e que a liberdade de escolha da mulher em matéria de aborto deve ser defendida não mediante um apelo à privacidade, mas como uma tentativa genuína de aumentar a igualdade entre os sexos.

Segundo o autor, muitas das razões oferecidas pelas feministas para rejeição do direito à privacidade são, de fato, pouco convincentes, mas é importante descobrir por que motivo a fim de identificar as razões esclarecedoras e reveladoras que oferecem.

A professora Catharine MacKinnon, da Faculdade de Direito de Michigan, importante advogada feminista, afirma que o argumento do direito à privacidade pressupõe o que ela considera uma distinção falaciosa entre questões que são, em princípio, privadas, como os atos e as decisões sexuais dos casais, que o governo não deve tentar regular ou supervisionar, e as questões, em princípio, públicas, sobre as quais o governo deve legislar. Para ela, existem dois sentidos em que é perigoso falar em direito à privacidade: (i) implica em que o governo não tenha nenhuma preocupação legítima com o que acontece com as mulheres em seus lares, onde podem ser estupradas e espancadas; (ii) implica que o governo não tenha nenhuma responsabilidade de ajudar a financiar o aborto das mulheres pobres, da mesma maneira que ajuda a financiar o parto.

Contudo, Dworkin não considera essa argumentação convincente, pois o direito à privacidade que o tribunal reconheceu no caso *Roe contra Wade* não pressupõe que todas ou algumas mulheres sejam agentes verdadeiramente livres em matéria de decisões sexuais e, para ele, MacKinnon faz pouco caso dos motivos dos homens que são favoráveis ao aborto, dizendo que as regras liberais que permitem tal prática autorizam os homens a usarem sexualmente as mulheres sem temerem as consequências da paternidade. Dworkin entende que a desconfiança da professora em relação aos homens que são seus aliados não nos oferece razão alguma para sermos mais críticos em relação ao direito à privacidade do que qualquer outro argumento em favor de regras mais liberais sobre o aborto que os homens pudessem defender.

Também não é convincente, para Dworkin, a alegação de que o argumento do direito à privacidade significa que a lei não protegerá as mulheres do estupro marital, nem as ajudará a financiarem os abortos, uma vez que mistura diferentes sentidos de privacidade, que pode ser entendida das seguintes formas: (i) privacidade territorial, quando é legítimo que as pessoas façam o que desejam em um espaço demarcado; (ii) privacidade como uma questão de confidencialidade, significando que não precisam revelar suas convicções; (iii) privacidade no sentido de soberania quanto a decisões pessoais.

A adoção pela Suprema Corte do direito à privacidade no sentido de soberania da mulher quanto a decisões particulares específicas para utilizar o seu próprio corpo para fins de procriação, quando da decisão do caso *Roe vs. Wade*, não se segue que o governo seja indiferente ao modo como seu parceiro a trata dentro de sua própria casa ou que não tenha responsabilidade de assegurar as condições econômicas que tornam possível o exercício do direito.

Na visão dworkiniana, o melhor argumento para aplicar o direito constitucional à privacidade ao aborto enfatiza os custos especiais, tanto psíquicos quanto físicos, das gestações não desejadas.[2]

As feministas não sustentam que o feto seja uma pessoa com direitos morais próprios, mas insistem que é uma criatura dotada de importância moral. Enfatizam não o direito da mulher que é sugerido pela retórica da privacidade, mas a *responsabilidade* da mulher de tomar uma decisão complexa que ninguém melhor que ela pode tomar.

Segundo a advogada feminista Robin West, as mulheres não conseguirão defender o direito ao aborto se enfatizarem seu direito à privacidade, que sugere decisões egoístas e voluntariosas tomadas por trás de um véu de imunidade perante a censura pública. West pressupõe que o público a que dirige esse argumento tenha rejeitado a tese de que o feto é uma pessoa e, assim como Dworkin, pressupõe que a maioria das pessoas reconhece, mesmo quando sua retórica não o faz, que o verdadeiro argumento contra o aborto remete à irresponsabilidade de pôr fim a uma vida humana sem uma justificação realmente importante.

A exposição de Dworkin é uma exata descrição de que, por trás de toda a eloquente retórica sobre abortos e assassinato, a maior parte das pessoas encara como o verdadeiro defeito moral do aborto. Praticá-lo equivale a menosprezar o valor intrínseco – a santidade, a inviolabilidade – de uma vida humana e, portanto, configura um grave delito moral, a não ser quando o valor intrínseco de outras vidas humanas seja menosprezado em uma decisão contra o aborto. Assim, decidir sobre o aborto não é um problema isolado, independente de

---

[2] Esse foi um dos argumentos sustentados pelo ministro Barroso em seu voto-vista no HC nº 124.306/RJ, como se analisará adiante.

todas as outras decisões, mas, sim, um exemplo expressivo e extremamente emblemático das escolhas que as pessoas devem fazer ao longo de suas vidas, todas as quais expressam convicções sobre o valor da vida e o significado da morte.

Dworkin afirma que o caso *Roe vs. Wade* foi o mais famoso já decidido pela Suprema Corte dos Estados Unidos e que o alcance do debate é bem maior do que a questão de se o feto é ou não uma pessoa. Trata-se de refletir sobre as diferentes concepções não apenas do valor e da finalidade da vida humana, mas também do significado e da natureza da morte, pois os críticos mais acirrados afirmam que a sentença autorizou o homicídio, vez que, para eles, o feto é uma pessoa desde a concepção, devendo prevalecer o seu direito à vida.

Já para a crítica mais sofisticada, o julgamento foi errôneo por ter decidido matéria de competência das assembleias legislativas estaduais que foram democraticamente eleitas, de conformidade com as atribuições constitucionais. Argumentam, ainda, que não houve qualquer justificativa jurídica para a decisão, que, por sua vez, seria de condão político, no pior sentido da palavra.

Dworkin entende que as leis que proíbem ou dificultam o aborto privam as mulheres de uma liberdade ou oportunidade que, para muitas, é crucial, causando-lhes traumas e compelindo-as à prática de abortos perigosos, que põem em risco suas vidas, além de terem que arcar com desvantagens econômicas, sociais ou profissionais, além de dano irreparável ao seu amor-próprio caso se submetam à legislação.

A partir da interpretação que vem sendo feita da Constituição dos Estados Unidos, conclui-se que a mesma impõe limites ao poder de um Estado causar danos substanciais a seus cidadãos a partir de dois testes de constitucionalidade: (i) cláusula de processo legal justo (décima quarta emenda), aplicável a todas as leis para exigir racionalidade dos Estados ao restringirem liberdades, ou seja, as liberdades não podem ser restringidas arbitrariamente, mas apenas para promover objetivos e políticas estatais legítimos ("interesse de liberdade"); (ii) critério de racionalidade, segundo o qual não é permitido ao tribunal perguntar se seria necessário ou sensato que o Estado limitasse a liberdade de seus cidadãos a fim de obter vantagens alegadas ou investigar a intenção do legislador.

A liberdade não pode ser protegida de maneira frágil. O Estado escolhe certas liberdades e confere-lhes o *status* de direitos constitucionais específicos que o próprio Estado não pode restringir ou revogar, a menos que se tenha uma razão muito forte, a denominada *razão inexorável*. No caso da liberdade, seria necessária a demonstração de um *perigo concreto e atual*.

Assim, segundo o entendimento firmado pela Suprema Corte, as razões do Estado para proibir o aborto não eram inexoráveis até determinado estágio de gravidez.

Considerando que o Estado deve resguardar a vida humana, Dworkin questiona se o feto é uma pessoa constitucional, concluindo que, se o feto fosse uma pessoa a partir da concepção, o Estado não teria nenhuma justificação para permitir o aborto em termos gerais e proibir que, em circunstâncias fatais, os bebês fossem mortos ou abandonados.

Segundo Dworkin, qualquer interpretação constitucional deve ser testada em duas dimensões amplas e correlacionadas, quais sejam: (i) *adequação*, segundo a qual uma interpretação constitucional deve ser rejeitada se a prática jurídica real for totalmente incompatível com os princípios jurídicos que tal interpretação recomenda, ou seja, deve ter um considerável ponto de apoio ou fundamento na prática jurídica real; (ii) dimensão da justiça, segundo a qual se duas concepções passarem no teste de adequação ou se cada uma delas puder alegar uma fundamentação adequada na prática passada, deve-se dar preferência àquela cujos princípios reflitam melhor os direitos e deveres morais das pessoas, vez que a Constituição é uma afirmação de ideais morais abstratos que cada geração deve interpretar por si.

Embora não seja fácil ajustar uma interpretação de questão constitucional à prática e à história jurídicas de forma que ela seja aprovada no teste da primeira dimensão, no caso *Roe vs. Wade*, rejeitaram-se as alegações de que o feto é uma pessoa constitucional, a menos que se incorresse em questões morais, e não em análise jurídica imparcial.

Nesse sentido, prevaleceu o entendimento de que os fetos não têm interesses aproximadamente até o momento da gravidez em que se tornam viáveis, momento a partir do qual se permitiu aos Estados proibir o aborto.

Assim, sustenta Dworkin que, segundo a decisão em análise, a mulher grávida tem o direito constitucional à privacidade, e os Estados não podem proibir o aborto a menos que tenham uma razão inexorável para tal, o que não se dá no caso do aborto, pois o feto não é abrangido por uma responsabilidade derivativa do Estado de proteger seus interesses desde a concepção, pois somente as "pessoas" devem ser tratadas como iguais (cláusula da igual proteção).

Dworkin sustenta que, no caso *Roe vs. Wade*, a questão constitucional de difícil solução não é se a Constituição permite que os Estados

tratem o feto como uma pessoa com direitos constitucionais, pois lhe parece evidente que não há essa permissão. O autor, então, formulou duas outras questões:
(i) As mulheres têm um direito constitucional de autonomia procriadora, ou seja, o direito de controlar seu próprio papel na procriação, a menos que os Estados tenham uma razão inexorável para negar-lhes esse controle?
(ii) Os Estados têm essa razão inexorável não porque o feto seja uma pessoa, mas devido a uma responsabilidade independente de proteger a santidade da vida humana, considerada como um valor intrínseco?

Afirma que os juristas que consideraram a decisão um equívoco se focaram na primeira questão, pois as mulheres não teriam o direito à autonomia procriadora em virtude de o texto constitucional não prever tal proteção, pois esta não seria a intenção dos "pais" da Constituição, o que, na visão de Dworkin, não pode prevalecer por serem abstratos os dispositivos constitucionais que tratam de liberdade e igualdade.

Assim, restaria saber se a melhor interpretação desses princípios de liberdade e igualdade sustenta a autonomia procriadora. As exigências de integridade de Dworkin parecem explicitar a existência desse direito no texto constitucional.

A respeito da segunda questão, afirma que há que se responder se, nos termos da melhor interpretação, o governo tem o poder independente de proteger valores intrínsecos da mesma maneira que protege determinadas pessoas. Entende o autor que os Estados carecem do poder de proibir o aborto por conta de um caráter especial que o aborto ou a reprodução possuem, e não porque os Estados não possam legislar sobre valores intrínsecos.

Para Dworkin, analisar a questão é tentar conciliar, como se faz em boa parte do direito constitucional, duas tradições por vezes antagônicas – a liberdade pessoal e a responsabilidade do governo de proteger o espaço moral público –, e simplesmente afirmar que o Estado tem o dever de proteger a vida humana poderia descrever qualquer das duas tradições ou objetivos pretendendo-se justamente distingui-las.

A partir da análise de leis promulgadas pelos Estados que limitam o exercício do aborto, o autor entende que é admissível que, embora os Estados não tenham o poder de impor aos seus cidadãos uma concepção sagrada de vida, possam estimular os seus cidadãos a tratarem seriamente a questão do aborto, estimulando a responsabilidade, no intuito de manter um ambiente moral em que as decisões sobre a vida e a morte sejam levadas a sério e tratadas como questões cruciais do ponto de vista moral.

Adverte Dworkin que os tribunais precisam ter o cuidado de não permitir que um Estado mascare uma regra que, na verdade, é coercitiva, sob o mando da responsabilidade.

A coerção no caso do aborto mostra-se diversa daquela que o Estado pratica, por exemplo, quando força as pessoas a protegerem certos valores intrínsecos, como a cultura, porque a coerção sobre o grupo específico das mulheres grávidas é muito maior, vez que criminalizar o aborto pode destruir a vida de uma mulher, sendo que a conduta moral de cada pessoa é que deve determinar o seu modo de vida, sobretudo considerando que a importância intrínseca da vida humana é muitas vezes influenciada pela religiosidade.

Qualquer concepção leva à formulação do direito abstrato à privacidade, fundamento da sentença *Roe*, o qual prescreve que os cidadãos têm o direito constitucional de que o Estado não infrinja certas liberdades pessoais quando atua de modo a garantir um valor intrínseco, não podendo tal valor ser prestigiado quando gerar um efeito grave sobre um grupo de cidadãos e quando a comunidade estiver dividida por motivos religiosos acerca da natureza desse valor.

Aqui se está diante do caso em que o Estado pretende proteger o valor intrínseco da vida humana, e não o direito do feto como se uma pessoa o fosse.

Afirma que as decisões sobre a privacidade em casos de reprodução, contracepção e aborto deram origem ao *princípio de autonomia procriadora*, o qual admite as decisões procriadoras como fundamentais.

Defende o autor que o objetivo da integridade deve fazer prevalecer uma nação de princípios, pois a Constituição deve representar convicções, e não estratégias de juízes que procuram satisfazer eleitores.

Respeitar a integridade não significa o impedimento de desconsiderar as decisões passadas de um tribunal, mas, no caso específico do aborto, impõe-se o reconhecimento geral do princípio da autonomia procriadora, pois, se uma mulher tem o direito de decidir por si mesma acerca da concepção de uma criança, também pode decidir sobre tê-la.

Assim, o direito da autonomia procriadora, afirma Dworkin, decorre de qualquer interpretação competente da cláusula do devido processo legal justo e dos precedentes do tribunal e que a possibilidade do aborto se funda, inclusive, no exercício livre da religião, já que de fato procede a ideia corrente de que a proibição do aborto é fundamentalmente religiosa (transcendental).

Em resumo, a decisão do caso *Roe vs. Wade* abordou três aspectos: (i) reafirmou o direito constitucional da mulher grávida à autonomia procriadora e declarou que os Estados não têm o poder de simplesmente proibir o aborto em quaisquer termos em que desejem fazê-lo; (ii) reconheceu que os Estados têm um interesse legítimo em regulamentar o aborto; (iii) elaborou um regime detalhado para harmonizar esse direito e esse interesse: declarou que os Estados não podem proibir o aborto por nenhum motivo nos três primeiros meses de gravidez, que só podem regulamentar o aborto do quarto ao sexto mês quando a saúde da mãe estiver em risco e, por último, que podem proibir totalmente o aborto quando o feto já se tiver transformado em um ser viável, ou seja, nos três últimos meses de gravidez.

Dworkin concorda que a decisão foi correta nos dois primeiros aspectos, pois o Estado não tem o poder legítimo de proibir o aborto em todas as suas circunstâncias pela incidência do princípio de autonomia procriadora, mas tem o interesse em manter esse ambiente moral de seriedade sobre as questões de vida e morte.

Sobre o terceiro aspecto (sistema trimestral), afirma que a alusão à viabilidade do feto também está intimamente ligada a questões religiosas e acabou-se incorporando o argumento de liberdade religiosa no final das contas.

Por fim, Dworkin adverte que a decisão em debate ainda não está a salvo, pois pode haver mudança de entendimento do tribunal; no entanto, revogá-la seria retirar dos cidadãos a liberdade de tomar decisões segundo suas próprias convicções, sejam elas pessoais, religiosas ou motivadas por questões de consciência.

3 Aborto e o Supremo Tribunal Federal

A questão do aborto vem sendo progressivamente enfrentada pelo STF, com destaque para a decisão proferida na ADPF nº 54, na qual restou autorizada a interrupção da gravidez nos casos de diagnóstico do feto com anencefalia.[3] Embora o julgamento tenha se referido a

---

[3] A ADPF nº 54, proposta em 2004 pela Confederação Nacional dos Trabalhadores na Saúde (CNTS), com inicial subscrita pelo então advogado e hoje ministro do STF Luís Roberto Barroso, foi julgada em 2012 sob a relatoria do ministro Marco Aurélio e teve a seguinte

uma situação específica, na qual a vida extrauterina se mostra inviável, representa um importante precedente na matéria, principalmente por tratar da questão da autodeterminação e liberdade feminina, sendo garantido à mulher o poder de escolha entre prosseguir ou não a gestação até o final.[4]

No bojo da Ação Direta de Inconstitucionalidade (ADI) nº 5.581, ainda pendente de julgamento e na qual se requer o reconhecimento da possibilidade de interrupção da gravidez em caso de infecção da gestante pelo *zika* vírus, mais uma vez o plenário do STF se pronunciará sobre o aborto em circunstância na qual a manutenção da gravidez representa violação a direitos fundamentais da mulher, como autonomia reprodutiva e direito à saúde e à integridade física e psíquica.[5]

Diferentemente das referidas discussões pontuais sobre a interrupção terapêutica da gravidez, no julgamento histórico do *Habeas Corpus* (HC) nº 124.306/RJ, a 1ª Turma do STF admitiu, de forma *ampla*, a inconstitucionalidade da incidência do tipo penal do aborto no caso de interrupção voluntária da gestação no primeiro trimestre, acompanhando, por maioria, o voto-vista do ministro Luís Roberto Barroso, no qual o precedente *Roe vs. Wade*, analisado em linhas anteriores, foi inclusive citado.[6]

---

ementa: ESTADO – LAICIDADE. O Brasil é uma república laica, surgindo absolutamente neutro quanto às religiões. Considerações. FETO ANENCÉFALO – INTERRUPÇÃO DA GRAVIDEZ – MULHER – LIBERDADE SEXUAL E REPRODUTIVA – SAÚDE – DIGNIDADE – AUTODETERMINAÇÃO – DIREITOS FUNDAMENTAIS – CRIME – INEXISTÊNCIA. Mostra-se inconstitucional interpretação de a interrupção da gravidez de feto anencéfalo ser conduta tipificada nos artigos 124, 126 e 128, incisos I e II, do Código Penal.

[4] A respeito da importância dos precedentes judiciais no direito contemporâneo, conferir: MAUÉS, Antonio Moreira; ALMEIDA, Thaiana Bitti de Oliveira. *A decisão do STF na ADPF 186: cotas no ensino superior*. Cadernos do GEA, n. 5, jan./jun. 2014, Rio de Janeiro: FLACSO, GEA; UERJ, LPP, 2015, p. 5-12. Disponível em: http://flacso.org.br/files/2015/09/Caderno_GEA_N5.pdf. Acesso em: 30 jan. 2017.

[5] A ADI nº 5.581 foi proposta em 2016 pela Associação Nacional dos Defensores Públicos, encontra-se sob relatoria da ministra Cármen Lúcia e já conta com parecer do procurador-geral da República, Rodrigo Janot, no qual consigna que, a respeito da interrupção da gravidez, "a decisão será, sempre, da gestante, diante do diagnóstico de infecção pelo vírus. Trata-se simplesmente do reconhecimento de que tomar a reprodução humana como dever, nessas condições, é impor às mulheres autêntico estado de tortura, imenso sofrimento mental". Disponível em: http://www.stf.jus.br/portal/processo/verProcessoAndamento.asp?incidente=5037704. Acesso em: 30 jan. 2017.

[6] O acórdão do HC nº 124.306 ainda não se encontra publicado; então, tomamos como referências a divulgação veiculada no Informativo nº 849 do STF sobre o julgamento e o voto-vista do min. Barroso, que será neste trabalho referido conforme a numeração das páginas do arquivo disponibilizado pelo Supremo em: http://www.stf.jus.br/arquivo/cms/noticiaNoticiaStf/anexo/HC124306LRB.pdf. Acesso em: 30 jan. 2017.

No *writ*, a discussão de fundo foi a decretação da prisão preventiva dos pacientes que mantinham clínica de aborto e foram denunciados devido à suposta prática dos crimes descritos nos artigos 126 (aborto) e 288 (formação de quadrilha)[7] do Código Penal. As alegações dos impetrantes eram de ausência dos requisitos necessários para a decretação de prisão preventiva, nos termos do art. 312 do Código de Processo Penal. O ministro Marco Aurélio, relator, votou pela admissão do *habeas corpus* e, no mérito, pelo deferimento da ordem para afastar a custódia provisória, nos termos da liminar anteriormente deferida em favor dos pacientes.

Após pedido de vista, o ministro Barroso proferiu voto aprofundando o debate, uma vez que analisou a legalidade da prisão sob o enfoque da inexistência de crime na espécie, questionando a própria constitucionalidade do tipo penal do aborto a fim de afastar a tipicidade da conduta, requisito para qualquer prisão na sistemática processual penal.

Ressaltando a relevância do bem jurídico protegido – qual seja, a vida potencial do feto –, o ministro toma por pressuposto que a mulher que se encontre diante da decisão trágica de abortar não precisa que o Estado torne a sua vida ainda pior ao processá-la criminalmente e afirma:

> Cumpre estabelecer uma premissa importante para o raciocínio a ser desenvolvido: o aborto é uma prática que se deve procurar evitar, pelas complexidades físicas, psíquicas e morais que envolve. Por isso mesmo, é papel do Estado e da sociedade atuar nesse sentido, mediante oferta de educação sexual, distribuição de meios contraceptivos e amparo à mulher que deseje ter o filho e se encontre em circunstâncias adversas. Portanto, ao se afirmar aqui a incompatibilidade da criminalização com a Constituição, não se está a fazer a defesa da disseminação do procedimento. Pelo contrário, o que ser pretende é que ele seja raro e seguro (p. 6).

O voto é estruturado para demonstrar que a criminalização do aborto viola dois conjuntos principais de direitos: *direitos fundamentais das mulheres* (autonomia da mulher, integridade física e psíquica, direitos sexuais e reprodutivos, igualdade de gênero, além da discriminação social e impacto desproporcional sobre mulheres pobres)

---

[7] Denominação do tipo penal do artigo 288 do Código Penal anterior à alteração feita pela Lei nº 12.850/2013, atualmente com rubrica de "associação criminosa".

e *proporcionalidade* (adequação, necessidade e proporcionalidade em sentido estrito).

Barroso diz que não há uma solução jurídica que resolva a controvérsia acerca do *status* jurídico do embrião durante a fase inicial da gestação, pois qualquer das posições – seja pela existência de vida desde a concepção, seja pela existência de vida em pleno sentido apenas após a formação do sistema nervoso central –, dependerá sempre de uma escolha religiosa ou filosófica de cada um a respeito da vida. Ressalta que qualquer que seja o entendimento, o embrião dependerá integralmente do corpo da mãe e prossegue seu voto voltando as atenções à condição da mulher.

3.1 Quanto à violação dos direitos fundamentais das mulheres

No entender de Barroso e da 1ª Turma do STF, a criminalização do aborto viola a *autonomia da mulher* enquanto expressão da autodeterminação das pessoas, pois cabe somente a cada indivíduo tomar decisões morais que definirão o rumo de sua vida, estando tal questão adstrita à privacidade,[8] não se admitindo a interferência estatal:

> Quando se trate de uma mulher, um aspecto central de sua autonomia é o poder de controlar o próprio corpo e de tomar as decisões a ele relacionadas, inclusive a de cessar ou não uma gravidez. Como pode o Estado – isto é, um delegado de polícia, um promotor de justiça ou um juiz de direito – impor a uma mulher, nas semanas iniciais da gestação, que a leve a termo, como se tratasse de um útero a serviço da sociedade, e não de uma pessoa autônoma, no gozo de plena capacidade de ser, pensar e viver a própria vida? (p. 9)

Tratando da violação do direito à *integridade física e psíquica*[9] feminina, o ministro afirma que, fisicamente, o corpo da mulher é que sofrerá as transformações, riscos e consequências da gestação e, psiquicamente, prosseguir com a gravidez significa a assunção de uma obrigação para toda a vida, exigindo renúncia, dedicação e

---

[8] O argumento da privacidade, como vimos, foi utilizado pela Suprema Corte dos EUA como uma das razões de decidir no julgamento do caso *Roe vs. Wade*.
[9] CF/1988, art. 5º, *caput* e III.

comprometimento profundo com outro ser. Portanto, "ter um filho por determinação do direito penal constitui grave violação à integridade física e psíquica de uma mulher" (p. 10).

Barroso sustenta que a criminalização viola, ainda, os *direitos sexuais e reprodutivos* da mulher enquanto direitos humanos, pois a autodeterminação reprodutiva inclui o direito de toda mulher de decidir sobre se e quando deseja ter filhos, sem discriminação, coerção e violência, bem como de obter o maior grau possível de saúde sexual e reprodutiva. Afirma, ainda, que o tratamento penal dado pelo Brasil só aumenta a mortalidade materna diante da falta de acesso à assistência médica:

> A sexualidade feminina, ao lado dos direitos reprodutivos, atravessou milênios de opressão. O direito das mulheres a uma vida sexual ativa e prazerosa, como se reconhece à condição masculina, ainda é objeto de tabus, discriminações e preconceitos. Parte dessas disfunções é fundamentada historicamente no papel que a natureza reservou às mulheres no processo reprodutivo. Mas justamente porque à mulher cabe o ônus da gravidez, sua vontade e seus direitos devem ser protegidos com maior intensidade (p. 10).

Reprimir criminalmente o aborto é, ainda, forma de violação da *igualdade de gênero*, e o ministro busca afastar em seu voto a visão idealizada em torno da experiência da maternidade, que, na prática, pode constituir um fardo para algumas mulheres, cabendo a elas – e somente a elas – decidirem acerca de como conduzir a gravidez:

> Na medida em que é a mulher que suporta o ônus integral da gravidez, e que o homem não engravida, somente haverá igualdade plena se a ela for reconhecido o direito de decidir acerca da sua manutenção ou não. A propósito, como bem observou o Ministro Carlos Ayres Britto, valendo-se de frase histórica do movimento feminista, "se os homens engravidassem, não tenho dúvida em dizer que seguramente o aborto seria descriminalizado de ponta a ponta" (p. 11).[10]

Surge ainda como argumento a *discriminação social e impacto desproporcional sobre mulheres pobres* como forma de reconhecimento

---

[10] A afirmação foi feita pelo ministro Ayres Britto durante o julgamento da medida cautelar na ADPF nº 54.

que as mulheres pobres são muito mais vulneráveis às consequências negativas do procedimento abortivo, pois não têm acesso a médicos e clínicas particulares, nem podem se valer do sistema público de saúde, o que as força a recorrer a clínicas clandestinas que não oferecem procedimentos seguros, resultando em elevados riscos de lesões, mutilações e óbito (p. 11).

3.2 Quanto à violação da proporcionalidade

Já tratando do segundo conjunto de argumentos, relacionados à *proporcionalidade*, Barroso sustenta a defasagem do Código Penal brasileiro em relação aos valores contemporâneos e invoca o precedente da ADPF nº 54 para exemplificar que foi necessária a atuação do STF para descriminalizar a interrupção da gestação na hipótese de fetos anencefálicos, atualização interpretativa que, no seu entender, também deve alcançar a questão do aborto até o terceiro mês de gravidez, diante dos novos valores constitucionais trazidos pela Constituição de 1988 e das transformações dos costumes, sob uma perspectiva mais cosmopolita.

O ministro afirma que a tipificação penal do aborto somente estará justificada se: (i) for adequada à tutela do direito à vida do feto (adequação); (ii) não houver outro meio que proteja igualmente esse bem jurídico e que seja menos restritivo dos direitos das mulheres (necessidade); (iii) a tipificação se justificar a partir da análise de seus custos e benefícios (proporcionalidade em sentido estrito).

Para chegar à conclusão de que a tipificação penal não é adequada à tutela da vida do feto, Barroso afirma que: as taxas de aborto nos países onde esse procedimento é permitido são muito semelhantes àquelas encontradas nos países em que ele é ilegal; a criminalização influencia na quantidade de abortos seguros e, consequentemente, faz crescer o número de mulheres que têm complicações de saúde ou que morrem devido à realização do procedimento; há evidente dificuldade em conferir efetividade à proibição, na medida em que se difundiu o uso de medicamentos para a interrupção da gestação, consumidos privadamente, sem que o poder público tenha meios para tomar conhecimento e impedir a sua realização, constituindo a criminalização, do ponto de vista penal, apenas uma reprovação "simbólica" da conduta (p. 14):

Em temas moralmente divisivos, o papel adequado do Estado não é tomar partido e impor uma visão, mas permitir que as mulheres façam sua escolha de forma autônoma. O Estado precisa estar do lado de quem deseja ter o filho. O Estado precisa estar do lado de quem não deseja – geralmente porque não pode – ter o filho. Em suma: por ter o dever de estar dos dois lados, o Estado não pode escolher um. (...) É preciso reconhecer, como fez o Tribunal Federal Alemão, que, considerando "o sigilo relativo ao nascituro, sua impotência e sua dependência e ligação única com a mãe, as chances do Estado de protegê-lo serão maiores se trabalhar em conjunto com a mãe" e não tratando a mulher que deseja abortar como uma criminosa.

Prossegue tratando do subprincípio da *necessidade* e chega à conclusão de que há outros instrumentos eficazes à proteção dos direitos do feto e menos lesivos aos direitos da mulher, como a própria descriminalização e a adoção de requisitos procedimentais que permitam que a gestante tome uma decisão refletida, a criação de uma rede de apoio à grávida e à sua família, como o acesso à creche e o direito à assistência social, desenvolvimento de programas de planejamento familiar, com a distribuição gratuita de anticoncepcionais e assistência especializada à gestante e educação sexual.

Acerca da *proporcionalidade em sentido estrito*, o ministro Barroso argumenta que é preciso verificar se as restrições aos direitos fundamentais das mulheres decorrentes da criminalização são ou não compensadas pela proteção à vida do feto e conclui que a criminalização também sucumbe a esse teste:

> Criminalizar a mulher que deseja abortar gera custos sociais e para o sistema de saúde, que decorrem da necessidade de a mulher se submeter a procedimentos inseguros, com aumento da morbidade e da letalidade. De outro lado, também se verificou que a criminalização do aborto promove um grau reduzido (se algum) de proteção dos direitos do feto, uma vez que não tem sido capaz de reduzir o índice de abortos. É preciso reconhecer, porém, que o peso concreto do direito à vida do nascituro varia de acordo com o estágio de seu desenvolvimento na gestação. O grau de proteção constitucional ao feto é, assim, ampliado na medida em que a gestação avança e que o feto adquire viabilidade extrauterina, adquirindo progressivamente maior peso concreto. Sopesando-se os custos e benefícios da criminalização, torna-se evidente a ilegitimidade constitucional da tipificação penal da interrupção voluntária da gestação, por violar os direitos fundamentais das mulheres e gerar custos sociais (*e.g.*, problema de saúde pública e mortes) muito superiores aos benefícios da criminalização (p. 16).

Citando cortes constitucionais de diversos países, dentre elas a Suprema Corte dos EUA, que declarou no caso *Roe vs. Wade* que o interesse do Estado na proteção da vida pré-natal não supera o direito fundamental da mulher realizar um aborto, o ministro conclui que a interrupção voluntária da gestação não deve ser criminalizada, pelo menos durante o primeiro trimestre da gestação, pois, "durante esse período, o córtex cerebral – que permite que o feto desenvolva sentimentos e racionalidade – ainda não foi formado, nem há qualquer potencialidade de vida fora do útero materno" (p. 17). E arremata:

> Por tudo isso, é preciso conferir interpretação conforme a Constituição ao arts. 124 e 126 do Código Penal, para excluir do seu âmbito de incidência a interrupção voluntária da gestação efetivada no primeiro trimestre. 48. No caso em exame, como o Código Penal é de 1940 – data bem anterior à Constituição, que é de 1988 – e a jurisprudência do STF não admite a declaração de inconstitucionalidade de lei anterior à Constituição, a hipótese é de não recepção (*i.e.*, de revogação parcial ou, mais tecnicamente, de derrogação) dos dispositivos apontados do Código Penal. Como consequência, em razão da não incidência do tipo penal imputado aos pacientes e corréus à interrupção voluntária da gestação realizada nos três primeiros meses, há dúvida fundada sobre a própria existência do crime, o que afasta a presença de pressuposto indispensável à decretação da prisão preventiva, nos termos da parte final do caput do art. 312 do CPP.

4 Conclusão

A decisão proferida no *habeas corpus* ora analisado, embora possua efeitos restritos apenas às partes do processo, representa um avanço na jurisprudência do tribunal, que, certamente, ainda será provocado a se posicionar acerca da constitucionalidade do aborto, assim como os tribunais constitucionais mais importantes do mundo democrático já se pronunciaram em hipóteses abrangentes, não devendo o STF se furtar de definir um caminho para a questão posta, assegurando às gestantes que desejem levar até o fim a gestação o direito de fazê-lo e, às que não querem ou não podem suportar uma gestação, o direito de interrompê-la.[11]

---

[11] Ressalte-se que a relatoria para o acórdão do HC será do min. Barroso, que teve seu entendimento acompanhado na íntegra pelos ministros Edson Fachin e Rosa Weber, tendo o ministro Luiz Fux concedido o HC de ofício, restringindo-se em sua argumentação à

Vale mencionar um ponto comum entre as decisões tomadas pela Suprema Corte dos Estados Unidos e pela 1ª Turma do Supremo Tribunal Federal, qual seja, a necessidade de garantir a liberdade individual da mulher na tomada de decisão sobre a interrupção da gravidez, o que está adstrito à sua intimidade, esfera na qual o Estado não deve interferir, menos ainda por intermédio de sanções penais.

O Supremo Tribunal Federal vem desenvolvendo precedentes que tendem a valorizar cada vez mais a individualidade dos cidadãos, que devem ter liberdade para escolher seus planos de vida, a exemplo do que foi decidido na ADPF nº 54 sobre a interrupção da gravidez de fetos anencéfalos, na ADI nº 4.277 e na ADPF nº 132, estas sobre o reconhecimento das uniões homoafetivas.

Incentivar a liberdade de decisão feminina sobre ter ou não um filho é estimular a própria igualdade entre homens e mulheres, é levar à luz a questão do aborto, que, há muito, representa um problema de saúde pública. Retirar o debate da clandestinidade, que inviabiliza a própria chance de escolha consciente da mulher acerca do seu futuro, é permitir o que deveria ser a premissa de qualquer vida humana: o exercício do livre-arbítrio livre dos arbítrios estatais.

Referências

BARROSO, Luís Roberto. Gestação de fetos anencefálicos e pesquisas com células-tronco: dois temas acerca da vida e da dignidade na constituição. *In*: CAMARGO, Marcelo Novelino (Org.). *Direito Constitucional*: Leituras Complementares. Salvador: JusPodivm, 2006.

BARROSO, Luís Roberto. STF e anencefalia: nada foi decidido. Disponível em: http://www.luisrobertobarroso.com.br/wp-ontent/themes/LRB/pdf/stf_e_anencefalia_nada_foi_decidido.pdf. Acesso em: 20 jan. 2017.

BRASIL. Supremo Tribunal Federal. *Arguição de Descumprimento de Preceito Fundamental nº 54*. Relator: Ministro Marco Aurélio de Mello.

BRASIL. Supremo Tribunal Federal. *Habeas Corpus nº 124.306/RJ*. Relator: Ministro Marco Aurélio de Mello.

BRASIL. Supremo Tribunal Federal. *Ação Direta de Inconstitucionalidade nº 5.581*. Relatora: Ministra Cármen Lúcia.

---

revogação da prisão preventiva, vencido o ministro Marco Aurélio, que concedia a ordem e não se pronunciou expressamente acerca da inconstitucionalidade levantada no voto-vista.

DWORKIN, Ronald. *A virtude soberana*: a teoria e a prática da igualdade. Trad. Jussara Simões. São Paulo: Martins Fontes, 2005.

DWORKIN, Ronald. *Domínio da vida*: aborto, eutanásia e liberdades individuais. Trad.: Jefferson Luiz Camargo. São Paulo: Martins Fontes, 2009.

MAUÉS, Antonio Moreira; ALMEIDA, Thaiana Bitti de Oliveira. A decisão do STF na ADPF 186: cotas no ensino superior. *Cadernos do GEA*, n. 5, jan./jun. 2014. Rio de Janeiro: FLACSO, GEA; UERJ, LPP, 2015, pp. 5-12. Disponível em: http://flacso.org.br/files/2015/09/Caderno_GEA_N5.pdf. Acesso em: 30 jan. 2017.

Informação bibliográfica deste texto, conforme a NBR 6023:2018 da Associação Brasileira de Normas Técnicas (ABNT):

ALMEIDA, Thaiana Bitti de Oliveira. Ronald Dworkin, o Supremo Tribunal Federal e o aborto. *In*: BASTOS, Dafne Fernandez de; SALES, José Edvaldo Pereira (Coord.). *Direitos humanos*: abordagens transversais. Belo Horizonte: Fórum, 2020. p. 297-318. ISBN 978-85-450-0732-6.

SOBRE OS AUTORES

Adalberto Fernandes Sá Junior
Doutorando em Direitos Humanos pela Universidade de São Paulo (USP). Mestre em Direitos Humanos e Graduado em Direito pela Universidade Federal do Pará (UFPA). Pesquisador do Grupo de Estudos e Pesquisas das Políticas Públicas para a Inclusão Social (GEPPIS) na Escola de Artes, Ciências e Humanidades da Universidade de São Paulo (EACH/USP). *E-mail*: adalbertosajr@outlook.com.

André Luis Bitar de Lima Garcia
Especialista em Direito Processual Civil (ESA/CESUPA). Mestre em Direito (UFPA). Membro da Associação Norte e Nordeste de Professores de Processo (ANNEP). Advogado e Sócio do Escritório Silveira, Athias, Soriano de Mello, Guimarães, Pinheiro & Scaff – Advogados.

Celso Antônio Coelho Vaz
Professor Associado da Universidade Federal do Pará (UFPA) nos cursos de Graduação em Ciências Sociais e de Pós-Graduação em Ciência Política e Direito. Pós-Doutor pela Universidade Federal de Pernambuco (UFPE) e Doutor em *Études Politiques na École des Hautes Études en Sciences Sociales* (EHESS/Paris/França). *E-mail*: vaz@ufpa.br.

Clívia Renata Loureiro Croelhas
Defensora Pública do Estado do Pará. Mestre em Direitos Humanos pela Universidade Federal do Estado do Pará (UFPA).

Dafne Fernandez de Bastos
Mestre em Direitos Humanos pela Universidade Federal do Estado do Pará, com foco em Constitucionalismo, Democracia e Direitos Humanos (2013). Pós-Graduada em Direito Público pela Rede de Ensino Anhanguera-Uniderp (2012). Concursada para o Cargo de Analista Jurídico do Ministério Público do Estado do Pará desde 2013, atualmente cedida para o Ministério Público de Contas do Estado do Pará exercendo o cargo de assessora de procuradoria (desde maio de 2016).

Diego Fonseca Mascarenhas
Mestre em Direitos na Universidade Federal do Pará (UFPa). Especialista em Direito Civil pela Universidade Anhanguera – Uniderp. Professor no Centro Universitário do Estado do Pará (CESUPA) e na DeVry/FACI. Advogado. E-mail: diegomask_85@hotmail.com.

Domingos do Nascimento Nonato
Licenciado Pleno e Bacharel em História (UFPA). Professor de História da Secretaria Estadual de Educação (SEDUC/PA). Bacharel em Direito e Mestre em Direitos Humanos e Inclusão Social (UFPA). Doutorando em Direitos Humanos (UFPA). Advogado. Bolsista da CAPES.

João Daniel Macedo Sá
Doutor em Direito e Graduado pela Universidade Federal do Pará. Professor Adjunto da Universidade Federal do Pará. Advogado e Consultor Jurídico.

Jonismar Alves Barbosa
Advogado. Mestre em Direitos Humanos e Meio Ambiente pelo PPGD-UFPA. Professor de Direito Ambiental. Doutorando em Direito Ambiental e Desenvolvimento Sustentável pela Universidade de Alicante, Espanha.

José Anijar Fragoso Rei
Especialista em Direito Tributário (UNAMA/LFG/IOB Thompson). Especialista em Direito Público (UNISUL/LFG). Mestre em Direito (UFPA). Doutorando em Direito Fiscal pela Universidade de Lisboa. Professor da Universidade da Amazônia (Belém-PA). Defensor Público do Estado do Pará, Titular da 1ª Defensoria da Fazenda Pública da Capital.

José Edvaldo Pereira Sales
Mestre e Doutorando em Direito (PPGD/UFPA). Promotor de Justiça (Estado do Pará).

Karine de Aquino Câmara
Mestre em Direitos Humanos pela Universidade Federal do Estado do Pará. Procuradora Federal Especializada do IBAMA.

Moisés de Oliveira Wanghon
Advogado. Mestre em Direitos Humanos pela Universidade Federal do Estado do Pará (UFPA). Especialista em Direito Processual Civil pelo Centro Universitário do Estado do Pará (CESUPA).

Raimundo Wilson Gama Raiol
Professor Adjunto do Curso de Direito (Graduação e Pós-Graduação) do Instituto de Ciências Jurídicas da Universidade Federal do Pará. Mestre em Instituições Jurídico-Políticas (Direito Penal). Doutor em Direitos Fundamentais e Relações Sociais pelo Programa de Pós-Graduação em Direito do referido instituto. Membro da Academia Paraense de Letras Jurídicas. Advogado.

Sandoval Alves da Silva
Doutor e Mestre em Direito pela Universidade Federal do Pará (UFPA), na linha de pesquisa *Constitucionalismo, democracia e direitos humanos*. Procurador do Trabalho lotado na Procuradoria Regional do Trabalho da 8ª Região. Coordenador Nacional da Coordenadoria Nacional de Promoção de Igualdade de Oportunidades e Eliminação da Discriminação no Trabalho (COORDIGUALDADE). Professor da UFPA nas disciplinas Teoria Geral do Processo e Processo Civil. Ex-Professor de Direito Financeiro e Orçamento Público. Ex-Procurador do Estado do Pará. Ex-Assessor da Auditoria Geral do Estado do Pará. Ex-Analista de Controle Externo do Tribunal de Contas do Estado do Pará.

Thaiana Bitti de Oliveira Almeida
Mestra em Direitos Humanos (UFPA). Analista Judiciário (TJPA).

Esta obra foi composta em fonte Palatino Linotype, corpo 10
e impressa em papel Offset 75g (miolo) e Supremo 250g (capa)
pela Laser Plus Gráfica, em Belo Horizonte/MG.